Jutta Rosenkranz
Zeile für Zeile mein Paradies

PIPER

Zu diesem Buch

In achtzehn Porträts bedeutender Schriftstellerinnen wird gezeigt, wie diese bemerkenswerten Frauen gegen gesellschaftliche Konventionen aufbegehrten und kompromisslos ihren
eigenen Weg als Künstlerinnen gingen. Die spannenden und
bewegenden Biografien veranschaulichen, welche Hindernisse
Autorinnen verschiedener Epochen überwinden mussten, um
Leben und Schreiben zu vereinen.

Jedes der Porträts versammelt eindrucksvolle Zeilen über
das Leben, die Liebe, das Schreiben und das Sterben, die unter
die Haut gehen. Die Zitate aus Briefen, Prosatexten und
Gedichten sind Zeugnisse ihres Schaffens, welche verdeutlichen, wie diese Autorinnen über ihr individuelles Schicksal hinaus allgemein gültige Worte finden, die bis heute nichts an
Brisanz und Poesie eingebüßt haben.

Jutta Rosenkranz, geboren in Berlin, studierte Germanistik
und Romanistik. Sie veröffentlichte 2007 die erste Biografie
über Mascha Kaléko und ist Herausgeberin der vierbändi-
gen kommentierten Mascha-Kaléko-Gesamtausgabe. Sie hat
Gedichte, Prosa und literarische Essays publiziert, zahlreiche
Autoren-Porträts und Features für den Hörfunk geschrieben und mehrere Lyrik-Anthologien herausgegeben; zuletzt
erschienen »Berlin im Gedicht« und »Letzte Gedichte. Dichter der Welt nehmen Abschied vom Leben«.

Jutta Rosenkranz

Zeile für Zeile mein Paradies

Bedeutende Schriftstellerinnen
18 Porträts

Piper München Zürich

Mehr über unsere Autoren und Bücher:
www.piper.de

MIX
Papier aus verantwor-
tungsvollen Quellen
FSC® C083411
www.fsc.org

Originalausgabe
August 2014
© 2014 Piper Verlag GmbH, München
Umschlaggestaltung: semper smile, München
Umschlagabbildung vorne: ullstein bild (links: Ingeborg Bachmann,
rechts: Virginia Woolf)
Umschlagabbildung hinten: Marie Luise Kaschnitz, Sarah Kane,
Wisława Szymborska, Ingeborg Drewitz (v. l. n. r.)
Satz: Uhl + Massopust, Aalen
Gesetzt aus der New Caledonia
Papier: Munken Print von Arctic Paper Munkedals AB, Schweden
Druck und Bindung: CPI books GmbH, Leck
Printed in Germany   ISBN 978-3-492-30515-0

Inhalt

Louise Labé
(um 1521–1566)

» Bedachtsam leben macht mir Mißvergnügen «

Küß mich noch einmal, küß mich wieder, küß mich;
Laß mich den köstlichsten von allen trinken,
Laß mich in deinem innigsten versinken;
Viermal, so heiß wie Kohle, küß ich dich.

Ach, du beklagst dich? Daß dein Kummer schwinde,
Geb ich dir noch zehn andre, honigsüße.
Wie mischen wir so glücklich unsre Küsse,
Daß jeder seine Lust am andern finde.

[...]

Diese leidenschaftlichen Zeilen aus dem Sonett XVIII, die deutlich vom Begehren und der Lust sprechen, stammen nicht aus dem aufgeklärten 20. Jahrhundert, sondern aus der Zeit der Renaissance. Noch dazu war es eine Frau, die es wagte, in der Mitte des 16. Jahrhunderts so offen über die Liebe zu schreiben. Darüber hinaus äußerte sie auch kritische Töne dem Mann gegenüber und stellte das damals noch tief verwurzelte höfische, tugendhafte Idealbild der Frau in Frage. Louise Labé gilt noch heute als die bekannteste Renaissance-Dichterin Frankreichs. Dabei ist ihr Werk nur klein. Der schmale Band, der 1555 in Lyon erschien, umfasste einen Widmungsbrief, einen Dialog zwischen der Liebe und der Torheit, drei Elegien und vierundzwanzig Sonette. Den Schluss des Buches, der fast ein Drittel des Umfangs ausmacht, bilden Huldigungsgedichte ihrer Verehrer und gelehrten Freunde.

Lyon ist in der Renaissance neben Paris das wichtigste kommerzielle und kulturelle Zentrum Frankreichs. Die Stadt, bekannt durch den Seidenhandel und die Buchdruckkunst, hat durch ihre geografische Lage eine besondere Bedeutung. Sie gilt als Tor zum Süden, und italienische Kultur und Lebensweise bestimmen die Atmosphäre. Dieses dem Handel und den Künsten aufgeschlossene Milieu wird von Männern beherrscht. Die Rolle der Frau beschränkt sich – wie überall im streng katholischen Frankreich – auf den Haushalt und die Kindererziehung. Umso erstaunlicher ist es, dass Louises Vater – Pierre Charly, genannt Labé, ein reicher Kaufmann und Seiler – nach ihrer Geburt um 1521 dafür sorgt, dass sie die gleiche gute Erziehung und humanistische Bildung erhält wie die Söhne aus seiner ersten Ehe. Vermutlich hat er die 1529 publizierte Abhandlung des deutschen Philosophen Heinrich Cornelius Agrippa von Nettesheim über die Erziehung gelesen, in der dieser die Würde und Außerordentlichkeit des weiblichen Geschlechts verteidigt. Louises Mutter stirbt wahrscheinlich bei oder kurz nach der Geburt ihrer Tochter.

Um 1540 heiratet Louise den zwanzig Jahre älteren Kaufmann Ennemond Perrin, der ebenfalls im Seilergewerbe tätig ist. Sie gehört damit zum wohlhabenden Bürgertum von Lyon und ist nicht nur für ihre Schönheit, sondern auch für ihre Bildung bekannt. Man nennt sie »La belle Cordière« (die schöne Seilerin), was – in Anlehnung an die Berufe ihres Vaters und ihres Mannes – als Kompliment, aber auch spöttisch gemeint sein kann. Denn sie setzt sich, noch dazu als Bürgerliche, über die engen Grenzen ihres Geschlechtes und Standes hinweg. Frauen höherer Schichten gesteht man damals als Bildung lediglich Kenntnisse in verschiedenen Sprachen und in der Musik zu. Doch Louise Labé spielt nicht nur Laute und singt, spricht neben Italienisch und Spanisch auch Griechisch und Latein, sie kann mit Waffen umgehen und vermutlich sogar reiten. Selbstbewusst schreibt sie: »[…] und wenn eine es so weit bringt, daß sie ihre Gedanken schriftlich niederlegen kann, möge sie dies mit Sorgfalt tun und nicht den Ruhm verachten.« Denn die Ehre, die die Wissenschaft den Frauen einbringe, könne ihnen niemand nehmen, nicht einmal der »Lauf der Zeit«.*

---

* Soweit nicht anders vermerkt, sind die Zitate Louise Labés entnommen aus: Labé, Louise: *Sonette und Elegien*. Neu übersetzt von Monika Fahrenbach-Wachendorff, mit einem Nachwort und Anmerkungen von Elisabeth Schulze-Witzenrath. Tübingen 1981, 2001, 2004.

Ihren Gedichten stellt sie einen Widmungsbrief an ihre Freundin Clemence de Bourges, eine junge Lyoneserin, voran. Darin setzt sich Louise Labé für die Frauenbildung ein und ruft ihre Zeitgenossinnen dazu auf, sich den Wissenschaften und Künsten zuzuwenden anstatt sich nur mit Äußerlichkeiten wie Ketten, Ringen und aufwändigen Kleidern zu schmücken. Sie betont, dass nun, »wo die strengen Gesetze der Männer die Frauen nicht mehr daran hindern, sich der Gelehrsamkeit und den Künsten zu widmen«, die Frauen unbedingt »diese schickliche Freiheit, welche sich unser Geschlecht früher so sehr wünschte«, nutzen sollten. Durch das Studium der Wissenschaften und Künste können sie den Männern beweisen, dass sie dazu ebenso befähigt sind wie diese. Die Verfasserin vermutet, die Männer hätten den Frauen diese Betätigungen nur deshalb vorenthalten, um allein Anerkennung und Ehre zu erfahren.

Im selben Jahr, in dem sie ihre Werke veröffentlicht, entsteht das einzige authentische Porträt von Louise Labé. Es zeigt eine junge, schöne Frau mit wachem Blick in einer hochgeschlossenen, verzierten Robe. Das Haar wird, bis auf wenige Locken, von einem strengen Kopfschmuck mit Schleier verborgen. Der Kupferstich von 1555 lässt nicht ahnen, dass die Abgebildete recht fortschrittliche Gedanken hegt: »[…] so bleibt mir nur, die tüchtigen Damen zu bitten, ihren Geist ein wenig über ihre Spinnrocken und Klöppel zu erheben und sich zu bemühen, aller Welt vor Augen zu führen, daß man uns, wenn wir auch nicht zum Befehlen geschaffen sind, dennoch nicht geringschätzen soll als Gefährtinnen in häuslichen und öffentlichen Angelegenheiten derjenigen, die herrschen und Gehorsam fordern.«

Sie geht zwar davon aus, dass Frauen nicht zum Befehlen geschaffen sind, doch stellt sie Forderungen, die zur Zeit der Renaissance ungewöhnlich sind. Sie beschwört die Frauen, nicht zu zögern, ihren Geist und ihre verschiedenen Talente zu nutzen, um dann – wie die Männer – auch in den Wissenschaften und in der Literatur Ehre und Anerkennung zu erlangen. Noch heute überrascht es, wie modern der Aufruf der Lyoneserin zur Gleichberechtigung der Frau klingt. Die Dichterin erkennt, wie die Männer auf eine Emanzipation der Frauen reagieren könnten, und ist überzeugt davon, dass diese sich mehr anstrengen müssen, um nicht von den Frauen übertroffen zu werden: »Und außer dem Ruf, den unser Geschlecht so erwerben wird, fällt uns das Verdienst für die Allgemeinheit zu, daß die Männer mit mehr Sorgfalt und Eifer das Studium der schönen Wissenschaften betreiben werden aus Angst, sich zu ihrer Schande von denen überflügelt zu sehen, denen gegenüber sie in fast allen Dingen immer ihre Überlegenheit behauptet haben.«

Louise Labé unterscheidet genau zwischen reinem Zeitvertreib und sinnvoller Beschäftigung: »Außer dem Ruhm und der Ehre ist das Vergnügen nicht gering zu schätzen, das die Beschäftigung mit der Literatur einem gemeinhin verschafft, und das jede von uns hierzu anregen sollte; sie ist anders als sonstige Zerstreuungen, bei denen man sich, wenn man sie ausgiebig genossen hat, nur rühmen kann, die Zeit vertrieben zu haben. Während das Vergnügen des Studiums eine Zufriedenheit hinterläßt, die uns länger erhalten bleibt.«

Die Romanistin Elisabeth Schulze-Witzenrath, die sich in den siebziger Jahren des 20. Jahrhunderts ausführlich mit dem Werk der Louise Labé beschäftigt hat, nennt diesen Brief »ein frühes feministisches Dokument von seltener Eindringlichkeit«. Denn der Aufruf der Lyoneserin, sich geistig zu betätigen und zu emanzipieren, war der Auftakt zu einer Entwicklung, die erst in den folgenden Jahrhunderten eine Öffnung der Künste und Wissenschaften für Frauen bewirken sollte. Seit dem 15. Jahrhundert wurde vor allem in Frankreich, aber auch in Italien, Spanien und England über die Rolle der Geschlechter und die Position der Frauen diskutiert. Diese – unter dem historischen Fachbegriff »Querelle des femmes« bekannte – Debatte wechselte zwischen Verehrung und Verachtung der Frauen, immer aber waren diese aus männlicher Perspektive betrachtete Objekte, denen kaum eigener Handlungsspielraum zugestanden wurde.

Nach ihrer Hochzeit gründet Louise Labé in ihrem Haus in der Rue Confort einen literarisch-musischen Salon, in dem sich die gebildete Gesellschaft der Stadt trifft. Dazu gehören die Dichterin Pernette du Guillet, deren Gedichte 1545, kurz nach ihrem Tod, veröffentlicht werden, sowie Maurice Scève und Olivier de Magny, ebenfalls Mitglieder der École Lyonnaise (Lyoneser Dichterschule). Vielleicht haben sie die wissbegierige Louise Labé zum Schreiben angeregt und ermutigt. Sie kennt aber auch die Verse von Pierre de Ronsard und Joachim Du Bellay. Diese Poeten gehören der Pléiade in Paris an, dem wichtigsten französischen Dichterkreis der Renaissance, der mit der École Lyonnaise konkurriert. Nach dem Tod ihres Mannes publiziert Louise 1555 ihre eigenen Werke, misst ihnen jedoch keine große Bedeutung zu: »Ich selber suchte, als ich diese

Jugendwerke zuerst schrieb und dann wieder durchlas, nur einen angemessenen Zeitvertreib und ein Mittel, der Untätigkeit zu entfliehen; und ich hatte keineswegs die Absicht, sie jemals außer mir noch jemanden sehen zu lassen.«

In der ersten Elegie benennt die Autorin den Anlass für ihr Schreiben:

> Als Amor, welcher Gott und Mensch bezwang,
> Mit seiner Flamme in mein Herz eindrang,
> Durchglühte er in unbarmherziger Wut
> Mein Blut und mein Gebein und Geist und Mut;
> Da hatte ich noch nicht die Macht, zu sagen,
> Wie sehr ich leide und darum zu klagen.
> Und Phöbus, dem der grüne Lorbeer lieb,
> Erlaubte noch nicht, daß ich Verse schrieb;
> Doch jetzt erfüllt des Gottes Leidenschaft
> Mir meine kühne Brust mit glühnder Kraft;
> [...]

Louise Labé ist sich ihrer Rolle als gebildete und schreibende Frau bewusst. Doch schildert sie nicht ihr Elternhaus, ihre Ehe, ihren bürgerlichen Alltag – das einzige Thema ihrer Lyrik ist die Liebe. Nun gilt die Liebe zwar als zentrales Motiv der Renaissance-Dichtung, doch haben bis dahin nur männliche Autoren darüber geschrieben. Die Dichterin stellt das darin geschilderte Idealbild der Frau in Frage. Sie wagt es, nicht nur aus der Sicht der Frau zu schreiben, sondern auch, wie ihre Kollegen, alle Facetten der Liebe – Leidenschaft, Hoffnung, Enttäuschung – zu benennen. In ihrer ersten Elegie verteidigt sie das Recht der Frauen, über die Liebe zu schreiben, und ermuntert ihre Zeitgenossinnen dazu.

> [...]
> So viele Tränen wurden rings vergossen
> Und Seufzer und Gebete ausgestoßen;
> Ich wurde nicht gewahr, wie mich alsbald
> Das Übel selbst erfasste, das ich schalt,
> Und mich mit solcher Heftigkeit ereilte,
> Daß nichts in dieser langen Zeit mich heilte.
> Und heute noch muß ich mich dazu zwingen,

Vergangnes Leid von neuem zu besingen
Und aufzufrischen. Lest ihr dies, ihr Damen,
So seufzt um meinen Gram in meinem Namen.
Vielleicht kann ich euch eines Tages nützen
Und eurer Stimme Klage unterstützen,
Wenn sie erzählt von Mühsal und von Leid
Und jammert um die so vertane Zeit.
[…]

Diese Verse, die sich, etwas monoton, nur mit Paarreimen aneinan-
derreihen, zeigen noch nicht das ganze poetische Können der Autorin. Rhythmus und Reimschema der Elegien sind relativ einfach und
erinnern eher an einen Dialog in schlichten Sätzen.

[…]
Wer sieht, wie schwer ich an der Liebe trage,
Der soll mich nicht verachten, wenn ich klage
In meiner Trauer; schneller als gedacht
Hat Amor ihn in gleiche Not gebracht.
[…]
Ihr Lyoneser Damen, leset ihr
Von diesen Liebeszwistigkeiten hier,
Und hört von Jammer, Tränen, Überdruß
Und Kränkung, die mein Lied beklagen muß,
So haltet meine Einfalt mir zugut,
Der Jugend Schuld, der Jugend Übermut,
Wenn's Schuld denn war; wer kann auf dieser Welt
Behaupten, daß er nie in Sünde fällt?
[…]
Erst sechzehn Winter konnt ich damals zählen,
Als alles dies begann, mich so zu quälen.
Obwohl jetzt dreizehn Sommer hingegangen,
Hält Amor immer noch mein Herz gefangen.
[…]

In ihren drei Elegien wird das Thema nur angerissen, die wirklich
kunstvolle poetische Auseinandersetzung mit den Höhen und Tiefen
der Liebe erfolgt erst in den vierundzwanzig Sonetten. Diese eindrucksvollen und vielschichtigen Gedichte begründen den Ruhm der

Louise Labé, der bis heute anhält. Das Sonett ist zur Zeit der Renaissance die bekannteste und häufigste Gedichtform. Der italienische Dichter Francesco Petrarca hat es im 14. Jahrhundert durch seine Liebesgedichte an Laura bekannt gemacht. Die französischen Lyriker der Renaissance nehmen diese interessante, aber schwierige Form – die strengen Gesetzen genügen und in genau vierzehn Zeilen einem bestimmten Versmaß und Reimschema folgen muss – begeistert auf. Das erste ihrer vierundzwanzig Sonette hat die Dichterin – vermutlich als Huldigung an Petrarca – auf Italienisch geschrieben. Sie bedient sich also einer zu ihrer Zeit sehr beliebten Gedichtform. Bemerkenswert ist aber nicht nur, dass eine Frau zur Feder greift und in Sonetten die Liebe beschreibt, sondern dass sie die damals üblichen Motive der Liebesdichtung, des Petrarkismus, verändert. Während im Petrarkismus der an der Liebe leidende Mann seine Qualen beschreibt, wechselt Louise Labé die Perspektive und schildert die Höhen und Tiefen der Leidenschaft aus der Sicht der liebenden Frau, noch dazu mit großer Offenheit. Im Sonett VIII heißt es:

Ich brenne und ertrinke, lebe und bin tot;
Mir ist so heiß und ist so kalt zugleich;
Mein Leben ist zu hart und auch zu weich;
Und Freude mischt sich in die ärgste Not.

Ich lache und ich wein mit einem Schlag;
Und in der Lust ertrag ich bitteres Leid;
Mein Wohl vergeht und widersteht der Zeit;
Ich grüne und verdorr an einem Tag.

So leitet mich der Liebe Wankelmut;
Und meine ich, mein Schmerz erwache neu,
Wird unversehens alles wieder gut.

Doch glaube ich, die Freude sei mir treu,
Ich könne schweben im ersehnten Glück,
Fall in mein erstes Unglück ich zurück.

Auslöser für diese Liebesgedichte ist vermutlich Louise Labés Beziehung zu dem Dichter Olivier de Magny, der an den regelmäßigen literarischen Treffen in ihrem Haus teilnimmt. In ihren Versen schildert sie eindrucksvoll das ganze Spektrum der Leidenschaften, spart aber kritische Worte dem Geliebten gegenüber nicht aus, auch wenn sie ihre Vorwürfe am Ende des Sonetts XXIII wieder zurücknimmt:

> Was hilft es mir, daß du so meisterlich
> Gepriesen einst mein goldgeflochtnes Haar?
> Und meiner Augen Schönheit dir sogar
> Zwei Sonnen voller Liebespfeilen glich,
>
> Die nach dir zielten, um dich zu versehren?
> Versiegte Tränen, wo ist eure Spur?
> Und wo der Tod? Er sollte deinen Schwur
> Und deine feste Liebe doch verklären!
>
> So also zwangst du mich in deinen Dienst,
> Mit List, in dem du mir zu dienen schienst?
> Verzeihe mir, mein Freund, dies eine Mal,
>
> Der Zorn und Kummer rissen so mich fort,
> Ich weiß, wo du auch bist, an jedem Ort
> Erduldest du wie ich dieselbe Qual.

Louise Labé ist eine der ersten Frauen, die die Ambivalenz der Liebe so deutlich zum Ausdruck bringt. Dabei ist in ihren Gedichten die Grenze zwischen wirklichem Erleben und bewusster, poetischer Gestaltung nicht eindeutig zu ziehen. Nach ihrem Tod wird mehr über ihre Tugendhaftigkeit als über die literarische Qualität ihrer Verse diskutiert. Auch noch dreihundert Jahre später gesteht man der Poetin mehr Gefühl als Können zu. Der französische Kritiker Charles-Augustin Sainte-Beuve bewundert 1845 ihre Sonette als »Ausdruck einer tief empfundenen Leidenschaft, die ihre Verfasserin zu höchster dichterischer Leistung beflügelt«.

Die Literaturwissenschaftler und Romanisten des 20. Jahrhunderts sind geteilter Meinung. Klaus Engelhardt und Volker Roloff sehen in diesen Gedichten »Meisterwerke der Sonettdichtung«, die wie offene, persönliche emotionale Bekenntnisse wirken sollen. Winfried Engler dagegen bewertet sie als Gefühlsausdruck und »Liebesinitiative einer selbstbewussten Frau« und spricht ihr damit wieder mehr Intuition als Dichtkunst zu. Elisabeth Schulze-Witzenrath ist die Einzige, die die literarische Qualität und Originalität der Sonette der Louise Labé ausführlich in einer Studie nachgewiesen hat. Die mangelnde Würdigung der Lyrikerin durch die Jahrhunderte erklärt sie mit deren außergewöhnlichem Auftreten und Lebensweg. Dadurch haben sich viele Interpreten mehr auf ihre Erscheinung und Aura als auf das literarische Phänomen konzentriert. Die Romanistin korrigiert diese – vor allem männliche – Sichtweise und erläutert, dass »das Bild der leidenschaftlichen Frau, die unabhängig von Schulen und Traditionen das zum Ausdruck bringt, was sie fühlt«, falsch sei. Denn damals beschrieb man nicht das eigene Erleben, sondern gestaltete thematische Vorgaben in eigenem Stil. Die Originalität der Dichterin zeigt sich im individuellen Ton und ihren eigenwilligen Variationen des Themas. Ob Louise Labé ihre eigene Liebesgeschichte darstellt oder nicht, ist heute nicht mehr festzustellen. Sicher ist, dass sie als Schriftstellerin im 16. Jahrhundert eine Ausnahmeerscheinung ist und eine besondere poetische Begabung hat. Die hohe literarische Qualität und der eindrucksvolle persönliche Ton der Gedichte führten dazu, dass ihre Sonette die Jahrhunderte überdauert haben. Das bekannteste Gedicht aus diesem Zyklus ist das Sonett XVIII, das noch heute in keiner Anthologie französischer Dichtung fehlt:

Baise m'encor, rebaise moy et baise.
Donne m'en un de tes plus savoureus,
Donne m'en un de tes plus amoureus:
Je t'en rendray quatre plus chaus que braise.

Las, te pleins tu? ça que ce mal j'apaise,
En t'en donnant dix autres douceureus.
Ainsi meslans nos baisers tant heureus
Jouissons nous l'un de l'autre à notre aise.

Lors double vie à chacun en suivra.
Chacun en soy et son ami vivra.
Permets m'Amour penser quelque folie:

Tousjours suis mal, vivant discrettement,
Et ne me puis donner contentement,
Si hors de moy ne fay quelque saillie.

Im deutschen Sprachraum wurden die Sonette der Louise Labé erst zu Anfang des 20. Jahrhunderts durch die Übertragung von Rainer Maria Rilke bekannt. Auch in den folgenden Jahrzehnten waren es immer männliche Autoren, die die Liebesgedichte der schönen Lyoneserin ins Deutsche übertrugen. Erst 1981 erschienen neue Übersetzungen von Monika Fahrenbach-Wachendorff, die den Originaltexten näher kommen und auch hier wiedergegeben werden. Ihre Übertragung des Sonetts XVIII lautet:

Küß mich noch einmal, küß mich wieder, küß mich;
Laß mich den köstlichsten von allen trinken,
Laß mich in deinem innigsten versinken;
Viermal, so heiß wie Kohle, küß ich dich.

Ach, du beklagst dich? Daß dein Kummer schwinde,
Geb ich dir noch zehn andre, honigsüße.
Wie mischen wir so glücklich unsre Küsse,
Daß jeder seine Lust am andern finde.

So ist das Leben zweifach uns gegeben:
Im Freund und in sich selbst kann jeder leben. –
Liebster, ich denke manche Torheit aus:

Bedachtsam leben macht mir Mißvergnügen;
Ich finde dann nur Freude und Genügen,
Geh ich im Überschwang aus mir heraus.

Rainer Maria Rilke kommt das Verdienst zu, diese Gedichte 1917 für deutsche Leser entdeckt und überhaupt erst zugänglich gemacht zu haben. Seine Übertragungen sind schöne, formvollendete Liebespoeme, doch entfernen sie sich oft sehr weit vom Original und sind deshalb eher Rilke-Gedichte. Paul Zechs Versionen dieser Sonette entstanden in den Vierzigerjahren und wurden 1947 posthum veröffentlicht. Beide Dichter, Rilke und Zech, haben mit ihren Übertragungen eigenständige Werke geschaffen, für die die Texte der Renaissance-Dichterin nur als Vorlage dienten. Bei Monika Fahrenbach-Wachendorff dagegen stand die Treue zum Original im Vordergrund, vor allem in Bezug auf die Wortwahl und ihre Bedeutung. Die Eigenständigkeit und Radikalität der dichterischen Stimme wird dadurch weitgehend bewahrt. Das Sonett XVII schildert, wie die Gedanken an jedem Ort um die Liebe und den Geliebten kreisen:

Ich flieh die Stadt, die Tempel, alle Plätze
Wo deine Klage mein Gefallen fand,
Wo du mich zwingen kannst, trotz Widerstand,
Zu geben, was ich doch am höchsten schätze.

Doch kann ich ohne dich nichts Schönes denken;
Mich langweilt jedes Fest, Turnier und Spiel,
So, wenn ich diese Sehnsucht lindern will
Und meinen Blick auf neue Dinge lenken,

Um mein verliebtes Sinnen zu zerstreun,
Muß ich mich einsam in den Wald begeben.
Doch schweife ich umher von da nach dort,

Dann spür ich, will ich mich von dir befrein,
Kann ich nur außer mir noch weiterleben:
Denn du bist in mir auch am fernsten Ort.

Im letzten Sonett wendet sich Louise Labé noch einmal an ihre Zeitgenossinnen und bittet um Verständnis für ihre Gefühle. Wahrscheinlich hat sie geahnt, dass die Publikation ihrer freimütigen Texte Kritik hervorrufen würde.

Werft mir nicht vor, ihr Damen, daß ich liebe
Und tausend Fackeln in mir brennen fühle
In tausend Nöten, tausend Schmerzen wühle
Und nur mit Weinen meine Zeit vertriebe.

Ach, möget ihr nicht meinen Namen schmähen.
Wenn ich gefehlt, wie bitter büße ich!
Verschärfet nicht der Qualen argen Stich;
Bedenkt, es flößt euch Amor unversehen,

Und ohne mit Vulkanus zu erscheinen
Und mit Adonis Schönheit zu verführen,
Wenn er es will, noch größre Liebe ein,

Läßt, aus geringerm Anlaß als dem meinen,
Verwirrendere Leidenschaft euch spüren.
Und hütet euch, unglücklicher zu sein.

In der Zeit nach 1560 erkrankt Louise Labé schwer und zieht sich auf ihren Landsitz bei Lyon zurück. Dort diktiert sie 1565 ihr Testament, in dem sie dem städtischen Armenhaus von Lyon ihr Haus in der Rue Confort vermacht. Sie stirbt vermutlich am 24. oder 25. April 1566 in Parcieux-en-Dombes bei Lyon.

Direkte Spuren dieser Renaissance-Dichterin sind in Frankreich heute nicht mehr zu finden. Doch im Zentrum der idyllisch am Zusammenfluss von Rhône und Saône gelegenen Stadt gibt es ein altes Viertel, das Vieux Lyon. Dort stehen noch heute Häuser aus der Zeit der Renaissance, die mit ihren hellen, italienischen Pastellfarben ein heiteres, südliches Flair vermitteln. Touristen können schöne alte Höfe mit Renaissance-Fenstern und -Torbögen bewundern oder durch die sogenannten *traboules* schlendern, geschützte Gänge, die von Haus zu Haus führen. Im 16. Jahrhundert transportierte man auf diese Weise, ohne Straßen und Wege überqueren zu müssen, die Seidenballen, damit diese bei Regen nicht nass und schwer wurden. Auf der neu gestalteten Fassade eines historischen Hauses, die wichtige Lyoneser Persönlichkeiten wie den Schriftsteller Antoine de Saint-Exupéry zeigt, ist auch Louise Labé abgebildet. Im Zentrum von Lyon erinnert ein Straßenname an »La belle Cordière« und vor der Oper steht ein moderner Brunnen, dessen bronzene Scheibe eine Zeile aus dem bekannten Sonett XVIII ziert:

Permets m'Amour penser quelque folie

~

Liebster, ich denke manche Torheit aus

Bettine von Arnim
(1785–1859)

» Ich bedarf, daß ich meine Freiheit behalte «

»Aber meine Seele ist eine leidenschaftliche Tänzerin, sie springt herum nach einer inneren Tanzmusik, die nur ich höre und die andern nicht. Alle schreien, ich soll ruhig werden, […] aber vor Tanzlust hört meine Seele nicht auf euch, und wenn der Tanz aus wär, dann wär's aus mit mir.«

Dieses Zitat aus einem Brief an ihren Bruder Clemens zeigt, dass Bettine Brentano schon als Mädchen gegen die strengen Konventionen ihrer Zeit rebellierte, nach denen Frauen ausschließlich auf ihre Rolle als Ehefrau und Mutter vorbereitet wurden und Bildung nur Männern vorbehalten war. Später wurde sie die erste politisch-sozial engagierte Autorin des 19. Jahrhunderts, die unerschrocken das soziale Elend und die Unterdrückung der Meinungsfreiheit in Preußen kritisierte. Sie setzte sich für die Frauen und die Armen ein und forderte demokratische Rechte für alle Bürger. Für ihren Mut, ihre Unabhängigkeit und ihr selbstständiges Denken wurde sie von ihren Zeitgenossen sowohl angegriffen als auch bewundert.

Elisabeth Catharina Ludovica Magdalena Brentano wird am 4. April 1785 in Frankfurt am Main als siebtes von zwölf Kindern geboren. Den Namen Bettina sucht sie sich selbst aus. Später unterschreibt sie ihre Briefe mit »Bettine«, das ihr weniger gefällig erscheint als weibliche Vornamen, die mit dem Vokal »a« enden. Der Vater, Peter Anton Brentano, ein italienischer Kaufmann aus Como, hat in drei Ehen zwanzig Kinder gezeugt. Trotz der vielen Geschwister fühlt sich das Mädchen vom Vater bevorzugt, denn »seinem Schmeicheln konnte er nicht widerstehen«. Seine zweite Frau, Bettines Mutter Maximiliane, die in ihrer Jugend von Goethe verehrt wurde, überlebt die Geburt des zwölften Kindes nicht. Beim Tod der Mutter ist Bettine acht Jahre alt. Der Vater schickt sie und ihre Schwestern in ein katholisches Ursulinen-Kloster bei Kassel. Als er vier Jahre später stirbt, ziehen die Mädchen nach Offenbach, wo die Großmutter, Sophie von La Roche, ihre Erziehung übernimmt. Sie ist eine bekannte Schriftstellerin und die erste Frau in Deutschland, die sich mit dem Schreiben ihren Lebensunterhalt verdient. 1771 hat sie den ersten deutschen Frauenroman *Die Geschichte des Fräuleins von Sternheim* veröffentlicht und zwölf Jahre später die erste Monatszeitschrift für Frauen, *Pomona für Teutschlands Töchter*, herausgegeben. Die Großmutter, die mit vielen Autoren befreundet ist, führt Bettine an die Literatur heran. Einmal läutet es an ihrem Haus und Bettine öffnet die Tür, vor der ein Fremder steht. Er gibt ihr einen Kuss, sie ihm eine Ohrfeige. Der Besucher ist Johann Gottfried Herder, den die Großmutter freudig begrüßt. Der Dichter und Philosoph lobt Bettines Selbstständigkeit und wünscht ihr, dass »alle sich ihrem kühnen Willen fügen und niemand ihren Sinn zu brechen gedenke«.

Bettine ist ein hübsches Mädchen von zierlicher Gestalt mit schwarzem Haar und dunklen Augen. Ihre Geschwister nennen sie »Hauskobold«, weil ihr Wesen und ihre Gedanken nicht zu einer behüteten bürgerlichen höheren Tochter passen. Sie ist hochbegabt, spontan, eigensinnig und will sich nicht in die engen, vorgeschriebenen Bahnen fügen, die damals für Mädchen und Frauen gelten. »O Sklavenzeit, in der ich geboren bin!«, schreibt sie später ihrem Bruder. »Werden die Nachkommen nicht einst mitleidig mich belächeln, daß ich mir's mußte gefallen lassen [...]?«

Als sie einmal in Frankfurt ein Mädchen in der Judengasse besucht, die für die christlich erzogene Bettine tabu ist, ist die Familie empört. Doch Bettine rebelliert: »Ihr verbietet mir mit einem armen Judenmädchen Umgang zu haben, ich will Umgang haben mit allem, was zugleich mir auf der Welt lebt. Sittlichkeit und Anstand, das sind zwei dumme Wächter, die dem menschlichen Sein und Willen den Weg verwehren [...].«

Unabhängigkeit, selbstständiges Denken und Handeln sind in der Zeit der Romantik für Mädchen nicht vorgesehen. Damals lernen Töchter – neben Musizieren und Zeichnen – vor allem Kochen, Sticken und Waschen, damit sie gute Hausfrauen und Mütter werden. Lesen, studieren und reisen dürfen nur die Söhne. Die einzige Mög-

lichkeit für Frauen, sich im frühen 19. Jahrhundert schriftlich auszudrücken, ohne die Normen zu sprengen, ist das Schreiben von Briefen. Für Bettine ist es »ein Mittel aus der isolierten unbeweglichen
Lage als Mädchen und Frau zu kommen, sich selbst zu finden und
erfinden«.

Erst mit zwölf Jahren lernt sie den sieben Jahre älteren Bruder
Clemens Brentano kennen, der in Internaten aufwuchs. Die Geschwister entdecken, dass sie die gleichen literarischen und musischen Begabungen haben. Clemens macht Bettine mit dem Kreis
der Heidelberger Romantik bekannt und erkennt ihr sprachliches
Talent. Er ermutigt sie zum Schreiben, ermahnt sie in seinen Briefen
aber auch, vernünftig zu sein und nicht nur oberflächlich zu lesen
und zu lernen. Doch systematisches Vorgehen liegt Bettine nicht.
Die wiederholten Erziehungsversuche des Bruders schlägt sie in den
Wind. Sein Motto lautet: »Tu deine Pflicht mit Ernst – das Leben
nehme leicht.« Sie hingegen erwidert: »Seh ich mich um nach meiner Pflicht, so freut mich's recht sehr, daß sie sich aus dem Staube
macht vor mir, denn erwischte ich sie, ich würde ihr den Hals he-
rumdrehen!«

Schon als junges Mädchen hat Bettine eine genaue Vorstellung davon, wie ihre Zukunft aussehen soll, und erklärt Clemens selbstsicher:
»Über meine Neigungen kannst Du nicht disponieren! […] Ich selber zu bleiben, das sei meines Lebens Gewinn, und sonst gar nichts
will ich von irdischen Glücksgütern!«

1801 lernt die Sechzehnjährige Karoline von Günderode kennen,
die unter dem männlichen Pseudonym Tian Gedichte, Prosa und
Dramen veröffentlicht. Obwohl die beiden von ihrer Wesensart her
sehr unterschiedlich sind, wird die fünf Jahre Ältere für Bettine Brentano zum Vorbild und zur Freundin. Die zurückhaltende und sanfte
Karoline von Günderode kann mit dem temperamentvollen Wesen
von Bettine wenig anfangen. Als sie die Jüngere eines Tages besucht,
wundert sie sich über das Chaos in deren Zimmer, in dem aufgeschla-
gene Bücher auf dem Boden liegen, ein »umgeworfenes Sepianäpf-
chen« einen braunen Fleck auf dem Strohteppich hinterlässt und die
Bibel unter dem Bett verstaubt. »Es rappelte was in einer kleinen
Schachtel auf dem Fensterbrett, ich war neugierig sie aufzumachen,
da flogen zwei Schmetterlinge heraus, die Du als Puppen hineinge-
setzt hattest.« Auf die Vorwürfe reagiert Bettine trotzig: »Mein Zimmer gefällt mir wohl in seiner Unordnung, und ich gefall mir also

auch wohl, da Du meinst, es stelle meinen Charakter vollkommen dar.«*

Karoline von Günderode möchte Bettines Temperament in geordnete Bahnen lenken, ihre Phantasie zügeln und unterrichtet sie in Geschichte, denn:»Wo willst Du Dich selber fassen, wenn Du keinen Boden unter Dir hast?«, fragt sie in einem Brief. Bettine dagegen ist überschwänglich, spontan und ungeduldig und schreibt der Freundin viele Briefe, auf die Karoline von Günderode nicht immer oder nur knapp antwortet. Bettine will die Ältere zu mehr Mut und Unabhängigkeit verführen und mit ihr zusammen »eine große Freiheit erringen«. Dieses Ziel muss sie allerdings allein verfolgen, denn die intensive Phase ihrer Freundschaft dauert nur knapp zwei Jahre. Karoline von Günderode gibt ihr viele Anregungen, erzählt ihr jedoch nichts von ihren eigenen Nöten und ihrer heimlichen Liebe zu dem Altertumsforscher Friedrich Creuzer. Der verheiratete Mann will sich nicht von seiner Frau trennen, fordert Karoline jedoch auf, die Freundschaft mit Bettine Brentano aufzugeben, da diese zu egoistisch und indiskret sei. Karoline bricht daraufhin den Kontakt zu Bettine ab, die verletzt und enttäuscht ihre Briefe zurückfordert. Bald danach, am 26. Juli 1806, nimmt sich Karoline von Günderode wegen der unerfüllten Liebe zu Creuzer das Leben. Wie sehr sie die Zurückweisung und der Freitod der Freundin erschüttert haben, bringt Bettine mehr als dreißig Jahre später in ihrem Buch *Die Günderode* zum Ausdruck:»Bei ihr lernte ich die ersten Bücher mit Verstand lesen. Sie wollte mich Geschichte lehren. Sie merkte aber bald, daß ich zu sehr mit der Gegenwart beschäftigt war. […] Mit dem einzigen Dolchzucken traf sie ihr eigen Herz und […] traf mich auch mit dieser Untat, ich werde den Schmerz in meinem Leben mit mir führen […].«

Viele Jahre später sorgt Bettine für die Veröffentlichung der Werke der Freundin. In ihrem Erinnerungsbuch, in dem sie ihre Korrespondenz frei bearbeitet, setzt sie ihr ein literarisches Denkmal.»Sie ging nicht, sie wandelte«, beschreibt sie Karoline, deutet in ihrer Charakterisierung aber auch an, dass sie mit ihr die Rechte der Frauen nicht vorwärtsgebracht hätte:»Sie war schüchtern – freundlich und viel zu willenlos, als dass sie in der Gesellschaft sich bemerkbar gemacht hätte.«

* vgl. von Gersdorff

1805, mit zwanzig Jahren, zieht Bettine nach Marburg zu ihrer Schwester Kunigunde, genannt Gunda, die im Jahr zuvor den Juristen Friedrich Karl Savigny geheiratet hat. In seinem Haus finden kulturelle und wissenschaftliche Gespräche statt, und Bettine genießt den geistigen Austausch und die Anregungen. Im Jahr zuvor hat sie ihrem Schwager noch geschrieben, wie schwer es für sie sei, in sich so viel »Lebenskraft und Mut« zu spüren, sie aber nicht sinnvoll einsetzen zu können. Ihr Drang nach Aktivität und Wissen wird von den gesellschaftlichen Konventionen und Regeln gebremst, die für Frauen nur einen engen häuslichen Wirkungskreis vorsehen. Bettine Brentano ist nicht bereit, dieses in ihren Augen langweilige Leben zu akzeptieren: »Wenn ich so denke, daß gestern ein Tag war, wie heute einer ist und morgen einer sein wird und wie schon viele waren und noch viele sein werden, so wird es mir oft ganz dunkel vor den Sinnen und ich kann mir selbst kaum denken, wie unglücklich mich das machen wird, nie in ein Verhältnis zu kommen worinnen ich meiner Kraft gemäß wirken kann.«

Energisch muss sie sich gegen ihre Familie durchsetzen, um Unterricht in Literatur, Italienisch, Zeichnen, Komposition und Gesang nehmen zu dürfen. Obwohl sie durch ihr väterliches Erbe finanziell abgesichert ist, kann sie über das Geld noch nicht frei verfügen, da sie – nach den damaligen Gesetzen – erst im April 1810, mit fünfundzwanzig Jahren, mündig wird.

Nach dem Bruch mit Karoline von Günderode findet Bettine eine neue Freundin in Goethes Mutter. Frau Rat Goethe ist fünfundsiebzig Jahre alt und erzählt ihr ausführlich aus der Jugend ihres berühmten Sohnes. Bettine kann es kaum erwarten, den großen Dichter, der einst in ihre Mutter verliebt war und dessen Werke sie schon früh gelesen hat, persönlich kennenzulernen. Im Herbst 1807 besucht sie ihn mit ihrem Schwager Savigny und es kommt auch zu einem Gespräch unter vier Augen. Idealisierend erinnert sie sich in ihrem – nach dem Tod des Dichters – veröffentlichten Buch *Goethes Briefwechsel mit einem Kinde* an das erste Treffen, bei dem sie ihm gegenübersitzt: »Ich sagte plötzlich: Hier auf dem Sofa kann ich nicht bleiben, und sprang auf. – Nun! sagte er, machen Sie sich's bequem; nun flog ich ihm an den Hals, er zog mich aufs Knie und schloß mich ans Herz. [...] Jahre waren vergangen in Sehnsucht nach ihm – ich schlief an seiner Brust ein; und da ich aufgewacht war, begann ein neues Leben.«

Wie in ihrem Briefroman über die Günderode geht Bettine auch hier mit den Tatsachen sehr frei um, mischt Erinnerungen und Phantasie und bearbeitet die Korrespondenz, indem sie kürzt, aber auch hinzuerfindet. Ihre Schilderungen, die sie mehr als dreißig Jahre später schreibt, verklären die Begegnung mit dem Dichter. Auch in dieser Beziehung ist die Zweiundzwanzigjährige die Werbende und Fordernde, die in Goethe eine Mischung aus Vaterersatz, Vorbild, Idol und Liebhaber sieht. Ihre Bewunderung entspringt der Sehnsucht nach einem Gegenüber, einem ebenbürtigen Gesprächspartner. Der Achtundfünfzigjährige bleibt auf Distanz und notiert nach dem ersten Besuch im Tagebuch lediglich: »Mamsell Brentano«. Bettine wird ihm in den nächsten Jahren über vierzig, zum Teil lange Briefe schicken, auf die er nur selten und kurz reagiert. Während sie ihn unbefangen duzt, geht Goethe erst später zum »Du« über und versucht, ihren Überschwang zu bremsen: »Laß uns von Zeit zu Zeit ein Wort vernehmen, es tut immer seine gute und freundliche Wirkung, wenn auch der Gegenhall nicht bis zu Dir hinüberdringt.« Unverblümt erwidert Bettine: »Wer resigniert und sich zusammennimmt, der beweist nur, daß er mehr tot als lebendig ist. Ich bin aber nicht tot. Ich habe einen festen, starken Willen, bis in Ewigkeit – und was hast Du dagegen? – Dich zu lieben.«

Bettine Brentanos Zuneigung schmeichelt dem Dichter, doch für ihn ist das nur eine Episode. Nach dem Tod seiner Mutter 1808 will er seine Memoiren schreiben und bittet Bettine um Hilfe, da er vermutet, dass seine Mutter ihr in vielen Gesprächen Details aus seiner Kindheit und Jugend erzählte, die er längst vergessen hat. »Setze Dich also gleich hin und schreibe nieder, was sich auf mich und die Meinen bezieht und Du wirst mich dadurch sehr erfreuen und verbinden.« Bettine erfüllt seinen Wunsch sofort und schickt ihm ihre Notizen und Gesprächsprotokolle, die – zum Teil wörtlich – in seine Lebenserinnerungen *Dichtung und Wahrheit* einfließen.

Doch wenig später kommt es zum Bruch zwischen dem Dichter und ihr. Beim Besuch einer Ausstellung kritisiert sie die Gemälde von Goethes Freund, dem Maler Heinrich Meyer. Es entwickelt sich ein lauter Wortwechsel, in dessen Verlauf Goethes Frau Christiane Bettine ohrfeigt und ihr die Brille von der Nase reißt. Bettine nennt Christiane daraufhin eine »toll gewordene Blutwurst«. Nach diesem Streit verbietet Goethe ihr sein Haus und bricht den Kontakt ab. Der Skandal ist wochenlang Gesprächsthema in Weimar. Für den Dichter ist der Vorfall ärgerlich, aber er befreit ihn auch von einer seiner anstrengendsten Verehrerinnen. Bettine hingegen ist tief verstört und schreibt ihm sofort einen Brief, den er jedoch nicht beantwortet. Als sie im folgenden Jahr wieder in Weimar ist, will sie eine Aussprache herbeiführen und alle Schuld auf sich nehmen, doch Goethe weist sie ab. Ihre wiederholten Annäherungsversuche und ihre Aufdringlichkeit in den nächsten Jahren lassen Goethe immer mehr auf Distanz gehen. In einem Brief an den Herzog Carl August überlegt der Dichter, ihr jede weitere Kontaktaufnahme zu verbieten, und berichtet: »Diese leidige Bremse ist mir als Erbstück meiner guten Mutter schon viele Jahre sehr unbequem.«*

Trotzdem gelingt es Bettine, den Dichter noch einige Male zu sehen. Doch der von ihr ersehnte frühere freundschaftliche Umgang stellt sich nicht wieder ein, was ihrer Verehrung für Goethe aber keinen Abbruch tut. Sie vertont einige seiner Gedichte und entwirft 1823 ein monumentales Goethe-Denkmal. Das Modell kann sie dem Dichter später persönlich zeigen, sodass es schließlich – fünfzehn Jahre nach dem Zerwürfnis – doch noch zu einer Versöhnung zwischen beiden kommt.

Mit dem gleichen Enthusiasmus sucht Bettine die Bekanntschaft zu einem anderen großen Künstler. Nachdem sie einige Kompositionen von Ludwig van Beethoven gehört hat, will sie ihn unbedingt kennenlernen. Bei einem Aufenthalt in Wien im Mai 1810 trifft die Fünfundzwanzigjährige den fünfzehn Jahre älteren Musiker, der sich damals auf dem Höhepunkt seiner Schaffenskraft und Karriere befindet. Es entwickelt sich eine kurze, aber intensive Freundschaft. An den letzten drei Tagen ihres Aufenthaltes sehen sie sich jeden Abend. Beethoven, der gerade einige Goethe-Lieder vertont hat, teilt ihre Verehrung für den Dichter. Später widmet er ihr seine Vertonung des Goethe-Gedichtes *Herz, mein Herz, was soll das geben?*. Von ihrer Korrespondenz ist nur ein Brief erhalten, der zeigt, dass Bettine Brentano die einzige Frau ist, die der Komponist in seinen Briefen duzt.

Nach den gesellschaftlichen Normen ihrer Epoche ist es für Bettine Brentano höchste Zeit, Ehefrau und Mutter zu werden, was sie allerdings – zum Verdruss ihrer Familie – nicht interessiert. Ihr Bruder Clemens versucht, sie für seinen Freund Achim von Arnim zu gewinnen, mit dem er von 1805 bis 1808 die Volksliedsammlung *Des*

* vgl. Hirsch

Knaben Wunderhorn herausgegeben hat. Doch Bettine mokiert sich über dessen Kleidung und Achim findet die Schwester seines Freundes zu selbstständig. Bettine bittet ihren Bruder, seine Suche nach einem passenden Ehemann für sie aufzugeben, und versichert ihm in einem Brief selbstbewusst, sie bedürfe keine »Stütze im Leben [...] – ich bedarf, daß ich meine Freiheit behalte«. Denn das Ziel ihres Lebens sei, »daß ich das ausrichte und vollende, was eine innere Stimme mir aufgibt zu tun«.

So vergehen mehrere Jahre, ehe es zu einer ernsthaften Annäherung zwischen Bettine und Achim kommt. 1808 schreibt er ihr: »Wir müssen erst viel miteinander tanzen, um miteinander in Takt zu kommen.« Der vier Jahre ältere Achim von Arnim hat sich nach dem Studium der Mathematik und Physik der Literatur zugewandt und Romane, Novellen, Erzählungen und Gedichte veröffentlicht, doch kann er vom Schreiben nicht leben. Als seine Großmutter testamentarisch verfügt, dass ihr Enkel erst erbt, wenn er leibliche Kinder hat, wendet er sich an Bettine, um diese Pflicht möglichst bald zu erfüllen. Den praktischen Gedanken folgen klare Worte und das Bekenntnis, er wüsste keine auf der Welt, »von der ich so gern ein Ebenbild besessen hätte, und auch keine, mit der ich [...] so gern mich erfreut, gestritten, gewacht und geschlafen hätte als Dich«. Am 4. Dezember 1810 verloben sich die beiden in Achim von Arnims Geburtsstadt Berlin, in die Bettine inzwischen mit den Savignys übergesiedelt ist, und ein Vierteljahr später, am 11. März 1811 heiraten sie heimlich, ohne die Familie und Freunde zu informieren. Es ist keine Liebeshochzeit, eher eine Verbindung aus Freundschaft und Vernunft – auch wenn in den ersten Jahren die zärtliche Zuneigung noch überwiegt. Kurz nach der Eheschließung schreibt Achim von Arnim ein Gedicht für seine Frau:

Mit jedem Druck der Feder
Drück ich Dich an mein Herz,
Bald tragen mich flüchtge Räder
Wieder zu Lust und Scherz.
Ich öffne leise die Türe,
Und weil es so dunkel ist,
Dir Leib und Schenkel berühre,
Ob Du dieselbe bist.

Der »poetische Zauber« ihrer Beziehung wird bald von Alltagssorgen überschattet. Im Mai 1812 kommt der erste Sohn Freimund zur Welt. Die Entbindung verläuft dramatisch: Als der Arzt Achim von Arnim fragt, ob er das Kind oder die Mutter retten solle, ist dieser vor Schreck sprachlos. Da ruft Bettine laut, er solle das Kind retten. In den nächsten fünfzehn Jahren bringt sie sechs weitere Kinder zur Welt, drei Söhne und drei Töchter. Die Schwangerschaften und Geburten sind schwer und jedes Mal ein Risiko für Mutter und Kind. Mitfühlend bekennt ihr Mann, bei dessen Geburt seine Mutter starb, »wenn ich nur für dich einmal niederkommen könnte«. Bei der Geburt der jüngsten Tochter Gisela 1827 ist Bettine zweiundvierzig Jahre alt.

Ihr Leben verändert sich vollkommen: Die Aufgaben und Pflichten als Hausfrau und Mutter bringen sie – trotz Dienstboten – oft an die Grenze ihrer Belastbarkeit. Sie lernt weben, schneidern, kochen und backen und sitzt nächtelang an den Betten ihrer kranken Kinder. Dazu kommt die schwierige finanzielle Lage. 1814 geben Achim und Bettine den Berliner Wohnsitz aus Kostengründen auf und ziehen in das etwa achtzig Kilometer entfernte Wiepersdorf in Brandenburg, das zum Arnim'schen Familienbesitz gehört. Zunächst klingen Bettines Briefe noch heiter, wenn sie berichtet, wie ihr Mann »die neue Kuh mit unserem Frisierkamm gekämmt« und ihr »den ganzen ersten Tag Gesellschaft geleistet« habe. Doch bald ändert sich ihre Stimmung. Im Gegensatz zu ihrem Mann liegt ihr das zurückgezogene Landleben nur wenig. Sie ist dort nicht glücklich, weil sie sich nach den abwechslungsreichen und interessanten Abenden in der Berliner Gesellschaft sehnt.

Zu den wichtigsten Freunden der Familie gehören die Brüder Grimm. Die Erstausgabe ihrer bekannten Sammlung der *Kinder- und Hausmärchen* haben sie Bettine und ihrem ersten Sohn gewidmet. Nach einem Besuch in Wiepersdorf schildert Wilhelm Grimm seinem Bruder Jacob das geräumige Haus, den schönen Garten und den angrenzenden Birkenwald. Er erkennt aber auch das Dilemma der Gastgeberin, die den Haushalt selbst führt, »aber keine Lust an diesem Wesen« findet. Wilhelm Grimms Fazit lautet: »Beiden wär zu wünschen, daß sie aus dieser Lebensart herauskämen.«* Doch es gelingt dem Ehepaar nicht, eine für beide befriedigende Lösung zu

* vgl. Drewitz

finden. Zunächst verbringen sie die Winter in Berlin und die Sommer in Wiepersdorf. Resigniert notiert Bettine in einem Brief: »[...] ich bin nun schon über die Hälfte meines Lebens und sehe wohl ein, daß ich geboren bin zum Dulden, aber nicht zum eigenen freien Bewegen, so sehr ich mich auch in meinen früheren Jahren danach gesehnt habe.«

1817 entscheidet sich das Ehepaar für zwei getrennte Haushalte: Bettine zieht mit den Kindern zurück nach Berlin und findet wieder Anschluss an das gesellschaftliche und kulturelle Leben. Sie lernt unter anderem Karl August und seine Frau Rahel Varnhagen von Ense. kennen, die in ihrem Salon die Geistesgrößen der damaligen Zeit versammelt, unter ihnen der Philosoph Friedrich Hegel und der Schriftsteller und Gartenarchitekt Hermann von Pückler-Muskau. Einer Freundin berichtet Rahel später, die Baronin Arnim sei die »einzige Frau unter Männern und Weibern, die ich für meinen Pair halte« und mit der sie Altbekanntes neu und frisch diskutieren könne.

Achim von Arnim bleibt in Wiepersdorf und genießt die Abgeschiedenheit. Ihm gelingt es, sein literarisches Schaffen mit den Pflichten eines Gutsherrn zu vereinen. Der umfangreiche Briefwechsel des Ehepaares spiegelt das Auf und Ab des Alltags zwischen finanziellen Problemen, Kindersorgen, Krankheiten und der ewigen Diskussion, ob und wann Achim nach Berlin reist oder Bettine nach Wiepersdorf. Sie sehnt sich nach ihrem Mann und braucht auch seine praktische Unterstützung: »Schieß mir ein Dutzend Hasen, ein paar wilde Schweine, Hirsch und Reh, schlachte sechs Putenhühner, pack alles auf und komme«, schreibt sie ihm. Doch Achim weicht aus, schiebt die Fahrt nach Berlin immer wieder hinaus und seine Frau beklagt sich, dass er nur dort glücklich sei, wo sie nicht ist. In Wiepersdorf ist Achim der Hausherr, in Berlin bestimmt Bettine. Sie ist stolz darauf, die Frau eines Dichters zu sein, aber enttäuscht, dass Achim seine poetische Begabung wenig nutzt und sich mehr der Landwirtschaft widmet. Seine Bücher haben nicht den erhofften Erfolg; sein Roman *Die Kronenwächter* wird kaum beachtet. Resigniert sieht er sich immer weniger als Dichter und genießt seine »unliterarische Feldarbeit«.

In Berlin fühlt er sich fehl am Platz und erklärt seiner Frau, lieber allein auf dem Land bleiben zu wollen, als ihr Leben und das der Kinder zu stören. Für ihn ist die Wechselwirkung von körperlicher Arbeit und geistiger Beschäftigung wichtig. In Wiepersdorf, wo er selbst wirtschaftet, empfindet er seine Arbeit als sinnvoll und befriedigend, während er sich in Berlin überflüssig und »fast unbefreundet« fühlt. Seine Ausführungen gipfeln in der Formulierung, dass er in der Großstadt seinen »physischen und geistigen« Untergang befürchte. Die charakterlichen Unterschiede der Ehepartner sind unüberbrückbar, doch scheint Bettine unter den langen Trennungen mehr zu leiden als ihr Mann. Im Frühjahr 1822 hofft sie, das Osterfest gemeinsam mit ihm und den Kindern in Berlin zu verbringen, bis er wenige Tage vorher absagt. »Ich hatte sicher darauf gerechnet, und wie leid es mir tut, mag ich dir nicht sagen, denn du glaubst es nicht«, schreibt sie ihm enttäuscht und fährt fort: »[…] ich mache keine Ansprüche an Deine Zärtlichkeit, denn ich war nicht das Ideal, dem Du Dich aus Leidenschaft ergeben hast. Aber mich wunderts, daß Dir Dein kleinstes Kind nicht lieb genug ist, um Wort zu halten.« Kurz zuvor hat die jüngste Tochter Armgard – ohne den Vater – ihren ersten Geburtstag gefeiert. Nach gut zehn Ehejahren werden die Probleme immer deutlicher: Das Paar findet weder einen gemeinsamen Ort zum Leben noch einen Kompromiss.

Bettine besucht Wiepersdorf nur noch zeitweise. Ihrer Schwester Gunda berichtet sie über einen dieser Aufenthalte Neujahr 1823: »Das Schreiben vergeht einem hier, wo den ganzen Tag, das ganze Jahr, das ganze liebe lange Leben nichts vorfällt, weswegen man ein Bein oder einen Arm aufheben möchte. Ich kenne kein Geschäft, was den Kopf mehr angreift als gar nichts tun und nichts erfahren, jeder Gedanke strebt aus der Lage heraus, in der man sich befindet, man fliegt und erhebt sich weit und mit Anstrengung über die Gegenwart und fällt um so tiefer, um so gefährlicher wieder zurück, daß es einem ist, als ob man alle Knochen zerschlagen habe.«

Ihr Fazit nach zwölf Jahren Ehe ist deprimierend: Sie bekennt, sie habe sich in dieser Zeit körperlich und geistig »auf der Marterbank« gefühlt und zu wenig Rücksicht auf ihre Bedürfnisse erfahren. »Mein Perspektiv ist das End aller Dinge.«

Nicht nur in Bezug auf den Aufenthaltsort sind die Eheleute unterschiedlicher Meinung. Auch ihre Erziehungsgrundsätze unterscheiden sich deutlich. Achim von Arnim hat konservative Vorstellungen und ist der Ansicht, »es wäre den Knaben besser, sie auf eine entfernte Schulanstalt zu bringen, wo sie zu allen Jahreszeiten mit Ernst und Strenge gehalten werden, beten und arbeiten«. In diesem Brief, den er seiner Frau 1826 schreibt, bringt er auch seine Resignation zum Ausdruck, dass sie ihn dabei nicht unterstützt. Bettine dagegen setzt auf freie Entfaltung, ist damit ihrer Zeit weit voraus und nimmt schon Aspekte der antiautoritären Erziehung des 20. Jahrhunderts vorweg. Den Vorschlägen ihres Mannes setzt sie entgegen, man könne »mit Gewalt keinen Gehorsam verlangen«. Sie ist der Meinung, man müsse die Freiheit der Kinder respektieren und will ihnen ihre Werte vermitteln. Sicherlich haben die Erfahrungen in ihrer eigenen Kindheit und Jugend dazu beigetragen, dass für sie die freie Entfaltung oberstes Gebot in der Kindererziehung ist. »Je mehr ich diese Naturen beschaue, je mehr bin ich überzeugt, daß nur ein geschärfter Instinkt, keineswegs aber ein studierter Plan auf Kinder einwirken kann.«

Immer wieder wirft Achim ihr vor, nicht sparsam genug zu sein; sie dagegen zählt ihm auf, dass sie »einen sechs Jahre alten Winterhut« trage, »keinen warmen Mantel« habe und weder ins Konzert noch in die Oper gehe, »obschon Musik mein einziger Lebensgenuß ist«. Bei so zahlreichen Konfliktpunkten verwundert es nicht, dass die beiden die meiste Zeit ihrer zwanzigjährigen Ehe getrennt verbringen. Die Entfremdung zwischen ihnen nimmt zu, da der gegenseitige Austausch fehlt und sie sich auseinanderentwickeln. Die unterschiedlichen Interessen – Geselligkeit und Zurückgezogenheit – sorgen regelmäßig für Meinungsverschiedenheiten. Immer seltener ist Achim von Arnim zu Ostern, Weihnachten und an den Geburtstagen der Kinder oder seiner Frau mit der Familie zusammen. Auch Weihnachten 1830 kann er nicht kommen und erklärt Bettine, nicht der Schnee, sondern der Getreideverkauf halte ihn zurück. Danach ist es »ein Schmerz im Knie und Fuß«, der ihn an der Abreise hindert. Zwei Wochen später, am 21. Januar 1831, stirbt Achim von Arnim fünf Tage vor seinem fünfzigsten Geburtstag überraschend an einem Schlaganfall, ohne dass sich das Ehepaar aussprechen konnte. Erschüttert schreibt Bettine an Friedrich Schleiermacher, Arnim sei von ihr gegangen »ohne sich noch einmal umzusehen«.

Nach einigen Tagen kann sie – in einem Brief an die Brüder Grimm – seinen Tod als Gottes Wohlgefallen und Prüfung ihrer Liebe sehen und bekennt, dass sie sich wieder wie eine Braut fühlt: »Der Ring, den er zwanzig Jahre als Zeuge unbefleckter Treue am Finger getragen, steckt jetzt wieder als Verlobungsring für die Ewigkeit an meinem Finger.« Trotz ihrer Trauer erkennt Bettine, die ihren Mann um mehr als ein Vierteljahrhundert überleben wird, auch neue

Perspektiven. Ihre Ambivalenz zwischen den Gefühlen des Verlustes und der Erleichterung wird in einem Brief an ihre Freundin Rahel Varnhagen von Ense deutlich, der sie erklärt, sie fühle sich »in einen neuen Boden versetzt«. Rückblickend verklärt Bettine ihre Ehe, bezeichnet sie aber auch als eine gewaltige Zerreißprobe, in der ihre »innerste Natur in Streit war mit allem Unabwendbaren«.

Für die siebenundvierzigjährige Bettine von Arnim beginnt ein neuer Abschnitt, ihr »drittes Leben«. Sie sorgt für die Herausgabe der Werke ihres Mannes, indem sie Wilhelm Grimm zu seinem Nachlassverwalter bestimmt. Vor allem aber nutzt sie ihre neue Freiheit, um sich ganz dem Schreiben und ihren literarischen Interessen zu widmen. Ihre oft spontan geschriebenen Briefe, die geistreich und witzig sind, empfindet sie als wirksames Mittel »gegen den Mottenfraß der Häuslichkeit«.

Bettine ist fünfzig als sie 1835 – drei Jahre nach dem Tod des Dichters – ihr erstes Buch *Goethes Briefwechsel mit einem Kinde* publiziert. Ihre religiöse, auf Pietät und den gesellschaftlichen Ruf bedachte Familie versucht, die Publikation zu verhindern. Doch Bettine lässt sich nichts mehr vorschreiben: »Lange genug habe ich für etwas anderes gelten müssen, als ich verantworten möchte.« Clemens hat Angst vor einem Skandal, weil seine Schwester schildert, wie sie sich als junges Mädchen nicht »wohlerzogen« auf das Sofa, sondern auf Goethes Schoß setzte. Selbstbewusst antwortet sie ihm, dass ihr Buch außergewöhnlich sei und es weder in diesem Jahrhundert noch in den vergangenen etwas Vergleichbares gegeben habe. Und damit hat sie Recht: Das Buch, das den Goethe-Kult einleitet, wird ein Bestseller und macht sie berühmt. Auch ihre beiden anderen Bücher, in denen sie – auf der Grundlage von frei bearbeiteten Korrespondenzen – Kindheitserinnerungen, philosophische Gedanken und fiktive Elemente miteinander verbindet, haben viel Erfolg. Ihr Erinnerungsband *Die Günderode* erscheint 1840, darin schreibt sie: »*Selbstdenken* ist der höchste Mut! […] Wer wagt, selbst zu denken, der wird auch selbst handeln, […] denn sich nach andern richten, das ist nicht handeln, handeln ist *Selbstsein*, und das ist: *in Gott leben.*« Doch ihr Sohn Siegmund, der sich um seine Laufbahn als preußischer Beamter sorgt, empört sich: »Was dein Buch betrifft, so glaube mir, daß es die Druckkosten nicht einbringen wird und ich sehe mit Sehnsucht der Zeit entgegen, wo ich Tausende von Exemplaren kreuzweise benutzen werde.«

1844 erscheint *Clemens Brentanos Frühlingskranz*, eine aus Briefen zusammengestellte Hommage an ihren Bruder, der zwei Jahre zuvor gestorben ist.

Bettine von Arnim wird zur engagierten Schriftstellerin, die sich auch in politische Diskussionen einmischt. Als 1837 sieben Göttinger Professoren – unter ihnen die Freunde Jacob und Wilhelm Grimm – gegen die Aufhebung der Verfassung durch den König von Hannover protestieren und entlassen werden, versichert Bettine Wilhelm Grimm: »Ich schwöre, Euch treu zu sein, und für Euch herzhaft in die Dornen der Zeit zu greifen.« Das gelingt ihr: Drei Jahre später, 1840, beruft der neue König Friedrich Wilhelm IV. die Brüder Grimm nach Berlin, wo sie vor allem an ihrem Großprojekt, dem *Deutschen Wörterbuch* arbeiten. Schon Jahre zuvor bekennt Wilhelm Grimm, Bettine gehöre »zu den Geistreichsten, die mir mein Lebtag begegnet sind«. Er lobt ihre Fähigkeit, zu erzählen und ihre Gedanken offen und ehrlich mitzuteilen »über das, was ein menschliches Herz bewegen kann und wovon das Höchste ihr nicht fremd geblieben ist.«

Als Bettine von Arnim während der Cholera-Epidemie im Herbst 1831 in Berlin mit homöopathischen Mitteln selbstlos Kranke pflegte, hat sie die katastrophalen Lebensbedingungen der Armen entdeckt. Nun setzt sie ihre Hoffnungen auf den als liberal geltenden König Friedrich Wilhelm IV. Um die Zensur zu umgehen, widmet sie ihm 1843 ein Buch, in dem sie auf die Missstände in den Berliner Armenvierteln hinweist. Sie hat in diesen Jahren über vierhundert Berliner Familien besucht und sowohl finanziell als auch mit Kleidung und Lebensmitteln unterstützt. Die Veröffentlichung von *Dies Buch gehört dem König* erregt Aufsehen – im Positiven wie im Negativen, denn die Reaktionen sind ambivalent. Bettine von Arnim wird zum Vorbild für die deutsche Jugend, die Autoren des Jungen Deutschland, Liberale und die Opposition. Sie verehren die Schriftstellerin als unkonventionell denkende, mutige und engagierte Frau, die gegen festgefahrene Regeln und Gesetze rebelliert. Die fast Sechzigjährige fühlt sich den Jungen, die an den europäischen Völkerfrühling und die Unabhängigkeit glauben, näher als ihren eigenen Kindern. Der Schriftsteller Karl Gutzkow nennt das Werk »ein Ereignis, eine Tat, die weit über den Begriff eines Buches hinausfliegt« und kommt zu dem Schluss, dieses Buch gehöre nicht nur dem König, sondern der Welt. »Es sagt Dinge, die noch niemand gesagt hat, die aber, weil sie von Millionen gefühlt werden, gesagt werden mußten.«* Der König distanziert sich allerdings und der preußische Innenminister hält das Buch für eine »gemeingefährliche Schrift«. Die Autorin wird wie eine Staatsfeindin behandelt. Ein Brief der zwanzig Jahre jüngeren französischen Schriftstellerin George Sand, die ihr – beeindruckt von der Lektüre der französischen Ausgabe ihres Goethe-Buches – eine Zusammenarbeit vorschlägt, wird von der Zensur geöffnet.

Bettines Salon, in dem sie nicht nur Jacob und Wilhelm Grimm, Friedrich Schleiermacher, Alexander von Humboldt und Ludwig Tieck sondern auch junge Oppositionelle empfängt, wird beobachtet. Als Gegenpol zum demokratischen Salon ihrer Mutter führen ihre konservativen Töchter einen aristokratischen Salon im selben Haus. Bis auf ihren Erstgeborenen Freimund und die jüngste Tochter Gisela missbilligen alle Kinder die politischen Aktivitäten ihrer Mutter. Die älteste Tochter Maxe schreibt ihr: »Es ist ein Jammer, daß Du glaubst, die Politik sei Dein Feld. Du machst all Deinen Kindern Kummer damit. Dein Ruhm wird keineswegs vergrößert. Dein Ruhm sind Deine ersten Bücher; mit dem Königsbuch ist er nicht mehr gestiegen [...]. Du lachst und sagst, ich sei dumm und verstände nichts. – Ich bin aber nur die Einzige, die den Mut hat, Dir das immer wieder ins Gesicht zu sagen.«*

Dennoch kritisiert Bettine von Arnim unerschrocken das soziale Elend sowie die Unterdrückung der Meinungsfreiheit in Preußen. Sie sammelt Material für ein Armenbuch, in dem sie demokratische Rechte für alle Bürger fordert. »Wer ist des Staates Untertan? Der Arme ists! – Nicht der Reiche auch? – Nein, denn seine Basis ist Selbstbesitz und seine Überzeugung, daß er nur sich angehöre! – Den Armen fesseln die Schwäche, die gebundenen Kräfte an seine Stelle. [...] Sollten die gerechten Ansprüche des Armen anerkannt werden, dann wird er mit unzerreißbaren Banden der Blutsverwandtschaft am Vaterlandsboden hängen, der seine Kräfte der Selbsterhaltung weckt und nährt, denn die Armen sind ein gemeinsam Volk, aber die Reichen sind nicht ein gemeinsam Volk, da ist jeder für sich und nur dann sind sie gemeinsam, wenn sie eine Beute teilen auf Kosten des Volkes.«

Doch die Zeit ist noch nicht reif für demokratische Gedanken – noch dazu von einer Frau. Bettine von Arnim verzichtet schließlich auf die Publikation, da sie im Verdacht steht, mit ihrem »Königsbuch«

---

* vgl. Drewitz

den Aufstand der schlesischen Weber 1844 provoziert zu haben. Im Sommer 1847 wird sie wegen Beleidung zu zwei Monaten Gefängnis verurteilt. Um der Familie die Schande zu ersparen, interveniert ihr Schwager Savigny – inzwischen preußischer Minister –, sodass sie nur die Gerichtskosten zahlen muss.

Als es im März 1848 in Berlin zur Revolution kommt und bewaffnete Soldaten auf das wehrlose Volk schießen, sind alle Hoffnungen Bettines auf einen politisch-gesellschaftlichen Umschwung und einen gerechten König gescheitert. »[...] es ist viel Arbeit in der Welt, mir zum wenigsten deucht nichts am rechten Platz [...]. Ich meine immer, ich müsse die ganze Welt umwenden.«

Im Januar 1850 widmet sie dem ungarischen Dichter und Freiheitskämpfer Sándor Petöfi, der sich für ein unabhängiges Ungarn einsetzte und 1849 im Freiheitskampf starb, ihr Gedicht *Petöfi dem Sonnengott*:

[...]
Willst *du* die alles schauende Zeit nicht hinein haben, so laß sie
  hinaus.
Und während Dunkel auf irrenden Pfaden
Der Menschen Geschicke umkreist,
Preisen den ahnungsvollen Tag sie
In sonnedurchschimmerter Nacht, dir geheiligt, o Taggott.
[...]

Dieses Poem, das Petöfis Einsatz feiert, ist das einzige von Bettines Gedichten, das noch heute zitiert wird und als Höhepunkt ihres Spätwerkes gilt. Ihre Stärke liegt nicht in der Lyrik, sondern in den erzählenden Texten, den autobiografischen Aufzeichnungen, Erinnerungen und Briefen, in denen ihre Spontaneität und ihr Humor am unmittelbarsten zum Ausdruck kommen. 1852 publiziert sie *Gespräche mit Dämonen*, den zweiten Band ihres »Königsbuches«, in dem sie die Gleichberechtigung von Frauen und Juden fordert. Im folgenden Jahr erscheinen ihre sämtlichen Werke in elf Bänden.

1854 erleidet sie einen Schlaganfall. Nach einer vorübergehenden Erholung ist sie nach einem zweiten Schlaganfall 1856 linksseitig gelähmt. Bettine von Arnim stirbt am 20. Januar 1859 – einen Tag vor dem Todestag ihres Mannes – im Alter von dreiundsiebzig Jahren in Berlin und wird neben ihm in Wiepersdorf beigesetzt. Während er auf seinem Grabstein als »Deutscher Dichter« bezeichnet wird, steht bei ihr lediglich der Zusatz »vermählt mit Ludwig Achim von Arnim«. Heute ist Schloss Wiepersdorf ein Künstlerhaus, in dem auch ein Von-Arnim-Museum untergebracht ist, das an das Schriftsteller-Paar erinnert.

Nach Bettine von Arnims Tod versucht ihre Familie, von ihr das Bild einer romantisch-naiven Autorin zu zeichnen. Jahrzehntelang werden ihre Briefe unter Verschluss gehalten, damit ihr politisch-soziales Engagement in Vergessenheit gerät. Erst durch die Veröffentlichung ihrer umfangreichen Korrespondenz in der zweiten Hälfte des 20. Jahrhunderts wird ihre Bedeutung offensichtlich: Bettine von Arnim stand zwischen den Zeiten. Ihre Briefromane sind noch von der Romantik geprägt, ihre sozialkritischen Schriften weisen in die Zukunft. Ihr Leben und Werk kann man – wie ihre erste Biografin Ingeborg Drewitz – als einen »Prozess der Selbstbefreiung« sehen: »Ich habe so viel Substanz in mir, daß ich ein Leben lang damit zu tun habe.« Ihr Mut, ihre Unerschrockenheit im Umgang mit den Mächtigen der Welt und ihr Eintreten für die Grundrechte der Menschen können auch im 21. Jahrhundert noch Vorbild sein. In *Goethes Briefwechsel mit einem Kinde* schreibt sie:

»Ich habe keinen andern Freund gehabt als mich selber. [...] Hätte mir damals einer gesagt, es sucht jeder in der Liebe nur sich, und es ist das höchste Glück, sich in ihr finden, ich hätt es nicht verstanden. Doch ist in diesem kleinen Ereignis eine hohe Wahrheit verborgen, die gewiss nur wenige fassen: finde Dich, sei dir selber treu, lerne dich verstehen, folge deiner Stimme; nur so kannst du das Höchste erreichen!«

Marceline Desbordes-Valmore
(1786–1859)

»Mein Herz ist wahrhaftig und aufrichtig«

Les femmes, je le sais, ne doivent pas écrire,
J'écris pourtant…

~

Frauen, ich weiß es wohl, sollen nicht schreiben,
ich schreibe dennoch…*

…bekannte Marceline Desbordes-Valmore selbstbewusst Mitte des 19. Jahrhunderts in ihrem Gedicht *Une lettre de femme* (Brief einer Frau). Die französische Lyrikerin wurde damals als größte Dichterin seit Louise Labé gefeiert und vom einflussreichsten Literaturkritiker ihrer Zeit, Charles-Augustin Sainte-Beuve, verehrt und gefördert. Er schätzte an ihren Versen die Unmittelbarkeit und Echtheit der Gefühle. Honoré de Balzac und Victor Hugo schrieben ihr begeisterte Briefe. Charles Baudelaire lobte die »unvergleichliche Schönheit des Ausdrucks ihrer Poesie«. Und für Paul Verlaine war sie – neben George Sand – die einzige Frau von Genie und Geist des 19. Jahrhunderts.

Heute ist Marceline Desbordes-Valmore in Frankreich fast völlig vergessen. Und auch in Deutschland kennt kaum jemand ihren Namen, obwohl ihr *Kindlers Neues Literaturlexikon* in der Ausgabe von 1989 vier Spalten widmet und die »schmerzlich-großartige Einfachheit« ihrer sehr persönlichen Gedichte hervorhebt. Ihr Werk ist untrennbar mit ihrem abenteuerlichen, von Verlusten und Enttäuschungen bestimmten Leben verbunden.

* vgl. Böhm

Marceline Desbordes wird am 20. Juni 1786 als jüngstes von vier Kindern in Douai geboren und wächst im nordfranzösischen Flandern auf. Ihr Vater, Félix Desbordes, ein Wappen-, Karossen- und Kirchenmaler, ist nach der Revolution arbeitslos, sodass die Familie in großer Armut lebt. 1797 entschließt sich die Mutter Catherine, bei einem reichen Vetter, der auf den Antillen eine Plantage besitzt, Hilfe zu erbitten. Mit der jüngsten Tochter Marceline zieht sie mehr als zwei Jahre durch Frankreich, um das Geld für die Überfahrt nach Guadeloupe zu verdienen. Als die beiden 1801 endlich dort eintreffen, herrschen chaotische Zustände: Bei einem Sklavenaufstand gegen die weißen Herrscher ist der Vetter als einer der Ersten ermordet worden, Erdbeben erschüttern die Insel und das Gelbfieber wütet. Kurz nach der Ankunft stirbt die Mutter daran. Über ihren Tod schreibt Marceline Jahre später in dem Gedicht *Avant toi!* (Vor Dir!):

[...]
Mein schwarzer Gürtel, meine dunkle Trauer band
Mich an der Mutter Grab – was hatte noch Bestand?
Die Welt war groß und leer; es fehlte ihr die Stimme,
Die einzige, die das wüste Lärmen und Gebraus
Zur Heimat machte; nein! die Welt war nicht mein Haus!
[...]*

1802 kehrt sie allein nach Frankreich zurück, lebt dort wieder bei ihrem Vater und tritt erfolgreich als Sängerin und Schauspielerin auf: »Man warf mir Blumen zu und ich kehrte hungernd nach Hause zurück, ohne es irgendjemandem zu verraten.« Die zarte Gestalt der blonden Fünfzehnjährigen, ihr Talent und ihre Stimme verschaffen der Künstlerin ein Engagement an der Opéra Comique in Paris. Doch nach einigen Jahren muss sie das Singen aus gesundheitlichen Gründen aufgeben und entdeckt das Schreiben: »Mein [...] Kopf war stets voll Melodien, und ein immer gleicher Rhythmus gab, mir unbewußt, meinen Gedanken Form. Ich mußte sie niederschreiben, um den fiebernden Klängen zu entgehen, und man sagte mir, es sei eine Elegie.« 1807 veröffentlicht die junge Poetin ihr erstes Gedicht. Im

---

* Soweit nicht anders vermerkt, sind die Zitate Marceline Desbordes-Valmores entnommen aus: Zweig, Stefan: *Marceline Desbordes-Valmore. Das Lebensbild einer Dichterin.* Leipzig 1927.

Jahr darauf lernt sie den Schriftsteller Henri de Latouche kennen, der ihre Verse korrigiert und sie mit ihrem ersten Verleger bekannt macht. Über ihre Anfänge als Dichterin bekennt sie später in der ihr eigenen Offenheit, dass es ihr sehr schwer gefallen sei, ihre Gedanken in Worte zu fassen, da sie weder viel gelesen noch gelernt habe. Als man ihr Unklarheiten in ihren Versen vorwirft, weiß sie nicht, was sie korrigieren soll: »Ich änderte, ohne bessern zu können, und ich hatte nie die Kraft, mich mit diesen Aufzeichnungen von Dingen, die ich vergessen wollte, lange zu beschäftigen, – ich hatte so viel anderes zu tragen! Ich bin, wie jedermann, zum Leiden auf der Welt – und man sollte eher richtig denken, als richtig sprechen lernen.« Vermutlich ist Latouche auch ihre erste große Liebe, auf die sich fast alle ihre Liebesgedichte beziehen. In dem Gedicht *Vorahnung* heißt es:

Ich fühl's gewiß, ich werd' ihn wiedersehen,
Es brennt die Stirn, und süßer sind die Tränen.
Ich warte, horche auf, es stockt das Wort –
[…]
Mit solchem Einsatz zahl ich seine Nähe;
Nur mählich lehrt mich Liebe glücklich sein:
Ich frier nicht mehr, wenn ich ihn nicht mehr sehe,
Denn schon schließt sein Herz meines in sich ein.
[…]
Und kindisch schwank ich zwischen Lust und Schmerz –
[…]

Ihre Leidenschaft beschreibt Marceline Desbordes in dem Gedicht *Un billet de femme* (das in der deutschen Übertragung ebenfalls den Titel *Brief einer Frau* trägt) mit großer Aufrichtigkeit:

[…]
Hier, dieses Wort, das wahrste Wort von mir,
Dir fliegt es zu,
Heut abend wacht ein Weib und träumt von dir,
Komm, nimm mich, du!

Diese Liebesgedichte klingen wie ein poetisches Tagebuch, das die Ambivalenz der Gefühle zwischen Hoffnung, Erfüllung und Abhängigkeit schildert. Die Grenze zwischen dem lyrischen Ich und der Verfasserin scheint auch in dem Gedicht *Herbstsang* aufgehoben.

[...]
Mit letzter Kraft entfloh ich deinen Ketten
Und meinte so, mich vor mir selbst zu retten.
[...]

Im Juni 1810 bringt die Vierundzwanzigjährige in Paris einen unehelichen Sohn zur Welt. Obwohl sie den Namen des Vaters nicht preisgibt, geht man heute davon aus, dass es sich um Henri de Latouche handelt. Er verlässt Marceline allerdings bald darauf, da er sich in eine andere Frau verliebt hat. Über diesen Bruch kommt Marceline Desbordes nicht hinweg, im Gedicht *Trennung* klagt sie:

[...]
Nichts blieb mir, nichts! Nahm er mir alles fort,
Was ich geliebt? Die Welt ist leer und kalt;
Die Zeit steht still, die Stunde schlägt nicht mehr.
Und immer leben, immer, fort und fort!
So stirbt man nie, und diese Last, die schwer
Auf meine Seele drückt, ist Ewigkeit?
[...]

Dieses Erlebnis steht schicksalhaft über ihrem Leben und ihrer Dichtung. Bis zu ihrem Tod wird sie diese unglückliche Liebe, die nur knapp zwei Jahre dauerte, beschreiben. Noch mehr als zwanzig Jahre später heißt es in einer *Elegie*, die sie an ihre Schwester richtet:

Das ist nun so! Ich liebte ihn, und er allein,
Nur er gefiel mir; seine Züge, seine Stimme,
[...]
Ich starb an ihm und sagte nur: »Vergib!«
Ich war so unterjocht, daß mir kein Selbst verblieb.
[...]
Ein Mann ist grausam – daran stirbt ein Weib.
Mir bringt es Sterben – ihm war's Zeitvertreib!

[...]
Er sprach von Glück, doch ohne Zärtlichkeit,
Sprach von der Zukunft – ohne mich zu nennen!
[...]

Und in einem Brief an ihre beste Freundin, die Komponistin Pauline Duchambge, die viele ihrer Gedichte vertonte, klagt Marceline noch als Fünfzigjährige: »Das einzige Herz, das ich mir von Gott erbeten hätte, hat das meine nicht gewollt. Welch furchtbares Herzweh bis zum Tode!«

Nach der Trennung von Latouche verlässt Marceline Desbordes Paris, lebt erst einige Zeit bei ihrer Schwester in der Normandie, geht dann nach Brüssel und nimmt 1813 ihre Bühnenlaufbahn wieder auf. In dieser Zeit thematisiert sie in ihren Gedichten nur persönliche Erlebnisse. Die großen politischen Ereignisse dieser Jahre – die Völkerschlacht bei Leipzig 1813 oder Napoleons Niederlage 1815 bei Waterloo – werden weder in ihren Briefen noch in ihren Versen erwähnt. In den folgenden Jahren erlebt sie harte Schicksalsschläge: 1816/17 sterben innerhalb weniger Monate ihr Vater und der sechsjährige Sohn. Diese Verlusterfahrung beschreibt sie im Gedicht *Souvenir* (Gedenken):

Wie oft hab ich mein Kindlein schon beklagt.
Was schön war, ist mit ihm dahingegangen.
Nach ihm nur geht mein heftiges Verlangen,
doch wart ich nicht: Der Tod hat mich verjagt.
[...]
Mein sanftes Kind, das mich so innig band!
Welch andre Liebe könnte dich vertreiben?
Dich zu erretten war ich nicht imstand;
dein Bild jedoch wird immer in mir bleiben!*

In dieser schweren Zeit steht sie in Brüssel mit dem jungen Schauspieler Prosper Valmore auf der Bühne, der um sie wirbt. Doch sie schwankt zwischen ihrer Zuneigung und der Furcht, erneut enttäuscht zu werden. 1817 schreibt sie ihm in einem Brief: »Mein Herz ist wahrhaftig und aufrichtig. Ich kann es nicht wieder vergeben,

* vgl. Gewitter der Liebe

ohne daß mein Leben daran hängt, und in Ihren jungen Jahren, von tausenden Versuchungen umgeben, verspricht man nicht eine grenzenlose Liebe, eine Liebe bis zum Grab!« Resigniert behauptet sie, nicht mehr an die Liebe und das Glück zu glauben.

Prosper Valmore ist vierundzwanzig, sieht gut aus, doch als Schauspieler ist er nur mittelmäßig begabt. Marceline fühlt sich mit einunddreißig Jahren zu alt für ihn, aber sie wagt einen neuen Anfang. Nach der Hochzeit im September 1817 versichert sie ihm: »Ich bin glücklich! Wie doch meine ganze Seele sich auftut diesem vergessenen Wort, das für immer ausgelöscht schien.«

Schon im folgenden Jahr muss sie erneut einen schmerzlichen Verlust verkraften, denn einige Wochen nach der Geburt stirbt das erste Kind des Ehepaares. Innerhalb weniger Jahre werden ihnen vier Kinder geboren, von denen nur der Sohn Hippolyte die Mutter überleben wird. Seine Geburt feiert sie in dem langen Gedicht *Ein Neugeborener*, das mit den Zeilen beginnt:

> Nun bist du da, mein Kind, mein junger Gast!
> Seit einer Stunde da! Oh, wie erwartet,
> Dein Leben wie erkauft! Kannst du dafür?
> Nein, nein! Mein Schrei barg keinen Zorn zu dir.

In diesem Poem schildert sie die Schwangerschaft als ein besonderes körperliches Erlebnis. Und auch das Aufwachsen der Kinder begleitet sie mit Versen und Geschichten. Zur Einschulung des Sohnes schreibt sie ihm eine kleine Erzählung, die ihn zum Lernen anspornen soll. Einige Zeilen aus ihrem Schlaflied *L'oreiller* (Das Kopfkissen eines kleinen Mädchens) kann noch heute fast jedes Kind in Frankreich auswendig:

> Cher petit oreiller, doux et chaud sous ma tête,
> Plein de plume choisie, et blanc, et fait pour moi!
> Quand on a peur du vent, des loups, de la tempête,
> Cher petit oreiller, que je dors bien sur toi!
> [...]
> Je ne m'éveillerai qu'à la lueur première
> De l'aube; au rideau bleu c'est si gai de la voir!
> Je vais dire tout bas ma plus tendre prière:
> Donne encore un baiser, douce maman! Bonsoir!

Du liebes kleines Kissen, angefüllt
Mit zarten Federn, weiß und warm bist du;
Wenn Wind und Wolf und Ungewitter brüllt –
Bei dir ist Schlaf für mich und gute Ruh.
[...]
Ich wache nicht, bevor der Morgen weht
Und fröhlich durch den blauen Vorhang lacht;
Jetzt sag ich leis mein innigstes Gebet.
Noch einen Kuß, Mama, und gute Nacht!

Marceline und Prosper Valmore führen eine unruhige Ehe und ein entbehrungsreiches Wanderleben, da sie von einer Provinzbühne zur nächsten ziehen müssen. In der ersten Zeit treten sie noch gemeinsam auf, doch immer öfter wird die Diskrepanz zwischen ihrem und seinem schauspielerischen Können deutlich: Während Marcelines Talent viel Anerkennung findet und sie einen Erfolg nach dem anderen feiert, erlebt ihr Mann häufig Niederlagen und wird in Lyon sogar ausgepfiffen. Um den familiären Frieden zu erhalten, gibt Marceline Desbordes-Valmore nach der Geburt des Sohnes Hippolyte und der Töchter Ondine und Ines ihre Bühnenlaufbahn auf. Das stärkt das Selbstbewusstsein ihres Mannes, der nun der Haupternährer der Familie ist. Doch da er an den großen Bühnen keine Engagements bekommt, müssen sie durch die Provinz reisen, wo er auftritt, und Marceline sich um die Kinder und den Haushalt kümmert. In ihren Briefen verschweigt sie ihm allerdings ihren tagtäglichen Kampf ums Überleben, denn das Geld reicht nur selten, um die Familie mit dem Nötigsten zu versorgen. Sie wäscht, kocht, putzt und näht die Kleidung für die Kinder selbst. Jahrzehntelang führt Marceline ein Leben an der Armutsgrenze und muss sogar den Ring verkaufen, den Prosper Valmore ihr zur Vermählung geschenkt hat. Um Geld zu verdienen, schreibt sie Verse. Und wie auf der Bühne – wo ihr schwermütige und leidenschaftliche Rollen mehr liegen als muntere – inspirieren sie tragische Erlebnisse mehr als glückliche.

1819 erscheint ihr erster Gedichtband *Élégies, Marie et Romances*, dem in den nächsten Jahren weitere folgen. In ihrer Liebeslyrik thematisiert sie fast ausschließlich ihre spannungsreiche Beziehung zu Latouche. Da ihr Mann nicht weiß, auf wen sich ihre Verse beziehen, reagiert er eifersüchtig, doch sie versichert ihm in ihren Briefen ihre Liebe und bekennt: »Es kränkt mich heute, diese Gedichte, die Dein Herz bedrücken, geschrieben zu haben.« Die Tragödien, die sie in ihren Elegien schildere, habe sie nicht alle selbst erlebt, sondern auch Erfahrungen ihrer Freundin Pauline verarbeitet, das emotionale Grundempfinden sei ihr allerdings gut bekannt. Ihrem Mann gegenüber nennt sie »die Dichtkunst ein schreckliches Ungeheuer, wenn sie meine einzige Glückseligkeit, unsere Vereinigung zerstört«. Immer wieder betont sie, viele Elegien und Romanzen zu bestimmten Themen auf Bestellung geschrieben zu haben, weil sie Geld verdienen musste, und erklärt, »daß ich nicht den Schatten von Befriedigung verspüre, soviel Papier bekritzelt zu haben, anstatt unsere Hemden zu nähen [...]«. Doch aufgeben kann und will sie das Dichten nicht, das als zusätzliche Einnahmequelle immer wichtiger wird. Sie versucht, zwischen dem Familienleben und dem Schreiben eine Balance zu finden. Um die enge Verbindung zwischen ihr und ihrem Mann in der Öffentlichkeit deutlich zu machen, nennt sie sich als Dichterin Marceline Desbordes-Valmore.

Als Prosper Valmore ihr nach mehr als zwanzig Jahren Ehe gesteht, dass er sie mehrmals betrogen hat, ist sie kaum überrascht und schnell bereit, ihm zu verzeihen. »Es wäre ein Wunder, hättest du den Versuchungen deines Alters und deines Berufes entgehen können!«, schreibt sie ihm im August 1840. Für sie ist nur wichtig, dass seine Seitensprünge ihre Ehe nicht zerstört haben. Großzügig bekennt sie, keiner Frau verübeln zu können, ihn liebenswert gefunden zu haben, und ergänzt: »Viel eher hätten sie es mir nicht vergeben dürfen, deine Frau zu sein und – offen gesagt – ein solches Glück nicht zu verdienen.«

Trotz vieler Krisen hält diese Ehe über vierzig Jahre, bis zum Tod der Schriftstellerin. Ihre offenherzigen Briefe schildern das mühsame Alltagsleben. Oft bleiben sie tage- oder wochenlang liegen, weil das Geld für das Porto nicht reicht. Ihre Freundin Pauline Duchambge tröstet sie am 24. Dezember 1836, in dem sie ihr versichert, dass ihnen, nachdem sie »alle Demütigungen, die der Frau auf Erden zugedacht sind« erduldet haben, ein Trost bleibe: das Verzeihen und die Hoffnung. Marceline sorgt sich um das Schicksal ihrer Familie: »Ich wage manchmal nicht mehr, schlafen zu gehen, denn ich fürchte die Gedanken, wenn ich unbeschäftigt bin. Bei Tage ersticke ich sie in Haushaltssorgen, in der Beschäftigung mit den Kindern oder meiner Schreiberei. Des Nachts – du weißt es, da entflieht man ihnen nicht.« Trotz der zermürbenden Alltagssorgen gibt ihr die Familie den Halt, den sie braucht. Sie selbst nimmt die »Schreiberei« nicht sehr ernst, doch nicht nur die Kritiker, auch die Kollegen sind begeistert.

Honoré de Balzac versichert ihr seine aufrichtige Zuneigung, tiefe Bewunderung und Freundschaft: »[…] wir sind aus dem gleichen Lande, Madame, dem Land der Tränen und der Qualen.« Balzacs Vergleich, der auf die gemeinsame Inspirationsquelle der Trauer und des Verlustes anspielt, erstaunt Marceline. Die Autodidaktin, die in ärmlichen Verhältnissen aufgewachsen ist, kann es kaum glauben, dass ihr die großen Männer der französischen Literatur huldigen. Victor Hugo schreibt ihr 1833 – nach dem Erscheinen ihres Gedichtbandes *Les Pleurs* (Die Tränen) –, wie tief ihn ihre »feinfühlige Poesie« berührt habe. Für ihn ist sie die Königin in der Welt der Gefühle und er schließt seinen Brief mit dem Bekenntnis: »Erlauben Sie mir, Ihnen meine Ehrerbietung zu Füßen zu legen.« Marceline Desbordes-Valmore antwortet noch am selben Tag: »Das Genie ist gütig! Wenn es vor der Schwäche haltmacht, dann nicht, um über sie zu lachen. […] Victor Hugo muß ein Herz voll Mitleid, voll Zärtlichkeit haben.«*

Mit der ihr eigenen Ehrlichkeit und Spontaneität beschreibt und kritisiert sie nun auch politische Ereignisse. Als sie 1834 in Lyon die blutige Unterdrückung des Arbeiteraufstandes erlebt, erklärt sie sich solidarisch mit den Aufständischen:

Als das Blut die bestürzte Stadt überschwemmte,
Als Kugel und Blei alle Schritte hemmte
Und das Schluchzen der Sturmglocke wilder entfachte,
Als die Feuersbrunst gierige Arme machte,
Um Eltern und Kinder, dem mördrischen Schiessen
Entronnen, in flammende Klammern zu schliessen –
War ich da!
– Ich vernahm den Todesschrei
Der brennenden Stadt, und ich war dabei,
Als die Seelen aus Leibern, verkohlt und zerschossen,
Entflohen
[…]
Als nach wütendem Sturm, wie einst zu Pompejis Tagen,
Die Straßen alle in Todeserstarrung lagen.

---

* vgl. *Gewitter der Liebe*

Diese mutigen, das soziale Elend anklagenden Zeilen wagt keine Zeitung zu drucken. Doch Marceline Desbordes-Valmore setzt sich immer wieder für die Leidenden und noch Ärmeren ein und kämpft auch gegen die Todesstrafe. In dem Gedicht *Les prisons et les prières* (Die Gefängnisse und die Gebete) bezieht sie Stellung gegen den Krieg und spricht sich für Freiheit und Gerechtigkeit aus:

> Weint! Zählt die Namen der Verbannten Frankreichs;
> Den großen Herzen, die so hoffend brennen,
> Fehlt Luft und Freiheit. [...]
> Doch wir sind Frauen, unser sind die Tränen
> Und das Gebet – und Gott, der Gott des Volkes,
> [...]
> Und wir, laßt uns nicht mehr mit unsern Fahnen
> Die Söhne senden in ruchlosen Kampf.
> [...]

Das sind deutliche Worte, die jedoch, in der ersten Hälfte des 19. Jahrhunderts – noch dazu von einer Frau geschrieben – unbeachtet bleiben. Auch ihr Gedicht *Dans la Rue* (Auf der Straße), in dem sie den Frauen von Lyon eine Stimme gibt, darf nicht veröffentlicht werden:

> [...]
> Nun wolln wir unser Trauerband anlegen,
> Und auch die Tränen haltet nicht zurück,
> Wenn man uns jene kleine Gunst verwehrt,
> Daß die Erschlagenen wir zur Ruhe betten,
> Die nun mit ihrer Leiber Trümmern nur
> Wie Kehricht dieser Straße Pflaster decken ...
> Gott segne alle euch, er weiß wie wir,
> Daß ohne Waffen schuldlos starbet ihr.*

In diesen abenteuerlichen Wanderjahren wird die Familie nirgends heimisch und pilgert unzählige Male mit den Kindern und dem ganzen Hausrat von Ort zu Ort. Nach Aufenthalten in Brüssel, Lyon und Rouen kehren sie 1837 nach Paris zurück. Doch auch dort müssen

---

* vgl. *Die erste Liebe*

sie vierzehnmal umziehen – immer auf der Suche nach preiswerten Wohnungen, die in der fünften oder sechsten Etage liegen. Marceline zählt die hundert oder hundertunddreißig Stufen und freut sich einmal, als sie in der Rue St. Honoré eine Bleibe finden, zu der sie siebenundzwanzig Stufen weniger hochsteigen muss. »Im zweiten oder dritten Stockwerk wohnen, das wäre mein Traum.« Auch der korpulente Honoré de Balzac erklimmt schnaufend die über hundert Stufen, um der bewunderten Dichterin seine Aufwartung zu machen.

Im Sommer und Herbst 1838 begleitet sie ihren Mann zu einem Engagement nach Mailand. Nach einer beschwerlichen Reise in der Postkutsche erreichen sie die Stadt, die voller Menschen und total überteuert ist, da die Krönungsfeier für den österreichischen Kaiser Ferdinand I., der zum König von Lombardo-Venetien gekrönt wird, bevorsteht. Die Familie leidet unter der Hitze, einer feuchten Unterkunft, Lärm und Geldmangel, denn der Impresario hat sie betrogen. Marceline beobachtet das dichte Nebeneinander wohlhabender, gesunder Bürger und der zahlreichen Bettler und Krüppel. Pauline Duchambge berichtet sie im September 1838, dass sie den Einbruch des Winters fürchte und ein grauenvolles Bettlerlos in der Verlassenheit erwarte, da sie bisher weder Unterkunft noch Einnahmen haben. Ihre Erlebnisse in Italien fließen in ihre Novelle *Domenica. Die Geschichte einer Sängerin* ein, die 1843 erscheint. Darin schildert die Autorin, wie aus einem armen Mädchen ein gefeierter Opernstar wird – die Parallelen zu ihrem eigenen Leben sind deutlich erkennbar: »Diese klare Stimme kam so klein und unschuldig aus ihrem Mund und erfüllte das Publikum mit einem solchen Staunen, daß mitten in der Melodie, als sie zu den höchsten Schwierigkeiten stieg, ohne sich dabei anzustrengen, im Gegenteil: nur um damit zu spielen, der Beifall von allen Seiten aufbrauste, die Begeisterungsschreie das Orchester überdeckten, ja, die Musiker sogar innehielten, um der völlig überraschten Domenica zu applaudieren […]. Als man sie dazu brachte, ihr Lied zu Ende zu singen, fiel ein Regen von Blumen auf sie hernieder.«

Die schwierige finanzielle Situation der Familie ändert sich erst, als es nach jahrelangem Bemühen gelingt, ihrem Mann eine Stelle als Hilfsbeamter in der Bibliothèque Nationale zu verschaffen. Marceline lehnt für sich ein Gehalt der Académie Française ab, akzeptiert aber schließlich eine kleine Rente.

Dreißig Jahre nach ihrer leidenschaftlichen Affäre mit Henri de Latouche kommt es 1839 zu einer Wiederbegegnung. Doch als

Marceline bemerkt, dass er die Nähe ihrer ältesten, achtzehnjährigen Tochter Ondine sucht, befürchtet sie, er wolle nun auch sie verführen, und bricht 1840 jeden Kontakt zu ihm ab. Ihrer Tochter schreibt sie am 30. August desselben Jahres: »Wie recht hast Du getan, Dich in dieser Verwirrung, über die ich mich ebenso wundere wie Du, an mich zu wenden! [...] In Deinem Alter durchkreist ein unendliches Bedürfnis nach Liebe unser Blut und unser Herz. Es ist oft unvermeidlich, daß man sich in seiner Wahl irrt, die man stets dem ›unabänderlichen‹ Schicksal zuschreibt.« Und die von vielen Männern Verehrte gibt Ondine den mütterlichen Rat: »Die Frauen tun am klügsten, einem derartigen bei den Männern sehr beliebten Ansturm nicht zu viel Wert beizumessen und sich schamhaft davor zu schützen, ohne Schrecken oder Kummer zu empfinden und ohne sich übertriebene Selbstvorwürfe zu machen. Du darfst keinen ermuntern. Bleibe klug und unbefangen. Laß Dich nicht von einem trügerischen Mitleid für jene befallen, die Du anscheinend unglücklich gemacht hast.«

Marcelines Briefe sind völlig ungekünstelt und beeindrucken noch heute durch ihre Direktheit. Diese Unmittelbarkeit wirkt sogar noch eindringlicher als in ihren Gedichten, in denen sie oft durch romantische Ausschmückungen und Reimvorgaben überdeckt wird. Dabei muss man allerdings berücksichtigen, dass Marceline Desbordes-Valmore die Leseerwartungen der damaligen Zeit bedient. Ihre gefühlvollen Gedichte über Kinder, Mutterschaft, Freundschaft und die Liebe werden in Zeitungen und Almanachen gedruckt. Als Sängerin und Schauspielerin hat sie ein intuitives Gespür für Rhythmus und Reim. Die klassischen Versmaße der französischen Poesie sind ihr vertraut und sie verwendet häufig den in Frankreich beliebten Alexandriner. Doch als Autodidaktin ist sie trotz ihrer Veröffentlichungen in Bezug auf ihr Können unsicher. Den mehr als zwanzig Jahre jüngeren Schriftsteller Antoine de Latour fragt sie – nachdem bereits fünf Gedichtbände von ihr erschienen sind – im Februar 1836 in einem Brief: »Sind meine Gedichte es wert, daß man sich mit mir beschäftigt und mich in die Literaturgeschichte aufnimmt? [...] Ich sehe keine Seele aus jener literarischen Welt, die den Geschmack bildet und die Sprache läutert. Ich bin mein eigener Kritiker, und da ich nichts gelernt habe, wie soll ich mir helfen?«

Dass ihre Lyrik sich vom Trivialen zu kunstvolleren Formen weiterentwickelt, ist ihr vielleicht selbst nicht bewusst. Für ihre späten Gedichte, die weniger angepasst sind und neue Formen probieren, sucht sie neun Jahre lang vergeblich einen Verleger. Sie werden erst nach ihrem Tod unter dem Titel *Poésies inédites* veröffentlicht und gelten heute als ihre besten und schönsten Verse. Dieser Band enthält auch Marceline Desbordes-Valmores berühmtestes Gedicht *Les Roses de Saadi* (Die Rosen von Saadi), das in jeder Anthologie französischer Lyrik abgedruckt wird. Auffällig ist der musikalische Rhythmus, der von den durchgängig klingenden Reimen unterstützt wird. Man kann diese Zeilen über die Rosen, das Symbol der Liebe, auch als erotisches Gedicht lesen, in dessen letztem Vers die Vereinigung der Liebenden angedeutet wird.

> J'ai voulu ce matin te rapporter des roses;
> Mais j'en avais tant pris dans mes ceintures closes
> Que les noeuds trop serrés n'ont pu les contenir.
>
> Les noeuds ont éclaté. Les roses envolées
> Dans le vent, à la mer s'en sont toutes allées.
> Elles ont suivi l'eau pour ne plus revenir.
>
> La vague en a paru rouge et comme enflammée.
> Ce soir, ma robe encore en est toute embaumée…
> Respires-en sur moi l'odorant souvenir.

~

> Heut morgen wollt ich dir Rosen bringen,
> Ich füllte mit ihnen den Gürtel zum Springen –
> Der allzu bedrängte, er konnt sie nicht fassen.
>
> Er brach auseinander; die Rosen verflogen
> Im Wind und sind alle zum Meere gezogen.
> Die Wogen, um die sie mich wirbelnd verlassen,
>
> Erschäumen von rötlicher Glut übergossen,
> Mein Kleid aber hält noch die Düfte verschlossen…
> Komm abends – ich will sie dich atmen lassen!

Für den Literaturkritiker Charles-Augustin Sainte-Beuve beruht ihr Talent auf ihrem emotionalen Empfinden. 1842 schreibt er über ihre frühen Gedichte: »Wenn man solche Verse liest, verzeiht man die

Schwächen, mit denen sie erkauft worden. Ja, die Qual der Seele ist oft lebendig in die Verse mithinübergenommen.« Durch diese ausschließlich autobiografische Deutung ihres Werkes verhindert er lange Zeit eine kritische Betrachtung und Einordnung ihrer Lyrik. Marceline Desbordes-Valmore hat diese einseitige Aufnahme ihrer Poesie noch unterstützt. In der Einleitung zu ihrem siebten Gedichtband *Bouquets et prières* (Blumen und Gebete) erläutert sie 1843 ihre Motivation, indem sie ihr Schreibgerät direkt anspricht: »Eile, meine Feder, eile […] Ich widme dir meine Stunden, damit sie unter deiner Hilfe von ihrem Wandel durch dies Leben eine schwache Spur zurücklassen. […] meine Feder, der Schwinge eines Vogels entnommen, der vielleicht verwundet ist, wie meine Seele; das bist du, die zu führen keiner mich lehrte; du, der ich keine Form zu geben wußte, mit der ich zögernd und mutlos meine Gedanken niederschrieb; du, die mählich fließender wurde und zuweilen zu meiner eigenen Verwunderung Worte fand, nicht ganz unwert jener Meister, die dich zunächst nur mitleidig betrachten. […] in Tinte oder in Traum getaucht – eile, meine Feder, eile […]«

In der Mitte des 19. Jahrhunderts war es noch ungewöhnlich, dass Frauen schrieben, veröffentlichten und sogar Geld damit verdienten. Doch auch noch sechzig Jahre nach dem Tod der Dichterin, 1920, lobt Stefan Zweig in einer Monografie über Marceline Desbordes-Valmore die Aufrichtigkeit ihrer Gedichte und schreibt: »Eben weil diese Dichtungen nichts der Phantasie danken und alles dem Erlebnis, sind sie so frauenhaft.«

Sicherlich ist ihr Werk ohne ihr wechselvolles Leben nicht denkbar, doch greift die rein autobiografische Sichtweise zu kurz. Sie reduziert die Autorin auf die gefühlvolle, leidende Frau, die nur durch ihr Schreiben mit den Schicksalsschlägen des Lebens und der unerfüllten Liebe fertig wird. So passt sie in das Klischee, dass weibliche Kreativität nur gefühlsbedingt ist und mit Können und Kunst nichts zu tun hat. In Frankreich sind es die jungen, avantgardistischen Dichter des Symbolismus, die das Werk Marceline Desbordes-Valmores Ende des 19. Jahrhunderts neu entdecken. Arthur Rimbaud macht seinen Freund Paul Verlaine auf diese Verse aufmerksam, und dieser bekennt, dass er ihre Gedichte zunächst »für hie und da mit einer kleinen Schönheit gezierten Plunder« hielt. Nach intensiver Lektüre bewundert er allerdings ihre Musikalität und lobt, dass sie »als erster Dichter unserer Zeit mit großem Glück neue Rhythmen angewendet hat, [...] sehr kunstverständig, ohne sich dessen allzu sehr bewußt zu sein«. Er wählt die Dichterin wegen ihrer unkonventionellen Haltung als einzige Frau 1884 für seine Sammlung der *poètes maudits*, der »geächteten Dichter« aus.

Tatsächlich nimmt Marceline Desbordes-Valmores Spätwerk poetische Stilmittel des Symbolismus vorweg. Sie mischt unterschiedliche Rhythmen und kreiert neue Formen. Der Wechsel des Versmaßes und der Perspektive, Kurzzeilen und assoziative Einschübe waren zu ihrer Zeit unüblich. Ihr Gedicht *Ma chambre* (Mein Zimmer) weist auf eine Gedichtform hin, die Verlaine später weiterentwickeln sollte.

Mein Zimmer liegt fast
Schon im Wolkenbereich;
Der Mond ist sein Gast,
Immer ernst, immer bleich.
Mag's drunten nur läuten!
Denn was es auch ist,
Hat nichts zu bedeuten,
Da du es nicht bist!
[...]
Ein Stuhl steht im Zimmer
Zu seinem Empfang;
Der seine war's immer,
Der unsre nicht lang.
Hier steht er auch eben,
Mit Schleifen geschmückt,
So starr und ergeben,
Wie ich, so bedrückt.

Ihre letzten Lebensjahre sind von Verlusten überschattet: Innerhalb weniger Jahre sterben ihre beiden Töchter und das einzige Enkelkind an Tuberkulose. In dieser Zeit gewinnt der Glaube an Gott für sie immer mehr an Bedeutung. In ihrem Gedicht *Renoncement* (Entsagung) heißt es:

Vergib mir, Herr, mein trauerndes Gesicht,
Dem du zuvor die Anmut eingeschrieben;
Du gabst die heitre Stirn, doch gabst du auch

Die Tränen – sie allein sind mir geblieben.
[...]
All mein Verwundern hab ich schon durchlebt,
Mein Abschied ist getan, mein Herz bereitet,
Den Früchten nachzugehn, die Tod mir stahl,
Und dreist in unbekannte Nacht geleitet.
[...]

Sie erkrankt an Krebs und kann ihr Zimmer nicht mehr verlassen. Um ihr Aufregung zu ersparen, verheimlicht man ihr im April 1858 den Tod ihrer besten Freundin Pauline Duchambge. Ein Jahr später erhält die Dichterin den Preis der Académie Française. Kurz darauf, am 23. Juli 1859, stirbt Marceline Desbordes-Valmore in Paris im Alter von dreiundsiebzig Jahren und wird auf dem Friedhof am Montmartre in der Nähe von Heinrich Heines Grab beigesetzt. Charles Baudelaire schreibt nach ihrem Tod über sie: »Nie war ein Dichter natürlicher; keiner war je weniger künstlich. Niemand hat diesen Zauber nachahmen können, weil er ganz ursprünglich und angeboren ist... Marceline Desbordes-Valmore war Frau, war immer Frau, ganz und gar nichts anderes als Frau; aber sie war in einem ungewöhnlichen Grade der dichterische Ausdruck aller natürlichen Schönheiten der Frau.«*

1860 werden ihre letzten Gedichte *Poésies inédites* veröffentlicht und zwischen 1886 und 1922 erscheint eine vierbändige Gesamtausgabe ihrer Werke. In ihrer Heimatstadt Douai erinnern eine Gedenktafel an ihrem Geburtshaus und ein Standbild an der Kirche Notre-Dame an die Dichterin. In Paris wird eine Straße im 16. Arrondissement nach ihr benannt. Und zu ihrem hundertsten Todestag 1959 lässt die Stadt Douai an ihrem Grab ein Reliefporträt anbringen mit einem Zitat:

Ich erbitte nichts von der Menge, die vorüberzieht,
das verletzte Herz benötigt wenig Lärm und wenig Raum
und, aus meinem tiefen Nest, von wo kein Seufzer entweicht,
höre ich die Jahrhunderte verfließen, an der Seite des Todes.

---

* vgl. Kindler

Heute gilt Marceline Desbordes-Valmore als Frühromantikerin und gleichzeitig als Wegbereiterin des französischen Symbolismus. Ihr literarisches Werk umfasst neun Gedichtbände, drei Romane, mehr als fünfzig Novellen, Erzählungen und Märchen sowie eine umfangreiche Korrespondenz. Den Mittelpunkt ihrer Lyrik bilden die Liebesgedichte. Noch in ihrem späten Gedicht *Jour d'Orient* (Ein Tag wie im Orient), das sie mit über sechzig schreibt, erinnert sie sich an die vergangene Liebe:

> Wir waren zwei – zuviel, wenn man sich liebt
> und sich bewahren will… Wir waren zwei.
> Und nirgends Zeugen, die uns retten konnten;
> wohl niemals hat sie jemand mehr gebraucht
> als wir! Er, meiner Seele allzu nah,
> hat meine Augen, hat mich ganz geblendet;
> ich war wie blind von dieser Doppelflamme –
> sah dann den Himmel wieder, sah zuviel.
>
> Um mich zu retten, wußte ich zuwenig;
> ihn zu vergessen… dürfte ich nicht leben!
>
> Das war ein Tag, der glich dem schönen andern,
> als unsere Liebe anfing, um zu enden!*
>
> ~
>
> C'était un jour pareil à ce beau jour
> que, pour tout perdre, incendiait l'amour!

* vgl. *Gewitter der Liebe*

George Sand
(1804–1876)

» Ich lehne mich gegen jeden Zwang auf «

»Ich wollte Künstlerin sein, um mich der gesellschaftlichen Kontrolle entziehen zu können, um jenseits der Vorurteile leben zu können, aber vor allem, um mit mir selbst in Einklang zu sein. [...] Was man in meiner Umgebung ›öffentliche Meinung‹ nannte, hatte für mich keinen Sinn, keinen Wert, und schien mir nicht im geringsten nützlich zu sein.«*

George Sand, eine der berühmtesten und umstrittensten Schriftstellerinnen des 19. Jahrhunderts, war ihrer Zeit weit voraus. Sie stellte die Moralvorstellungen der bürgerlichen Gesellschaft in Frage und widersetzte sich den Konventionen. Sie verurteilte die Einengung der Persönlichkeit durch die Institution der Ehe und forderte das Recht der Frauen auf freie Entfaltung und Bildung. Sie kämpfte für die Rechte der Armen, die Demokratisierung der Gesellschaft und eine soziale Republik. Der französische Schriftsteller André Maurois nannte George Sand »die Stimme der Frau zu einer Zeit, da die Frau schwieg«. In ihren Büchern setzte sie sich für die Gleichheit der Geschlechter und die Aufhebung der gesellschaftlichen Klassen ein. Im konservativen, katholischen Frankreich des 19. Jahrhunderts lösten ihr Auftreten und ihre Romane Verwirrung, Empörung, aber auch Bewunderung aus. Die Ursachen für ihre revolutionären Gedanken liegen sowohl im Charakter als auch in der Kindheit und Erziehung der Schriftstellerin.

---

* Soweit nicht anders vermerkt, sind die biografischen Zitate George Sands entnommen aus: Sand, George: *Geschichte meines Lebens*. Hrsg. von Renate Wiggershaus. Deutsch von Claire Blümer. Frankfurt am Main 1978

Amantine-Aurore-Lucile Dupin wird am 1. Juli 1804 in Paris geboren. Ihr Vater, Maurice Dupin, ein Nachfahre von König August dem Starken, heiratet einen Monat vor ihrer Geburt heimlich die Tochter eines Pariser Vogelhändlers. Diese nicht standesgemäße Ehe will seine Mutter annullieren lassen, doch der Sohn präsentiert ihr eines Tages eine entzückende Enkeltochter. Die Großmutter, Marie-Aurore Dupin de Francueil, ist von der Kleinen so bezaubert, dass sie sich zunächst mit der unerwünschten Schwiegertochter arrangiert. Doch als Aurore vier Jahre alt ist, stirbt der Vater bei einem Reitunfall. Ihre Mutter Sophie, die noch für ein voreheliches Kind sorgen muss, überträgt ihrer Schwiegermutter die Vormundschaft für die Tochter, erhält dafür eine kleine Rente und zieht nach Paris. So wächst das Mädchen auf Schloss Nohant, dem Familienbesitz, auf und leidet sehr unter der Trennung von der geliebten Mutter. Aurores Verhältnis zur Großmutter ist ambivalent. Diese will der ungestümen und unangepassten Enkelin, die sich manchmal auf der Erde wälzt, Dialekt spricht und laut lacht, Anstand und Gehorsam beibringen. Sie siezt das siebenjährige Mädchen sogar und ermahnt es, sich standesgemäß zu benehmen: »Liebe Tochter, Sie gehen wie ein Bauernmädchen«, zitiert George Sand die Großmutter in *Histoire de ma vie* (Geschichte meines Lebens). Aurore wird zusammen mit ihrem fünf Jahre älteren Halbbruder Hippolyte erzogen, der einem Verhältnis ihres Vaters mit einer Dienstmagd entstammt. Der Hauslehrer macht keinen Unterschied zwischen Mädchen und Jungen und unterrichtet beide Kinder in Naturwissenschaften, Sprachen und Philosophie. So liest Aurore schon früh Aristoteles, Shakespeare, Leibniz, Chateaubriand und Rousseau. Die Großmutter führt die Enkelin in Musik und Literatur ein und schickt die Dreizehnjährige 1818 nach Paris in ein Augustinerinnen-Kloster, damit sie die nötigen Umgangsformen lernt. Als die Großmutter nach einem Schlaganfall gepflegt werden muss, kehrt Aurore zwei Jahre danach nach Nohant zurück. Sie verwaltet das Schloss, lernt reiten und jagen und befolgt den Rat ihres Hauslehrers, sich als Mann zu kleiden. »Was mich betrifft, so fand ich meinen neuen Anzug viel angenehmer zum Herumstreifen als meine gestickten Unterröcke, die in Fetzen an allen Büschen hängenblieben«, erinnert sie sich später.

Nach dem Tod der Großmutter 1821 endet das unabhängige Leben. Die Siebzehnjährige erbt das Schloss, doch ihre Mutter beansprucht das Recht auf ihre Tochter und deren Erbe. Aurore ist zutiefst enttäuscht, denn die Mutter will nicht in Nohant leben, sondern in Paris und gestattet ihr nur, ein paar ihrer liebsten Bücher mitzunehmen. Das Mädchen steht zwischen zwei sozialen Klassen. Die Großmutter hat für eine aristokratische Erziehung gesorgt. Die Mutter verachtet die vornehme Welt, die sie einst verstoßen hat, und die Prinzipien und Werte, nach denen ihre Tochter erzogen wurde, zudem ist sie eifersüchtig auf deren Bildung. Aurore hat Verständnis für beide Seiten. Diese Erfahrungen wecken ihren Gerechtigkeitssinn. Als Autorin wird sie sich für die Aufhebung der gesellschaftlichen Klassen einsetzen und für Benachteiligte engagieren. Das Zusammenleben von Mutter und Tochter, das sich Aurore so lange gewünscht hat, endet im Streit. Die Unterschiede in der Entwicklung und Lebensauffassung sind unüberbrückbar. In Paris wohnen sie nur wenige Wochen zusammen, bis Aurore zu einem befreundeten Ehepaar zieht, bei dem sie ihren späteren Mann, Casimir Dudevant, kennenlernt. Der neun Jahre ältere Leutnant beeindruckt die junge Frau durch sein Auftreten und die Offenheit, mit der er ihr gesteht, dass er sie nicht liebe und »weder zu heftigen Leidenschaften noch zum Enthusiasmus« neige. Später urteilt Aurore über diese eher kameradschaftliche Verbindung: »Ich glaube, daß mich in jener Lebensepoche, wo ich noch so unentschieden in der Wahl zwischen Kloster und Familie war, eine heftige Leidenschaft erschreckt hätte.«

Die Trauung findet am 17. September 1822 statt. In Frankreich gilt damals der Code Napoléon, der dem Ehegatten uneingeschränkte Herrschaft über seine Frau und ihr Vermögen einräumt. Für jedes Rechtsgeschäft braucht sie die Erlaubnis ihres Mannes. Während die Gesellschaft den Ehebruch eines Mannes duldet, wird der Ehebruch einer Frau mit Zuchthaus bestraft. Durch die Heirat bekommt Casimir Dudevant das Vermögen seiner Frau und die Rechte an Schloss Nohant, Aurore hat nichts mehr zu sagen. An ihre Klosterfreundin Emilie de Wismes schreibt die Achtzehnjährige im Januar 1823, ein Vierteljahr nach der Hochzeit: »Ich glaube, es ist nötig, daß in der Ehe einer der beiden auf sein eigenes Selbst völlig verzichtet und nicht nur seinen Willen aufgibt, sondern auch auf seine eigene Meinung verzichtet und sich entschließt, mit den Augen des anderen zu sehen, zu lieben, was er liebt usw.« Doch die junge Ehefrau stellt eine solche Selbstaufgabe in Frage und überlegt, »ob der Mann oder die Frau sich nach dem Modell des andern umbilden sollte. Da indes *alle Macht auf der Seite des Bartes* ist und da im übrigen die Männer zu einer solchen Anhänglichkeit nicht fähig sind, bleibt es notwendig uns vorbehalten, sich im Gehorsam zu fügen.«

Zunächst versucht Aurore Dudevant, sich anzupassen. Schon im ersten Ehejahr wird sie von neuen Pflichten beansprucht, da knapp zehn Monate nach der Eheschließung, im Juni 1823, der Sohn Maurice zur Welt kommt. In ihren Erinnerungen *Geschichte meines Lebens* bekennt sie:»Das war der schönste Augenblick in meinem Leben, als ich nach einer Stunde tiefen Schlafes, der auf die furchtbaren Schmerzen dieser Krise gefolgt war, beim Aufwachen dieses kleine Wesen auf meinem Kopfkissen schlafend vorfand.«

Aurore widmet sich ihrer neuen Aufgabe, pflegt aber auch weiterhin ihre geistigen Interessen. Im Herbst 1824 mietet das Ehepaar einen Gartenpavillon bei Paris und die junge Mutter genießt die Einsamkeit in dem großen Park. Während der kleine Maurice um sie herum tollt, liest sie im Gehen die *Essais* von Michel de Montaigne und ist entrüstet über»die moralische Minderwertigkeit, die der Frau in allen philosophischen und sogar in vielen religiösen Werken angelastet wird«.

Bald beginnt sie, sich in ihrer Ehe zu langweilen und eingeengt zu fühlen. Die Unterschiede zwischen den beiden Partnern werden immer deutlicher: Alles, was Aurore liebt – Musik, Bücher, philosophische Gespräche – interessiert Casimir nicht, der Treibjagden, Saufgelage und Affären vorzieht. Als Aurore einen jungen Anwalt kennenlernt, mit dem sie eine Seelenfreundschaft verbindet, wird ihr schmerzlich bewusst, was sie in ihrer Ehe vermisst. Sie bemüht sich, ihre Enttäuschung zu verbergen, doch im November 1825 erkennt sie, dass es bei ihnen wohl nie gemeinsame Interessen geben wird und wirft ihrem Mann in einem Brief vor, ihren Geschmack und ihre Meinungen nie ernst genommen zu haben.

Bei einem Aufenthalt in Paris trifft sie einen Jugendfreund wieder. Neun Monate später, im September 1828, wird ihre Tochter Solange geboren. Aurore hat von den Seitensprüngen ihres Mannes erfahren und nimmt sich dasselbe Recht. »Für mich ist die Handlungs- und Gedankenfreiheit das höchste Gut«, erklärt sie 1831 ihrer Mutter in einem Brief aus Nohant: »Wenn sich damit die Fürsorge für die Familie vereinbaren läßt, dann ist das unendlich angenehm, aber wo ist das schon so? Immer wird das eine mit dem anderen in Konflikt geraten, werden die Interessen der Familie gegen die Unabhängigkeit kämpfen oder umgekehrt. Nur du selbst kannst entscheiden, welche von beiden du der anderen aufopfern willst. Ich lehne mich gegen jeden Zwang auf, das ist mein Hauptfehler. Ich hasse alles, was man mir als Pflicht auferlegt, aber alles, was man mich aus freien Stücken tun läßt, tue ich aus ganzem Herzen.«

Durch diese Einstellung gerät sie oft in Schwierigkeiten, aber ihre Natur kann sie nicht ändern. Die Freiheiten, die ihr Mann sich nimmt, reklamiert sie selbstverständlich auch für sich. Sie geht schlafen, wenn er aufsteht, kommt um Mitternacht oder erst am frühen Morgen nach Hause und teilt ihrer Mutter mit, sie wolle ihre Freiheit genießen. Dass sie dabei das Wohl ihrer Kinder nicht aus dem Auge verliert, offenbart die mütterliche Feststellung am Schluss des Briefes: »Den Kindern geht es gut. Meine Tochter ist ein hübsches, aber ungezogenes Kind, Maurice sehr mager und ein guter Junge.«

1830 verliebt sich die Sechsundzwanzigjährige in den sieben Jahre jüngeren Studenten Jules Sandeau, der sie zum Schreiben ermutigt. Nachdem sie eine Art »Testament« ihres Mannes entdeckt hat, in dem er sie beschimpft, nimmt sie keine Rücksicht mehr. Sie fordert eine jährliche Rente von ihm und nimmt sich eine Zweitwohnung in Paris. Dem Erzieher ihrer Kinder, Jules Boucoiran, erklärt sie im März 1831 in einem Brief, dass sie sich entschlossen habe, »die literarische Laufbahn« einzuschlagen. Und sie ergänzt: »Ich habe ein Ziel, eine Aufgabe, ja sprechen wir es aus, eine Leidenschaft. Dem Schriftstellerberuf liegt eine glühende, fast unzerstörbare Leidenschaft zugrunde. Wenn sie sich eines armen Kopfes bemächtigt hat, kommt er davon nicht mehr los. [...] Es müßte doch mit dem Teufel zugehen, wenn ich nicht irgendwo Erfolg hätte.«

Um sich in Paris frei bewegen zu können, zieht sie wieder Männerkleidung an, die viel praktischer und billiger ist. Sie trägt einen Überrock, Hosen und Weste »aus grobem grauen Tuch« sowie einen Hut und eine Halsbinde aus Wolle und sieht aus wie ein Student im ersten Semester. So kann sie die preiswerten Plätze im Theater besuchen, zu denen Frauen keinen Zutritt haben, und in Clubs, Museen und Cafés gehen. Sie genießt das Stadtleben mit all seinen Möglichkeiten und die Tatsache, sich jederzeit frei bewegen zu können. »Wie sehr ich mich über meine Stiefel freute, vermag ich gar nicht zu sagen. [...] Mit meinen kleinen eisenbeschlagenen Absätzen hatte ich einen sicheren Schritt und lief von einem Ende der Stadt zum anderen. [...] Niemand beachtete mich oder ahnte meine Verkleidung.«

Aurore Dudevant beginnt, in Zeitschriften zu veröffentlichen. Zusammen mit Jules Sandeau – mit dem sie in einer Mansardenwohnung lebt – verfasst sie einen Roman, der 1831 unter dem Namen J. Sand publiziert wird. Im folgenden Jahr erscheint ihr erster eigener Roman *Indiana*, den sie innerhalb von zwei Monaten geschrieben hat, unter dem schützenden männlichen Pseudonym George Sand. Das Buch verurteilt die bürgerliche Ehe, die die Frau zum Besitz des Mannes macht, und schildert sehr realistisch die Fesseln einer lieblosen Beziehung. Die Heldin des Romans ist mit einem älteren Mann verheiratet, der von ihr absoluten Gehorsam fordert. Doch Indiana widersetzt sich, beharrt auf ihrer Freiheit und hat einen Geliebten. Zweifellos hat die Verfasserin eigene Erfahrungen einfließen lassen, wenn sie ihre Protagonistin sagen lässt: »Ich weiß, daß ich die Sklavin und Sie der Herr sind. Das Gesetz dieses Landes hat mich Ihnen unterworfen. [...] Sie haben das Recht des Stärkeren und die gesellschaftliche Ordnung bestätigt es Ihnen; aber über meinen Willen, mein Herr, vermögen Sie nichts. [...] Sie haben Gewalt gebraucht, indem Sie mich in mein Zimmer einschlossen; ich bin aus dem Fenster gesprungen, um Ihnen zu beweisen, daß man nicht über den Willen einer Frau herrscht, wenn man eine lächerliche Macht ausübt. Ich habe einige Stunden außerhalb Ihrer Herrschaft zugebracht; ich wollte die Luft der Freiheit athmen, und Ihnen zeigen, daß Sie nicht geistig mein Herr sind und daß ich auf der Erde nur von mir selbst abhänge.«

Der Roman erregt großes Aufsehen. George Sand trifft den Ton ihrer Zeit und greift Themen auf, die die Menschen beschäftigen. Schnell wird bekannt, dass sich hinter dem männlichen Pseudonym eine Autorin verbirgt. Noch nie hat eine Frau so kritisch über die Ehe geschrieben und das Recht der Frauen auf die freie Liebe gefordert.

Durch die Wahl eines männlichen Namens und ihr Auftreten will sie aus der Unterdrückung, in der sich die Frauen befinden, ausbrechen. Sie spricht auch von sich selbst in der männlichen Form und will so angeredet werden. Zufrieden stellt sie fest: »Madame Dudevant ist tot, aber George Sand ist, wie man sagt, ein quicklebendiger junger Mann.«

Auch in ihren nächsten Büchern wählt sie die Unabhängigkeit der Frauen als Thema. Das Erscheinen ihres dritten Romans *Lélia* löst 1833 einen Skandal aus, der sie in Frankreich berühmt macht. George Sand stellt darin nicht nur gesellschaftliche Konventionen in Frage, sie schildert auch mit erstaunlicher Freimütigkeit das sexuelle Versagen ihrer Heldin und untersucht die Ursachen. Lélia sehnt sich nach Leidenschaft und streift von Mann zu Mann, doch keiner kann ihre Sinnenlust wecken. Der Roman, der wieder deutlich autobiografische Elemente aufweist, wird entweder als unmoralisch verdammt oder begeistert aufgenommen. Friedrich Nietzsche nennt George Sand eine »schreibende Kuh«, während sie für Victor Hugo »die größte Frau ihrer Zeit« ist. Die wichtigsten Autoren und Kritiker werden ihre Freunde. Charles-Augustin Sainte-Beuve schreibt ihr im März 1833, wie sehr die Lektüre ihres neuen Romans seine Bewunderung und Freundschaft für sie noch gesteigert habe. Er räumt ein, dass das normale Lesepublikum sich vielleicht von diesem Roman abschrecken lasse, doch die Leser, die in einem Buch mehr als reine Unterhaltung suchten, würden die Verfasserin loben und schätzen. »Frau sein, noch nicht dreißig Jahre alt, nach außen nichts durchschimmern lassen, auch wenn man solche Abgründe erforscht hat; dieses Wissen ertragen, das uns andern die Schläfen verheeren und die Haare zum Ergrauen bringen würde – es mit Leichtigkeit, Ungezwungenheit und Besonnenheit in der Rede ertragen –, das ist es, was ich vor allem bewundere. [...] Man muß schon sagen, Madame, Sie sind ein wirklich seltenes und starkes Geschöpf.«*

Auch der sechs Jahre jüngere Dichter Alfred de Musset ist begeistert. Für ihn ist der Roman eines der wichtigsten Werke einer neuen literarischen Strömung, das durch seine Ehrlichkeit und Kraft beeindruckt und bewegt. Als er George Sand bei einem Festessen kennenlernt, ist er von ihren großen, glänzenden Augen, dem bronzefarbenen Schimmer ihrer Haut und dem vollen, dunklen Haar so bezaubert, dass er sich in sie verliebt. Eine leidenschaftliche Affäre beginnt, die die beiden Autoren zum berühmtesten Liebespaar der französischen Romantik macht. Doch bei einer Fahrt nach Italien kommt es zu Verstimmungen. Die Schriftstellerin schreibt täglich acht Stunden – meist nachts – und beharrt darauf, ihr normales Arbeitspensum auch auf Reisen zu absolvieren. Resigniert stellt Alfred de Musset fest: »Ich habe den ganzen Tag gearbeitet. Am Abend hatte ich zehn Verse gemacht und eine Flasche Schnaps getrunken; sie hatte einen Liter Milch getrunken und ein halbes Buch geschrieben.«**

---

* vgl. Maurois
** vgl. Wiggershaus

Als der Schriftsteller in Venedig krank wird, kümmert sich George
Sand um ihn, verliebt sich allerdings in den italienischen Arzt und be-
ginnt eine Affäre mit ihm. Nach zwei Jahren, in denen sich stürmi-
sche Auseinandersetzungen und Versöhnungen abwechseln, beendet
George Sand im Februar 1835 die Beziehung mit Alfred de Musset
endgültig und kehrt nach Nohant zurück.»Nein, nein, es ist genug!
Armer Unglücklicher! Ich liebe Dich wie meinen Sohn, das ist eine
Mutterliebe und ich blute noch davon; ich beklage Dich, ich verzeihe
Dir, aber wir müssen uns trennen. Sonst werde ich davon böse.«

George Sand arbeitet unermüdlich, sie kann einen Roman beenden und sofort mit dem nächsten beginnen. In Fortsetzungen erscheinen sie in einer der damals wichtigsten Zeitschriften, der *Revue
des Deux Mondes*. Ihren Verleger François Buloz ermahnt sie im Juli
1834, nachdem sie ihm mehrere Manuskripte geschickt hat, er solle
ihr das Honorar geben, das sie dringend benötige.»Ich kann nicht
warten, mein lieber Freund, das wissen Sie sehr gut, und wenn Ihre
Kasse meiner Feder nicht Folge leisten kann, muß ich mir einen rei-
cheren Verleger suchen.«

Auch mit ihrem Ehemann gibt es Streit ums Geld. George Sand
kämpft um eine legale Trennung, den Besitz, ihre Unabhängigkeit
und das Sorgerecht für ihre Kinder. Damals gibt es noch keine ge-
setzliche Scheidung, doch nachdem ihr Mann sie vor Zeugen tätlich
angegriffen hat, erreicht sie 1836 eine gerichtliche Trennung. Dabei
wird ihr Schloss Nohant zugesprochen und die Erziehung der beiden
Kinder übertragen.

Im Frühjahr 1837 veröffentlicht sie in der Zeitung *Le Monde* ihre
»Briefe an Marcie«, in denen sie die Vormachtstellung der Männer
in Zweifel zieht:»Die Männer haben die heiligsten Einrichtungen
zu ihrem Vorteil ausgebeutet, sie haben ihr Spiel getrieben mit den
unschuldigsten Gefühlen. Es ist ihnen gelungen, die Frau in eine
Knechtschaft und Verdummung hineinzuzwingen, die sie heute als
eine göttliche Fügung von ewiger Dauer hinstellen.«*

Der sechste Brief ist eine Verteidigung der Gleichheit der Geschlechter in der Liebe. Aus Egoismus suche der Mann die Intelligenz der Frau zu ersticken, um über sie herrschen zu können.
Diese emanzipierten Gedanken stoßen auf Widerstand und Kritik.
Der bretonische Edelmann und Romanschriftsteller, Auguste Hila-

* vgl. Schlientz

rion de Kératry, wirft ihr vor: »Sie schreiben wie ein Mann, Madame! Ich werde offen sein, eine Frau soll nicht schreiben. [...] Nehmen Sie meinen Rat an: machen Sie keine Bücher, setzen Sie Kinder in die Welt!« Darauf antwortet George Sand: »Aber ich bitte Sie, mein Herr, befolgen Sie selber dieses Rezept.«

Doch die Offenheit in ihren Werken löst auch Begeisterung aus. 1837 verfasst der Kritiker Jules Janin eine Lobrede über George Sand, in die er die Verwirrung über das Wechselspiel ihrer Identitäten aufnimmt: »Wer ist sie, oder wer ist er? Mann oder Frau, Engel oder Dämon, Paradox oder Wahrheit? Wie auch immer es sei, dies ist einer der größten Schriftsteller unserer Zeit. Woher kommt sie? Wie ist er zu uns gelangt? Wie hat sie so plötzlich zu diesem wunderbaren vielfältigen Stil gefunden, und warum, sagt mir, hat er es unternommen, die gesamte Gesellschaft mit seiner Verachtung, seiner Ironie und seinem grausamen Spott zu überziehen? Welches Rätsel, dieser Mann, und welches Phänomen, diese Frau! Welch höchst interessantes Objekt unserer Sympathie und unseres Schreckens ist dieses Wesen mit den tausendfältigen Leidenschaften, diese Frau, oder vielmehr dieser Mann und diese Frau!«*

Als George Sand als nächstes Thema ihrer Zeitungsrubrik »Die Rolle der Leidenschaft im Leben der Frau« vorschlägt, wird die Veröffentlichung ihrer offenen Briefe allerdings vorzeitig abgebrochen, weil sie dem Verleger zu gewagt und zu feministisch erscheinen. Ihre Gegner empfinden ihre Bücher, in denen sie das persönliche Glück über das Pflichtgefühl stellt, als gefährliche Lektüre, da sie die Auflösung der sozialen Ordnung befürchten.

In Nohant finden regelmäßig Salonabende statt, bei denen sich Schauspieler, Dichter, Musiker, aber auch radikale Politiker treffen. Zum Freundeskreis gehören unter anderem Honoré de Balzac, Heinrich Heine, Franz Liszt und die damals berühmte Schauspielerin Marie Dorval, mit der George Sand eine innige Freundschaft verbindet. Balzac berichtet im Februar 1838 über einen Besuch auf Schloss Nohant am Faschingsabend, an dem er die Gastgeberin »im Schlafrock« mit gelben Pantoffeln, roten Hosen und eine Zigarre rauchend am Kamin vorfindet. Der Schriftsteller gewinnt den Eindruck, dass sie sich nach vielen Enttäuschungen völlig zurückgezogen habe und sowohl die Liebe als auch die Ehe verdamme. »Sie gibt sich wie

* vgl. Schlientz

ein Mann, sie ist Künstler, sie ist groß, edelmütig, aufopfernd, rein; sie hat alle bedeutenden Charakterzüge des Mannes. [...] Sie besitzt große Vorzüge, aber solche Vorzüge, die der Gesellschaft gegen den Strich gehen. Wir haben mit einem Ernst, einer Aufrichtigkeit, Offenheit und Gewissenhaftigkeit [...] über die bedeutsamen Fragen der Ehe und der Freiheit diskutiert.«*

Bei einer Abendgesellschaft begegnet George Sand dem sechs Jahre jüngeren Frédéric Chopin und verliebt sich in ihn. Der polnische Komponist findet die Schriftstellerin zunächst unsympathisch und berichtet seinen Eltern in einem Brief, er habe eine große Berühmtheit kennengelernt, die ihm jedoch überhaupt nicht gefallen, ihn fast sogar abgestoßen habe. Eine Einladung nach Nohant lehnt er ab. Erst nach der Auflösung seiner Verlobung mit einer jungen Polin ist der schüchterne Chopin für die Zuneigung der Französin empfänglicher. Er trifft die musikliebende George Sand häufiger, ändert seine Meinung und schwärmt im Tagebuch: »Sie schaute mir tief in die Augen, während ich spielte. Es war eine traurige Musik, Donaulegenden, mein Herz tanzte mit ihr durch das Land. [...] Sie stützte sich auf den Flügel, und ihre glühenden Blicke umfingen mich.«*

Grundlage der Beziehung zwischen beiden Künstlern ist die gegenseitige Wertschätzung: George Sand ist fasziniert von Chopins musikalischem Genie, er bewundert ihr schriftstellerisches Werk.

Im November 1838 fährt das Paar mit den beiden Kindern nach Mallorca. Das wärmere Mittelmeerklima soll dem hustenden Chopin und der schwachen Gesundheit von Maurice gut tun. Doch der Aufenthalt wird zum »unglücklichsten Reiseabenteuer, das man sich vorstellen kann«, wie George Sand in einem Brief berichtet. In ihrem Buch *Un Hiver à Majorque* (Ein Winter auf Mallorca), das 1842 erscheint, beschreibt sie die herrliche Landschaft und ihr Domizil, die Kartause von Valdemosa. Von der Natur, dem Meer, dem Himmel und den Sehenswürdigkeiten ist sie begeistert, doch mit den Einheimischen gibt es Probleme. Sie begegnen den Fremden feindlich, da sie unverheiratet zusammenleben, nicht zur Kirche gehen und die Frauen Hosen tragen. Die Insulaner sind es nicht gewohnt, fremde Besucher zu bedienen, und wissen nicht, was sie für ihre Produkte und Leistungen fordern sollen. So berichtet Chopin, dass sie eine Orange verschenken, aber für einen Hosenknopf märchenhafte Sum-

* vgl. Maurois

men verlangen. Nach dem Beginn der Regenzeit auf der Insel wird Frédéric Chopin krank und George Sand pflegt den schwierigen Patienten. Besorgt und erstaunt erlebt sie, wie die Krankheit den Komponisten zwar schwächt, doch gleichzeitig seine Phantasie beflügelt. Wenn sie gegen zehn Uhr abends mit ihren Kindern von nächtlichen Entdeckungstouren heimkehrt, sitzt der Musiker blass und verwirrt am Klavier und erkennt sie zunächst nicht. Doch kurz darauf spielt er ihnen wunderbare Melodien vor, die er gerade komponiert hat. »In dieser Zeit hat er die schönsten jener Blätter geschrieben, die er bescheiden ›Präludien‹ genannt hat. Es sind Meisterwerke [...].« An einem dunklen, regnerischen Abend, als der Regen auf das Dach der Kartause fällt, entsteht eines seiner berühmtesten Werke, das *Regentropfen-Prélude*.

Nach der Rückkehr nach Frankreich wohnt das Paar im Sommer in Nohant und im Winter in Paris. Obwohl die beiden sehr unterschiedlich sind, leben sie neun Jahre gemeinsam mit Maurice und Solange fast wie eine Familie zusammen. In ihren Erinnerungen *Geschichte meines Lebens* schreibt George Sand später über diese Beziehung: »Zwischen uns gab es nicht den gleichen Sinnestaumel, die gleichen Leiden. Unsere Geschichte hatte nichts von einem Roman an sich; sie war im Grunde zu einfach und zu ernsthaft, als daß wir jemals Anlaß zu Streit wegen unseres Verhaltens gehabt hätten. Ich nahm das ganze Leben Chopins so hin, wie es sich neben dem meinen vollzog. Ich hatte weder die gleiche Geschmacksrichtung noch die gleiche Auffassung der Kunst wie er, noch teilte ich seine politischen Meinungen und seine Einschätzung der Dinge des Alltags, ich unternahm aber keinen Versuch, sein Wesen irgendwie zu ändern. Ich respektierte seine Individualität.«

George Sand veröffentlicht jedes Jahr ein Buch, und auch Frédéric Chopin erlebt eine intensive Schaffensphase und komponiert seine besten Werke. In seinem Tagebuch hält er im Oktober 1839 fest: »Meine Finger gleiten sanft über die Tasten, ihre Feder fliegt über das Papier. Sie kann schreiben, während sie der Musik lauscht.«*

Chopin liebt George Sand platonisch, während sie ihm eher mütterliche Freundin als Geliebte ist und ihn als genialen Musiker bewundert. Oft hat sie das Gefühl, für drei Kinder sorgen zu müssen: Frédéric, Maurice und Solange.

* vgl. Maurois

Als die neunzehnjährige Solange 1847 den Bildhauer Jean-Baptiste Clésinger heiratet, kommt es nach der Hochzeit zum Streit zwischen George Sand und dem hochverschuldeten Schwiegersohn, der ungerechtfertigte finanzielle Forderungen stellt. In diesem Disput ergreift Chopin für Solange und ihren Mann Partei und wirft George Sand im Juli 1847 vor, ihrer Tochter die mütterliche Fürsorge zu verweigern in einem Moment, in dem sie sie am meisten benötige. George Sand fühlt sich missverstanden, ist aber zu stolz, seine Vorwürfe zurückzuweisen oder richtigzustellen. Tief gekränkt antwortet sie ihm: »Nun gut, mein Freund, tun Sie, was Ihnen Ihr Herz befiehlt. [...] Ich verstehe vollkommen. Sorgen Sie für Solange, da Sie glauben, sich ihr zuwenden zu müssen. Ich nehme Ihnen das nicht übel, doch Sie werden verstehen, daß ich mich auf die Rolle der verletzten Mutter zurückziehen werde und daß mich in Zukunft nichts von deren Autorität und Würde abbringen wird. Ich war nun lange genug das törichte Opfer. Ich verzeihe Ihnen und ich werde Ihnen keine Vorwürfe machen, da Ihr Bekenntnis aufrichtig ist. [...] Adieu, mein Freund, [...] ich werde Gott danken für diese wunderliche Auflösung einer ausschließlichen, neun Jahre währenden Freundschaft. – Lassen Sie mich von Zeit zu Zeit wissen, wie es Ihnen geht. Es ist unnötig, auf das Übrige jemals zurückzukommen.«*

Unter dem abrupten Ende dieser langen Beziehung leiden sowohl George Sand als auch Chopin, doch keiner von beiden schafft es, den ersten Schritt zu einer Aussprache oder Versöhnung zu tun. Nur noch einmal begegnen sie sich zufällig in einem Treppenhaus, bevor Frédéric Chopin zwei Jahre später, am 17. Oktober 1849, in Paris an Tuberkulose stirbt.

Trotz der Enttäuschung über das Ende dieser Verbindung gelingt George Sand in ihren Erinnerungen eine feinfühlige Analyse seiner Kreativität: »Die Art seines Schaffens war spontan, staunenerregend. Die Einfälle kamen ihm ungesucht, unerwartet. Manchmal erschienen sie ihm plötzlich, während er am Klavier saß, vollständig und in ihrer ganzen Erhabenheit. Oder sie sangen in ihm während eines Spaziergangs, und er mußte sich beeilen, nach Hause zu kommen, um sie auf dem Klavier zu fixieren. – Dann aber begann erst die erschütterndste Arbeit, die ich je gesehen. Da war kein Ende mit un-

* vgl. Schlientz

geduldigen oder zögernden Versuchen, gewisse Einzelheiten so auszudrücken, wie er sie innerlich gehört hatte. [...] Er schloß sich dann ganze Tage lang in seinem Zimmer ein, weinte, lief auf und ab, zerbrach seine Federn, änderte einen Takt hunderte Male und schrieb ihn dann ebenso oft in der alten Form wieder auf, die er hernach wieder durchstrich.«

Die ersten Notizen zu ihren Memoiren *Geschichte meines Lebens* entstehen im Jahr der Trennung von Chopin 1847. George Sand ist sich bewusst, dass sie »eine Arbeit von großer Tragweite« beginnt, wie sie im Dezember 1847 in einem Brief erklärt: »Ich möchte eine Reihe von Erinnerungen, Betrachtungen und Glaubenssätzen in einem sehr einfachen und gleichwohl poetischen Rahmen zusammenfassen. Ich werde dabei dennoch nicht mein ganzes Leben enthüllen. Der Hochmut und Zynismus der Bekenntnisse ist mir zuwider, und ich halte es nicht für nötig, alle Mysterien des Herzens offenzulegen [...].«

Sie arbeitet mit großem Vergnügen an diesem Buch, doch im Gegensatz zu der Schnelligkeit, mit der sie ihre Romane verfasst, braucht sie für ihre Memoiren sieben Jahre. Sie erscheinen 1854, in dem Jahr, in dem sie ihren fünfzigsten Geburtstag feiert.

Bereits in den vierziger Jahren werden George Sands Romane philosophischer und sozialkritischer. Immer öfter gibt es Diskussionen mit ihrem Verleger Buloz, der Änderungen verlangt oder sich weigert, die Texte zu veröffentlichen. In einem Brief an ihre Freundin, die Gräfin Charlotte Marliani, moniert George Sand bereits im März 1839, dass Bücher mit Tiefgang den Verleger erschreckten, weil er für seine Abonnenten »harmlose Romane« brauche, die von den gehobenen Kreisen ebenso gelesen würden wie von den einfachen Leuten. Man erwartet von ihr Novellen »à la Balzac«, doch sie will dieses Genre nicht mehr bedienen, sondern hofft, die Leserschaft für ihre Themen und Gedanken gewinnen zu können. »Die Leser der Revue müssen eben ein wenig klüger werden, da auch ich klüger geworden bin.«*

1841 kommt es zum Bruch mit Buloz, dem es nicht gefällt, dass George Sand die Aufhebung der gesellschaftlichen Klassen fordert und Arbeiter und Bauern zu den Helden ihrer Romane macht. Die Schriftstellerin wirft ihm vor, die Realität nicht wahrhaben zu wollen, während sie sich nicht scheue, das Bürgertum »dumm und ungerecht« und die Gesellschaft »widersinnig und mitleidlos« zu nennen.

* vgl. Schlientz

Sie habe nie eine Zeile gegen ihre Überzeugung geschrieben, betont sie in einem Brief an ihn, und es sei ihr egal, ob ihre Werke seinen Abonnenten gefallen oder nicht.

Nach dem Streit mit ihrem Verleger erscheint ihr nächster Roman in der *Revue indépendante*, einer neuen, unabhängigen Zeitschrift, die sie mit anderen gegründet hat. Während ihre frühen Bücher idealistisch waren und die Unabhängigkeit der Frau und die Gleichberechtigung der Geschlechter thematisierten, schreibt sie nun sozialistische Romane, in denen sie die gesellschaftliche Klassenordnung in Frage stellt. 1842/43 entsteht der mehrbändige Roman *Consuelo*, den viele als ihr Meisterwerk betrachten. Dieses Buch beinhaltet sämtliche ihr wichtigen Themen: die Gleichberechtigung, die Humanität, die Musik, die Natur und die Rolle des Künstlers. Mit ihren politischen und gesellschaftlichen Forderungen ist sie weit fortschrittlicher als die meisten ihrer Zeitgenossen. George Sand ist Republikanerin und macht aus ihren revolutionären Ideen keinen Hehl. Sie träumt von einem humanen Staat, in dem alle Menschen die gleichen Rechte haben. Im Frühjahr 1848 beteiligt sie sich aktiv an der Revolution in Paris, verfasst Proklamationen und gründet die Zeitschrift *La Cause du Peuple*, in der sie ihr politisches Grundsatzprogramm veröffentlicht. Darin betont sie, dass zwar ein Unterschied zwischen Männern und Frauen bestehe, dieser aber keine »moralische Minderwertigkeit« begründe. »Es gibt keinen einzigen Menschen, der aufgrund seiner natürlichen Überlegenheit dazu geschaffen wäre, die Freiheit eines anderen Menschen zu zerstören und das Band der Brüderlichkeit, das ihn noch mit dem Schwächsten verbindet, zu leugnen.«[*] Nach dem Scheitern der Revolution zieht George Sand sich enttäuscht auf Schloss Nohant zurück.

1849 wird der dreizehn Jahre jüngere Kupferstecher Alexandre Manceau zunächst ihr Sekretär, später ihr Lebensgefährte. Mit ihm erlebt sie eine ruhige, beständige Partnerschaft, die fünfzehn Jahre, bis zu seinem Tod 1865, dauert. Manceau achtet darauf, dass auf ihrem Schreibtisch Papier, Zigaretten und ein Glas Zuckerwasser bereitstehen, bevor sie nachts zu arbeiten beginnt – oft bis sechs Uhr früh. In diesen Jahren entstehen mehrere Theaterstücke und eine Reihe von Dorf- und Bauernromanen. In *Francois le Campi* greift George Sand ein soziales Problem ihrer Zeit auf. Zehntausende von

---

[*] vgl. Schlientz

unehelichen Kindern werden damals einfach ausgesetzt. Der Roman schildert das Schicksal eines Findelkindes, das eine Bäuerin zu sich nimmt. Der russische Schriftsteller Iwan Turgenjew ist begeistert von der schlichten Wahrheit dieses Buches und konstatiert:»Diese Frau hat das Talent, die zartesten, flüchtigsten Eindrücke auf eine klare, feste und verständliche Weise wiederzugeben; sie weiß noch die feinsten Gerüche, die leisesten Geräusche zu zeichnen.«*

George Sands Verhältnis zu ihrer Tochter Solange bleibt angespannt, umso vertrauensvoller ist die Beziehung zu ihrem Sohn Maurice. Im Dezember 1850 erklärt sie ihm in einem Brief, dass alle menschlichen Beziehungen auf Gegenseitigkeit beruhten und man nicht damit rechnen könne, dass ein einzelner Mensch, selbst wenn er sich darum bemühte, einen vollkommen zufriedenstelle. Mit Sorge beobachtet sie, dass es dem Sohn schwerfällt, Bindungen einzugehen und eine Lebensgefährtin zu finden.»Es braucht zwei, um das Glück zu schmieden, so wie zwei nötig sind, um ein Kind zu zeugen. [...] Die Liebe ist etwas Unvorhergesehenes. Man spricht von einem Zufall, aber es gibt keine Zufälle. Sie ist ein Blitzstrahl, der vom Himmel kommt und uns erst in Flammen setzt, wenn die Zeit für uns gekommen ist. Sie ist eine Art Wunder, sie läßt sich nicht vorherberechnen, sondern man muß sie erwarten können, denn eine Heirat ohne Liebe bedeutet beständige Höllenqualen.« Ihre mütterlichen Ratschläge gipfeln in der Erkenntnis, es gebe kein wolkenloses, aber ein relatives Glück. Maurice Dudevant heiratet mit knapp vierzig Jahren und seine Mutter ist der Schwiegertochter und den beiden Enkelinnen eng verbunden.

Bei einem Literaten-Stammtisch, an dem George Sand als einzige Frau teilnimmt, lernt die Zweiundsechzigjährige 1866 den siebzehn Jahre jüngeren Gustave Flaubert kennen. Der Schriftsteller, der zehn Jahre zuvor seinen Roman *Madame Bovary* publiziert hat, lebt zurückgezogen in Croiset bei Rouen. Nachdem George Sand ihn besucht hat, gesteht er ihr, dass ihr Treffen ihn verwirrt habe und er sie vermisse, als habe er sie jahrelang nicht gesehen.»Ich weiß nicht, welche Art Gefühl ich Ihnen entgegenbringe, aber ich empfinde für Sie eine besondere Zärtlichkeit, die ich bisher noch für niemand empfunden habe. [...] Unsere nächtlichen Plaudereien waren sehr schön. Es gab Augenblicke, in denen ich an mich hielt, um Sie nicht abzuküssen wie ein großes Kind.«

* vgl. Schlientz

George Sand antwortet ihm zehn Tage später und ist darauf bedacht, die gegenseitige Unabhängigkeit zu bewahren: »Du sollst nicht dazu gezwungen sein, mir zu schreiben, wenn es Dir gerade nicht von der Hand geht. Es gibt keine wahre Freundschaft ohne *absolute* Freiheit.«

Zwischen den beiden so unterschiedlichen Autoren entwickelt sich eine tiefe Freundschaft, in der über vierhundert Briefe gewechselt werden. George Sand nennt Flaubert »Mein Troubadour« und wechselt in der Anrede zwischen Du und Sie, während Flaubert seinen »Lieben Meister« bis zum Schluss siezt. Sie diskutieren ihre unterschiedlichen Auffassungen über die Literatur und das Schreiben. George Sand verfasst mit leichter Hand ein Buch nach dem anderen, Flaubert dagegen ringt mit jedem Wort und braucht für einen Roman mehrere Jahre. Im November 1866 klagt er in einem Brief: »Sie wissen nicht, was es heißt, den ganzen Tag zu sitzen, den Kopf in beide Hände gepreßt, und sein unglückliches Hirn zu zermartern, um ein Wort zu finden. Bei Ihnen fließt der Gedanke breit und unaufhörlich wie ein Strom. Bei mir ist es ein dünnes Rinnsal. Ich muß große kunstvolle Arbeiten unternehmen, bis ich einen Wasserfall erhalte. Oh, ich kann sagen, daß ich die Schrecken des Stils kennengelernt habe.«

George Sand ist erstaunt über die mühsame Arbeitsweise des Kollegen, die man seinen Werken nicht anmerke, und vermutet sogar, dass er damit nur kokettiere. »Ich selbst finde es schwierig, unter den tausend Kombinationsmöglichkeiten der szenischen Handlung, die unendlich variieren kann, die passendste und anschaulichste Situation auszuwählen, die weder zu roh noch zu gekünstelt wirken soll. Was den Stil betrifft, so komme ich damit besser zurecht als Sie. Der Wind spielt auf meiner alten Harfe, wie es ihm gefällt. Er schlägt hohe und tiefe Töne an, einmal stärker und einmal schwächer, im Grunde kümmert mich das wenig, wenn ich nur von ihm ergriffen werde, denn von mir aus kann ich nichts erfinden.« Und sie empfiehlt ihm, sich weniger zu plagen und manches einfach aus sich herausfließen zu lassen: »Ich glaube, daß Sie sich mehr als nötig quälen und daß Sie das Andere öfter handeln lassen sollten.«

Der große Unterschied in der literarischen Produktivität der beiden Autoren führt jedoch nicht wie damals bei Alfred de Musset zu Unstimmigkeiten oder Resignation, sondern zu interessanten Diskussionen. Vier Jahre vor ihrem Tod – im Dezember 1872 – urteilt George Sand in einem Brief an Flaubert selbstkritisch: »Du willst für die Nachwelt schreiben, ich hingegen glaube, daß ich in fünfzig Jahren völlig vergessen und vielleicht sogar gröblich verkannt sein werde! Das ist das Gesetz der Dinge, die nicht erstrangig sind, und ich habe mich niemals für erstrangig gehalten. Meine Absicht war es vielmehr, auf meine Zeitgenossen einzuwirken.« Zufrieden stellt sie fest, dass ihr dies zumindest zu einem Teil gelungen sei.

In den sechziger Jahren des 19. Jahrhunderts gehört George Sand zu den bestbezahlten und – neben Honoré de Balzac, Emile Zola und Alexandre Dumas dem Älteren – zu den fleißigsten Schriftstellern ihrer Zeit. Am 1. Juli 1868, ihrem vierundsechzigsten Geburtstag, reflektiert sie in einem Brief an den Komponisten Joseph Dessauer über das Altern und stellt fest, dass sie sich noch nicht alt fühle, und nur hoffen könne, den Wunsch nach Aktivität zu verlieren, wenn ihre Kräfte nachließen. Ihrer Meinung nach solle man das Alter genießen und die Tage besser nutzen als in der Jugend. »Im Alter von zwanzig Jahren vertrödelt man so viel Zeit und vergeudet man ungeheuer sein Leben! Unsere Wintertage zählen doppelt; dies ist unser Ausgleich.«*

In ihren letzten Jahren treten die politischen und gesellschaftlichen Fragen in den Hintergrund und George Sand konzentriert sich auf das Familienleben. Wichtiger als das Schreiben sind ihr private Ereignisse, bei denen sich glückliche und traurige abwechseln. Die Autorin muss den Tod von drei Enkelkindern erleben, da beide Töchter von Solange und der Sohn von Maurice jung sterben. Die beiden Töchter ihres Sohnes machen ihr jedoch große Freude. In einem Brief berichtet sie: »Ich verbringe meine Zeit damit, die Kinder zu unterhalten, im Sommer ein wenig zu botanisieren [...] und Romane zu schreiben, wenn ich zwei Stunden während des Tages und zwei Stunden am Abend dafür Zeit finde. Ich schreibe leicht und es macht mir Freude, das ist meine Erholung, aber der Briefwechsel, den ich führe, ist ungeheuer umfangreich, und das ist die eigentliche Arbeit.«

George Sand hat im Laufe ihres Lebens über vierzigtausend Briefe geschrieben, von denen etwa zwanzigtausend erhalten sind. Mit zunehmendem Alter lernt sie die Arbeit, die für sie »ein rauher, aber treuer Freund ist«, immer mehr schätzen und bekennt, dass ihr Leben erst richtig begonnen habe, als sie anfing, für sich selbst zu sorgen. Nach ihrem siebzigsten Geburtstag verschlechtert sich ihr Gesundheitszustand. Sie leidet unter Rheuma und Magenkrämpfen.

* vgl. Maurois

»Ich habe über den Tod sehr sanfte und heitere Anschauungen, und ich bilde mir ein, im Jenseits nur ein sehr reizendes Los verdient zu haben«, schreibt sie Alexandre Dumas dem Jüngeren. »Ich bin trotz allem, was mich gepeinigt hat, Optimist geblieben, und dies ist vielleicht meine einzige Tugend. [...] Alles, was wir für so wichtig halten, ist so vergänglich, daß es nicht lohnt, einen Gedanken daran zu verschwenden. Im Leben gibt es nur zwei oder drei wahre und bedeutende Dinge [...].«[*]

George Sand stirbt am 8. Juni 1876 in Nohant im Alter von fast zweiundsiebzig Jahren und wird im Park ihres Landsitzes beigesetzt. Die älteste Tochter ihres Sohnes Maurice, ihre Enkelin Aurore, die erst 1961 mit fünfundneunzig Jahren stirbt, sorgt später dafür, dass Schloss Nohant als George-Sand-Museum erhalten bleibt.

Die Schriftstellerin hinterlässt ein umfangreiches Werk mit mehr als hundert Romanen, Erzählungen, Essays, Artikeln und Theaterstücken. Auch wenn ihre Romane heute veraltet wirken, sind die philosophischen und psychologischen Passagen nach wie vor interessant. Schon André Maurois stellte 1952 in seiner Biografie über die Autorin fest, dass ihre Romane oft hinter ihrem Genie zurückblieben. Doch ihre autobiografischen Texte haben auch nach über 150 Jahren nichts von ihrer Frische und Direktheit eingebüßt. Sie sind offen, ehrlich und selbstkritisch. Für George Sand waren die Liebe und die Arbeit das Wichtigste im Leben. In einer Zeit, da die Frauen keine Rechte hatten, hat sie es gewagt, ihre Stimme zu erheben und sich mutig für die Frauen einzusetzen. Noch heute wird sie als eine Vorkämpferin für die Freiheit und Gleichberechtigung der Geschlechter verehrt. André Maurois zitiert in seiner Biografie *Das Leben der George Sand* ihr Fazit:

»Wenn ich mich prüfe, erkenne ich, daß die beiden beherrschenden Leidenschaften meines Lebens die Mütterlichkeit und die Freundschaft gewesen sind. Ich habe die Liebe, die sich anbot, hingenommen, ohne sie zu suchen, ohne sie zu wählen, und so habe ich etwas ganz anderes hineingetragen und von ihr gefordert, als sie mir gab.«

[*] vgl. Maurois

Elizabeth Barrett-Browning
(1806–1861)

» Dichtkunst, du mein Leben … «

Wie ich dich liebe? Laß mich zählen wie.
Ich liebe dich so tief, so hoch, so weit,
als meine Seele blindlings reicht, wenn sie
ihr Dasein abfühlt und die Ewigkeit.
[…]

Diese Zeilen aus dem Sonett XLIII von Elizabeth Barrett-Browning zählen zu den eindrucksvollsten Liebesgedichten der Weltliteratur. Sie galt als die bekannteste und erfolgreichste Lyrikerin der viktorianischen Epoche, obwohl sie am literarischen Leben nicht teilnehmen konnte. Jahrelang war sie zu krank und schwach, um ihr Zimmer im Haus des despotischen Vaters, der seinen Kindern jede Liebesbeziehung verbot, zu verlassen. Elizabeth Barrett war fast vierzig Jahre alt, als sie einen Brief erhielt, der ihr Leben veränderte. Sie lernte den Dichter Robert Browning kennen und lieben, heiratete ihn heimlich und floh mit ihm nach Italien. Durch die Liebe wurde die Dichterin gesund und zu ihren besten Werken inspiriert. Sie gehörte zu den ersten Autorinnen, die sozialkritische Gedichte schrieben und als Frau und Künstlerin unabhängig sein wollten. Ihr abenteuerliches Leben sorgte unter ihren Zeitgenossen für Aufsehen.

Elizabeth Barrett wird am 6. März 1806 in dem nordenglischen Dorf Cox Hill bei Durham als ältestes von elf Kindern geboren. Ihr Vater, Edward Barrett, stammt aus einer Familie von Plantagenbesitzern, der zahlreiche Sklavenkolonien in Westindien gehören. Da der reiche und autoritäre Kaufmann seinen drei Töchtern und acht Söhnen nicht nur jeden Kontakt zu Gleichaltrigen, sondern auch Besuche von Freunden und Verwandten verbietet, bleiben nur die Geschwister als Spielgefährten. Mary, die Mutter, ist dem despotischen Gatten nicht gewachsen und fügt sich. Besonders nah fühlt sich Elizabeth dem zwei Jahre jüngeren Bruder Edward, mit dem sie in den nahen Wäldern und Wiesen spielt. Sie ist ein phantasievolles und intelligentes Kind, und als der Bruder Unterricht in Latein und Griechisch bekommt, will sie unbedingt dabei sein. Erstaunlicherweise hat der sonst so strenge Vater nichts gegen ihren Wissensdurst. Nicht nur die Söhne, auch die Töchter dürfen seine umfangreiche Bibliothek nutzen. So entdeckt die Zehnjährige die Werke von Homer, Vergil und die griechischen Göttersagen und liest auch die französischen Philosophen Voltaire, Rousseau sowie Goethes *Werther*. Bald beginnt sie, selbst zu schreiben, und verfasst Tragödien in französischer Sprache, die von den Geschwistern zu Hause aufgeführt werden. Im Alter von dreizehn Jahren schreibt sie ein großes Heldengedicht mit fünfzehnhundert Versen, *The Battle of Marathon: A Poem* (Die Schlacht bei Marathon), das sie ihrem Vater widmet, der es voller Stolz in fünfzig Exemplaren drucken lässt.

Elizabeths Kindheit endet abrupt durch einen Reitunfall der Fünfzehnjährigen, bei dem sie eine Rückenmarksverletzung erleidet und monatelang liegen muss. Seitdem ist ihre Gesundheit angegriffen. Während dieser Zeit der unfreiwilligen Ruhe werden Lesen und Schreiben für sie zum Ersatz für das Leben. »Seit meiner Kindheit machte ich Gedichte. Doch wieviele Kinder machen Verse, ohne jemals Dichter zu werden! Aber meine kindliche Leidenschaft verwandelte sich [...] in zähen Willen. So ward mir die Dichtkunst seither zum lebendigen Wesen verkörpert, für das ich lebe, lerne und denke [...].«*

Im Oktober 1827, Elizabeth ist einundzwanzig, trifft die Familie ein neuer Schicksalsschlag: Die Mutter stirbt und die Kinder verlieren ihre Zuflucht, denn sie konnte die väterliche Strenge durch Liebe und Zärtlichkeit ausgleichen. Nach ihrem Tod nehmen Unberechenbarkeit und Schroffheit des Vaters zu. Er untersagt auch den inzwischen erwachsenen Kindern jede Freundschaft, Liebesbeziehung oder sogar Heirat. Keines der Kinder hat den Mut, sich aus der moralischen und finanziellen Abhängigkeit des Vaters zu lösen. Als 1833 ein Gesetz zur Befreiung der farbigen Sklaven in Kraft tritt, be-

---

* Soweit nicht anders vermerkt, sind die biografischen Zitate Elizabeth Barrett-Brownings entnommen aus: G. Pisani: Elizabeth und Robert. Die Geschichte einer Liebe. Übersetzt von Lola Lorme, Basel 1941

fürchtet Edward Barrett, seine westindischen Ländereien nicht mehr bewirtschaften zu können und zu verarmen. Seine Tochter Elizabeth hingegen begrüßt die Emanzipation der Sklaven. Der Vater verkauft das große Gutshaus und zieht mit der Familie zuerst an die englische Küste, später nach London.

Elizabeths Gesundheitszustand verschlechtert sich, sie klagt über Müdigkeit, Atemnot und Husten. Die Ärzte diagnostizieren eine Lungenkrankheit und ein geschwächtes Nervensystem und empfehlen vollkommene Ruhe des Körpers und des Geistes. Doch auf Lesen und Schreiben kann Elizabeth nicht verzichten. Innerhalb von zwölf Tagen übersetzt sie den *Gefesselten Prometheus* von Aischylos, der bald darauf veröffentlicht wird – wie auch schon ihr erster Text, ein »Essay über den Geist«. In den literarischen Kreisen fragt man sich neugierig, wer die junge Frau ist, die sich so unbefangen an die Klassiker des Altertums wagt. Ihr väterlicher Freund und Vetter, John Kenyon, der selbst schreibt und gern als literarischer Mäzen auftritt, führt sie in die Literatenzirkel Londons ein. Dort lernt die knapp Dreißigjährige auch den von ihr verehrten, damals berühmten Dichter William Wordsworth kennen.

1838 erscheint eine erste Sammlung mit Elizabeth Barretts Gedichten, die von der Kritik zwiespältig beurteilt wird. Eine der führenden literarischen Zeitschriften, *Athenäum*, lobt »diesen außergewöhnlichen Band als einen Beweis weiblicher Genialität und Begabung« und bescheinigt der Autorin »ein Talent von hohen Graden, lebhaft, kräftig und beweglich«. Gleichzeitig wirft man ihr ungenaue Beschreibungen vor, bemängelt, dass es ihr an »kritischem Geschmack« fehle und »ihre Sprache der Schlichtheit ungekünstelten Ernstes« ermangele.*

Obwohl die positiven Reaktionen überwiegen, endet der Ausflug in die literarische Welt genauso schnell, wie er begonnen hatte, da der Vater seinen erwachsenen Kindern unerbittlich abendliche Vergnügungen verbietet und sich zudem Elizabeths Gesundheitszustand weiter verschlechtert. Eine Lunge ist angegriffen, das Nervensystem zerrüttet und der Pulsschlag zu schwach. In einem Brief schreibt Elizabeth resigniert: »Ohne eine wirkliche Todeskrankheit zu haben, bin ich auf diese Weise dem Leben abhanden gekommen, seinen Brennpunkten des Vergnügens und der Tätigkeit entrissen und darauf beschränkt, für mich und für die anderen eine Last zu sein.«

* vgl. Kessel

Glücklicherweise handelt es sich nicht um Tuberkulose, dennoch empfehlen die Ärzte für den Winter einen Aufenthalt im Süden. Da Elizabeth zu krank ist für eine so weite Reise, fährt sie in Begleitung ihres Bruders Edward 1840 an die Südküste Englands. Als der Vater den Bruder nach London zurückruft, bittet sie darum, dass er noch bleiben kann. Der Vater ist dagegen, doch er gibt nach. Kurz darauf, im Juli 1840, ertrinkt der geliebte Bruder bei einem Segelausflug mit Freunden. Elizabeth fühlt sich verantwortlich für seinen Tod und wird diese größte Tragödie ihres Lebens nur schwer überwinden. Körperlich und seelisch am Ende kehrt sie in das Haus ihres Vaters nach London zurück. Dort liegt sie in einem verdunkelten Zimmer, zu schwach, um das Bett zu verlassen, und liest und schreibt.

Die einzigen Besucher, die sie empfängt, sind der Freund John Kenyon und die Schriftstellerin Mary Mitford. Die fast zwanzig Jahre Ältere nennt die junge, nur 1,55 Meter kleine Autorin 1852 in ihren Erinnerungen eine der interessantesten Personen, die ihr jemals begegnet sind. Sie beschreibt ihre schmale, zierliche Gestalt, ihr ausdrucksstarkes Gesicht, ihre großen sanften Augen und ihre langen dunklen Locken. Die beiden Frauen treffen sich regelmäßig und werden so vertraut miteinander, dass sich trotz des Altersunterschiedes eine Freundschaft entwickelt. Eines Tages schenkt die Freundin Elizabeth einen Cockerspaniel, der von da an nicht mehr von ihrer Seite weicht und sogar in die Literaturgeschichte eingeht: 1933 publiziert Virginia Woolf ihren Roman *Flush: A Biography* (Flush. Eine Biographie), in dem sie den kleinen Vierbeiner sein Leben – und damit das seiner Herrin – erzählen lässt. Doch in den vierziger Jahren des 19. Jahrhunderts sorgt Flush – dem Elizabeth Barrett auch ein Gedicht widmet – für ein bisschen Abwechslung in ihrem eintönigen Alltag, den sie selbst einmal eine »Atmosphäre von Sofa und Schweigen« nannte. Unermüdlich lesend und schreibend eignet sie sich ein enormes Wissen an und beherrscht neben Latein, Griechisch und Hebräisch die wichtigsten europäischen Sprachen. Ihre Gedanken und Gedichte kreisen um Gleichberechtigung, Freiheit und Unabhängigkeit. In ihrem schwachen Körper steckt ein moderner und aufgeschlossener, fast revolutionärer Geist.

Im Herbst 1844 erscheinen – unter dem schlichten Titel *Poems* – ihre gesammelten Gedichte in zwei Bänden. Von den positiven Reaktionen auf diese Veröffentlichung und den freundlichen Zuschriften unbekannter Leser ist sie selbst am meisten überrascht. Elizabeth

Barretts Verse sind in Amerika ebenso erfolgreich wie in England. Für Edgar Allan Poe, damals einer der einflussreichsten Kritiker Amerikas, ist sie – nach Alfred Tennyson – die bedeutendste Lyrikerin des 19. Jahrhunderts. Auch in England spricht man von ihrem »außergewöhnlichen Genius«, obwohl man ihr Nachlässigkeit im Umgang mit dem Reim vorwirft. Selbstbewusst weist sie diesen Vorwurf zurück und betont, dass sie »im Dienst der Dichtung gearbeitet habe«: »Ein Großteil Aufmerksamkeit, weit mehr, als mich die Innehaltung der konventionellen Reimgesetze gekostet hätte, habe ich der Reimfrage überhaupt gewidmet und habe mich kalten Blutes entschlossen, einige Experimente zu wagen.«*

Ihre Vers- und Reimexperimente, beispielsweise die Verwendung von unreinen Reimen, stoßen im traditionsbewussten England auf Kritik, verweisen jedoch bereits auf modernere Formen der Lyrik. Doch ist Elizabeth Barrett dabei noch nicht konsequent genug und nimmt zu viel Rücksicht auf die Konventionen und den damaligen Publikumsgeschmack. Sonst hätte sich ihre Dichtung – so der Literaturwissenschaftler Arnim Geraths – vermutlich in die Richtung weiterentwickelt, die Charles Baudelaire 1857 mit seinen *Fleurs du Mal* (Blumen des Bösen) einschlug. Obwohl ihre Lyrik formal noch weitgehend der Tradition verpflichtet ist, geht sie inhaltlich neue Wege. In dem bekanntesten Gedicht dieser Sammlung kritisiert sie die Kinderarbeit und appelliert an die englische Regierung:

Hört Ihr, meine Brüder, jene Kinder weinen,
Eh' sie noch das Leben traf,
[...]
Ja, sie haben Grund, zu weinen und zu klagen!
Sie sind müde, eh sie gehn,
Haben nie des Glückes Morgen tagen,
Nie die Sonne leuchten sehn.
Tragen, Sklaven freien Christentumes,
Mannes Bürde ohne seine Kraft,
[...]
Jung sind sie und gleichen schon den Greisen,
Ihrer Jugend Ernte reifet nie –
[...]

* vgl. Kessel

»Wie lang«, fragen sie, »wie lang noch wirst Du stehen
Auf der Kinder Herzen, grausame Nation,
Und auf den zertretenen vorwärtsgehen
Hin zu Deinem stolzen Handelsthron?«

Als das Gedicht *The Cry of the Children* (Der Kinder Weinen) 1843
vorab im *Blackwood Magazine* erscheint, sorgt es durch die offene
Kritik für Aufsehen, regt die Diskussion an und gibt mit den Anstoß
zu einem Schutzgesetz gegen Kinderarbeit. Dieses Gedicht markiert
auch einen Wendepunkt in Elizabeth Barretts Schaffen. Standen ihre
frühen Verse noch in der Tradition der Romantik und des großen Vor-
bilds Wordsworth, so wendet sich die Dichterin nun der Gegenwart
zu und thematisiert gesellschaftliche, politische und soziale Themen.
In Amerika wird die Autorin als Mitkämpferin für das Freiheitsideal
der Neuen Welt verehrt.

Die beiden 1844 veröffentlichten Gedichtbände zeigen, dass sich
Elizabeth Barrett vom Gefühlsüberschwang ihrer frühen Lyrik gelöst
hat und schlichter und authentischer schreibt. Der Ruhm überrascht
und erfreut sie, doch an ihrer Zurückgezogenheit ändert sich nichts.
Sowohl sie als auch ihre Familie haben sich daran gewöhnt, dass sie
weder ihr Zimmer noch das Haus verlassen kann. »Wir alle machen
uns mit dem Gedanken an das Grab vertraut, und ich war beerdigt
[…].«[*]

Fünf Jahre lang lebt sie zurückgezogen im Haus ihres Vaters und
hat ihr Zimmer nicht ein einziges Mal verlassen, als sie einen Brief
erhält, der ihrem Leben eine neue Richtung geben wird. Der Dichter Robert Browning, dem sie noch nie begegnet ist, schreibt ihr am
10. Januar 1845: »Ich liebe Ihre Verse von ganzem Herzen, liebe Miß
Barrett […].« Seine Bewunderung gipfelt in dem Bekenntnis: »Ich
liebe, wie ich sagte, diese Bücher von ganzem Herzen – und ich liebe
auch Sie.«

Elizabeth Barrett freut sich über das Lob des jungen Kollegen,
übergeht aber sein emotionales Geständnis. Sie kennt und schätzt
seine Verse, die in Literatenkreisen bekannt sind, aber noch kein
breites Lesepublikum erreichen wie ihre eigenen Gedichte. In den
folgenden Wochen und Monaten entwickelt sich zwischen den beiden Dichtern ein intensiver freundschaftlicher Briefwechsel über

---

[*] vgl. Kessel

Literatur und Kunst. Er ist der Auftakt zu einer der bewegendsten und abenteuerlichsten Liebesgeschichten des 19. Jahrhunderts, die in ganz England für Aufsehen sorgen wird. Elizabeth genießt das – wie sie es ausdrückt – »gesellige Vergnügen dieser Unterhaltung auf dem Papier«. Gleichzeitig fürchtet sie, dem anderen zur Last zu fallen und mahnt ihn: »Nur, bitte keinen Zwang, keine Zeremonie!« Die Dichterin verlangt einen ehrlichen intellektuellen Austausch und verbittet sich jede rücksichtsvolle Höflichkeit. Erstaunlich sind nicht nur die offenen Worte, die sie in diesem Brief findet, sondern auch, dass sie es als Frau wagt, sich über die gesellschaftlichen Regeln ihrer Epoche hinwegzusetzen, weil sie damit keine Zeit vergeuden will. Der Brief schließt mit dem Bekenntnis: »[…] ich bin geneigt in vielen Dingen zu Ihnen emporzusehen und von allem so viel zu lernen, wie Sie mich lehren wollen. Andererseits müssen Sie sich darauf vorbereiten, zu vergeben und sich zu gedulden – wollen Sie das?«

Robert Browning, am 7. Mai 1812 in Camberwell bei London geboren, wächst – mit seiner Schwester – in einer kunstinteressierten, wohlhabenden Familie auf. Schon als kleiner Junge läuft er, laut Verse deklamierend, um den Esstisch. Bis zu seinem vierzehnten Lebensjahr besucht er eine private Schule, danach wird er von Hauslehrern unterrichtet und lernt Latein, Griechisch, Italienisch, Französisch und Deutsch. In der Bibliothek seines Vaters eignet er sich ein enzyklopädisches Wissen an, indem er das fünfzigbändige Lexikon *Biographie universelle* durcharbeitet. 1828 gehört er zu den ersten Studenten, die Vorlesungen an der neuen Londoner Universität besuchen. Die Eltern haben nichts dagegen, dass der einzige Sohn keinen Beruf erlernt und sich nur dem Schreiben und Musizieren widmet. Der Vater unterstützt Roberts literarische Ambitionen und übernimmt die Druckkosten für seine Werke. Die Aufführung seines ersten Theaterstücks hat allerdings nur wenig Erfolg. Erste Anerkennung in Literatenkreisen gewinnt der Dreiundzwanzigjährige 1835 durch die Veröffentlichung des Versdramas *Paracelsus*. Doch um ein größeres Publikum anzusprechen, sind seine Verse zu philosophisch, schwierig und pathetisch. Da der junge Dichter noch auf der Suche nach dem eigenen lyrischen Ton ist, reist er nach Italien, um Kunst und Kultur dieses Landes aufzunehmen. Robert Browning hat später alle Briefe, Werke und Entwürfe vernichtet, die Aufschluss über seine Jugend, seine Beziehungen und literarischen Anfänge hätten geben können. Es scheint, als hätte für ihn sein Leben als Dichter und Mensch erst in dem Moment begonnen, in dem er Elizabeth Barrett kennenlernt.

Als er ihr den ersten Brief schickt, ist Robert Browning zweiunddreißig Jahre alt, häufiger Gast in den Künstlersalons der Stadt und wartet auf den literarischen Durchbruch. Elizabeth Barrett genießt den literarischen Austausch mit ihm und bittet den Kollegen, ihre Poesie kritisch zu lesen und sie auf Fehler hinzuweisen. Doch Robert Browning will von Fehlern in den Versen der verehrten Dichterin nichts wissen. Je freundschaftlicher und herzlicher ihre Briefe werden, desto dringender möchte er Elizabeth persönlich kennenlernen, aber sie zögert. Immerhin ist sie sechs Jahre älter, schwer krank, kann ihr Zimmer nicht verlassen und fürchtet, die Brieffreundschaft durch eine enttäuschende Begegnung zu gefährden. Außerdem möchte sie vermeiden, dass sein Interesse an ihr sich in Mitleid verwandelt. Hin- und hergerissen zwischen Neugier und Zurückhaltung schiebt sie ein Treffen mit ihm mehrmals hinaus. Doch die Briefe, die zwei- bis dreimal in der Woche zwischen den beiden Autoren hin- und hergehen, erreichen schnell einen persönlichen und offenen Ton.

Elizabeths Briefe beeindrucken noch heute, sie sind länger und gehaltvoller und zeigen, dass sie reifer und erfahrener ist als Robert Browning, der in seinem Leben noch keine großen Erschütterungen erlebt hat. Sie vertraut sich ihm immer mehr an und zieht Vergleiche zwischen ihrem und seinem Leben. Im März 1845 berichtet sie ihm, dass sie auch schon vor ihrer Krankheit in Abgeschlossenheit gelebt habe, da sie auf dem Land ohne gesellschaftliche Kontakte aufgewachsen sei. In dieser Einsamkeit habe sie nur in Büchern und der Poesie Ablenkung gefunden und empfinde ihre Unwissenheit nun als Nachteil für ihre Kunst: »Ich habe viel inneres Leben gehabt, und aus der Gewohnheit der Selbstbeobachtung und Selbstanalyse heraus errate ich vieles von der Natur der Menschen im allgemeinen. Aber wie gern würde ich als Dichterin ein wenig von diesem schwerfälligen, [...] hilflosen Wissen aus Büchern gegen einige konkrete Erfahrung vom Leben und von den Menschen eintauschen.« Schreiben bedeutet für sie Leben. Robert Browning hingegen offenbart ihr, dass er die Gesellschaft stets gehasst und sich nur mit ihr abgefunden habe. Sein Geständnis, weder beim Lesen noch beim Schreiben Freude zu empfinden, sondern nur »in dem Gefühl der Pflichterfüllung«, erstaunt sie sehr. Sie bekennt, dass sie »Romane über alle Maßen liebe und sie nicht nur – wie die klugen Leute – wegen der Beredsamkeit und der Empfindungen lese, sondern um der Geschichte willen – wie kleine Kinder, die auf Papas Knien sitzen«.

Elizabeth ist zwar körperlich schwach, kann ihr Zimmer kaum verlassen und nimmt Opium zur Linderung ihrer Schmerzen, doch sie ist klug und sensibel und lehnt nicht nur in ihrer Poesie jeden Zwang ab. Nur ungern fügt sie sich in das ihr vorgegebene Schicksal der Kranken. Die Korrespondenz mit Browning öffnet ihr einen intellektuellen Raum, den sie schmerzlich vermisst hat. In den Briefen spiegeln sich die unterschiedlichen Charaktere der beiden: Elizabeth Barrett ist empfindlich, unentschieden und selbstkritisch, Robert Browning dagegen optimistisch, stürmisch, selbstbewusst. Immer wieder fragt er sie nach einer Begegnung, aber er weiß, dass der ersehnte Besuch bei der Dichterin von ihrer Gesundheit abhängt. Im Mai 1845 gestattet sie ihm endlich, sie zu besuchen, warnt ihn aber gleichzeitig: »Es ist nichts Interessantes an mir zu sehen, noch von mir zu hören. Ich habe nie gelernt Konversation zu führen, wie Sie das in London getan haben. […] Wenn nach den Urteilen mancher meine Dichtkunst wirklich einigen Wert hat, überzeugen Sie sich, daß sie das Beste an mir ist.«

Die erste Begegnung der beiden findet am 20. Mai 1845 statt. Wie gewöhnlich ruht Elizabeth – von mehreren Kissen gestützt – im halbdunklen Zimmer auf dem Diwan, als sie Robert Browning empfängt. Er bleibt anderthalb Stunden und ist so verzaubert von ihr, dass er ihr am nächsten Tag eine Liebeserklärung schickt. Dieser Brief, den sie »mit Schmerz und Erregung« liest, verwirrt sie so sehr, dass sie ihn sofort verbrennt. Sie verbietet Robert, noch einmal darüber zu sprechen, wenn er sie wiedersehen will. Aber sie schreibt ihm auch, dass ihr seine Freundschaft wichtig sei und sie gerne von vorne beginnen würde.

In den folgenden Monaten sehen sich Robert Browning und Elizabeth Barrett regelmäßig einmal in der Woche – immer heimlich, wenn der Vater unterwegs ist. Nur ihre Zofe und ihre beiden Schwestern wissen davon. Robert Browning hat sein Liebesbekenntnis zurückgenommen, um Elizabeth nicht zu erschrecken, doch ist er noch immer davon überzeugt, in ihr die Frau seines Lebens gefunden zu haben. Elizabeth gibt ihre Zurückhaltung mehr und mehr auf. Ein Vierteljahr nach der ersten Begegnung, im August 1845, vertraut sie dem Freund in einem Brief den größten Schmerz ihres Lebens an. Zum ersten Mal seit fünf Jahren berichtet sie über den Tod des geliebten Bruders, der ihr gesagt hatte, er liebe sie mehr als jeder andere und würde sie nicht verlassen, bis sie gesund sei. Sie schildert Robert Browning die Qual der drei Tage des Wartens, nachdem das Boot des Bruders nicht zurückkehrte, wie sie den Glauben an sich verlor und »wie damals die Feder des Lebens in mir zu brechen scheinen mußte; und wie es für mich natürlich war, daß ich das Weiterleben verabscheute«.

Nach diesem Brief versichert ihr Robert Browning, dass er rückhaltlos an sie glaube und gesteht ihr noch einmal seine Liebe. Elizabeth antwortet ihm zwar, dass sie noch nie so viel für einen Mann empfunden habe wie für ihn, sie aber wegen ihrer Krankheit und ihrer familiären Situation nicht frei sei und sie deshalb nur Freunde sein könnten. Und sie betont, dass ihr eigener Vater, »wüßte er, daß Sie mir so geschrieben haben und daß ich Ihnen antworte – daß er mir nach zehn Jahren noch nicht verzeihen würde […]«.

Robert Browning gibt nicht auf, schickt der Dichterin fast täglich Blumen und führt Buch über jede Minute, die er mit ihr verbringt. Der vertrauensvolle Briefwechsel und die anregenden wöchentlichen Besuche tun der Kranken gut. Schon bald kann sie aufstehen, kleine Spaziergänge machen und sogar ausfahren. Die Ärzte fürchten allerdings, dass der kleine gesundheitliche Fortschritt durch den feuchten und kalten Winter wieder zunichte gemacht werden könnte, und raten zu einer Reise nach Italien. In Begleitung von Bruder und Schwester will Elizabeth nach Pisa fahren und dort heimlich Robert Browning treffen. Während sie die Reise vorbereitet, wartet sie auf die Erlaubnis des Vaters. Elizabeth zweifelt nicht an seiner Liebe, da er nach dem tragischen Unfalltod des Bruders ihr gegenüber nachsichtig war und ihr nie einen Vorwurf gemacht hat. Sie versucht, Robert Browning das Verhalten des Vaters und dessen »patriarchalische Ideen von der Beherrschung erwachsener Kinder« zu erklären, der es einfach »für seine Pflicht halte, zu herrschen und nach seinen eigenen Ansichten vom rechten Glück glücklich zu machen«.

Nach wochenlangem Schweigen verweigert der Vater schließlich seine Zustimmung zu der Reise. Obwohl Elizabeth als einziges seiner Kinder durch eine kleine Erbschaft finanziell unabhängig von ihm ist, traut sie sich nicht, ohne seine ausdrückliche Genehmigung zu reisen. Da sie zu schwach ist, um allein zu fahren, will sie die Geschwister, die völlig vom Vater abhängig sind, nicht seinem Zorn aussetzen. Empört schreibt ihr Robert Browning, dass er sie aus dieser Sklaverei befreien und heiraten wolle. Je sicherer sich Elizabeth seiner Liebe fühlt, desto mehr erkennt sie den Egoismus ihres Vaters. Solange sie schwer krank ist, kann sie ihn nicht verlassen. Enttäuscht begreift sie, dass der Vater eher aus Starrsinn als aus Liebe agiert und seine Kinder wie »bewegliche Besitzstücke behandelt«. Im Dezember 1845 konstatiert sie: »Es ist nicht meine Schuld, wenn ich zwischen zwei Lieben zu wählen habe [...].« Elizabeth reist nicht nach Italien, aber sie fühlt sich Robert Browning nun zutiefst verbunden. »Mein Leben war zu Ende, als ich Dich kennen lernte, und wenn ich mich selbst überlebe, geschieht es durch Dich.« In dieser Zeit entstehen ihre berühmten Liebesgedichte. Im Sonett VII heißt es:

Mir scheint, das Angesicht der Welt verging
in einem andern. Deiner Seele Schritt
war leise neben mir, o leis, und glitt
leis zwischen mich und das, was niederhing

in meinen Tod. Auf einmal fing
– da ich schon sinkend war – mich Liebe auf,
und ein ganz neuer Rhythmus stieg hinauf
mit mir ins Leben. [...]

Diese Zeilen offenbaren Elizabeths Zuneigung viel stärker als ihre Briefe an Robert. Im Sonett XX spricht sie ihn direkt an:

Geliebter, mein Geliebter, wenn ich denk
vor einem Jahr –: Da saß ich noch wie eh,
und deine Fußspur war noch nicht im Schnee,
und rings das Schweigen war noch ungelenk,

von deiner Stimme nicht geschult. Ich ließ
die langen Ketten langsam, Glied nach Glied,
durch meine Finger gehn, nicht wissend dies:
daß du schon möglich warst. Wie mir geschieht,

da ich des Lebens tiefes Staunen trinke.
[...]

Diese Sonette lesen sich oft wie ein poetisches Tagebuch, ergänzen Elizabeths Briefe und klingen manchmal wie Antworten auf Roberts Briefe, doch er weiß von den Gedichten nichts. Im Dezember 1845 erklärt er ihr, dass er ihr über Bücher berichte, weil er sonst nur immer wieder schreiben müsse, wie sehr er sie liebe, und diese Wiederholung käme ihm wie ein Kuckucksgesang vor. Im Sonett XXI scheint sie ihm zu antworten:

> Sag immer wieder und noch einmal sag,
> daß du mich liebst. Obwohl dies Wort vielleicht,
> so wiederholt, dem Lied des Kuckucks gleicht,
> [...]
> »Sag wieder, daß du liebst.« Wer ist denn bang,
> daß zu viel Sterne werden: Ihrem Gang
> sind Himmel da. Und wenn sich Blumen mehren,
>
> erweitert sich das Jahr. Laß wiederkehren
> den Kehrreim deiner Liebe. Doch entzieh
> mir ihre Stille nicht. Bewahrst du sie?

Elizabeth ist fest entschlossen, die Wintermonate in England gut zu überstehen. Da der Londoner Winter 1845/46 glücklicherweise ungewöhnlich mild ist, stabilisiert sich ihr Gesundheitszustand. Robert verspricht ihr, dass sie beide irgendwann gemeinsam nach Italien fahren und glücklich sein werden. Elizabeth wagt noch nicht, an solche Träume zu glauben, und vertraut ihm im März 1846 in einem Brief an, nie daran gedacht zu haben, »daß jemand, den ich lieben könnte, sich herablassen würde, mich zu lieben«. Sie folgt seinem Rat, die Opiumdosis abzusetzen und sich mehr Bewegung zu verschaffen, um kräftiger zu werden.

Als er sie um eine Locke bittet, sträubt sie sich zunächst und erwähnt, dass sie so ein Geschenk bisher nur den nächsten Verwandten oder Freundinnen gemacht habe. Schließlich schickt sie ihm das Gewünschte und er sieht sie als seine Verlobte an. Enthusiastisch antwortet er ihr am 2. Dezember 1845: »[...] das Leben liegt vor uns, und bis zum Schluß wird die jetzt angeschlagene Schwingung dauern – ich will leben und sterben mit dem wundervollen Ring, dem geliebten Haar [...] das mich erquickt und segnet.« Im Sonett XVIII taucht dieses Motiv auf:

Nie hab ich einem Mann von meinem Haar
etwas gegeben, außer dir hier dies;
noch einmal halt ich es, und fühle, wies
in seiner braunen Länge meines war,

und sage: »Nimm.« O meiner Jugend Tag
war gestern. Und mein Haar tanzt nicht mehr leicht
auf meines Ganges Wellen. [...]

Roberts Briefe werden nun drängender. Er versichert ihr immer wieder, dass sie die Frau seines Lebens ist, und fleht sie an, mit ihm nach Italien zu gehen. Elizabeth spürt, dass sie sich ihm anvertrauen kann, bittet ihn jedoch zu warten, bis sie sich noch kräftiger fühlt. Die Liebenden sind sich einig, dass sie erst heimlich heiraten und dann fliehen müssen, da ihr Vater niemals seine Einwilligung geben würde. Deshalb muss ein günstiger Zeitpunkt abgewartet werden. Doch beiden ist auch klar, dass die Flucht vor Einbruch des nächsten Winters stattfinden sollte. Elizabeths Gesundheitszustand verbessert sich während des Sommers zunehmend, doch kann sie immer noch nicht glauben, dass Robert wirklich sein Leben mit ihr verbringen möchte. So macht sie ihm das für die damalige Zeit ungewöhnliche Angebot einer Probe-Ehe. Sie schlägt ihm in einem Brief vor, er solle es einen Winter lang mit ihr versuchen und falls er ihrer überdrüssig würde, ginge sie allein nach Griechenland: »Die Ehen zu sehen, die jeden Tag geschlossen werden! schlimmer als Einsamkeiten, und trostloser! [...] Ich glaube, ich könnte nie mit Dir streiten; aber derselbe Grund würde mich absolut hindern, mit Dir zu leben, wenn Du mich nicht liebtest. Wir können nicht das greuliche Leben der ›Eheleute‹ rings um uns leben. Du weißt, wir könnten es nicht. [...]«
　Robert geht auf ihre kühne Idee nicht ein, doch nun planen sie ihre Flucht, um dem englischen Winter zu entgehen. Als der Sommer sich dem Ende neigt, ist es Elizabeth, die ungeduldig wird. Am 27. August 1846 versichert sie ihm, sie sei stärker, als er denke, aber sie ahnt auch schon, welche Konsequenzen ihr Plan haben wird: »Möge Dein Vater wirklich imstande sein, mich ein wenig zu lieben, denn mein Vater wird mich nie mehr lieben.« Elizabeths Vater hat inzwischen im Zimmer seiner Tochter schon mehrmals »diesen Dichter« gesehen, doch weiß er nicht, wie nah sich die beiden bereits gekommen sind. Unbewusst liefert der Vater selbst den Anstoß

zum Handeln. Da er das Haus in London gründlich renovieren lassen will, möchte er die Familie währenddessen aufs Land schicken. Nun ist Eile geboten, denn wenn Elizabeth mit der Familie wegfährt, kann sie Robert nicht weiter treffen und muss noch einen Winter in England aushalten. So geht sie das Wagnis ein und beschließt, ihre Sicherheit aufzugeben, aber auch ihre Abhängigkeit. Doch kurz vor der geplanten heimlichen Hochzeit passiert etwas Unvorhergesehenes: Flush ist nicht auffindbar und es stellt sich heraus, dass er entführt wurde. Eine Bande Krimineller hat sich darauf spezialisiert, die Hunde der Reichen zu kidnappen, um Lösegeld zu erpressen. Elizabeths Vater, ihr Bruder und auch Robert sind der Meinung, man dürfe den Erpressern nicht nachgeben. Doch Elizabeth fürchtet um Flushs Leben, ignoriert die Vorhaltungen der Männer, bezahlt zwanzig Pfund (mehr als das Jahresgehalt ihrer Zofe) und erhält ihren verdreckten und abgemagerten Cockerspaniel zurück.

Am 12. September 1846 heiraten Elizabeth Barrett und Robert Browning in der Londoner Marylebone-Kirche. Ein Vetter Roberts und Elizabeths treue Zofe sind die einzigen Zeugen. Der Bräutigam notiert, dass es das 91. Mal ist, dass er seine Geliebte sieht. Nach der Trauung kehrt diese in ihr Elternhaus zurück. Noch am selben Abend schreibt Robert seiner Frau voller Dankbarkeit, dass sie die Krönung seines Lebens sei, und Elizabeth versichert ihm: »[…] niemand kann uns jetzt mehr auseinanderbringen. Ich habe jetzt ein Recht, Dich offen zu lieben. […] Es war mir so verhaßt, daß ich den Ring abnehmen mußte. Du wirst Dir die Mühe machen müssen, ihn mir eines Tages wieder aufzustecken.«

Heimlich bereiten sie ihre Abreise vor. In ihrem letzten Brief am Abend vor der geplanten Flucht klagt Elizabeth: »Es ist furchtbar, furchtbar, daß ich hier zum erstenmal in meinem Leben freiwillig Schmerz bereiten muß […]. Morgen um diese Zeit werde ich nur Dich noch haben, mich zu lieben – mein Geliebter!«

Eine Woche nach der Hochzeit fliehen sie, während der Vater und die Geschwister einen Ausflug machen. Elizabeth nimmt ihre Zofe, ihren Hund Flush, Roberts Briefe und nur wenig Gepäck mit. Erste Station ihrer Flucht ist Paris, wo sie eine Freundin Elizabeths treffen und sich von der Reise erholen. In den zwanzig Monaten ihrer Bekanntschaft haben sich die beiden über 570 Briefe geschrieben. Nun schreiben sie sich nicht mehr, denn sie werden sich nicht mehr trennen. Von Frankreich aus fahren sie – mit der Kutsche oder auf den gerade eröffneten Bahnstrecken – weiter nach Italien. Elizabeth versichert den Schwestern in London, dass sie noch nie im Leben so glücklich gewesen sei. Die Schwestern bestätigen allerdings ihre schlimmsten Befürchtungen. Der Zorn des Vaters ist so groß, dass er seine älteste Tochter enterbt und allen verbietet, ihren Namen je wieder zu erwähnen. Doch der väterliche Freund, John Kenyon, hält zu ihr und bestätigt, dass sie nicht unbedacht, sondern besonnen gehandelt habe und dass es richtig gewesen sei, das Leben zu wagen.

Elizabeth genießt das Zusammensein mit Robert. Ein halbes Jahr leben sie in Pisa, dann übersiedeln sie im Frühjahr 1847 nach Florenz. Der Freundin in Paris berichtet Elizabeth, dass ihr Leben als Ehepaar wunderschön und glücklich sei und ihr Mann seit der Hochzeit abends kein einziges Mal ausgegangen sei. »Nun fühle ich mich von neuem wohl, fühle ich mich kräftig, und nachdem wir den Tee genommen haben, gehen Robert und ich immer spazieren, schlendern durch die Stadt, […] bewundern den göttlichen Sonnenuntergang auf dem Arno, der ihn unter seinen Brücken in flüssiges Gold verwandelt.«

Robert ist ein praktischer und sparsamer Hausherr, der das wenige Geld aus Elizabeths kleiner Erbschaft und die Honorare, die beide erhalten, geschickt einteilt. Da das Leben in Italien viel preiswerter ist als in London, kommen sie mit wenig aus. Das milde Klima und die Ehe mit Robert, der sich liebevoll um seine Frau kümmert, bekommen ihr so gut, dass sie sich bald völlig gesund fühlt.

Im Frühjahr 1849 bringt Elizabeth Barrett-Browning – nach einer Fehlgeburt – im Alter von dreiundvierzig Jahren einen Sohn zur Welt, den sie »Pen« nennen. Überglücklich betrachtet sie das Kind wie ein Wunder und traut sich kaum, es anzufassen. An Mary Mitford schreibt sie: »Ist es nicht seltsam, daß mein Baby so besonders groß und kräftig ist.« Meist ist es der Vater, der sich ums Baden, Wickeln und Trockenlegen des Sohnes kümmert. Als Robert kurz darauf erfährt, dass seine Mutter gestorben ist, reagiert er zutiefst deprimiert und bedauert es sehr, nicht bei ihr in London gewesen zu sein. Zum Trost überreicht ihm Elizabeth die vierundvierzig Gedichte, die sie in der Zeit ihrer heimlichen Liebe geschrieben hat und in denen sie mit großer Intensität und Offenheit ihre Gefühle und Zweifel in der Zeit seiner Werbung schildert. Im Sonett XXXVI bekennt sie:

Da diese Liebe anfing, wars gewagt,
mit Marmor drauf zu bauen; denn sie hing
im Schwingen zwischen Schmerz und Schmerz. Ich ging,
als wäre mir die Zukunft untersagt,

mißtrauisch weiter als die schreckhaft Scheue,
die auch nicht einen Finger aufstützt. Wenn
ich jetzt auch ruhig bin und stark, – will denn
Gott nicht, daß meine Angst sich stets erneue…

O Liebe, – Treue… diese Angst: daß Hand
aus Hand sich löste, daß ein Kuß vom Rand
der Lippen fiele, kühl und ungenommen.
[…]

Die Sonette zeigen Elizabeths poetische Weiterentwicklung. Waren ihre Gedichte früher oft lang und ausschweifend, so gelingt ihr in der strengen und präzisen Form des Sonetts die Konzentration auf das Wesentliche. Beim Reimschema hält sie sich genau an das klassische italienische Vorbild, das in vierzehn Zeilen mit nur vier Reimen auskommt. Robert Browning ist überwältigt, für ihn gehören diese Sonette zum Schönsten, was in englischer Sprache seit Shakespeare geschrieben wurde. Er überredet seine Frau, die Gedichte zu publizieren. Um zu verschleiern, dass es sich um eigene Erfahrungen handelt, gibt Elizabeth Barrett-Browning sie als Übersetzung aus einer anderen Sprache aus und nennt sie *Sonnets from the Portuguese* (Sonette aus dem Portugiesischen). Doch nach der Veröffentlichung 1850 erkennen die Leser schnell den autobiografischen Hintergrund, denn das Dichterpaar ist in England Gesprächsstoff in den literarischen Salons.

Fünf Jahre nach ihrer heimlichen Flucht planen sie einen Besuch in London, da Robert dem Vater und der Schwester seinen Sohn vorstellen will. Auch Elizabeth möchte die Geschwister wiedersehen, fürchtet aber die Zurückweisung des Vaters, der keinen ihrer Briefe beantwortet und auch auf die Nachricht von der Geburt seines Enkels nicht reagiert hat. Elizabeth und Robert schreiben ihm noch einmal, doch als Antwort schickt der Vater alle Briefe zurück, die sie ihm in den vergangenen fünf Jahren geschrieben hatte – keinen hat er geöffnet und gelesen. Als die Brownings 1851 in London eintreffen, werden sie als lebendes Beispiel einer abenteuerlichen Romanze, die in die Literatur einging, gefeiert und mit Einladungen und Geschenken überhäuft. Ein Kollege beschreibt Robert Browning als einen lebhaften, heiteren und selbstbewussten Mann, während Elizabeth klein und zerbrechlich wirke. In ihrer Ehe scheinen die beiden so unterschiedlichen Partner vollkommen glücklich zu sein. Offenbar ergänzen sich ihre gegensätzlichen Eigenschaften zu einem harmonischen Gleichgewicht.

Doch der Aufenthalt in London ist für Elizabeth anstrengend und enttäuschend. Sie trifft sich mit den Schwestern, versöhnt sich mit den Brüdern, die zuvor auf der väterlichen Seite standen, aber der Vater lehnt weiterhin jeden Kontakt zu ihr ab. Außerdem verträgt sie weder das hektische Leben noch die englische Luft. Von London fahren die Brownings Anfang 1852 nach Paris, wo sie ebenfalls in den Künstlersalons gern gesehene Gäste sind und unter anderen Alexandre Dumas und George Sand kennenlernen. Elizabeth, die die französische Schriftstellerin bewundert, ist von deren nachlässiger Kleidung irritiert und von den Begegnungen enttäuscht, bei denen sich die Autorinnen nicht näher kommen. Fast anderthalb Jahre reist das Ehepaar durch Europa, besucht nicht nur mehrmals London und Paris, sondern auch Mailand und Venedig. Bevor der Herbst beginnt, kehren sie nach Florenz zurück, wo sie in ihrem Haus – der Casa Guidi – viele Künstler, Musiker und Autoren empfangen, darunter Alfred Tennyson und Hans Christian Andersen.

Mit großem Interesse verfolgt das englische Dichterpaar die revolutionären Bewegungen in Italien und Frankreich der Jahre 1848/49 und verfasst darüber Gedichte. Doch eine literarische Zusammenarbeit zwischen Elizabeth und Robert gibt es nicht, jeder bleibt seinem eigenen Stil treu. Robert arbeitet an einem Gedichtband, Elizabeth an einem Versroman. Während er sich nur in völliger Ruhe konzentrieren kann, schreibt sie im Wohnzimmer und ist jederzeit bereit, Besucher zu empfangen. Dann unterbricht sie mitten in einer Zeile, widmet sich dem Gespräch und wendet sich danach wieder ihrem Satz zu, als wäre sie nicht gestört worden. Ihre Texte zeigen sie einander erst, wenn sie abgeschlossen sind. Elizabeth bringt ihre Persönlichkeit und ihre Gefühle in ihrer Poesie zum Ausdruck, während Robert sich in das Seelenleben anderer Personen versetzt. Dieser Unterschied in ihrer Dichtung ist für ihn der Grund, die Kunst seiner Frau höher einzuschätzen als seine eigene. Ihr Rang als Dichterin ist in der Öffentlichkeit unbestritten, während ihr Mann noch immer auf den Erfolg wartet. Als nach dem Tod von Wordsworth 1850 ein neuer *poeta laureatus*, ein »preisgekrönter Dichter«, gewählt werden soll, wird Elizabeth Barrett-Browning als erste Frau für dieses Amt vorgeschlagen. Ihre Anhänger sind der Meinung, dass unter Queen Victoria nur eine Frau für diese Ehrung in Frage kommt. Sie selbst ist empört, weil ihr Mann nicht auch zu den Kandidaten gehört, und bedauert, dass er weniger geachtet wird als sie. Schließlich wird Alfred Tennyson der neue *poeta laureatus*.

1855 publiziert Robert Browning den Lyrikband *Men and Women* (Männer und Frauen), der allerdings vom Publikum kaum wahrgenommen wird. Die Gedichte dieser Sammlung sind thematisch fortschrittlich für das viktorianische Zeitalter, denn der Mann sieht die Frau als gleichberechtigte Partnerin. Doch nach dieser Publikation schreibt er kaum noch. Elizabeth macht sich Sorgen um ihn, der sagt, er sei »kein Mann der Literatur«, und sich wieder in das gesellige Leben stürzt. Sie bedauert, dass er seine Kunst so sehr vernachlässigt, weiß aber auch, wie gern er im Mittelpunkt steht und Konversation macht. Sie ist nicht eifersüchtig auf seine Unternehmungen, bei denen sie ihn nicht begleitet, denn das gesellschaftliche Leben ist für sie zu anstrengend. Sie zieht sich lieber zurück, um zu lesen und zu schreiben. Viel Zeit verbringt sie mit ihrem Sohn, denn sie ahnt, dass sie wegen ihrer labilen Gesundheit nicht sehr lange leben wird. Sie verwöhnt das Kind, das bis zu ihrem Tod im Zimmer der Mutter schläft und sie aufmerksam umsorgt.

Elizabeth Barrett-Browning veröffentlicht 1856 ihren Versroman *Aurora Leigh*, der heute als ihr Hauptwerk gilt. Darin schildert sie den Kampf einer Autorin um ein eigenständiges und unabhängiges Leben. In der Einleitung nennt sie es ihr reifstes Werk, das ihre wichtigsten Ansichten über das Leben und die Kunst enthält.

> Wie viel wird doch geschrieben in der Welt!
> Und ich, die dichtete und schrieb bisher
> Für Andre nur, will schreiben nun für mich.
> Mein Leben schildern für mein bessres Selbst,
> [...]
> Dichtkunst, du
> Mein Leben, du mein Adler, der mich griff
> Mit Fängen, die noch heiß vom Blitz des Zeus,

[…] ein jedes Buch
Von einem Dichter und Propheten muß
Mit Lebensblut geschrieben sein.
[…]
Die Kunst dagegen krönt das Leiden mit
Der Tat. Der Künstler muß selbst sein, und tun.
Mit eigentümlicher Gewalt muß er
Die ganz gewöhnlichen Erfahrungen
Verwandeln und in Lust und Schmerz zugleich
Muß er ans Licht das bringen, was er tief
Im Innersten empfindet – […]

Die autobiografischen Bezüge sind unverkennbar. Nicht erst seit dem tragischen Tod des Bruders ist sie der Meinung, ein Dichter müsse leiden, um gut schreiben zu können. Wieder kombiniert sie konventionelle Darstellungsformen mit sozial- und gesellschaftskritischen Themen. Dabei wird deutlich, dass sich ihre Haltung gegenüber den geistigen Fähigkeiten der Frauen verändert hat. Zwölf Jahre zuvor hatte sie in ihrer Korrespondenz mit Robert noch geschrieben: »A propos Dichterinnen […] die Wahrheit ist nun einmal die, daß der Geist der Frauen von Natur dem männlichen Geiste untergeordnet ist. Verstehen Sie mich wohl, ich spreche von der Intelligenz, nicht vom moralischen, sittlichen Wert. Die Frauen […] haben vielleicht eine größere Raschheit, aber besitzen geringere Tiefe, geringere Kraft des Genies.« Offensichtlich haben ihre Erfahrungen in einer für die damalige Zeit fortschrittlichen und gleichberechtigten Ehe und ihre kreative Unabhängigkeit ihr Selbstbewusstsein als Künstlerin gestärkt. Mit großem Interesse verfolgt sie die feministischen Aktivitäten der Sozialreformer in England und Amerika. Lange vor den Suffragetten fordert sie für Frauen das Recht, ihren eigenen Weg zu gehen:

[…] Eine Frau
Kann nicht tun, was sie sollte, nämlich das,
Wozu sie fähig ist im Leben, in
Der Kunst, in Wissenschaft, und ruhig sein
Und warten, was aus ihrem Werke wird.
Sie muß beweisen was sie kann, bevor
Sie's tut […]

Nicht nur in der Kunst, auch in der Liebe will sich die Hauptfigur Aurora Leigh emanzipieren. Der Name der Protagonistin ist eine Huldigung an George Sand, die mit zweitem Vornamen Aurore heißt und durch ihr unabhängiges Leben damals für viele Frauen und Künstlerinnen zum Vorbild wird. Aurora Leigh weist den Heiratsantrag eines Mannes zurück, dem sie vorwirft, die Frau nur als Ergänzung seines eigenen Lebens zu sehen, nicht aber als eigenständiges Individuum.

> [...] Voller Leidenschaft
> Erhob ich hoch das Künstlertum in mir
> Auf Kosten aller Rechte einer Frau;
> [...]
> Ich wollte nicht ein Weib wie alle sein,
> Ein einfach Weib, das an die Liebe glaubt,
> Das Recht der Liebe anerkennt, weil es
> Selbst liebt, und das zufrieden ist, wenn es
> Geliebt wird, was ja Gott selbst auch genügt.
> Ich mußte wägen, prüfen, fragen erst.
> [...]

Das Buch wird begeistert aufgenommen und entwickelt sich zu einem Bestseller des 19. Jahrhunderts mit mehr als zwanzig Auflagen. Heute ist dieser Versroman mit über vierhundert Seiten nur noch literaturgeschichtlich von Interesse, doch hatte er große Bedeutung für die nachfolgende Generation englischer und amerikanischer Schriftstellerinnen und war ein Meilenstein in der Darstellung der Entwicklung weiblicher Kreativität. Virginia Woolf liest das Buch achtzig Jahre nach seinem Erscheinen und findet es abwechselnd »anregend und langweilig, unbeholfen und beredt, monströs und überfein« und kommt 1936 in ihrer Kritik zu dem Schluss: »Wir lachen, wir protestieren, wir beklagen uns – es ist absurd, es ist unmöglich, wir können diese Übertreibung keinen Augenblick länger ertragen – und trotzdem lesen wir gebannt bis zum Ende weiter.«

Der Roman endet vielversprechend. Aurora Leigh bewahrt ihre Eigenständigkeit als Künstlerin und als Frau, auch wenn sie am Ende die Liebe über alles stellt und das Fazit lautet:

> [...] Die Kunst ist viel, allein
> Die Liebe ist noch mehr. [...]

Nach der Veröffentlichung von *Aurora Leigh* zieht sich Elizabeth Barrett-Browning mehr und mehr zurück, da ihr Gesundheitszustand wieder so bedenklich ist wie zwölf Jahre zuvor, als sie ihr Zimmer nicht verlassen konnte. Anfälle von Husten, Atemnot und Herzrasen treten häufiger auf, und sie muss sich schonen. 1856 stirbt die Freundin Mary Mitford, wenig später auch ihr väterlicher Freund John Kenyon, der in den letzten zehn Jahren die Stelle ihres Vaters eingenommen hatte. Im Frühjahr 1857 erhält sie die Nachricht vom Tod des Vaters, der ihr nie verziehen hat und den sie seit ihrer heimlichen Heirat und Abreise elf Jahre zuvor nicht wiedergesehen hat. Diese Verluste deprimieren die Fünfzigjährige, die nun auch über das Sterben nachdenkt und bekennt, dass sie die Erscheinungen des Alters hasst.

1860 wird ihr letzter Gedichtband, *Poems before Congress,* veröffentlicht. Obwohl Elizabeth und Robert in den Wintermonaten wieder nach Rom fahren, hilft ihr das milde Klima dieses Mal nicht mehr und sie bekommt Hustenanfälle. Als ihre Schwester Henrietta, die ebenfalls gegen den Willen des Vaters geheiratet hatte, im November 1860 stirbt, verschlechtert sich Elizabeths Gesundheitszustand deutlich. Sie fühlt sich erschöpft und es kostet sie »eine große Anstrengung, um weiterzuleben«. In einem ihrer letzten Briefe schreibt sie, sie möchte leben, »solange es zur Erhebung meiner Seele notwendig ist, und nicht länger«. Nun weist sie den Tod nicht mehr so weit von sich: »Jetzt habe ich alles abgeschüttelt, [...] wie einfach es ist, die Linie zwischen den Lebenden und den Toten zu überschreiten.«

Das Ehepaar kehrt nach Florenz zurück. Dort stirbt Elizabeth Barrett-Browning am 29. Juni 1861 im Alter von fünfundfünfzig Jahren an ihrem chronischen Lungenleiden. Ihr Mann ist bis zuletzt an ihrer Seite und berichtet von ihrem Sterben: »Dann kam, was mein Herz bewahren wird, bis ich sie wiedersehe, und länger – der vollkommenste Ausdruck ihrer Liebe zu mir, seit ich sie kenne. Immerfort lächelnd, glücklich, mit dem Gesicht eines kleinen Mädchens, und in wenigen Minuten starb sie in meinen Armen, ihr Haupt an meiner Wange.«*

Nach dem Tod seiner Frau und ihrer Beisetzung auf dem protestantischen englischen Friedhof in Florenz, kehrt ihr Mann mit dem zwölfjährigen Sohn nach England zurück. Robert Brownings dichteri-

* vgl. Kessel

sche Produktion war während seiner Ehe gering, doch in den folgenden Jahren entstehen seine wichtigsten Werke und er wird einer der bekanntesten Dichter Englands – hochverehrt von der jüngeren Generation. Er ist ständiger Gast in den literarischen Salons Londons; 1881 wird die erste Browning-Gesellschaft gegründet. Robert Browning, der nicht wieder heiratet, überlebt seine Frau um fast dreißig Jahre. Nach seinem Tod am 12. Dezember 1889 wird er – entgegen seinem Wunsch – nicht neben Elizabeth beerdigt, sondern in Poet's Corner in der Westminster Abbey beigesetzt.

Die Casa Guidi, das Haus in Florenz, in dem das Dichter-Ehepaar von 1847 bis 1861 lebte, in dem Elizabeth Barrett-Browning 1849 ihren Sohn zur Welt brachte und zwölf Jahre später starb, ist seit 1995 ein Museum.

Die Zeitgenossen schätzten das Werk seiner Frau höher ein als seine Dichtungen, heute ist das umgekehrt. In England gilt Robert Browning als einer der wichtigsten Vertreter der viktorianischen Lyrik. Während er selbst zeit seines Lebens seine Frau für das größere Talent hielt, ist Elizabeth Barrett-Brownings Werk heute fast vergessen. Nur ihre Liebesgedichte haben die Zeit überdauert und werden – im deutschsprachigen Raum in der Übersetzung von Rainer Maria Rilke – immer wieder gedruckt und zitiert. Das berühmteste ist das vorletzte, das Sonett XLIII:

Wie ich dich liebe? Laß mich zählen wie.
Ich liebe dich so tief, so hoch, so weit,
als meine Seele blindlings reicht, wenn sie
ihr Dasein abfühlt und die Ewigkeit.

Ich liebe dich bis zu dem stillsten Stand,
den jeder Tag erreicht im Lampenschein
oder in Sonne. Frei, im Recht, und rein
wie jene, die vom Ruhm sich abgewandt.

Mit aller Leidenschaft der Leidenszeit
und mit der Kindheit Kraft, die fort war, seit
ich meine Heiligen nicht mehr geliebt.

Mit allem Lächeln, aller Tränennot
und allem Atem. Und wenn Gott es gibt,
will ich dich besser lieben nach dem Tod.

~

How do I love thee? Let me count the ways.
I love thee to the depth and breadth and height
My soul can reach, when feeling out of sight
For the ends of Being and ideal Grace.

I love thee to the level of everyday's
Most quiet need, by sun and candlelight.
I love thee freely, as men strive for Right;
I love thee purely, as they turn from Praise.

I love thee with the passion put to use
In my old griefs, and with my childhood's faith.
I love thee with a love I seemed to lose

With my lost saints, – I love thee with the breath,
Smiles, tears, of all my life! – and, if God choose,
I shall but love thee better after death.

Emily Dickinson
(1830–1886)

» *Kürze des Lebens macht mich kühn* «

I'm Nobody! Who are you?
Are you – Nobody – too?
Then there's a pair of us!
Don't tell! they'd advertise – you know!

How dreary – to be – Somebody!
How public – like a Frog –
To tell one's name – the livelong June –
To an admiring Bog!

~

Niemand bin ich! Und du?
Ein Niemand – noch dazu?
Dann sind wir zwei im Land!
Still! Gleich wird man bekannt!

Wie öde – Jemand sein!
Sein Lebtag – Fröschen gleich –
Den eignen Namen auszuquaken –
Für den Applaus im Teich!*

Emily Dickinson zählt heute zu den bedeutendsten Lyrikerinnen Amerikas, doch zu ihren Lebzeiten wurden nur zehn von ihren fast 1800 Gedichten veröffentlicht. Zurückgezogen lebte sie in ihrer Geburtsstadt und widmete sich der Garten- und Hausarbeit. Trotz ihres

---

* Soweit nicht anders vermerkt, sind die Gedichte entnommen aus: Dickinson, Emily: *Gedichte – englisch und deutsch*. Herausgegeben, übersetzt und mit einem Nachwort von Gunhild Kübler. Frankfurt am Main 2011

ereignisarmen Lebens kreisen ihre Gedichte um Liebe, Angst und Tod. In ihren Gedanken widersetzte sie sich dem traditionellen Frauenbild und schuf experimentierfreudige Verse. Ihre rätselhafte, zugleich klare Lyrik war ihrer Zeit voraus und stieß im 19. Jahrhundert auf Unverständnis. Erst Mitte des 20. Jahrhunderts hat man das poetische Genie dieser unscheinbaren Frau erkannt und ihr Werk wiederentdeckt. Ihre Dichtung beeinflusst die amerikanische Lyrik bis heute und fasziniert noch immer, weil sie auf unkonventionelle Weise nach dem Sinn des Lebens fragt.

Emily Dickinson wird am 10. Dezember 1830 in Amherst, einer Kleinstadt im amerikanischen Bundesstaat Massachusetts, in eine stark religiöse und bürgerlich-konservative Familie hineingeboren. Der Vater, Edward Dickinson, ein angesehener Anwalt und Politiker, hat 1828 Emily Norcross geheiratet. Während er ein vielbeschäftigter Mann und häufig auf Reisen ist, beschränkt seine Frau ihren Wirkungskreis auf den Haushalt, die Erziehung der Kinder und die Kirche und »hält nichts vom Denken«. Emily wächst mit zwei Geschwistern auf, dem ein Jahr älteren Bruder Austin und der drei Jahre jüngeren Schwester Lavinia. Für den Vater ist es selbstverständlich, dass der Sohn studiert und Karriere macht, während er die Bestimmung seiner Töchter in der Hausarbeit sieht. Trotzdem ermöglicht er allen Kindern eine gute Schulbildung. Obwohl der Vater Bücher schätzt, reglementiert er die Lektüre und erlaubt nur das Lesen der Bibel. Andere Bände aus seiner großen Bibliothek lesen die Kinder heimlich und verstecken sie im Klavier oder in den Sträuchern vor dem Haus. Als Emily erwachsen ist, kauft er ihr viele Bücher – vor allem englische und amerikanische Literatur –, doch bittet er sie, sie nicht zu lesen, weil er fürchtet, dass »sie den Geist zerrütten«. Zu viel Wissen könnte die Tochter verwirren und ihre geistige Weiterentwicklung seine Stellung als Patriarch in Frage stellen.

Im Alter von zehn Jahren tritt Emily in das vom Großvater gegründete Amherst College ein, an dem ihr Vater – und später auch der Bruder – jahrelang die Finanzen verwaltet. Dort werden ihre geistigen und kreativen Talente gefördert. Sie ist eine nachdenkliche, aber auch lebenslustige Schülerin, die durch ihre witzigen, ironischen Bemerkungen auffällt. Mit sechzehn geht sie auf ein nahegelegenes Mädchen-Pensionat, in dem Religion und Pflichterfüllung oberste Gebote sind. Emily setzt sich intensiv mit dem Glauben auseinander, doch eine bedingungslose Frömmigkeit wie die ihrer Eltern und ihrer meisten Freundinnen und Lehrerinnen ist ihr nicht möglich. Ihrer besten Freundin, Abiah Root, gesteht sie, dass ihr das morgendliche Beten lästig sei und sie es immer wieder aufschiebe, Christin zu werden. Die Religion interessiert sie kaum und die Ewigkeit empfindet sie als etwas Furchtbares: »Zu denken, daß wir ewig leben müssen und nie aufhören zu sein! Es scheint, als ob der Tod, den alle so fürchten, weil er uns in eine unbekannte Welt entläßt, eine Erlösung wäre von einem so endlosen Zustand des Daseins.«[*]

Emily beobachtet nicht nur kritisch das Leben ihrer frommen Mutter und deren Hausfrauenrolle, sie hinterfragt – im Gegensatz zu ihrer Familie – auch die Bibel und ist die Einzige, die nicht von der religiösen Erweckungswelle erfasst wird, die Nordamerika Mitte des 19. Jahrhunderts überzieht. Nicht nur in diesem Punkt fühlt sie sich als Außenseiterin, auch ihre philosophischen und literarischen Interessen stoßen in ihrer Familie auf wenig Verständnis. Doch eine vertraute Umgebung und die familiäre Geborgenheit sind für Emily enorm wichtig, um sich sicher zu fühlen. Nach einem Jahr auf dem College wird ihr Heimweh so stark, dass die Siebzehnjährige im Sommer 1848 in ihr Elternhaus zurückkehrt. Äußerlich ordnet sie sich in das konventionelle Familienleben ein, doch ihre kritischen Gedanken lässt sie sich nicht nehmen, wie das Gedicht *They shut me up in Prose* – zeigt:

Sie schließen mich in Prosa –
Wie ehedem als Kind
Als sie mich, daß ich »still« war –
Wegsperrten in den Spind –

Still! Hätten sie gesehn –
Wie da mein Hirn – sich drehte –
Man könnte ebenso 'nen Vogel
Einpferchen als Verräter –

Er muß nur Selber wollen
Und wie ein Stern so leicht
Schaut er herab auf sein Gefängnis –
Und lacht – das tu auch ich –

[*] vgl. *Ich wohn' im Haus der Möglichkeit*

In den ersten Jahren nach ihrer Rückkehr aus dem College nimmt sie noch am gesellschaftlichen Leben teil, trifft sich mit Freundinnen und besucht mit ihrer Schwester Verwandte. Lavinia, die kontaktfreudiger ist als Emily, bleibt ebenfalls unverheiratet, wohnt weiterhin im Elternhaus und kümmert sich um den Haushalt, die Mutter und später auch um die ältere Schwester. Sie ist die wichtigste Bezugsperson für Emily, die die Schwester einmal »Soldat und Engel« nennt.

1849 lernt Emily Dickinson einen neun Jahre älteren Juristen kennen, Benjamin Newton, mit dem sie über Literatur und Lyrik diskutieren kann. In ihm findet sie einen freundlichen, aber auch strengen Mentor, der ihr beibringt, welche Bücher und Autoren »lesenswert« und »bewunderungswürdig« sind. Doch die anregende geistige Freundschaft endet abrupt, als der Jurist 1853 plötzlich stirbt. Sein Tod erschüttert Emily, die ihr Leben lang unter der Angst leidet, geliebte Menschen zu verlieren. Newton, den sie in einem Brief einen »vielgeliebten und entbehrten älteren Bruder« nennt, war der Einzige in ihrem Umfeld, dem der sich ausbreitende religiöse Fanatismus ebenso fremd blieb wie ihr. Von Schmerz und Verlust handeln viele ihrer Gedichte, wie auch *Pain – has an Element of Blank –:*

Der Schmerz – hat einen Weißen Fleck –
Er weiß es nicht zu sagen
Wann er begann – noch ob es je
Zeit ohne ihn gegeben –

Hat keine Zukunft – außer sich –
Seine Unendlichkeit
Enthält was war – um zu erhellen
Die neue Schmerzenszeit.

Die drei Dickinson-Geschwister sind sich sehr nah, doch die Beziehung zu ihrem Bruder Austin ist für Emily besonders wichtig. Als er mit dreizehn Jahren in ein Internat geschickt wird, vermisst sie ihn sehr und entdeckt ihre Leidenschaft für das Briefeschreiben. Auch Jahre später, als er – wie der Vater Jura studiert – berichtet sie ihm immer wieder von zu Hause und beklagt, dass »nüchterner Ernst« vorherrsche und es nicht viel zu lachen gebe. Gedichte werden in der Familie nicht mehr gelesen, da der Vater beschlossen habe, sich auf das wahre Leben zu konzentrieren. »Zwischen Vaters wirklichem Leben und meinem kommt es manchmal zu Zusammenstößen, aber bisher hat es keine Verletzungen gegeben.«*

In diesen Jahren wird die Diskrepanz zwischen der Außenwelt und Emilys Gedankenwelt immer größer. Sie beginnt, sich zurückzuziehen, macht lange Spaziergänge mit ihrem Neufundländer Carlo und schreibt in der Küche oder der Vorratskammer Gedichte. Nach außen hin scheint sie die brave, angepasste Tochter zu sein, doch der Rückzug schafft ihr den Freiraum für ihre Kreativität. Sie liest die Werke zeitgenössischer Autoren, wie des bekannten amerikanischen Schriftstellers und Philosophen Ralph Waldo Emerson und der englischen Lyrikerin Elizabeth Barrett-Browning, der sie selbst Verse widmet, und auch *Die Günderode* von Bettine von Arnim steht auf ihrer Lektüre-Liste. »Wenn ich ein Buch lese«, schreibt Emily in einem Brief, »und mir wird davon am ganzen Körper so kalt, daß kein Feuer mich mehr wärmen kann, weiß ich: Das ist Poesie. Wenn mir buchstäblich ist, als würde mir die Schädeldecke entfernt, weiß ich: Das ist Poesie. Nur so erkenne ich sie. Gibt es andere Möglichkeiten?«

Eine enge Freundschaft verbindet sie mit Susan Gilbert. Die beiden schreiben sich fast täglich liebevolle Briefe und Emily vertraut der Freundin viele ihrer Gedichte an. Doch als Susan sich mit Emilys Bruder Austin verlobt, kommt es zu Spannungen. Entschlossen stellt Emily ihre zukünftige Schwägerin, die den Bruder zwei Jahre später heiraten wird, vor die Wahl, ihre Vertraute zu bleiben oder sich für die Ehe zu entscheiden. Und sie versichert ihr, sie solle sich keine Gedanken darüber machen, ob sie dann einsam wäre, denn »ich trenne mich oft von Dingen, die ich zu lieben glaubte – manchmal verliere ich sie an das Grab und manchmal an ein Vergessen, das bitterer ist als der Tod –«.** Die Hintergründe für diesen Konflikt sind nicht bekannt. Manche Forscher vermuten, dass die beiden Frauen nicht nur eine freundschaftliche, sondern auch zärtliche Beziehung pflegten. Beweise dafür gibt es allerdings nicht. Auffallend ist jedoch, dass auch alle anderen Freundschaften zu den Mädchen aus dem College zerbrechen, sobald diese heiraten. Auch ihrer besten Freundin aus der Jugendzeit, Abiah Root, stellte Emily eine Art »Freundschaftsultimatum«, nachdem sich beide entfremdet hatten. Ihr Leben lang schwankt Emily Dickinson zwischen ihren hohen Er-

---

* vgl. *Guten Morgen, Mitternacht*
** vgl. *Ich wohn' im Haus der Möglichkeit*

wartungen an Beziehungen und ihrer Verlustangst. Susan ist die einzige der früheren Freundinnen, mit der es später wieder zu einer Annäherung kommt. Der Bruder bewohnt mit seiner Frau die vom Vater erbaute Villa neben dem Elternhaus. Bis zu ihrem Lebensende wird Emily ihrer Schwägerin, die sie einmal als ihre »Schwester im Nebenhaus« bezeichnet, Briefe mit ihren Gedichten schicken.

Sowohl in ihren Briefen als auch in ihren Versen beschreibt Emily Dickinson alltägliche Dinge, doch in ungewöhnlicher Form. Es gelingt ihr, Momente einzufangen, die sich oft der Wahrnehmung entziehen:

> Es kam mir ein Gedanke heut,
> der war schon einmal da –
> ich hab ihn weiter nicht verfolgt,
> und weiß nicht mehr das Jahr.
>
> Wohin er ging – warum er kam
> ein zweites Mal zurück –
> zu sagen, was er wirklich war,
> hab ich nicht das Geschick.
>
> In meiner Seele weiß ich, daß
> ich ihm begegnet bin –
> er mahnte mich – an irgendwas –
> und ließ sich nicht mehr sehn.*

Zurückgezogen wohnt Emily Dickinson im Haus der Eltern und kümmert sich um die Pflege der kranken Mutter, den Garten und den Haushalt. Sie kocht gut und ist bekannt für ihre köstlichen Kuchen und Brote. Der Vater isst nur die von der Tochter selbst gebackenen Laibe. Den Nachbarskindern, denen sie sehr zugetan ist, lässt sie manchmal einen kleinen Korb mit Süßigkeiten an einem Seil herunter. Doch ihre Gedanken entsprechen nicht dem traditionellen Frauenbild der damaligen Zeit. Sie lebt in einer eigenen Innenwelt und hat andere Interessen als ihre Zeitgenossinnen. Aktuelle politische und gesellschaftliche Ereignisse, wie der amerikanische Bürgerkrieg von 1861 bis 1865, die Diskussionen um den Erhalt der Sklaverei in den Südstaaten bzw. deren Abschaffung in den Nordstaaten und die begin-

---

* vgl. *Ich wohn' im Haus der Möglichkeit*

nende Emanzipation der Frauen scheinen sie nicht zu beschäftigen. Ihre oft geheimnisvollen, aber in einer klaren Sprache geschriebenen Verse offenbaren die erstaunliche Unabhängigkeit ihres Geistes. Das Gedicht *I dwell in Possibility* – ist eines ihrer bekanntesten:

Ich wohne in der Möglichkeit –
Und nicht im Prosahaus –
An Fenstern reich und heller –
Mit Türen – ein und aus –

Mit Zimmern hoch wie Zedern –
Von keinem Blick durchschaut –
Als ewges Dach der Himmel
Die Giebel drüber baut –

Besuch – der allerschönste –
Beschäftigung – nur Dies –
Ich spreiz die schmalen Hände weit
Und fass das Paradies –

Schon als Jugendliche hat Emily Verse entworfen, doch 1858 vernichtet sie – bis auf vier Texte – alles bis dahin Geschriebene. Im selben Jahr beginnt sie, ihre Gedichte in selbst gemachte – aus Papierbögen und mit Nadel und Faden zusammengenähte – Manuskripthefte zu schreiben. Ab diesem Zeitpunkt sieht sie sich als Dichterin.

In den Jahren zwischen 1858 und 1862 verfasst Emily Dickinson fast sechshundert Gedichte, ein Drittel ihres lyrischen Werkes. Die Forschung hat lange über den persönlichen Hintergrund gerätselt, der diese enorme poetische Produktion bewirkt haben könnte. Man vermutet eine schwere seelische Krise, ausgelöst durch eine unglückliche Beziehung. Im Nachlass sind drei Briefe an einen »Master« erhalten, der Empfänger konnte bisher nicht zweifelsfrei ermittelt werden. Vermutlich handelt es sich um den verheirateten Pfarrer Charles Wadsworth, den sie auf einer Reise 1855 kennenlernte und mit dem sie sich in Briefen über Literatur austauscht. Diese Spekulationen gehen vor allem auf das Gedicht *I cannot live with You* – aus dem Jahr 1862 zurück, als Wadsworth mit seiner Familie an die mehr als viertausend Kilometer entfernte Ostküste zieht. Es ist – mit zwölf Strophen – das längste, das sie geschrieben hat. Darin heißt es:

Ich kann nicht mit Dir leben –
Leben wär's –
Und Leben ist dort drüben –
Hinterm Spind
[…]
So sehn wir uns getrennt –
Du dort – ich – hier –
Die Tür nur angelehnt
Die Meer ist – und Anbetung –
Und jene Weiße Speise –
Verzweiflung –

Jahrzehntelang hat man versucht, Emily Dickinsons Gedichte vor dem
Hintergrund ihrer persönlichen Erlebnisse zu deuten. Doch die Literaturwissenschaftlerin und Dickinson-Expertin Sabine Sielke warnt
vor dieser einseitigen Sichtweise, da sie den Blick auf die Größe und
Vielseitigkeit von Dickinsons Werk verstellt. Sielke betont, wie wichtig es sei, ihre Texte nicht nur autobiografisch zu interpretieren, wenn
man die Dichterin verstehen wolle, weil ihr die Lyrik auch die Möglichkeit gegeben habe, sich andere Welten zu erschaffen. Emily Dickinson
liefert in ihren Texten Hinweise darauf, dass nicht alle ihre Aussagen
wörtlich verstanden werden sollen. Sie war eine Meisterin der Irrita-
tion und hat in ihren Gedichten oft mehr verborgen als preisgegeben,
auch wenn es Texte gibt, die einen autobiografischen Bezug erkennen
lassen. Dieses Geheimnisvolle macht den Reiz ihrer Verse aus. In ihrem Gedicht *Tell all the truth but tell it slant* geht es um die Wahrheit.

Sag Wahrheit ganz, doch sag sie schräg –
Erfolg liegt im Umkreisen
Zu strahlend tagt der Wahrheit Schock
Unserem Begreifen
Wie Blitz durch freundliche Erklärung
Gelindert wird dem Kind
Muß Wahrheit sachte blenden
Sonst würde jeder blind –

Im Frühjahr 1862 wendet sich Emily Dickinson erstmals an einen
Fremden und schickt ihm vier ihrer Gedichte. In einer Zeitung hat
sie einen Aufsatz des Schriftstellers Thomas Wentworth Higginson

mit Hinweisen für angehende Literaten gelesen und bittet ihn um seine Meinung: »Sind Sie zu sehr beschäftigt zu sagen, ob meine Verse leben? Der Geist ist sich selbst so nah – er sieht nicht über scharf – und ich bin ohne Rat – Fänden Sie darin den Atem – und Muße, mir's zu sagen – fühlte ich lebhafte Dankbarkeit –.« Anders als bei den Briefen an Freunde und Verwandte, legt sie diesem Brief eine Karte mit ihrer Adresse in einem separaten Umschlag bei. Für Sabine Sielke ist das ein eindeutiger Hinweis darauf, dass es der Autorin wichtig ist, ihre Verse und ihre private Person voneinander zu trennen. Man solle die Gedichte nicht ausschließlich als persönlichen Ausdruck lesen. Emily Dickinson sei nicht nur sprachlich eine Vorreiterin der Moderne, sondern habe die viktorianischen Vorstellungen von Weiblichkeit, in denen Religiosität und Frömmigkeit im Mittelpunkt stehen, sowohl in Frage gestellt, als auch kritisch betrachtet und ironisch beschrieben.

Higginson ist damals einer der wenigen Intellektuellen, die sich öffentlich dafür einsetzen, dass auch Frauen ihre geistigen Fähigkeiten weiterentwickeln und ausleben sollen. Er ist fasziniert, aber auch irritiert von Emily Dickinsons Gedichten und kritisiert ihre Unregelmäßigkeiten in Reim und Versmaß. Sie bedankt sich bei ihm für seine Beurteilung, die sie als »weniger schmerzlich als erwartet« empfindet. Vielleicht hat sie sich eine Ermutigung von ihm erhofft. Seine Vorschläge führen aber nicht dazu, dass die Lyrikerin ihren individuellen und originellen Stil verändert. Sie kennt den Wert ihrer Dichtung und ist nicht zu Kompromissen bereit.

Zwischen den beiden Autoren entwickelt sich eine Korrespondenz, die bis zu Emilys Tod dauern wird. Als Higginson ihr rät, nicht vorschnell zu veröffentlichen, antwortet sie ihm, dass ihr dieser Gedanke fern liege. Die Meinung von Literaten und Kritikern interessiert sie, doch strebt sie keine Publikation an. Offensichtlich ist es für sie wichtiger, in ihren Gedichten ihren eigenen Stil zu bewahren, als sie für eine Veröffentlichung zu korrigieren. Dieses Thema greift sie in ihrem Gedicht *Publication – is the Auction* auf:

Publizieren – heißt Versteigern
Eines Menschen Geist –
Armut – mag rechtfertigen
Solche Scheußlichkeit –

Wir vom Dachstock – gingen lieber
Weiß – ins Weiße ein
Unsres Schöpfers – statt mit unserm
Schnee – zu Markt zu ziehn – [...]

Hintergrund für diese Absage ist vermutlich die Publikation einzelner ihrer Texte, die seit 1861 in verschiedenen Zeitungen erfolgte – allerdings ohne den Namen der Verfasserin und ohne deren Erlaubnis. Die veröffentlichten Gedichte werden stark bearbeitet, das heißt gekürzt, geglättet und dem damaligen Geschmack angepasst, sodass Emilys individueller Stil verlorengeht. Die typischen Gedankenstriche werden durch Kommata ersetzt, die unkonventionelle Groß- und Kleinschreibung korrigiert und die Texte mit Überschriften versehen. Emily Dickinson hat keinem ihrer Gedichte einen Titel gegeben, so wirken die Texte freier und schwebender. Titel engen die Bedeutungsebenen ein und enthalten meist Interpretationen. Ihre Gedankenstriche leiten oft Gedankensprünge ein, erlauben eine Atempause beim Lesen und deuten in der letzten Zeile ein offenes Ende an. Diese Gedichte sind ihrer Zeit voraus und entsprechen nicht den Normen der damaligen Lyrik. Sie sind sehr eigenwillig in Bezug auf Sprache, Grammatik, Versmaß und Reim und stoßen deshalb bei den meisten Zeitgenossen auf Unverständnis. Higginson gesteht ihr in einem Brief, dass es ihm schwerfalle zu schreiben, nachdem er die »seltsame Kraft« ihrer Verse und Briefe gespürt habe. Er möchte sie kennenlernen, um zu verstehen, »wie Sie so allein leben können und Gedanken von solch einer Qualität in Ihnen auftauchen«. Da Emily Dickinson auf seinen Wunsch, sie zu sehen, nicht eingeht, bittet er sie um ein Bild. Sie erwidert, sie habe kein Porträt von sich und erklärt ihm, sie sei »klein wie der Zaunkönig« und ihr Haar »dreist wie die Kastanienklette« – und: »meine Augen sind wie der Sherry in dem Glas, das der Gast stehen läßt – Genügt Ihnen das?«.*

Es gibt von Emily Dickinson nur ein authentisches Porträt, eine Daguerreotypie aus dem Jahr 1847. Da die Aufnahme der Familie nicht gefällt, wird sie aussortiert, aber von einer Hausangestellten aufbewahrt. Sie zeigt die Sechzehnjährige, die mit offenem Blick direkt in die Kamera schaut, mit im Nacken zusammengebundenem Haar und einem nicht ganz akkuraten Mittelscheitel. Sie posiert im

* vgl. *Guten Morgen, Mitternacht*

dunklen Kleid mit weißem Kragen neben einem Tisch, auf dem ein Buch liegt. Dieses Foto, auf dem sich Emily nicht gut getroffen findet, ziert fast jede Veröffentlichung von und über die Dichterin.

Higginson ist nicht der Einzige, dem sie sich entzieht. Sie tauscht sich lieber in Briefen mit Freunden aus, als sie zu treffen. Über tausend Briefe an fast hundert Adressaten sind erhalten, doch wird ihre gesamte Korrespondenz deutlich umfangreicher gewesen sein. Dabei geht sie äußerst sorgfältig vor: Zunächst schreibt sie einen Entwurf, den sie überarbeitet, und danach fertigt sie eine Reinschrift an. Rund sechshundert ihrer Gedichte hat sie Briefen an Freunde, Verwandte und Kollegen beigelegt. Manchmal haben ihre Briefe den verkürzten, dichten Ton ihrer Verse, die oft auch Gelegenheitsgedichte sind, entstanden aus einer flüchtigen Beobachtung oder einem Gedanken. Da es weder Tagebücher noch andere Notizen oder Aufzeichnungen von ihr gibt, sind ihre Briefe und Gedichte die einzigen Zeugnisse, die Auskunft über ihr Leben und Schreiben geben können. Ihre Poesie bezeichnet sie als »my Letter to the World«.

Ende der sechziger Jahre schreibt sie an Higginson: »Ein Brief ist ein Gefühl fast wie Unsterblichkeit, ist er doch reiner Geist ohne leiblichen Begleiter. Gespräche binden uns an Temperament und Ton, während die geisterhafte Kraft der Gedanken sie zu Einzelgängern macht –« In diesem Brief teilt sie ihm auch mit, dass sie sich über seinen Besuch freuen würde, da sie ihr Vaterhaus nicht mehr verlasse. Im Sommer 1870 fährt er nach Amherst, kurz danach schildert er seiner Frau diese Begegnung: »Schritte wie die eines trippelnden Kindes & schon glitt eine kleine, unscheinbare Frau herein mit gescheiteltem rötlichen Haar [...].«* Er berichtet, dass Emily Dickinson, die ein schlichtes weißes Kleid trug, »unaufhörlich« redete. Den Brief ergänzt er mit einer Reihe von Bemerkungen, die die Dichterin bei ihrem Treffen machte und die ihn faszinierten. Die Begegnung mit der Autorin hinterlässt bei Higginson einen ambivalenten Eindruck. Einerseits scheinen ihn ihr rätselhaftes Wesen und ihre kurzen, lakonischen Weisheiten – »Die Wahrheit ist so rar, dass es herrlich ist, sie zu sagen« – angezogen zu haben. Er erkennt die ungewöhnlichen geistigen Fähigkeiten dieser Frau. Andererseits endet sein Bericht mit dem Fazit, er habe noch nie einen Menschen getroffen, der für ihn so anstrengend gewesen sei. Emily Dickinson schreibt ihm kurz

---

* vgl. *Wilde Nächte*

nach seinem Besuch: »Ihr Kommen bewahre ich als ernste Süße, die nun zum Unwirklichen gehört –«

Schon kurze Ausschnitte aus ihren Texten machen deutlich, welcher Zauber von ihren ungewöhnlichen Formulierungen – sowohl in Briefen als auch Gedichten – ausgeht und mit welcher Sorgfalt sie die Worte wählt. Die Empfänger ihrer Zeilen sind fasziniert, manchmal aber auch ratlos, weil ihre poetisch verkürzten Sätze genaues Lesen erfordern. Emily Dickinson schließt den Brief an Higginson mit der Bitte um einen seiner Aufsätze: »Erbitte ich zuviel, dann schlagen Sie es einfach aus – Kürze des Lebens macht mich kühn.«

Auch die meist vierzeiligen Strophen ihrer Gedichte sind kurz und knapp, im wahrsten Sinn des Wortes eine Verdichtung – wie in *The Past is such a curios Creature*:

Seltsames Ding – Vergangenheit –
Sieht man ihr ins Gesicht
Wird mal Entzücken uns quittiert
Und mal was Widrig ist –

Wer unbewaffnet auf sie trifft
Dem rat ich – flieh
Kann sein, mit welker Munition
Erwidert sie.

In späteren Jahren nimmt Emily Dickinsons Zurückgezogenheit exzentrische Züge an. Sie kleidet sich nur noch in Weiß und verlässt ihre Heimatstadt nicht mehr. Ab ihrem vierzigsten Lebensjahr hält sie sich ausschließlich in ihrem Haus auf und bald sogar nur noch in ihrem Zimmer in der obersten Etage. Gespräche mit Besuchern führt die »Nonne von Amherst«, wie sie genannt wird, durch die halbgeöffnete Zimmertür. Wenn Gäste im Haus sind und Klavier gespielt und gesungen wird, hört Emily durch die angelehnte Tür zu, lässt sich aber nicht blicken. Doch ihre Phantasie durchbricht die engen Grenzen ihrer häuslichen Umgebung – wie im Gedicht *I never saw a Moor*:

Ich hab noch nie ein Moor
Und nie das Meer gesehn –
Weiß doch wie Heidekraut aussieht
Und wie die Wogen gehn –

Ich sprach noch nie mit Gott
War nie am Himmelstor –
Bin doch des Ortes so gewiß
Als gäb's Billets dafür –

Neben der Literatur und Musik interessiert sie sich vor allem für die
Natur. Intensiv beschäftigt sie sich mit Blumen, Bienen und Schmet-
terlingen, die als Motive in zahlreichen Gedichten wiederkehren. Im
Mikrokosmos ihrer unmittelbaren Umgebung erkennt sie das All-
gemeingültige, wie eines ihrer kürzesten Gedichte zeigt, *To see the
Summer Sky*:

Den Sommerhimmel sehn
Ist Poesie, mag sie auch nie in Büchern stehn –
Echte Gedichte fliehn –

In wenigen Zeilen gelingt es Emily Dickinson, komplizierte Vorgänge
auf den Punkt zu bringen. Diese Treffsicherheit der Worte macht die
Originalität der Dichterin aus und ist der Grund, warum ihre Verse
noch heute lesenswert sind. Sie versucht, Vorgänge zu beschreiben,
die sich der Sprache entziehen, zum Beispiel: Liebe, Schmerz und
Tod. Das Ende des Lebens sieht sie nicht als Endpunkt, sondern als
einen Prozess, wie in dem Gedicht *I heard a fly buzz*:

Ich hörte eine Fliege summen –
Als ich starb – der Raum
War still wie wenn vor seinem Wüten
Noch Atem holt – ein Sturm –

Die Augen ringsum – leergeweint –
Jetzt holt das Atmen Kraft
Für jenen letzten Angriff – wenn
Der Fürst ins Zimmer tritt –

Vermacht und überschrieben war
Von mir schon jeder Teil –
Und da geschah es – plötzlich mischt
Sich eine Fliege ein –

Mit Blauem – trudelndem – Gebrumm –
Schob sie sich mir vors Licht –
Dann fielen Fenster aus – und dann
Schwand mir zum Sehn die Sicht –

Ab Mitte der sechziger Jahre schreibt Emily Dickinson weniger und kürzere Gedichte, sammelt sie auch nicht mehr in Manuskriptheften, sondern notiert sie auf Zetteln oder Rückseiten von Briefumschlägen. 1875 lernt die Fünfundvierzigjährige den gleichaltrigen Juristen und engen Freund ihres Vaters, Otis Philipp Lord, näher kennen, der ihr großes Interesse für die Literatur teilt. Der anregende geistige Austausch entwickelt sich zu einer späten Liebe, obwohl Lord verheiratet ist. Als er nach dem Tod seiner Frau um Emilys Hand anhält, wagt sie es jedoch nicht, ihr zurückgezogenes Leben aufzugeben. Ihre Briefe an ihn gehören zu den offensten und leidenschaftlichsten ihrer Korrespondenz. Im Frühjahr 1882 gesteht sie ihm: »Ich will – will Dich voll Zärtlichkeit. [...] Doch Zärtlichkeit kennt keine Stunde – sie kommt – und überwältigt.«

Das Gedicht *Wild nights – Wild nights!*, in dem es um Erotik und die Ewigkeit geht, könnte der poetische Ausdruck einer Beziehung sein:

Wilde Nächte – Wilde Nächte!
Wär ich bei dir
Wilde Nächte würden
Uns Elixier!
[...]
Landen in Eden –
Ach, das Meer!
Dürft ich doch ankern – Heute Nacht –
In Dir!

Wieder ist eine autobiografische Lesart verlockend, doch weiß man nicht, ob sich diese Zeilen auf einen realen Menschen beziehen. Das Ich in ihren Gedichten, die oft verschiedene Bedeutungsebenen haben, ist nicht immer gleichzusetzen mit ihrer Person. Das macht die Faszination der Texte aus, ist aber auch der Grund, warum nur wenige Zeitgenossen die Vielschichtigkeit ihrer Poesie erkennen. Dazu gehört die Schriftstellerin Helen Hunt Jackson, die Emily Dickinson seit ihrer Kindheit kennt, und mit der sie in späteren Jahren wieder Kontakt hat. Die Kollegin schreibt ihr 1875, dass sie sehr oft in ihren Gedichten lese. »Sie sind eine große Dichterin – und Sie tun Ihrer Zeit damit ein großes Unrecht, daß Sie nicht laut singen wollen. Wenn Sie einst sind, was die Leute tot nennen, wird es Ihnen leid tun, daß Sie so geizig waren.« Die wiederholten Versuche der Kollegin, Emily Dickinson davon zu überzeugen, ihre Gedichte zu veröffentlichen, bleiben erfolglos. Ihre ablehnende Haltung dem Publizieren gegenüber hat sich seit ihren ersten Briefen an Higginson zwölf Jahre zuvor nicht verändert. An der Verbreitung ihrer Gedichte und an einer größeren Leserschaft ist sie nicht interessiert. In ihrem Gedicht *I was the slightest in the House* – heißt es:

Ich war die Schmächtigste im Haus –
Die mit dem kleinsten Raum –
Bei Nacht, mein Buch, mein Lämpchen –
Und ein Geranium –
[...]
Ich sprach bloß – wenn mich einer fragte –
Und dann, nur leis und kurz –
Ertrug das laute Leben nicht –
Lärm schaffte mir Verdruß –

Und wär es nicht so weit gewesen –
Und wäre jemand gegangen –
Ein Freund – mir war, ich hätte da
Unmerklich – sterben können –

Die letzten zehn Jahre ihres Lebens sind von Verlusten überschattet. Emilys Verhältnis zu ihrem Vater, den sie in der Kindheit fürchtete, verändert sich im Laufe der Zeit und ist von gegenseitigem Respekt gekennzeichnet. Als Edward Dickinson 1874 stirbt, nimmt sie zwar nicht an seiner Beerdigung teil, ist aber tief verstört. Ihren Cousinen berichtet sie: »Ich hielt mich stets für stark gebaut, doch dies Stärkere hat mich untergraben.« In der Formulierung »sein Herz war rein und unerbittlich«, die sie in einem Brief an Higginson verwendet, fasst sie die unterschiedlichen Seiten seines Charakters zusammen.

Ein Jahr später erleidet ihre Mutter einen Schlaganfall, kann das Bett nicht mehr verlassen und wird von Emily und ihrer Schwester jahrelang gepflegt, bis sie im November 1882 stirbt. Den Cousinen schildert Emily den Tod der Mutter fast poetisch: »Es war kein irdischer Abschied. Sie entglitt unseren Händen wie eine vom Wind aufgefangene Schneeflocke und ist jetzt ein Teil des Schneetreibens, das man ›Unendlichkeit‹ nennt.«*

Im selben Jahr verliert sie auch einen ihrer wichtigsten Freunde, Charles Wadsworth. Sie muss viele Kondolenzbriefe schreiben und bekennt, dass die ständige Trauer sie müde mache. Eines ihrer bekanntesten Gedichte über Schmerz und Verlust ist *They say that ›Time assuages‹* –:

Die »Zeit heilt« – heißt es oft –
Doch Zeit hat nie geheilt –
Beim Älterwerden stärkt sich
Wie Sehnen, echtes Leid –

Zeit überprüft den Kummer –
Sie ist kein Heilungstrank –
Wär sie das je, bewies es nur
Der Kranke war nie krank –

Besonders belastend ist für sie der Tod ihres achtjährigen Neffen, der im Oktober 1883 einer Typhuserkrankung erliegt. Wenige Monate später, im Frühjahr 1884, stirbt der Freund Otis Phillipp Lord. Kurz darauf hat Emily Dickinson einen Nervenzusammenbruch und wendet sich endgültig von der Außenwelt ab. Einer Bekannten gesteht sie im Herbst 1884: »Die Tode waren für mich zu tief, und eh ich mein Herz von dem einen aufrichten konnte, kam der nächste.«

Bald tauchen bei ihr erste Krankheitssymptome auf. Sie leidet an einer Nierenkrankheit, an der sie am 15. Mai 1886 – im Alter von fünfundfünfzig Jahren – stirbt. Die Beisetzung findet auf dem West-Friedhof in Amherst statt, nachdem der weiße Sarg – wie sie es selbst verfügte – »zur Hintertür hinaus rings um den Garten« und »durch die geöffnete Scheune und dann durch die Wiesen zum Familiengrab, immer in Sichtweite des Hauses« getragen wurde.**

Ihr Geburts- und Sterbehaus in Amherst – gut hundert Kilometer

* vgl. *Ich wohn im Haus der Möglichkeit*
** vgl. *Dichtungen*

von Boston entfernt – ist seit 2003 ein Museum. Nach ihrem Tod findet Emilys Schwester Lavinia unzählige Gedichte in einer verschlossenen Truhe. Da sie an das Talent ihrer Schwester glaubt, will sie die Gedichte veröffentlichen und wendet sich zunächst an Susan Dickinson, Emilys Schwägerin. Doch als diese keinen Verleger findet, gibt Lavinia eine Auswahl an Mabel Todd, die Geliebte von Emilys Bruder Austin. Mabel Todd braucht lange, um die Texte abzuschreiben und zu ordnen. Vier Jahre nach Emily Dickinsons Tod, 1890, erscheint eine erste Auswahl ihrer Gedichte – herausgegeben von Mabel Todd und Thomas Wentworth Higginson – die viel Aufmerksamkeit erregt und innerhalb von zwei Jahren elf Auflagen erlebt. Doch nach dem Tod von Emilys Bruder Austin 1895 kommt es zum offenen Kampf zwischen seiner Frau und seiner Geliebten. Durch diesen Streit verzögert sich die Publikation einer umfassenden Werkausgabe von Emily Dickinson um mehrere Jahrzehnte. Erst Mitte der fünfziger Jahre des 20. Jahrhunderts erscheinen eine vollständige, unverfälschte Ausgabe des poetischen Werkes und fast alle Briefe der Dichterin. Seitdem gehört ihre zeitlose Lyrik, in der es um Leben und Tod, Liebe und Enttäuschung, Zeit und Ewigkeit geht, zur Weltliteratur. In dem Gedicht *I reckon – When I count at all* – thematisiert Emily Dickinson das Schreiben und die Poesie:

Erst zähl ich Dichter – dann die Sonne –
Wenn es ans Rechnen geht –
Dann Sommer – Danach Gottes Himmel –
Und meine Liste steht –

Im Rückblick scheint's – das Ganze stecke
Bereits im Ersten drin –
Der Rest sieht überflüssig aus –
Nur Dichter – schreib ich hin –

Ihr Sommer – währt ein strammes Jahr –
Und ihre Sonne kann
Im Orient – noch Neid erwecken –
Und wär der Himmel dann –

So schön wie sie es vorbereiten
Für Den der Ihnen dient –
So lohnt die schwer verdiente Gnade
Nicht – daß man davon träumt –

Virginia Woolf
(1882–1941)

» Die Melancholie nimmt ab,
wenn ich schreibe«

»Was ist die Realität? Sie scheint etwas höchst Unstetes, höchst
Unverläßliches zu sein, etwas, das sich einmal auf einer staubi-
gen Straße findet, einmal in einem Stück Zeitungspapier auf dem
Pflaster, einmal in einer Narzisse im Sonnenlicht. Es erhellt eine
Gruppe von Menschen in einem Zimmer und drückt einer zufäl-
ligen Bemerkung seinen Stempel auf […] es ist dies, was zurück-
bleibt, wenn der Tag sich gehäutet hat und die alte Haut in der
Ecke liegt; dies, was zurückbleibt vom Vergangenen, von unserer
Liebe und unserem Haß. Es ist die Aufgabe des Schriftstellers,
es aufzuspüren und zu sammeln und den anderen mitzuteilen.«

In ihrem Essay *A Room for One's Own* (Ein Zimmer für sich allein)
formuliert Virginia Woolf ihr Anliegen, im Roman neue Impulse zu
setzen. Die englische Schriftstellerin gilt neben Marcel Proust und
James Joyce als wichtigste Vertreterin der literarischen Moderne. Es
gelang ihr, kaum fassbare Momente des Daseins in Worten festzuhalten. Die Fähigkeit, die Simultaneität der Dinge im Alltagsleben wahrzunehmen, setzt eine große Sensibilität voraus. Diese Empfindsam-
keit ermöglichte es der Autorin, im Schreiben neue Wege zu gehen
und Bewusstseinszustände zu schildern, die normalerweise verborgen
bleiben. Gleichzeitig war sie die Ursache für ihren labilen Geisteszustand, der sich in Ängsten und Depressionen äußerte und schließlich zu ihrem Freitod führte. Virginia Woolfs Briefe, Tagebücher und
autobiografische Texte dokumentieren eindrucksvoll, wie sie es jahrelang schaffte, die schwierige Balance zwischen der psychischen
Krankheit und der literarischen Produktivität zu halten.

Adeline Virginia Stephen wird am 25. Januar 1882 in London geboren. Ihr Vater, der Schriftsteller und Gelehrte Leslie Stephen, heiratet nach dem Tod seiner ersten Frau die ebenfalls verwitwete Julia Duckworth. Beide bringen aus ihren vorherigen Ehen bereits halb erwachsene Kinder mit: Leslie eine Tochter, Julia zwei Söhne und eine Tochter. Virginia ist das dritte der vier Kinder, die Leslie und Julia Stephen gemeinsam haben. Zwölf Jahre lang fährt die Familie im Sommer nach St. Ives in Cornwall. Für die beiden Mädchen, Vanessa und Virginia, und die beiden Söhne, Thoby und Adrian, ist das die schönste Zeit im Jahr. Virginia ist fasziniert vom Meer und erinnert sich noch Jahrzehnte später an den Moment, in dem sie im Esszimmer vom Schulbuch aufschaut und den Wechsel des Lichts auf den Wellen beobachtet. »Ich könnte Seiten mit einer Erinnerung nach der anderen füllen, welche die Sommer in St. Ives zum günstigsten Auftakt für ein künftiges Leben machten«.*

Sie fühlt sich besonders der drei Jahre älteren Schwester Vanessa und dem zwei Jahre älteren Bruder Thoby verbunden. Im Kinderzimmer in der Hyde Park Gate 22 in London ist Virginia die Geschichtenerzählerin. Schon früh haben die Schwestern festgelegt, dass Vanessa Malerin und Virginia Schriftstellerin werden wird und geben einige Jahre lang eine Familienzeitschrift, die *Hyde Park Gate News*, heraus. Die Kinder wachsen in einer aufgeschlossenen Familie heran, in der es niemanden stört, wenn die Mädchen wie die Jungen herumtoben und nicht auf ihre Kleidung achten. Während die Jungen zur Schule gehen, unterrichten die Eltern die Töchter selbst. Da die große Bibliothek des Vaters allen zur Verfügung steht, eignet sich Virginia eine umfangreiche theoretische Allgemeinbildung an, weiß allerdings »mehr aus Büchern als aus dem praktischen Leben«.

Die unbeschwerte Kindheit endet im Mai 1895 mit dem Tod der Mutter. Nach dieser »größten Katastrophe« ihrer Kindheit erleidet die dreizehnjährige Virginia einen ersten Nervenzusammenbruch. Jahre später wird sie über die Mutter schreiben: »Meine erste Erinnerung an sie ist ihr Schoß, und dabei fällt mir das Kratzen der Glasperlen an ihrem Kleid wieder ein, wenn ich meine Wange dagegenpreßte.« Sie schildert, wie die Mutter »abends mit einer Kerze, die sie

---

* Soweit nicht anders vermerkt, sind die autobiografischen Zitate entnommen aus: Woolf, Virginia: Augenblicke. Skizzierte Erinnerungen. Mit einem Essay von Hilde Spiel. Aus dem Englischen von Elizabeth Gilbert. Stuttgart 1981

mit der Hand abschirmte, heraufkam, um zu sehen, ob wir schliefen. Das ist eine besonders lebhafte Erinnerung, weil ich manchmal wachblieb und sie herbeisehnte. Dann riet sie mir, an alle schönen Dinge zu denken, die mir in den Sinn kämen – Regenbogen, Glockengeläute.« In ihren autobiografischen Aufzeichnungen vermischen sich die Zeitebenen. Über diese frühe Erinnerung schiebt sich das letzte Bild der Mutter. Wenige Stunden nach ihrem Tod steht Virginia am Bett der Toten, um sich zu verabschieden:»Ihr Gesicht sah unendlich verschlossen, hohl und streng aus. Als ich sie küßte, war mir, als küßte ich kaltes Eisen. Wenn ich kaltes Eisen berühre, steigt dieses Gefühl seitdem immer in mir auf – ich fühle das Gesicht meiner Mutter – kaltes, körniges Eisen. Ich wich zurück.«

Durch den Tod der Mutter verliert die ganze Familie, vor allem aber Virginia, ihren Halt. Der Vater verfällt in Depressionen und zieht sich zurück, das Sommerhaus in Cornwall wird aufgegeben. Die ältere Stiefschwester Stella übernimmt die Erziehung der Kinder, doch zwei Jahre später stirbt auch sie überraschend. Ihr Tod stürzt die Familie erneut in Trauer und Ratlosigkeit. Nun kümmern sich die Halbbrüder George und Gerald, zwölf beziehungsweise vierzehn Jahre älter als Virginia, um die jüngeren Geschwister, vor allem um die beiden Mädchen. Dabei wird aus brüderlicher Zuneigung langsam erotische Begierde, gegen die sich die Schwestern nicht zu wehren wissen. Virginia hat diese Übergriffe, die auch schon vor dem Tod der Mutter stattfanden, nie vergessen. Noch Jahrzehnte später erinnert sie sich an das Gefühl, »als seine Hand sich unter meine Kleider schob und sich energisch und ständig immer tiefer vorschob«. Sie weiß noch, dass sie hoffte, er würde aufhören und sich »steif machte und wand, als seine Hand näher an meine Geschlechtsteile kam. Aber sie hielt nicht inne.« Sie ist abgestoßen und empört, kann das aber nicht zum Ausdruck bringen. Der jahrelange sexuelle Missbrauch durch ihre Halbbrüder mag ein Grund dafür sein, dass Virginia ihr Leben lang in sexuellen Dingen scheu und ängstlich ist. Männer üben keine Anziehungskraft auf sie aus und erst relativ spät kann sie männliche Zuneigung annehmen. Ihre wichtigsten Bezugspersonen sind – abgesehen von ihrem späteren Ehemann Leonard – immer Frauen.

Virginia leidet darunter, als Frau nicht die gleichen Möglichkeiten der Bildung zu haben wie ihre Brüder, die studieren können. Um sich geistig weiterzubilden nimmt sie Privatunterricht in Griechisch und

Latein und belegt am King's College in London Kurse in Philosophie und Geschichte. Später setzt sie sich für das Recht der Frauen auf Bildung, Kreativität und Wahlbeteiligung ein.

Auch in ihren Texten stellt sie immer wieder Frauen in den Mittelpunkt, die die engen Bahnen ihrer von der Gesellschaft vorgeschriebenen Existenz zu durchbrechen suchen. In ihrem berühmten Essay *Ein Zimmer für sich allein*, den sie 1929 publiziert, fordert sie für jede Frau ein eigenes kleines Einkommen und ein Zimmer für sich allein, damit »[…] wir an die Freiheit gewöhnt sind und an den Mut, genau das zu schreiben, was wir denken.« Diesem Text verdankt die Autorin ihre Wiederentdeckung in Deutschland in den siebziger Jahren als Kultfigur der Frauenbewegung. Sie macht deutlich, dass die jahrhundertelange private und öffentliche Benachteiligung der Frauen längst überholt ist. In *Ein Zimmer für sich allein* nimmt sie sich dieses Themas essayistisch an; literarisch gestaltet sie es in ihrem Roman *To the Lighthouse* (Die Fahrt zum Leuchtturm), der 1927 erscheint. Die Ehe von Mr. und Mrs. Ramsay spiegelt das im 19. Jahrhundert übliche Verhältnis zwischen Mann und Frau: Mrs. Ramsay verkörpert die aufopfernde, ausgleichende Ehefrau und Mutter von acht Kindern, Mr. Ramsay den wahrheitsliebenden, aber unsensiblen Philosophieprofessor, der von seiner Frau selbstverständlich erwartet, dass sie sich um sein Wohlbefinden kümmert. Mit diesen Charakteren setzt Virginia Woolf ihren Eltern ein literarisches Denkmal. Nach der Lektüre des Romans lobt ihre Schwester Vanessa, mit der sie lebenslang eine enge Freundschaft verbindet, das Bild, das sie von der Mutter gezeichnet hat: »Es tut fast weh, sie so von den Toten erweckt zu sehen. […] Es war, als ob man – inzwischen erwachsen und mit ihr auf gleichem Fuß stehend – sie wiederträfe, und sie so haben sehen zu können, scheint mir die erstaunlichste schöpferische Leistung«.*

Für die Schriftstellerin ist die Arbeit an diesem Roman etwas Besonderes. Sie bekennt, dass sie bis zu ihrem vierundvierzigsten Lebensjahr von der Gegenwart ihrer Mutter verfolgt wurde. »Ich hörte ihre Stimme, sah sie vor mir, stellte mir vor, was sie tun oder sagen würde, während ich meinen täglichen Obliegenheiten nachging. Sie war eine der unsichtbaren Gegenwarten, die letzten Endes in jedermanns Leben eine wichtige Rolle spielen.« Bis Virginia eines Tages bei einem Spaziergang das Konzept dieses Romans einfällt und rasch eine

---

* vgl. Bell

Idee der nächsten folgt. Sie schreibt das Buch sehr schnell und nachdem sie es beendet hat, wird sie nicht mehr von der Mutter verfolgt. »Ich nehme an, daß ich für mich selbst getan habe, was die Psychoanalytiker für ihre Patienten tun. Ich formulierte eine sehr lange und tief empfundene Gemütsbewegung. Und in dem ich sie formulierte, erklärte ich sie gleichzeitig, und dann legte ich sie ad acta.«

Auch den Vater charakterisiert Virginia Woolf in diesem Buch so gut, dass ihre Schwester den Eindruck hat, die Darstellung vermittle sein wahres Wesen. Leslie Stephen, der nach dem Verlust seiner Frau immer schwieriger wurde, stirbt im Februar 1904 an Krebs. Der Tod des Vaters erschüttert Virginia erneut tief und führt zu ihrem zweiten Nervenzusammenbruch. Sie hat Halluzinationen, Albträume, Kopfschmerzen und hört Stimmen. Violet Dickinson, eine langjährige Freundin, nimmt Virginia bei sich auf. Dort versucht sie erstmals, sich das Leben zu nehmen, und springt aus dem Fenster, verletzt sich aber nicht ernsthaft. Danach ist sie mehrere Monate psychisch labil und erholt sich nur langsam.

Im Herbst 1904 zieht die Zweiundzwanzigjährige mit ihren drei Geschwistern in den Londoner Stadtteil Bloomsbury. Jeden Donnerstagabend trifft man sich bei Kaffee, Whiskey und Rosinenbrötchen mit Freunden und Studienkollegen der Brüder und diskutiert über Kunst, Literatur, Religion, Philosophie und die Liebe. Zu den Besuchern gehören Clive Bell, Lytton Strachey und Leonard Woolf, die engsten Freunde von Thoby. In den folgenden Jahrzehnten erweitert sich dieser avantgardistische Kreis von Künstlern, Kritikern und Wissenschaftlern zum wichtigsten intellektuellen Zirkel in England, zu dessen Mitgliedern auch die Maler Roger Fry und Duncan Grant und der Ökonom John Maynard Keynes zählen. Oft kommen die Gäste erst zwischen zehn Uhr abends und Mitternacht und bleiben bis drei oder vier Uhr morgens. Die Bloomsbury-Gruppe, die auf gesellschaftliche Normen keine Rücksicht nimmt und auch in der Kunst neue Wege sucht, beeinflusst Virginias Leben und ihr späteres Werk entscheidend. Sie denkt viel über ihre Zukunft nach, über die Bücher, die sie schreiben möchte, und »wie ich den Roman reformieren und Dinge einfangen werde, die sich jetzt noch entziehen«. Gleichzeitig fürchtet sie jedoch, bald »wieder über den alten leblosen Sätzen« zu sitzen.[*]

1906 reisen die vier Geschwister gemeinsam nach Griechenland.

* vgl. Bell

Kurz nach der Rückkehr stirbt Virginias Lieblingsbruder Thoby an Typhus. Sein Tod ist wieder ein schwerer Schock für sie, doch erleidet sie diesmal keinen Nervenzusammenbruch wie beim Tod der Eltern. »Das ist einer der Schicksalsschläge, mit denen man nicht fertig wird, außer man akzeptiert sie«, schreibt sie Jahrzehnte später in ihren Erinnerungen. Ihre Schwester, die kurz darauf Clive Bell heiratet, und die Freunde der Bloomsbury-Gruppe geben ihr Halt und unterstützen ihre literarischen Pläne.

Als ihr der homosexuelle Lytton Strachey, der sie »für die einzige Frau auf der Welt mit genügend Verstand«* hält, 1909 einen Heiratsantrag macht, nimmt sie ihn an. Doch kurz danach zieht er ihn wieder zurück und sie vereinbaren, die Sache nicht mehr zu erwähnen. Lytton Strachey rät Leonard Woolf, um Virginias Hand anzuhalten, da er die richtige Statur für die 1,78 Meter große, schlanke Schwester ihres Freundes Thoby Stephen habe. Mit ihrer eleganten Erscheinung, den feinen Gesichtszügen und ihren geschmeidigen Bewegungen strahlt sie Schönheit und Charme aus.

Virginias Geistesverfassung bleibt labil. Nach einem erneuten nervlichen Zusammenbruch hat sie wieder Ängste und Depressionen und fasst ihre Verzweiflung in einem Brief an ihre Schwester im Juni 1911 in einem Satz zusammen: »29 und unverheiratet zu sein – eine Versagerin – kinderlos – verrückt auch noch, keine Schriftstellerin.« Ihre Situation in diesen Jahren ist nicht einfach. Zu Beginn des 20. Jahrhunderts ist es für eine Frau von knapp dreißig Jahren ungewöhnlich und fast peinlich, noch unverheiratet zu sein. Doch Männer interessieren Virginia als Partner nicht. Es gibt in ihren Briefen und Tagebüchern keine Zeile, die darauf schließen lässt, dass ein Mann sie jemals erotisch erregt hätte. Zärtlichkeit, Leidenschaft und Eifersucht bringt sie nur dem eigenen Geschlecht entgegen, auch wenn sie ab und zu mit Männern flirtet.

Im Herbst kehrt Leonard Woolf aus Ceylon zurück, wo er knapp sieben Jahre als Kolonialbeamter gearbeitet hat. Schon vor seiner Abfahrt nach Indien im Jahr 1904 empfand er große Zuneigung zu Virginia; nun schreibt er ihr einige Zeilen, die sie zutiefst verwirren. In Quentin Bells Woolf-Biografie ist ein Brief abgedruckt, in dem Leonard Woolf ihr gesteht, sie schon vor seiner Abreise geliebt zu haben, aber nicht nur, weil sie so schön sei: »[…] ich liebe Deinen

* vgl. Waldmann

Geist, Dein Wesen – ich habe nie jemanden kennengelernt, der Dir hierin vergleichbar wäre – Von mir aus gesehen, bin ich sicher, daß Dich zu heiraten, ganz abgesehen davon, daß ich Dich liebe, jedes Risiko lohnt.« Doch sie schwankt zwischen Zuversicht und Zweifel und kann sich noch nicht zur Heirat entschließen. Sie erklärt ihm ihre inneren Widersprüche: Einerseits hofft sie, mit ihm ein glückliches Leben zu führen mit Freunden, Kindern und anregender Betätigung. Andererseits möchte sie »die Ehe nicht als einen Beruf betrachten«. Schließlich offenbart sie ihm schonungslos die tiefere Ursache für ihr Zögern: »[...] und dann – ist es die sexuelle Seite, die zwischen uns tritt? Wie ich Dir neulich so brutal sagte, fühle ich mich körperlich nicht zu Dir hingezogen. Es gibt Augenblicke – als Du mich neulich geküßt hast, war einer davon – in denen ich nicht mehr empfinde als ein Felsen. Und doch bin ich fast überwältigt davon, daß Du mich so gern hast, wie Du es tust. [...] Aber gerade, weil Dir so viel an mir liegt, habe ich das Gefühl, daß es mir genauso gehen muß, bevor ich Dich heirate. [...] Wir wollen beide eine Ehe, die etwas großartig Lebendiges ist, immer lebendig, immer heiß, nicht teilweise tot und träge wie die meisten Ehen es sind.«

Doch einen Monat später, im Juni 1912, ist sich Virginia sicher und teilt ihrer Freundin Violet Dickinson glücklich ihre bevorstehende Heirat mit. Leonard Woolf sei Jude, habe keinen Pfennig und halte ihr »Schreiben für das Beste« an ihr. Kurz darauf, am 10. August 1912, findet in London die Hochzeit statt.

Ein Jahr später, nach der Beendigung ihres ersten Romans *Voyage out* (Die Fahrt hinaus), der 1915 im Verlag ihres Stiefbruders Gerald Duckworth erscheint, leidet Virginia wieder unter Depressionen, Ängsten und Schlaflosigkeit. Nächtelang liegt sie wach und denkt darüber nach, ob das Schreiben, das sie zum Ziel ihres Lebens gemacht hat, sich wirklich lohnt oder nicht nur von anderen belächelt wird. Mit einer Überdosis Tabletten unternimmt sie einen erneuten Selbstmordversuch. Zum ersten Mal wird Leonard Woolf mit dem ganzen Ausmaß der Krankheit seiner Frau konfrontiert. Vermutlich ist der Abschluss ihres ersten Romans nicht die einzige Ursache für ihren Zusammenbruch. Lyndall Gordon weist in ihrer Biografie darauf hin, dass Leonard damals in einem eigenen Buch Virginias sexuelle Lustlosigkeit thematisiert, was sie sehr verletzt. Es kommt zu Spannungen zwischen den beiden, in deren Verlauf sie ihn wochenlang nicht sehen will. Außerdem wünscht sich Virginia, die mit Kindern wunderbar umgehen kann, eigene Kinder. Leonard schließt sich jedoch der Meinung der Ärzte an, dass es besser sei, sie würde aufgrund ihrer psychischen Verfassung keine Kinder bekommen. In ihren Tagebüchern und Briefen thematisiert Virginia die Unstimmigkeiten mit ihrem Mann und seinen schwierigen Charakter fast nie. Später sieht sie die ersten drei Jahre nach der Hochzeit als Bewährungsprobe und nennt sie »das Präludium zu ihrer eigentlichen Ehe«. Mit der Zeit gelingt es den beiden, ihre Differenzen in ein harmonisches Miteinander zu verwandeln. Ende 1919 notiert Virginia im Tagebuch: »Ich bin sicher, daß wir das glücklichste Paar in England sind.«

Aufmerksam beobachtet Leonard ihren Gesundheitszustand. In einem Notizbuch macht er genaue Aufzeichnungen, so fallen ihm Veränderungen und erste Anzeichen eines seelischen Zusammenbruchs schnell auf. Bald weiß er, dass »geistige oder körperliche Erschöpfung« ihre innere Stabilität gefährdet. Er legt einen genauen Tagesablauf fest und entwickelt eine eigene Therapie, die oft hilft. Am wichtigsten sind Ruhe, behutsames Zureden, Besuchsverbot, keinerlei Aufregung und nahrhaftes Essen. Außerdem stellt er fest, dass die Symptome nach etwa einer Woche verschwinden, wenn Virginia ruhig in einem abgedunkelten Raum liegt, ohne etwas zu tun, viel Milch trinkt und gut isst. Wenn diese Vorsichtsmaßnahmen nicht helfen, sind Klinikaufenthalte nötig. Die Ärzte nennen Virginias Krankheit Neurasthenie, später manisch-depressive Psychose, die in ihrer Familie häufiger vorkommt. Lange Zeiten völliger Gesundheit wechseln sich mit längeren oder kürzeren Krankheitsperioden ab. Vor allem die Endphase eines Romans und die Zeit nach seinem Abschluss sind kritisch. Die ungeheure geistige Anspannung und Virginias extreme Furcht vor negativer Kritik führen zu einer seelischen Erschöpfung, der leicht ein nervlicher Zusammenbruch folgen kann.

Leonard Woolf hat es nicht immer leicht, zwar kann er seiner Frau raten, auf einen Spaziergang oder eine Party zu verzichten, doch kann er ihr nicht verbieten zu denken, zu arbeiten und zu schreiben. Dem Phänomen ihrer Kreativität versucht er auf die Spur zu kommen, indem er beobachtet, wie ihr Geist arbeitet, wenn sie gesund ist. »Zunächst einmal machte sie mitten in der Unterhaltung manchmal etwas, das ich als ›Abheben‹ bezeichnete. Plötzlich begann sie, einem irgendetwas ganz Normales zu erzählen, eine kleine Begebenheit, die sie auf der Straße beobachtet hatte […], und wenn ihr Geist dann völlig vom Boden abhob, gab sie die faszinierendste und amüsanteste und einbildungsreichste Beschreibung davon, die kein Mensch außer ihr sich hätte ausdenken können.« In seinen Erinnerungen kommt er Jahrzehnte später zu dem Schluss, dass sie sowohl ihre Inspiration als auch ihre Depression viel stärker erlebte als andere Menschen und nicht mehr kontrollieren konnte.»Es ist wohl wirklich so, daß ihre Art Genie mit ihrer Art Wahnsinn zusammenhing.«*

Leonard Woolf kümmert sich fast dreißig Jahre lang um seine Frau, wacht über ihre seelische und körperliche Gesundheit, damit sie sich auf das Schreiben konzentrieren kann. An Romanen arbeitet sie nur vormittags von zehn bis dreizehn Uhr, aber sie denkt fast den ganzen Tag darüber nach. Auf kilometerlangen Spaziergängen reflektiert sie über ihre Texte in einer Art fließendem Grübeln. Zur Erholung von der anstrengenden Arbeit an Romanen verfasst sie Essays und Buchkritiken. Aber auch von Rezensionen gibt es fünf oder sechs Fassungen, die sie immer wieder komplett neu schreibt.»Ich kenne keinen Autor, der mit solcher Konzentration und Beharrlichkeit arbeitete wie sie«, berichtet ihr Mann.

Leonard Woolf erkennt, dass Virginia eine größere Begabung für das Prosaschreiben hat als er und arbeitet fortan als Herausgeber, Kritiker und Sachbuchautor. Er ist der erste Leser ihrer Bücher, die sie ihm allerdings erst nach Abschluss der schwierigen Entstehungsphase zeigt, da sie während des Schreibens nicht darüber reden kann.

Der Erste Weltkrieg verändert den Londoner Alltag des Ehepaares kaum. Da Leonard sich um seine kranke Frau kümmern muss und selbst an einem nervösen Zittern leidet, wird er nicht eingezogen. Die engsten Freunde verweigern den Kriegsdienst. Nachdem sich Virginias Gesundheitszustand in dieser Zeit stabilisiert, kauft sich das Ehepaar 1917 eine Druckerpresse und gründet den Verlag Hogarth Press. Die Idee beschäftigt die beiden schon lange, doch fehlte ihnen bisher das Geld – nicht nur wegen Virginias Krankheit und hoher Arztkosten. Jahrelang leben sie äußerst sparsam, gönnen sich weder Schallplatten noch Taxifahrten oder Zigarren und leihen sich Bücher von Freunden oder aus Bibliotheken.

Die Verlagstätigkeit, vor allem das Handwerkliche des Druckens, dient auch als Ausgleich für die geistige Arbeit und ist vor allem für Virginia eine Ablenkung vom Grübeln. In den ersten Jahren machen sie alles selbst: setzen, drucken, binden, versenden; später ha-

* vgl. Noble

ben sie Mitarbeiter. Die erste Presse steht im Wohnzimmer und die Eheleute brauchen mehrere Wochen, um das erste Buch mit einem Umfang von vierunddreißig Seiten – je eine Erzählung von Virginia und eine von Leonard – von Hand zu setzen und zu drucken. Während Leonard für das Geschäftliche zuständig ist, lektoriert Virginia. Die zweite Veröffentlichung des Verlages ist 1918 die Erzählung *Prélude* der neuseeländischen Schriftstellerin Katherine Mansfield, die Virginia Woolf 1916 kennengelernt hat. Die Beziehung der beiden ist Schwankungen ausgesetzt. Das extravagante Auftreten der Kollegin irritiert Virginia oft, doch bewundert sie ihren Schreibstil und erkennt in ihr die einzige ihr ebenbürtige Autorin, der das Schreiben genauso wichtig ist wie ihr selbst. Allerdings sieht sie in ihr auch eine Konkurrentin und bekennt nach dem frühen Tod von Katherine Mansfield in einer Tagebuchnotiz: »Ich war auf ihr Schreiben eifersüchtig – das einzige Schreiben, auf das ich je eifersüchtig war.«

Die Woolfs machen sich einen Namen als Verleger mit Übersetzungen russischer Literatur und entdecken die Werke des Dichters T. S. Eliot. Bald werden fast alle Bücher von Virginia, deren Umschläge ihre Schwester Vanessa entwirft, in der Hogarth Press publiziert. So ist die Schriftstellerin unabhängig von fremden Verlegern und kann ihren persönlichen Stil weiterentwickeln.

Virginia Woolfs Romane haben keine richtige Handlung und selten Hauptpersonen. Ihr geht es darum, die Gleichzeitigkeit von äußerem Geschehen und subjektiven Eindrücken, Erinnerungen und Emotionen, aus denen sich ein normaler Tag zusammensetzt, festzuhalten. In ihrem Aufsatz über »Moderne Dichtung« schreibt sie: »Betrachten wir einen Augenblick lang ein gewöhnliches Gemüt an einem gewöhnlichen Tag. Es empfängt eine Myriade von Eindrücken – triviale, phantastische, flüchtige, oder solche, die sich stahlscharf einschärfen. Von allen Seiten kommen sie heran, ein unablässiger Schauer zahlloser Atome; und während sie sich [...] zum Leben von Montag oder Dienstag gestalten, liegt der Akzent immer anders als zuvor. [...] Laßt uns die Atome registrieren, wie und in welcher Reihenfolge sie auf unser Gemüt eindringen, laßt uns jener Verbindung von Eindrücken nachspüren, so unzusammenhängend und sinnlos sie auch sein mag, die jeder Anblick oder Zwischenfall im Bewußtsein formt. Laßt uns nicht ohne weiteres annehmen, das Leben bestünde in reicherem Maße in dem, was man für gewöhnlich groß nennt, als in dem, was man für gewöhnlich klein nennt.«

Die Augenblicke des Lebens in Worten festzuhalten ist für Virginia Woolf auch der Antrieb, Tagebuch zu schreiben. »Ich fühle die Zeit dahinrasen wie einen Kinofilm. Ich versuche, sie anzuhalten. Ich spieße sie mit der Feder auf. Ich versuche sie festzunageln.« Als Sechzehnjährige hat sie mit dem Tagebuchschreiben angefangen, es jedoch bald wieder aufgegeben. Erst mit Anfang dreißig beginnt sie wieder mit regelmäßigen Aufzeichnungen, die sie – abgesehen von einigen kürzeren Unterbrechungen – bis zu ihrem Tod im März 1941 fortsetzt. Wie in ihren Romanen ist ihr dabei alles gleich wichtig, steht Großes neben Banalem. Doch die Tagebücher – mit einer harten Feder in grüner Tinte geschrieben – entstehen spontan, unreflektiert und bleiben unbearbeitet. In ihnen zeigen sich die anderen Facetten ihres Wesens. Dort stehen scharfsichtige, manchmal auch bissige Kommentare über Freunde und Bekannte neben Notizen zum Wetter, Einkäufen und Arztbesuchen. Virginia Woolf ist nicht nur die übersensible Autorin, die »Königin von Bloomsbury«, sondern auch eine Frau, die Reisen, Partys und Klatsch liebt und im Gespräch witzig und boshaft sein kann. Unbefangen beobachtet sie andere und sich selbst: »Es ist immer so, daß ich über die Seele schreiben will, & dann kommt das Leben dazwischen.«

Auf der Suche nach einem Wochenend- und Rückzugsort entdecken Virginia und Leonard Woolf im Sommer 1919 ein einfaches Haus in Rodmell, einem Dorf in East-Sussex, etwa achtzig Kilometer von London entfernt. Sie ersteigern das primitive Cottage, das weder über einen Strom- noch einen Wasseranschluss verfügt, aber einen großen, blühenden Garten hat, für siebenhundert Pfund. In den nächsten Jahren fordert die bescheidene Unterkunft, die sie »Monks House« nennen, einen großen Arbeitseinsatz von beiden. Virginia vermerkt im Tagebuch, dass sie an einem Nachmittag nicht nur das Wohnzimmer gekalkt und sauber gemacht, sondern auch die Treppe weiß, das Geländer blau und das Außenklo gelb gestrichen habe. Die Wände im Wohnzimmer haben ihre Lieblingsfarbe Grün.

Nach dem Erfolg ihrer Bücher *Mrs. Dalloway* und *Orlando* kauft sich das Ehepaar später ein Auto, um Monks House schneller zu erreichen. Es wird auch ein Bad installiert und ein Schlafzimmer für Virginia angebaut, das man nur über den Garten betreten kann. Vanessa entwirft sowohl den Stoffbezug von Virginias Lieblings-Lesesessel, als auch die Kaminfliesen, deren Leuchtturmmotiv an den Titel ihres erfolgreichsten Romans *Die Fahrt zum Leuchtturm* erinnert.

Virginia, die weder kocht noch näht oder strickt, weil sie mit Hausarbeit keine Zeit verschwenden will, ist allerdings eine Meisterin im Brotbacken. Vormittags schreibt sie, nachmittags widmet sie sich dem Garten oder der Lektüre. Der Salon ist das Zentrum des Hauses, in dem das Ehepaar viele unbeschwerte Stunden verbringt, wie sie in einem Brief beschreibt: »Hier sitzen wir, essen, spielen das Grammophon, strecken unsere Füße zum Feuer und lesen endlose Bücher.«

Ihre Schwester Vanessa, die in der Nähe im Charleston Farmhouse wohnt, kommt oft vorbei oder Virginia fährt mit dem Fahrrad zu ihr. Der große, abwechslungsreiche Garten bietet einen Ausgleich für die kreative Schreibarbeit. Beim Unkrautjäten empfindet die Schriftstellerin eine »eigentümliche Art von Begeisterung«. Oft spielen sie Boccia, das für Virginia zum Lieblingsspiel wird, obwohl sie meist verliert. Auf dem Grundstück stehen zwei alte Ulmen mit ineinander verwachsenen Zweigen, die sie »Virginia« und »Leonard« nennen.

Am 26. Januar 1920, dem Tag nach ihrem achtunddreißigsten Geburtstag, stellt Virginia Woolf im Tagebuch fest: »Also, zweifellos bin ich viel glücklicher als mit 28; & heute glücklicher als gestern, weil mir heute nachmittag eine neue Form für einen neuen Roman eingefallen ist.« Sie will eine andere Methode kreieren, »kein Gerüst; kaum ein Baustein, den man sieht; alles im Halbdunkel, aber Herz, Leidenschaft, Humor, all das hell wie Feuer im Nebel«. Aus diesen Überlegungen entsteht ihr dritter Roman *Jacob's Room* (Jakobs Zimmer), der 1922 in der Hogarth Press erscheint. In diesem Buch verzichtet sie erstmals auf eine chronologische Handlung, zerlegt ein Leben in Szenen und Erinnerungen und zeigt so das Ineinanderfließen der unterschiedlichen Wahrnehmungen. Dieser Roman begründet ihren Ruf als experimentelle Autorin und macht sie auch über die Grenzen ihres Landes hinaus bekannt. Während der Arbeit an diesem Werk notiert sie im Tagebuch: »Die Melancholie nimmt ab, wenn ich schreibe.«

In ihrem nächsten Buch, *Mrs. Dalloway*, das 1925 publiziert wird, entwickelt sie ihre Methode des »inneren Bewusstseinstroms« weiter. Der Roman schildert – wie *Ulysses* von James Joyce – nur die Erlebnisse eines einzigen Tages. Die Hauptperson, Clarissa Dalloway, wird sich in Erinnerungen, Visionen, Träumen und Rückblenden den Brüchen zwischen ihrer äußeren und inneren Existenz bewusst. Durch diesen neuen, ungezwungeneren Aufbau empfindet Virginia Woolf mehr Freiheit beim Schreiben. Nachdem sie sich ein Jahr lang in den Stoff »langsam hineingetastet« hat, entdeckt sie nach hundert Seiten ihr »Tunnelverfahren«, bei dem sie »die Vergangenheit portionsweise« erzählt, eine Schreibweise, die sie als befreiend empfindet. Dieses Buch, das erstmals ohne Unterbrechung durch eine Krankheit entsteht, bezeichnet sie in ihrem Tagebuch als »eine Studie über Wahnsinn und Selbstmord: die Weltsicht des Gesunden und des Geisteskranken Seite an Seite«. Erstaunlich ist, dass die Schilderung seelischer Vorgänge in ihren Romanen mehr Raum einnimmt als in ihren Tagebüchern.

Virginia Woolf ist vierzig als sie 1922 die zehn Jahre jüngere Schriftstellerin Vita Sackville-West kennenlernt. Die Mutter von zwei Söhnen ist mit dem Diplomaten Harold Nicolson verheiratet und bekennt sich offen zu ihrer Bisexualität. Das Paar lebt in einer ungewöhnlichen Ehe, denn beide haben immer wieder Beziehungen zu anderen, gleichgeschlechtlichen Partnern. Die Anziehungskraft zwischen diesen beiden so unterschiedlichen Frauen beruht darauf, dass jede etwas hat, das der anderen fehlt. Virginia ist Vita als Schriftstellerin überlegen und Vita Virginia als Frau. Virginia fasziniert der Glanz, den Vita ausstrahlt, ihre Sinnlichkeit und Reife. Selbstkritisch erkennt sie, dass Vita »mit vollen Segeln auf hoher See kreuzt, während ich auf Nebengewässern dahindümple«. Auch dass diese ihre sexuellen Bedürfnisse offen auslebt, beeindruckt die zurückhaltende Virginia. Als Vita ihr einmal vorhält, sie liebe die Menschen »eher mit dem Kopf als mit dem Herzen«, ist sie gekränkt. Virginia dagegen registriert in ihrem Tagebuch, dass Vita weniger reflektiert: »Was Verstand und Scharfblick betrifft, ist sie nicht in dem Maß organisiert wie ich. Aber dessen ist sie sich auch bewußt und überschüttet mich also mit der mütterlichen Zuwendung, die, aus irgendeinem Grunde, das ist, was ich mir immer am meisten von jedem gewünscht habe.«

Vita Sackville-West, die nicht nur von Virginias Charme und Persönlichkeit begeistert ist, sondern auch von ihrer »geistigen Schönheit«, gesteht ihrem Mann, sich verliebt zu haben. Nach einer leidenschaftlichen Beziehung, die zwei Jahre dauert, verbindet die beiden Autorinnen eine tiefe Freundschaft. Sie diskutieren auch literarische Fragen, dabei ist beiden bewusst, dass Virginias Texte eine höhere literarische Qualität haben als Vitas Bücher, die sie mit leichter Hand schreibt. In einem Brief belehrt Virginia die Freundin: »Stil ist eine ganz einfache Sache; er ist ganz und gar Rhythmus. Wenn man den einmal hat, dann kann man nicht mehr die falschen Wörter benutzen.« Eine unterschwellige Konkurrenz bleibt spürbar, zumal sich Vitas Unterhaltungsromane weit besser verkaufen als Virginias Bücher. Das Werk, durch das ihre Freundschaft in die Literaturgeschichte eingeht, schreibt Virginia Woolf 1927. *Orlando* ist die fiktive Biografie eines jungen Adligen, der vom 16. bis ins 20. Jahrhundert lebt und dabei einen Geschlechtswandel durchmacht. 1928, in dem Jahr, in dem der Roman erscheint, ist Orlando sechsunddreißig Jahre alt und Schriftstellerin wie Vita Sackville-West. Die Arbeit an diesem Buch bezeichnet Virginia als »einen einzigen Spaß«, weil sie es – im Gegensatz zu ihren anderen Werken – sehr schnell und leicht geschrieben hat. Virginia schickt Vita das erste Exemplar und erwartet ängstlich ihre Reaktion, doch Vita ist begeistert. Ihr Sohn Nigel Nicolson bezeichnet den Roman später in seinem Buch über seine Eltern *Porträt einer Ehe* als »den längsten und charmantesten Liebesbrief in der Literatur«.

Für Virginia Woolf ist der wirkliche schöpferische Geist androgyn. In ihrem Essay *Ein Zimmer für sich allein* berichtet sie: »Und ich fuhr amateurhaft fort, einen Plan der Seele zu skizzieren, wonach in jedem von uns zwei Kräfte vorherrschen, eine männlich, eine weiblich: und im Männerverstand dominiert der Mann über die Frau und im Frauenverstand dominiert die Frau über den Mann. Der normale und angenehme Geisteszustand ist erreicht, wenn die beiden in Harmonie miteinander leben, geistig kooperieren. Im Mann muß der weibliche Teil noch wirksam sein; und eine Frau muß auch Umgang pflegen mit dem Mann in sich. [...] Erst wenn diese Fusion stattfindet, ist der Geist ganz fruchtbar gemacht und kann alle seine Fähigkeiten anwenden. Vielleicht kann ein Geist, der nur maskulin ist, ebensowenig schöpferisch sein, wie ein Geist, der rein weiblich ist.«

Nach den produktiven Jahren zwischen 1925 und 1929 gestaltet sich die Entstehung ihres nächsten Romans äußerst schwierig. Ihr Tagebuch gibt Auskunft darüber, dass sie an einem neuen literarischen Stil arbeitet, jedoch im Vorfeld fürchtet, dieses Werk niemals so gut zu Papier bringen zu können, wie es in ihrem Kopf – »noch ungeschrieben« – existiert. Den Roman *The Waves* (Die Wellen), bei dessen Entstehung sie Beethovens letzte Quartette hört, schreibt sie »nach einem Rhythmus, nicht nach einer Handlung«. Nach zwei Jahren, im Februar 1931, kann sie endlich im Tagebuch den Abschluss verkünden: »Vor fünfzehn Minuten habe ich die letzten beiden Worte geschrieben – nachdem ich in einem derartigen Rausch durch die letzten zehn Seiten getaumelt bin, daß ich nur noch meiner eigenen Stimme nachzuwanken schien oder vielmehr (als wäre ich verrückt) der irgendeiner Art von fremdem Sprecher. Ich hatte beinah Angst, weil ich mich an die Stimmen erinnerte, die mir früher manchmal vorausflogen. Jedenfalls ist es geschafft; und ich habe diese fünfzehn Minuten dagesessen in einem Zustand der Verzückung und inneren Ruhe.«

Der Roman wird 1931 veröffentlicht und gilt unter Kritikern als Virginia Woolfs Meisterwerk und ihr experimentellstes Buch. In den inneren Monologen von sechs Personen, drei Frauen und drei Männern, entfalten sich die Entwicklungsstadien menschlichen Lebens – von der Kindheit bis zum Greisenalter – vor dem ewigen Zyklus der Natur, dargestellt durch das Meer. Die Schriftstellerin bekennt: »Die sechs Personen sollten eigentlich eine sein. Ich werde selbst alt – nächstes Jahr fünfzig; und so langsam spüre ich immer stärker, wie schwierig es ist, sich zu einer einzigen Virginia zu sammeln.« Durch die Aufspaltung in mehrere Personen zeigt sie, wie schwer es ist, in einer Roman-Figur alle wichtigen Charaktereigenschaften zu vereinen. Die letzte Passage des Buches lautet: »Und auch in mir steigt die Welle. Sie schwillt; sie krümmt ihren Rücken. Ich spüre wieder, wie ein neues Verlangen sich regt, etwas, das unter mir aufsteigt wie das stolze Pferd, dem sein Reiter erst die Sporen gibt und es dann zurückhält. Welchen Feind sehen wir jetzt auf uns zukommen, du, den ich jetzt reite, während wir mit den Hufen auf diesem Stück Pflaster scharren? Es ist der Tod. Der Tod ist der Feind. Es ist der Tod, gegen den ich anreite, mit eingelegtem Speer, mit im Winde flatternden Haaren, wie die eines jungen Mannes [...] Ich gebe meinem Pferd die Sporen. Dir will ich mich entgegenwerfen, unbesiegt und ungebeugt, O Tod!«

Am 25. Januar 1932 feiert Virginia Woolf ihren fünfzigsten Geburtstag. Sie hat sechs Romane geschrieben und ist berühmt, aber sie fühlt sich körperlich und seelisch erschöpft.

1934 wird am Rande des Gartens von Monks House unter einer großen Kastanie eine Laube gebaut, die sich Virginia als Schreibhaus einrichtet. Den Schreibtisch benutzt sie allerdings nicht zum Arbeiten, sondern als Ablage für Manuskripte, Papierstapel, Tintenfässer, Federhalter, Zündholzer, Zigarettenspitzen und viel Kleinkram. Das Durcheinander setzt sich im Raum fort, denn überall stapeln sich Bücher und liegen auf dem Boden herum. Leonard findet ihr Zimmer nicht nur unordentlich, sondern chaotisch. Beim Schreiben sitzt Virginia in einem kaputten Lehnstuhl und hat ein Sperrholzbrett auf den Knien, auf dem ein Tintenfass klebt. In diesem Refugium hat sie endlich die Ruhe, die sie zum Arbeiten braucht, denn schon das Rascheln einer Papiertüte im Nebenraum stört die geräuschempfindliche Schriftstellerin.

Louie Mayer, die Haushalts- und Küchenhilfe, die das Ehepaar 1934 einstellt, wundert sich, dass sie morgens in der Küche laute Gespräche aus dem direkt darüber liegenden Badezimmer hört. Während Virginia vor dem Frühstück badet, spricht sie mit sich selbst: »Sie redete und redete, schwatz, schwatz, schwatz: stellte Fragen und gab die Antworten selbst.« Leonard erklärt ihr, dass seine Frau die Sätze, die sie am Vortag oder nachts geschrieben hat, laut sprechen muss, um zu hören, ob sie richtig klingen.

Virginia Woolfs nächster Roman, *The Years* (Die Jahre), erscheint erst 1937, da sie das Schreiben mehrmals wegen Krankheit unterbrechen muss. Dieser neue Roman, der wirtschaftlich ihr erfolgreichster ist, wird von der Kritik wieder als traditionell bewertet. Doch auch hier spürt sie den Nuancen eines gewöhnlichen Tages nach und den Momenten des Erlebens, die man meist nicht wahrnimmt. Die Protagonistin fragt sich: »Es muß noch ein andres Leben geben... Nicht in Träumen; sondern hier und jetzt, in diesem Zimmer, mit lebenden Menschen. Sie hatte ein Gefühl, als stünde sie am Rand eines Abgrunds; mit zurückgewehtem Haar. Sie war nahe daran, etwas zu erfassen, was ihr knapp entging. Es muß noch ein anderes Leben geben, hier und jetzt, [...]. Dieses ist zu kurz, zu bruchstückhaft. Wir wissen nichts, nicht einmal von uns selbst. Wir beginnen eben erst, [...] zu verstehen, hie und da... sie fühlte, daß sie den gegenwärtigen Augenblick umschließen wollte; ihn verweilen machen wollte; ihn immer mehr anfüllen wollte, mit der Vergangenheit, mit der Gegenwart, mit der Zukunft, bis er glänzte, vollständig, erhellt bis in die Tiefe von Verstehn [...].«

Im Herbst 1939 verlegt das Ehepaar Woolf seinen Hauptwohnsitz von London nach Monks House. Nach dem Einmarsch deutscher Truppen in Polen am 1. September 1939 erklärt England Deutschland den Krieg. In dieser Zeit beginnt Virginia Woolf ihre Kindheitserinnerungen zu schreiben. Dabei bedient sie sich einer ähnlichen Technik wie in ihren Romanen: Ausgehend von bestimmten Szenen reiht sie Erinnerungen und Erfahrungen aneinander und wechselt zwischen den Erzähleben hin und her. Vor die Vergangenheit schiebt sich immer wieder die Gegenwart der Jahre 1939/40, in der sie diese Aufzeichnungen macht. Wieder geht sie der Frage nach, wie man das Flüchtige festhalten kann. »Jeder Tag enthält viel mehr Nicht-Sein als Sein. Gestern, Dienstag, der 18. April, zum Beispiel, war zufällig ein guter Tag, überdurchschnittlich voll an ›Sein‹.« Sie schreibt einige Seiten, macht einen Spaziergang am Fluss, beobachtet die Bäume und den Himmel und liest. Diese Tätigkeiten bedeuten für sie »Seinsmomente«, die jedoch in viele »Momente des Nichtseins eingebettet« sind. Dazu gehören die Dinge, mit denen man sich beschäftigen muss: der defekte Staubsauger, das Planen der Mahlzeiten, das Schreiben der Einkaufsliste, Kochen und Waschen. Sie hat den Eindruck, dass das Gute in eine »undefinierbare Watte« des Alltäglichen eingehüllt ist. Das bedeutet, dass ein großer Teil des Tages nicht bewusst gelebt wird, wie sie in ihren Erinnerungen ausführt: »Damals als Kind, wie auch heute noch, enthalten meine Tage ein verhältnismäßig großes Quantum dieser Watte, dieses Nicht-Seins.«

Doch es fällt ihr immer schwerer, sich auf das Schreiben zu konzentrieren. Nach Hitlers Überfällen auf Dänemark, Norwegen, Holland und Belgien wächst in der Bevölkerung die Angst vor einer Invasion der Deutschen. Im Juni 1940 konstatiert Virginia Woolf angstvoll im Tagebuch, dass der Krieg täglich näher an ihr Haus heranrückt und die Deutschen jede Nacht über England fliegen. Nach dem Beginn der Bombardierung Englands durch deutsche Truppen, notiert sie im August 1940: »Sie kamen sehr nah heran. Wir legten uns unter den Baum. Es klang, als säge jemand genau über uns in der Luft. [...] Bomben ließen die Fensterscheiben meines Häuschens klirren. Wird es einstürzen? fragte ich. Wenn ja, dann zerbrechen wir gemeinsam. Ich dachte, glaube ich, an das Nichts –«

Es ist Leonard, der sich als Jude und Sozialist bedroht fühlt und den Selbstmord im Falle einer Invasion vorschlägt, was Virginia damit kommentiert, dass sie noch zehn Jahre leben und ihr Buch schreiben wolle. Sie ahnen nicht, dass sie beide auf einer Sonderfahndungsliste der Gestapo stehen. Immer seltener fährt das Ehepaar nach London, das kaum wiederzuerkennen ist. Erschüttert sieht Virginia die zerstörte, von ihr so geliebte Londoner City. Nach einem Bombenangriff der Deutschen auf die Stadt im Oktober 1940 liegt auch das Haus Tavistock Square 52, das die Woolfs 1924 bezogen haben, in

Trümmern. Verzweifelt sucht sie in der verwüsteten Wohnung nach ihren Tagebüchern.

Virginia Woolf ist dabei, einen Roman, *Between the Acts* (Zwischen den Akten), abzuschließen. Zu ihrer angespannten nervlichen Verfassung, die das Ende eines Romans immer begleitet, kommt nun noch die Belastung durch den Krieg. Ende Dezember 1940 verliert sie sogar die »Lust am Tagebuchschreiben« und fragt sich, was das beste Gegenmittel sei. Sie empfindet kein Vergnügen mehr am Schreiben und erklärt im Tagebuch: »Ich verabscheue die Härte des Alters.«

Im Winter 1940/41 ist es besonders kalt und die Lebensmittel sind knapp. Da das Benzin rationiert wird, kommen kaum noch Gäste nach Rodmell. Virginia fühlt sich abgeschnitten und deprimiert. Anfang 1941 zeigt sich wieder eine Verwirrung ihres Geistes. Die Eintragungen im Tagebuch dokumentieren ihre Stimmungswechsel: »Ich lasse mich von diesem Verzweiflungstief nicht verschlingen, das schwöre ich. Die Einsamkeit ist groß. [...] Wir leben ohne eine Zukunft.« Zehn Tage später kann sie sich nicht mehr daran erinnern, warum sie so deprimiert war. Am 28. Februar 1941 beendet sie ihren letzten Roman *Zwischen den Akten*. Im Tagebuch ermutigt sie sich zum Durchhalten, fragt sich allerdings, »ob ich je wieder einen dieser Sätze schreiben werde, die mir so intensive Lust bereiten?« Danach gerät sie in eine seelische Krise. Doch dieses Mal gibt es keine warnenden Vorzeichen, die tiefe Depression kommt wie ein plötzlicher Schlag. Am 8. März 1941 notiert sie: »Beobachte meine eigene Mutlosigkeit. Dadurch wird sie brauchbar. [...] Meine Güte, ja, ich werde diese Stimmung überwinden. Es geht darum, schläfrig-offen zu sein, mit großen Augen im Jetzt – und die Dinge kommen zu lassen, eins nach dem anderen. Jetzt den Schellfisch kochen.«

Als sie ihrem Mann Mitte März sagt, sie wolle nicht, dass *Zwischen den Akten* veröffentlicht wird, weiß er, dass sich ein erneuter Nervenzusammenbruch ankündigt. Er schlägt vor, einen Arzt zu konsultieren, doch Virginia lehnt das ab. Ende des Monats ist sie doch bereit, eine befreundete Ärztin aufzusuchen. Am nächsten Tag, es ist der 28. März 1941, verlässt Virginia Woolf mittags das Haus und läuft über die Wiesen zum Fluss. Am Ufer der Ouse füllt sie sich, da sie gut schwimmen kann, die Taschen mit Steinen. So geht sie in den Tod, von dem sie einmal gesagt hat, er sei »das einzige Erlebnis, das ich nicht beschreiben werde«.

Wenig später findet Leonard Woolf zwei Abschiedsbriefe auf dem Kaminsims im Salon von Monks House. Einer ist an ihre Schwester gerichtet, der andere an ihn: »Liebster, ich bin mir sicher, daß ich wieder wahnsinnig werde. Ich habe das Gefühl, daß wir nicht noch eine dieser schrecklichen Zeiten durchmachen können. Und dieses Mal werde ich nicht wieder gesund werden. Ich fange an, Stimmen zu hören, und kann mich nicht konzentrieren. Also tue ich, was das Beste zu sein scheint. Du hast mir das größtmögliche Glück geschenkt. […] Ich glaube nicht, daß zwei Menschen glücklicher hätten sein können bis diese schreckliche Krankheit kam. Ich kann nicht länger dagegen ankämpfen, ich weiß, daß ich Dein Leben ruiniere, daß Du ohne mich arbeiten könntest. […] Ich will sagen, daß ich alles Glück meines Lebens Dir verdanke. […] Wenn überhaupt jemand mich hätte retten können, wärst Du es gewesen. […] Ich glaube nicht, dass zwei Menschen glücklicher hätten sein können als wir es waren.«

Drei Wochen später finden Kinder ihre Leiche. Die Urne mit ihrer Asche wird im April 1941 unter den zwei großen alten Ulmen im Garten von Monks House beigesetzt. Als Epitaph wählt Leonard Woolf den letzten Satz aus ihrem Roman *Die Wellen*: »Dir will ich mich entgegenwerfen, unbesiegt und ungebeugt, O Tod!«

Leonard überlebt seine Frau um achtundzwanzig Jahre und stirbt 1969 im Alter von achtundachtzig Jahren. 1953, zwölf Jahre nach ihrem Tod, veröffentlicht er eine erste Auswahl ihrer Tagebücher unter dem Titel *A Writer's Diary*, die nur die Aussagen zum Schreiben enthält. Die englische Gesamtausgabe der Tagebücher erscheint von 1977 bis 1984 in fünf Bänden in der Hogarth Press. Mit dieser Publikation wäre die Schriftstellerin, die über ihr Privatleben keine Auskunft gab und auch Interviews verweigerte, vermutlich nicht einverstanden gewesen. Ihre Tagebücher, die sie als anspruchsloses »Gekritzel« bezeichnete, hat sie nicht im Hinblick auf eine Veröffentlichung geschrieben. Virginia Woolf war sich des wenig literarischen Stils ihrer Eintragungen bewusst und bat sogar ihr zukünftiges Ich, diese Notizen keiner Menschenseele zu zeigen.

1972 veröffentlichte ihr Neffe Quentin Bell die erste umfassende Biografie über die Schriftstellerin. In den Londoner Stadtvierteln Bloomsbury und Richmond erinnern Gedenktafeln an ihren frühen Wohnsitz beziehungsweise an das Verlags- und Wohnhaus von Leonard und Virginia Woolf. Seit 1982 ist Monks House ein Museum, in dem man nicht nur das Schreibhaus der Autorin besichtigen, sondern auch ihren Blick vom Bett aus ins Grün der Bäume und den Garten nachvollziehen kann.

Virginia Woolf ist eine der wichtigsten Schriftstellerinnen des 20. Jahrhunderts. Sie hat ein umfangreiches Werk hinterlassen: neun Romane, zwei Biografien, über hundert Essays, mehr als fünfhundert Rezensionen, rund viertausend Briefe und mehrere Bände mit Tagebüchern und autobiografischen Aufzeichnungen. In ihren Texten zeigt sie, dass die Wendepunkte des Lebens nicht immer Geburt, Heirat und Tod sind, sondern verborgen unter den gewöhnlichen Ereignissen eines Tages liegen. Beeindruckend ist, dass sie sich für jeden Roman eine andere Darstellungstechnik überlegte. Das Avantgardistische, das ihre Bücher bei ihrem Erscheinen ausstrahlten, ist heute nur noch zum Teil nachvollziehbar. Ihre autobiografischen Texte und Tagebücher hingegen sind das faszinierende Zeugnis eines ungewöhnlichen Künstlerlebens und noch immer eine spannende Lektüre:

»Die Methode, um sich ins Schreiben zurückzuschaukeln, geht folgendermaßen. Als erstes sanfte Übungen an der frischen Luft. Als zweites die Lektüre guter Literatur. Es ist ein Irrtum zu glauben, Literatur könne aus dem Nichts entstehen. Man muß aus dem Leben heraustreten [...]; sich sehr, sehr sammeln, in einem einzigen Punkt, und darf sich nicht auf die verstreuten Teile seines Charakters stützen, man muß ganz im Kopf leben.«

Katherine Mansfield
(1888–1923)

»Jede Zeile ist ernst gemeint«

»Ich beginne nun langsam zu erkennen, wozu Frauen in der Zukunft fähig sein werden. Sie haben wirklich bis jetzt keine Chance gehabt. Wir haben gut reden von unsern aufgeklärten Zeiten und von unserem emanzipierten Lande – der reine Unsinn! Man hält uns in unseren selbstgeschmiedeten Sklavenketten fest. Ja, ich sehe jetzt ein, daß sie tatsächlich selbstgeschmiedet sind und daß wir sie nur selber beseitigen können.«

Dieser Eintrag vom Mai 1908 im Tagebuch der Neunzehnjährigen zeigt, wie früh Katherine Mansfield nach persönlicher und beruflicher Unabhängigkeit strebte. Zu Beginn des 20. Jahrhunderts, als die meisten ihrer Zeitgenossen sich noch an den Wertvorstellungen des vergangenen Jahrhunderts orientierten, wagte sie es, als Frau und als Künstlerin kompromisslos ihren eigenen Weg zu gehen. Im Mittelpunkt ihres unruhigen Lebens standen das Schreiben, die Liebe und ihre unheilbare Krankheit Tuberkulose. Obwohl ihr Werk schmal ist und zu ihren Lebzeiten nur drei Bücher erschienen, ging sie als Begründerin der modernen Kurzgeschichte in die Literaturgeschichte ein.

Kathleen Beauchamp wird am 14. Oktober 1888 in Wellington, der Hauptstadt der britischen Kronkolonie Neuseeland, als dritte Tochter des Bankiers Harold Beauchamp und seiner Frau Annie geboren. Die Familie gehört zu den angesehensten und reichsten des Landes. Die Eltern wünschen sich einen Sohn, doch erst nach der Geburt von zwei weiteren Mädchen – von denen eines früh stirbt – wird der ersehnte Stammhalter geboren. So wächst Kathleen mit drei Schwestern und dem jüngeren Bruder Leslie auf, an dem sie besonders hängt. Ihre Mutter fühlt sich von dem Kinderreichtum überfordert und zieht sich oft zurück. Liebe und Zuwendung findet das Mädchen, das sich vernachlässigt fühlt, bei der Großmutter. Als Schriftstellerin nennt sich Kathleen später nach dem Mädchennamen ihrer Großmutter Katherine Mansfield. In vielen ihrer Erzählungen hat sie ihr ein literarisches Denkmal gesetzt.

Im Unterschied zu ihren hübschen und braven Schwestern gilt Kass, wie sie in der Familie genannt wird, als schwieriges Kind. Sie ist mollig, kurzsichtig, unbeherrscht und eigensinnig. Doch dahinter verbirgt sich ein sensibles und nachdenkliches Mädchen, für das Blumen die »einzigen Vertrauten« sind. Sie begleiten sie ihr Leben lang und spielen in fast jeder ihrer späteren Geschichten eine Rolle.

Schon als Kind ist sie anders als die anderen Mädchen und stößt auf Unverständnis. In einem späteren Romanentwurf, der deutlich autobiografische Bezüge enthält, beschreibt sie die Protagonistin, die sich als »fünftes Rad am Wagen« und »häßliches Entlein« in ihrer Familie fühlt, als temperamentvoll und unberechenbar.

Kathleen sieht sich als Außenseiterin. Sie entspricht nicht den Vorstellungen einer anständigen höheren Tochter und rebelliert gegen die konventionellen Regeln. Schon früh fällt ihre scharfe Beobachtungsgabe auf. Mit neun Jahren gewinnt sie in der Schule den ersten Preis für einen Aufsatz, später gründet sie eine Schülerzeitung und schreibt fast alle Artikel selbst. Im Mädchengymnasium von Wellington verliebt sie sich leidenschaftlich in eine Mitschülerin, bald darauf verehrt sie einen Cellisten, beginnt ebenfalls Cello zu spielen und träumt von einer Karriere als Musikerin. Doch zunächst verlässt sie Neuseeland. In Begleitung der Eltern fahren die drei Schwestern im Januar 1903 nach London, wo sie am Queen's College ihre Ausbildung vollenden sollen. Gleich am ersten Tag lernt die Fünfzehnjährige Ida Baker kennen, in der sie eine zuverlässige Freundin fürs Leben findet, die ihr in vielen Krisen zur Seite stehen wird. Auch in anderer Hinsicht ist der Aufenthalt in der europäischen Metropole entscheidend für Kathleens Entwicklung. In London wird ihr bewusst, dass sie die provinzielle Enge ihrer Heimatstadt verlassen muss, um ihren Weg als Frau und Künstlerin zu finden. In einem Brief an eine Freundin in Neuseeland betont sie: »Es ist mir ein solches Anliegen, daß alle Frauen eine feste Zukunft haben.– Dir nicht auch? Die Vorstellung, dazusitzen und auf einen Mann zu warten, ist einfach scheußlich [...].«

Doch im Herbst 1906, nachdem sie drei Jahre lang mit ihren beiden älteren Schwestern Vera und Charlotte das Queen's College besucht hat, muss sie wieder zurück in ihre Heimat Neuseeland. Ihre

Familie empfindet sie nun als »langweilige Gesellschaft«, ohne Verständnis für ihre Interessen. Kein Wunder, dass sie sich in Neuseeland nicht mehr wohlfühlt und sich nach Europa sehnt. An eine Freundin schreibt sie im Januar 1907: »Ich kann mir nicht vorstellen, wie man hier überhaupt leben kann. [...] Aber ich werde zurückkehren, denn hier würde ich sterben.«

Für ihren Vater jedoch ist es unvorstellbar, seine achtzehnjährige Tochter allein nach London gehen zu lassen. Auch ihren Wunsch nach einer Ausbildung zur Berufsmusikerin lehnt er ab. Kathleen hat nur noch ein Ziel: Sie will zurück nach Europa. Bald erkennt sie, dass die Musik nicht ihre Stärke ist und entschließt sich, Schriftstellerin zu werden. In ihrem Tagebuch notiert sie: »Ich sollte eine gute Autorin werden. Den Ehrgeiz dazu besitze ich bestimmt, und auch die Ideen. Aber habe ich auch die Kraft, alles, was ich schreiben möchte, auszuführen? Ja, wenn ich zurückkehren kann, sonst nicht.«

Zunächst nimmt sie am gesellschaftlichen Leben in Wellington teil und verliebt sich abwechselnd in Männer und Frauen. Im Gegensatz zu ihrer prüden Umgebung hat sie mit ihrer Bisexualität kein Problem. Mit einer neun Jahre älteren Malerin, die Kathleen beeindruckt, weil sie sich den Lebensunterhalt mit ihrer künstlerischen Arbeit verdient, erlebt sie eine leidenschaftliche Affäre. Danach ist sie drei Wochen lang mit einem jungen Engländer zusammen. Nach dem Ende dieser kurzen Beziehung stellt sie im Tagebuch lakonisch fest, dass sie ihn »nur als Stoff zum Schreiben« gebraucht habe. In einem Brief an eine Freundin überlegt Kathleen: »Würdest Du nicht gern *alle* Arten des Lebens ausprobieren – eines ist doch sehr klein – aber das ist das Befriedigende beim Schreiben – man kann so viele Menschen verkörpern.«

Im Herbst 1907 erscheinen einige Kurzgeschichten von Katherine Mansfield in einer Zeitschrift in Melbourne und sie erhält dafür ein Honorar. Die Familie ist beeindruckt und der Vater gibt endlich seine Einwilligung zu ihrer Übersiedlung nach England. Doch es dauert noch bis zum Sommer 1908, bis die Neunzehnjährige Neuseeland verlässt, das sie nie wieder sehen wird.

Die große Freiheit in Europa dauert nur ein knappes halbes Jahr. In London trifft Katherine Mansfield die Familie ihres Jugendfreundes, des Cellisten, wieder und verliebt sich nun in seinen Zwillingsbruder. Nach einigen Wochen des Zusammenlebens wendet sie sich enttäuscht von ihm ab, obwohl sie schwanger ist. Überstürzt heiratet sie im März 1909 einen Musiklehrer, der ihr einen Antrag gemacht hat, verlässt ihn aber schon am folgenden Tag. Von den Abenteuern der Tochter aufgeschreckt, reist ihre Mutter nach Europa und bringt Katherine nach Wörishofen. Warum sie einen Ort in Deutschland wählt, ist nicht bekannt; wahrscheinlich hatte ihr jemand den Kneipp-Kurort empfohlen. Anschließend fährt Annie Beauchamp zurück nach Neuseeland und lässt die ungeratene Tochter aus ihrem Testament streichen. Katherine bleibt in Bayern und freut sich auf das Kind. Doch kurz darauf hat sie eine Fehlgeburt – vermutlich, weil sie einen schweren Koffer auf einen Schrank stemmt. Den Verlust dieses Kindes beklagt sie ihr Leben lang.

Die wenigen Monate, die Katherine Mansfield in Wörishofen lebt, prägen ihr weiteres Leben entscheidend, sowohl in positiver als auch negativer Hinsicht. Ihre Beobachtungen in dem bayerischen Kurort inspirieren sie zu zahlreichen Erzählungen, die zwei Jahre danach in ihrer ersten Sammlung mit Kurzgeschichten unter dem Titel *In a German Pension* (In einer deutschen Pension) erscheinen. In ihnen zeichnet sie ein sarkastisches Bild des Kleinbürgertums in Deutschland kurz vor dem Ersten Weltkrieg. Jahre später bezeichnet sie das Buch als »unreif« und »nicht gut genug« und verhindert eine Neuauflage. Doch bereits in diesen ersten Geschichten fällt die genaue psychologische Beobachtung des Alltäglichen auf, die sie in ihren späteren Erzählungen zur Meisterschaft entwickeln wird.

Ihr langweiliges Leben in der bayerischen Kleinstadt wird durch eine kurze Beziehung mit einem polnischen Intellektuellen aufgelockert. Er macht sie auf das Werk Anton Tschechows aufmerksam, der – neben Shakespeare und Charles Dickens – zu ihren literarischen Vorbildern wird.

Als Katherine im Januar 1910 nach London zurückkehrt, wird sie schwerkrank. Erst später stellt sich heraus, dass der Pole sie mit Gonorrhöe infiziert hat, an deren Folgen sie ihr Leben lang leidet. Diese Erkrankung schwächt das Immunsystem ihres Körpers, der deshalb der später ausbrechenden Tuberkulose keinen Widerstand entgegensetzen kann.

Nun beginnt ihr unstetes Wanderleben. In London wohnt sie in möblierten Zimmern, in Hotels oder Pensionen und wechselt in den nächsten acht Jahren fast dreißigmal die Unterkunft. Sie bevorzugt das Herumstreifen, das Abenteuer und fürchtet die Sesshaftigkeit als Begrenzung. Aus dem pummeligen Mädchen ist eine schlanke, schöne Frau geworden, die mit ihren großen, dunklen Augen und ihrer originellen, selbstentworfenen Garderobe überall die Aufmerksamkeit auf sich zieht. Sie ist lebenshungrig und will alles kennenlernen: Lust und Liebe, Leidenschaft und Schmerz. So schreibt sie in ihr Tagebuch: »Der Zustand der Gleichgültigkeit ist meiner Natur wirklich fremd, und darin zu leben, die einzige Art von Hölle, die ich mir vorstellen kann.« Katherines Charakter ist faszinierend und widersprüchlich zugleich. Sie kann charmant und geistreich, aber auch berechnend, zynisch und unnahbar sein. Ihre Stimmungen wechseln schnell. Menschen, die ihr begegnen, lehnen sie entweder ab oder sind hingerissen von ihr. Mit sicherem Instinkt erkennt sie im Gespräch die verborgenen Seiten des anderen.

1911 trifft Katherine Mansfield John Middleton Murry, den Herausgeber der ersten Vierteljahresschrift für Literatur und Kunst in England. Er hat eine ihrer Kurzgeschichten gelesen und will die Autorin kennenlernen. Der schüchterne, aber attraktive Murry, der sich selbst als »teils Snob, teils Feigling, teils sentimental« bezeichnet, ist ein Jahr jünger als Katherine. Bald bietet sie ihm an, bei ihr als Untermieter einzuziehen und kurz darauf sind sie ein Liebespaar. Sie verkehren in den Londoner Literatenkreisen, wo sie auch den Schriftsteller D. H. Lawrence kennenlernen, mit dem sich Katherine über ihre Arbeit austauschen kann. Sie wird Mitherausgeberin von Murrys Zeitschrift und veröffentlicht Kurzgeschichten und Kritiken. Als die Zeitschrift kurze Zeit später eingeht, hat das Paar Geldsorgen und zieht nun zu zweit von einer billigen Unterkunft zur nächsten. Die finanzielle Unterstützung ihres Vaters ist knapp bemessen und reicht nie. Als Tochter einer wohlhabenden Familie hat sie nicht gelernt, mit Geld umzugehen. Sie lebt großzügig und will auf Blumen, Zigaretten und ihre typischen maßgeschneiderten Samtjäckchen nicht verzichten. Auch das Zusammenleben mit Murry ist nicht einfach, denn mit der traditionellen Rollenverteilung kann sie sich nicht abfinden. Im Sommer 1913 beschwert sie sich bei ihm über die Hausarbeit, die so viel Zeit in Anspruch nimmt und sie vom Schreiben abhält: »Jawohl, ich hasse, hasse, hasse es, diese Dinge tun zu müssen, die Du von mir erwartest, wie alle Männer sie von ihren Frauen erwarten. Ich mache nur sehr widerwillig den Dienstboten.«* Sie will ihre Energie nicht im Haushalt verbrauchen, sondern sich auf

* vgl. *Eine Ehe in Briefen*

das Schreiben konzentrieren. Als ihr Mann sie bittet, eine ihrer Geschichten für die Publikation um eine halbe Seite zu kürzen, antwortet sie ihm: »Ich habe nicht den Eindruck, dass irgendein Wort überflüssig wäre: Jede Zeile ist ernst gemeint. Ich ›plaudere‹ schließlich nicht einfach so ›vor mich hin‹… Man kann nicht kürzen, ohne ein großes Durcheinander anzurichten. Was die Form der Texte angeht, bin ich ein schrecklicher Pedant.«[*]

Murry gibt inzwischen eine neue Zeitschrift heraus, arbeitet als Kunstkritiker und kommt oft nur am Wochenende in die gemeinsame Wohnung. Unter diesen Trennungen, dem ständigen Geldmangel und den häufigen Wohnungswechseln leidet Katherine sehr. Nach drei Jahren kommt es zu einer Entfremdung zwischen den beiden, und sie beschließen, getrennt zu wohnen. Wenig später hat sie eine kurze Affäre mit einem französischen Schriftsteller und reist – unter abenteuerlichen Umständen mitten im Ersten Weltkrieg – nach Frankreich. Obwohl die Romanze schnell vorbei ist, bleibt sie noch eine Zeit lang in Paris und genießt das Alleinsein. Trotzdem ist sie enttäuscht, dass Murry so selten schreibt und sie kaum vermisst. Die Ambivalenz zwischen ihrer Sehnsucht nach Murry und dem Wunsch, allein zu sein, bestimmt die elfjährige spannungsreiche Beziehung des Paares. Murrys Egoismus, seine Gleichgültigkeit und seine Unzuverlässigkeit stören Katherine; sie wünscht sich mehr Wärme, Spontaneität und Mitgefühl. Ihrem Tagebuch vertraut sie an, dass sie sich nach einem Liebhaber sehnt, der ihr Halt und Trost geben kann und mehr für sie da ist. Später wird sie ihre subtilen Wahrnehmungen literarisch verarbeiten. In der Kurzgeschichte *Honeymoon* (Flitterwochen) heißt es: »Es kommt so häufig vor, daß Menschen, selbst wenn sie sich lieben, sich nicht – sich nicht – es ist schwer auszudrücken – sich gar nicht richtig kennen. Sie scheinen es auch nicht zu wollen. Und das finde ich schrecklich. Sie mißverstehen einander in den wichtigsten Angelegenheiten.«

Als Katherines Bruder Leslie im Oktober 1915 an der Front bei der Explosion einer Handgranate ums Leben kommt, ist sie zutiefst erschüttert. Murry kann sie nicht trösten, da er eifersüchtig ist auf ihre starke Liebe zu ihrem Bruder. In dieser Situation unterstützt sie D. H. Lawrence mit seiner Zuversicht, dass nach dem Verlust eines Lebens ein anderes geboren werde, und dieses ihr »glückliches, schöpferisches Ich« sei. Die Vermutung des Kollegen stimmt, denn

---

[*] vgl. *Sämtliche Werke*

der Tod des geliebten Bruders gibt ihrem Schreiben eine neue Richtung. Die Menschen und Handlungen ihrer früheren Geschichten interessieren sie nicht mehr. Sie will neue Formen ausprobieren und empfindet es als ihre Pflicht, über ihr Heimatland zu schreiben. Nicht nur, um sich an ihre Kindheit, den Bruder und »die vertrauten Orte« zu erinnern, wie sie im Januar 1916 in ihrem Tagebuch reflektiert, sondern auch, um den schmerzlichen Verlust zu überwinden und die Vergangenheit »im Schreiben wieder zum Leben zu erwecken«.

Doch in dem Haus in London, in dem ihr Bruder sie kurz vor seinem Tod besucht hat, will Katherine nicht bleiben. Mit Murry fährt sie nach Südfrankreich, wo sie einige harmonische Monate verbringen. Während er eine Biografie über Dostojewski verfasst, arbeitet sie an ihrer ersten Neuseeland-Erzählung, *Prélude* (Vorspiel), in der sie das Leben ihrer Familie bis zur Geburt des acht Jahre jüngeren Bruders beschreibt. Sie entwickelt einen eigenen Erzählstil und reiht kurze Szenen aneinander, die schlaglichtartig den Charakter der handelnden Personen erhellen. Bemerkenswert ist ihre sensible Darstellung von Stimmungen und scheinbar unbedeutenden Alltagsmomenten wie in der folgenden Szene: »Kezia stand gern so vor dem Fenster. Sie mochte es, das kalte glänzende Glas an ihren heißen Händen zu spüren und die komischen weißen Stellen zu beobachten, die ihre Fingerspitzen bekamen, wenn sie sie fest gegen die Scheibe drückte. Während sie dort stand, verglomm der Tag, und die Dunkelheit brach ein. Mit der Dunkelheit kam schnüffelnd und jaulend der Wind hervorgekrochen. Die Fenster des leeren Hauses klirrten, Wände und Böden ächzten, und auf dem Dach klapperte verloren ein loses Blech. Kezia stand plötzlich ganz still, mit weit aufgerissenen Augen und zusammengepreßten Knien. Sie fürchtete sich.«

In vielen Erzählungen von Katherine Mansfield spielt der Wind eine Rolle. Für sie, die an einem stürmischen Oktobertag geboren wurde, ist er das Symbol ihres Lebens. In *Prélude* hat sie auch ihre Eltern porträtiert: den Vater als reichen, aber sparsamen und strengen Familienvorstand, die Mutter als distanzierte, von den häuslichen Pflichten überforderte Frau. Katherine erkennt in ihr dieselben Gefühle des Außenseitertums und den Wunsch nach Unabhängigkeit, die ihr selbst vertraut sind, denen ihre Mutter aber nicht nachgegeben hat.

Prélude, Mansfields längste Erzählung, erscheint 1918 in der Hogarth Press, dem kleinen Verlag, den Virginia und Leonard Woolf im Jahr zuvor gegründet haben. Die beiden Autorinnen haben sich

1916 kennengelernt. Katherine Mansfield schätzt die sechs Jahre ältere Virginia Woolf, deren bekannte Bücher damals noch nicht veröffentlicht sind, und fühlt sich ihr verbunden, weil sie die gleiche Leidenschaft für das Schreiben hat. Bei ihrer ersten Begegnung hat Virginia Woolf allerdings zunächst einen negativen Eindruck von Katherine, die ihr gewöhnlich und kalt erscheint. Doch als der Abend zu Ende ist, findet sie sie »so intelligent und tiefgründig, daß die Freundschaft sich lohne«. Auch sie ist von Katherine Mansfields wechselhaftem Wesen irritiert: Einmal beklagt sie sich über deren Unnahbarkeit und Kälte, doch wenig später bemerkt sie fasziniert, »daß sie meine Gefühle aussprach, wie ich es noch nie erlebt habe«. In ihrem Tagebuch sieht Virginia Woolf das Außergewöhnliche an ihrer Beziehung in einem gewissen Einverständnis und dem Gefühl der Ähnlichkeit und bekennt: »Ich kann offen mit ihr sprechen.« Als Katherine Mansfield in einer Rezension Virginia Woolfs Roman *Night and Day* (Nacht und Tag) konventionell nennt, empfindet diese die Kritik als hart, aber gerechtfertigt. In ihrem nächsten Buch *Jacob's Room* (Jakobs Zimmer) verzichtet sie auf eine chronologische Handlung und reiht impressionistische Szenen aneinander. Virginia schätzt den anregenden Austausch mit der Kollegin, den sie als »geistiges Echo« bezeichnet und betont, dass sie »mit niemand sonst derart schwerelos über das Schreiben sprechen« könne. Gleichzeitig sieht Virginia in ihr auch eine Rivalin, auf deren Schreiben sie eifersüchtig ist. Katherine bewundert Virginias scharfen Verstand und die Schönheit ihrer Prosa, die ihr jedoch zu reflektierend und distanziert bleibt.

Ihr geht es darum, Gedanken und Gefühle der Personen unmittelbar und echt darzustellen. Der Anfang ihrer Kurzgeschichte *Bliss* (Glückseligkeit), die ihrem zweiten, 1920 publizierten Buch den Titel gibt, macht das deutlich: »Obwohl Bertha Young dreißig war, kannte sie noch Momente wie diesen, wo sie Lust hatte zu rennen, statt zu gehen, an der Bordsteinkante auf und ab zu hüpfen, einen Reifen vor sich herzutreiben, etwas in die Luft zu werfen und wieder aufzufangen oder einfach stillzustehen und zu lachen – über nichts – einfach so über nichts. Was soll man tun, wenn man dreißig ist, in der eigenen Straße um die Ecke biegt und plötzlich überwältigt ist von Glückseligkeit – reiner Glückseligkeit –, als habe man plötzlich ein gleißendes Stück dieser Nachmittagssonne verschluckt, und es brenne im Busen und jage einem Funkenschauer durch alle Glieder, in jeden Finger und Zeh?« Diese Unmittelbarkeit erreicht Katherine Mansfield, indem sie ganz nah an die Dinge herangeht und sie so auch für den Leser sinnlich erfahrbar macht. In einem Brief erklärt sie einer Freundin: »Wenn ich über Enten schreibe, dann schwöre ich, daß ich eine weiße Ente mit einem runden Auge bin und auf einem mit gelben runden Tupfern eingefaßten Teich gleite und gelegentlich auf die andere Ente mit dem runden Auge zuschieße, die neben mir auf dem Kopf schwimmt. Ja, dieser Prozeß der Entenwerdung [...] ist so erregend, daß ich kaum atmen kann, wenn ich nur daran denke.«

Katherine Mansfields Gesundheitszustand ist seit ihrer Infektion 1910 angegriffen. Ende 1917 befürchtet sie, an Lungentuberkulose erkrankt zu sein, und hat Angst vor einem frühen Tod. »Dann bleibt mein Werk ungeschrieben«, notiert sie im Tagebuch. »Wie unerträglich wäre es, zu sterben – und nur ›Bruchstücke‹, ›Fetzen‹ zu hinterlassen... nichts wirklich Fertiges.« Ihre Angst ist berechtigt. Die Ärzte raten ihr, keinen Winter mehr in England zu verbringen, sondern in den Süden zu reisen und sich in einem Sanatorium behandeln zu lassen. Doch das lehnt sie ab, da sie nicht unter Kranken leben will. Katherine fährt nach Südfrankreich, ignoriert die Tuberkulose so lange wie möglich und versäumt die geringen Heilungschancen, die es auch damals schon gibt. Murry arbeitet in London und besucht sie hin und wieder. Unter den langen Zeiten der Trennung von ihm scheint sie mehr zu leiden als unter ihrer Krankheit: »[...] wieder keine Zeile von Dir. Ich *flehe* Dich ganz ernsthaft an zu kabeln, wenn etwas nicht in Ordnung ist. Du weißt, wie diese Anspannung ist. Sie ist ganz schrecklich. Ich kann erst wieder schreiben, wenn ich etwas höre, denn ich bin zu unruhig.«*

Murry, dessen Antworten bis auf wenige Ausnahmen unveröffentlicht sind, schreibt nicht regelmäßig. Diese Unzuverlässigkeit zermürbt Katherine und behindert ihre Kreativität. Ihre Briefe an ihn zählen zu den bewegendsten Zeugnissen einer Leidenschaft und spiegeln eindrucksvoll das Auf und Ab dieser Liebe, die sie selbst einmal »zutiefst intensiv, aber anstrengend« nennt.

Nach ihrer Rückkehr aus Frankreich wird endlich die Scheidung von ihrem ersten Mann vollzogen, die sich immer wieder verzögert hatte. Einen Tag später, am 3. Mai 1918, heiratet sie John Middleton Murry. Doch die lange ersehnte Hochzeit erfüllt Katherines Erwartungen nicht. Enttäuscht bezeichnet sie diesen Tag in einem Brief

* vgl. *Briefe*

als Teil ihres Albtraums: »Kein einziges Mal hast Du mich im Arm gehalten und mich Deine Frau genannt. Tatsächlich war die ganze Geschichte wie mein alberner Geburtstag. Ständig mußte ich Dich daran erinnern [...].«* Kurz danach fährt sie allein nach Cornwall, schildert ihm die herrliche Landschaft und wie sehr sie ihn vermisst. Resigniert fragt sie ihn, ob er wirklich nur glücklich sei ohne sie. Durch die Tuberkulose-Erkrankung seiner Frau fühlt sich Murry unter Druck gesetzt und beginnt, sich von ihr zurückzuziehen. Da sie jedoch nicht zu lange von ihm getrennt sein will, verbringt sie die Sommermonate meist in England. Allerdings zermürbt sie dann der Alltag und sie leidet unter seiner mangelnden Aufmerksamkeit und Sensibilität. Im Tagebuch hält sie ihre Enttäuschung fest und konstatiert, dass ihr Mann völlig ungeeignet sei, mit einer Frau zusammenzuleben. Sie nimmt sich vor, die Tatsachen so anzunehmen, wie sie sind, und bekennt: »Und die seltsame Wahrheit ist, daß ich nicht *will*, daß er sich ändert; ich will ihn bei mir haben, mich anpassen und arbeiten. Ein Leben ohne *Arbeit* – ich würde mich umbringen. Deshalb ist die Arbeit wichtiger als das Leben.«

Katherines unerschütterliche Bindung an ihren Mann überrascht. In ihrem Tagebuch bedauert sie, dass er nicht »warm, feurig, lebhaft, sorglos« sei. Sie wundert sich darüber, dass sie ihren »typisch englischen Mann« trotz aller Unterschiede zwischen ihnen so liebt. Offensichtlich können die beiden weder miteinander leben noch sich trennen. Hin- und hergerissen zwischen Einsamkeit und Gemeinsamkeit träumt Katherine ihr Leben lang von einem Haus mit Garten und Kindern. Sobald ein wenig Geld übrig ist, mieten sie und Murry kleine Cottages auf dem Land, die sie jedoch wegen Ungeziefer, feuchten Wänden oder Geldmangel meist bald wieder verlassen müssen. Schließlich erklärt sie ihm in einem Brief, dass sie beide frei sein müssen, um zu schreiben und dieses Ziel wichtiger sei als ihr gemeinsames Leben.

In den nächsten Jahren reist Katherine Mansfield – oft begleitet von ihrer treuen Freundin Ida Baker – durch Europa, immer auf der Suche nach Heilung und preiswerten Unterkünften. Vor allem im Winter verlässt sie das ungünstige englische Klima und lebt in Italien, Frankreich und der Schweiz. Neben Murry ist die Freundin der wichtigste Mensch in ihrem Leben. Manchmal bezeichnet sie Murry als ihren Mann und Ida als ihre Frau, wobei die Beziehung der beiden

---

* vgl. *Briefe*

Freundinnen keine erotische Komponente hat. Bei ihr findet die Lungenkranke die Fürsorge und Zuverlässigkeit, die sie bei ihrem Mann vermisst. Trotzdem kommt es auch zwischen den beiden Frauen zu Spannungen. Denn Katherine erlebt die bei Schwindsüchtigen typischen Stimmungsschwankungen zwischen Euphorie und Verzweiflung besonders intensiv und hat fast ständig Schmerzen. Zeitweise empfindet sie für ihre Freundin, die sie umsorgt, aber auch einengt, eine Art Hassliebe. Ida Baker, die Katherine um mehr als ein halbes Jahrhundert überlebt, veröffentlicht als über Achtzigjährige ihre Erinnerungen. Darin äußert sie Verständnis für die Freundin, der ihre »aufdringliche Fürsorge auf die Nerven« ging, weil sie frei und ungebunden sein wollte. Später entspannt sich das Verhältnis der beiden Frauen wieder und Katherine erkennt, dass sie auf Idas Hilfe angewiesen ist. Denn ihr Mann erweist sich als wenig belastbar und ist weder ihren emotionalen noch physischen Bedürfnissen gewachsen. Stattdessen beklagt Murry sich oft, wie schrecklich dieses Leben für ihn sei und wie sehr er leide, und betont, diesen Zustand nicht länger aushalten zu können. Ida Baker ärgert sich über seine Rücksichtslosigkeit in Bezug auf Katherines Bequemlichkeit und Wohlergehen. Doch Murry ist viel zu sehr damit beschäftigt, sich selbst zu bedauern, als dass er seiner Frau eine Stütze sein kann. Je weiter ihre Krankheit voranschreitet, desto hilfloser und distanzierter reagiert er. Aus Angst vor Ansteckung hält er sich in ihrer Nähe ein Taschentuch vor den Mund. Katherine hustet viel, bei jedem Atemzug ist ein »ziehendes, brodelndes Geräusch« zu hören und sie hat das Gefühl, der Brustkasten würde zusammenbrechen. Seit der Diagnose der Lungentuberkulose hat sich ihr Zustand weiter verschlechtert. Im Tagebuch hält sie Ende 1919 die Veränderung ihrer Stimmung fest und resümiert, dass sie sich während der letzten zwei Jahre aus einer wachsenden Todesfurcht so sehr an ihren Mann geklammert habe. Nun stellt sie jedoch fest, dass die Angst vor dem Tod vorbei sei und sie sich keine Sorgen mehr mache. Sie wolle ihre Bücher schreiben und noch eine Zeitlang mit ihrem Mann glücklich sein. »O, ich möchte noch eine Menge Dinge tun, wirklich. Aber es macht mir nichts aus, wenn ich sie nicht tun kann.«*

Im Herbst 1920 fährt Katherine mit Ida wieder nach Südfrankreich. In Menton fühlt sie sich in der Villa »Isola Bella« zum ersten Mal zu Hause und genießt den Ausblick in den Himmel und den

* vgl. Baker

141

Garten. Nachts steht sie auf der Terrasse und beobachtet die Sterne, morgens läuft sie zu den Blumen, um zu schauen, wie viele Knospen aufgegangen sind. In dieser Umgebung gelingt es ihr, konzentriert zu arbeiten. Es ist eine produktive Zeit. Sie schreibt eine Geschichte nach der anderen, die sofort veröffentlicht werden. Ihr impressionistischer Erzählstil ist damals etwas völlig Neues. Sie verzichtet auf den klassischen Erzähler und reiht Momentaufnahmen aneinander, in denen blitzlichtartig Gedanken und Gefühle der Personen sichtbar werden. Dadurch gelingt es ihr, Kleinigkeiten und Nuancen aus dem Alltag herauszuheben und ihnen eine Bedeutung zu geben, der man sich normalerweise nicht bewusst wird. Dabei ist kein Detail zufällig.

In der Erzählung über Miss Brill wird eine Pelzboa zum Symbol für die Einsamkeit einer Frau. Katherine Mansfield arbeitet mit äußerster Sorgfalt an ihren Texten. Dem Bruder ihres Mannes, Richard Murry, erläutert sie in einem Brief ihre Arbeitsweise: »In Miss Brill legte ich nicht nur die Länge jedes Satzes fest, sondern sogar den Klang jedes Satzes – ich legte fest, wie jeder Absatz anstieg und abfiel, damit er zu ihr paßte – zu ihr paßte an jenem Tag genau in jenem Augenblick. Nachdem ich es geschrieben hatte, las ich es laut – mehrere Male – so wie man eine Musikkomposition noch einmal spielen würde [...] Ich frage mich oft, ob andere Autoren es ebenso machen. Wenn ein Stück gelingt, dann scheint es mir, als dürfte kein einziges Wort an der falschen Stelle stehen und kein Wort da sein, das man herausnehmen dürfte.«

Die Schriftstellerin transportiert die Stimmungslage einer Person nicht nur über die Wortwahl, sondern auch über den Sprachfluss und Rhythmus, Klang und Tempo. Sie ruht nicht eher, bis sie das Wort gefunden hat, das genau ihrer Vorstellung entspricht. Wenn sie eine Erzählung beendet hat, geht sie sofort zur nächsten über. Typisch sind die unvermittelten Anfänge und offenen Schlüsse in ihren Texten. In einer bewusst gewählten Situation setzt die Handlung ein und zeigt einen Ausschnitt Leben, den die Protagonisten oft als Wendepunkt erleben. Dabei wird die Psychologie der Gestalten nicht erklärt, sondern nur durch Gesten, Gespräche und Reaktionen vermittelt. Mit großem Einfühlungsvermögen schildert sie Hoffnungen und Enttäuschungen und zeigt so die Brüchigkeit des menschlichen Lebens.

Um Geld zu verdienen, verfasst Katherine Mansfield – unter verschiedenen Pseudonymen – zwei bis drei Rezensionen pro Woche für die Zeitschrift ihres Mannes. Diese Kritiken kosten sie Zeit und Kraft, die sie für ihre eigenen Geschichten braucht. Ende 1920 erklärt sie ihm, dass sie diese Tätigkeit schon vor mehreren Monaten aufgeben wollte, doch es wegen der Geldknappheit nicht wagte. In der unpersönlichen dritten Person teilt sie ihm mit: »Mit dem allergrößten Widerwillen schreibe ich Dir, um Dir zu sagen, daß Katherine Mansfield nicht mehr kann. [...] So weiterzumachen ist eine Frage, ihr Leben zu verkürzen. Und das kann sie nicht tun.«[*]

Kurz darauf erfährt sie, dass Murry eine Affäre mit einer anderen Frau hatte und ist mehr über die Heimlichkeit der Sache verletzt als über den Seitensprung. Die emotionale Abhängigkeit von ihrem Mann hat nachgelassen. Sie versichert ihm, er solle sich frei fühlen, denn sein Privatleben betreffe sie nicht: »Ich habe von Dir, was ich brauche – ein Verhältnis, das einzigartig, aber nicht das ist, was die Welt unter einer Ehe versteht.« Sie betont, in keiner Weise von ihm abhängig zu sein: »Zuallererst bin ich Schriftstellerin. [...] Du bist mir lieber als jeder auf der Welt – aber mehr als alles andere – sogar mehr als reden oder lachen oder glücklich sein – will ich schreiben.«[*] In einem Brief an Ida Baker erwähnt sie sogar, dass sie hoffe, ihr Mann würde sie verlassen, damit sie endlich allein sein könne. Gerade in dieser Zeit ist Ida Baker ihr eine zuverlässige Lebensgefährtin und die Einzige, auf die sich Katherine wirklich verlassen kann. Für sie ist Freundschaft »ebenso heilig und ewig wie die Ehe«.

1921 reisen die beiden Freundinnen in die Schweizer Berge, da die Ärzte Katherine Höhenluft empfohlen haben. Während Ida sich um die alltäglichen Dinge kümmert, versucht Katherine zu arbeiten. In diesen Monaten in der Schweiz erlebt sie eine Phase großer Kreativität, in der ihre besten Neuseeland-Geschichten entstehen: *The Garden-Party* (Das Gartenfest), *The Doll's House* (Das Puppenhaus) und *At the Bay* (An der Bucht). In dieser Erzählung, einer Fortsetzung von *Prélude*, lässt sie mit erstaunlicher Präzision Menschen und Momente ihrer Kindheit wieder lebendig werden. Beim Schreiben scheint Katherine ihre Krankheit vergessen zu können, denn in diesen Geschichten ist von ihren Beschwerden und Ängsten nichts zu spüren. In *An der Bucht* schildert sie ein unbeschwertes Familienleben, in dem nur beiläufig über den Tod gesprochen wird: »Muß jeder sterben?«, fragte Kezia. »Jeder!« »Ich auch?« Kezia klang ängstlich ungläubig. »Eines Tages, mein Liebling.« »Aber, Großmama«, Kezia

[*] vgl. *Briefe*

bewegte das linke Bein und wackelte mit den Zehen. Sie waren voller Sand. »Was ist, wenn ich nun einfach nicht will?« Wieder seufzte die alte Frau und zog einen langen Faden vom Knäuel ab. »Wir werden nicht gefragt, Kezia«, sagte sie traurig. »Früher oder später kommen wir alle dran.« Kezia lag still da und dachte darüber nach. Sie wollte nicht sterben. Das hieße ja, sie müßte von hier fortgehen, von allem fortgehen, für immer, von – von ihrer Großmama fortgehen. Sie drehte sich rasch um. »Großmama«, sagte sie ganz bestürzt. »Was ist, mein Kleines?« »*Du* sollst nicht sterben.« Kezia war fest entschlossen. »Ach, Kezia«, die Großmama sah auf, lächelte und schüttelte den Kopf, »reden wir nicht davon.«

Die leichte Melancholie, die in dieser Szene mitschwingt, löst sich am Ende der Unterhaltung im spielerischen Lachen von Kezia und der Großmutter auf.

Erst in Mansfields beiden letzten Erzählungen, die sie wenige Monate vor ihrem Tod schreibt, stehen Vergänglichkeit und Sterben im Mittelpunkt. Die Geschichte *The Fly* (Die Fliege) handelt von einem Vater, der seinen Sohn im Krieg verloren hat, und einer Fliege, die sich verzweifelt und vergeblich gegen das Ertrinken in einem Tintenfass wehrt. In dieser Geschichte verarbeitet die Autorin nicht nur den Tod ihres Bruders, sondern viele Verluste, denn keiner ihrer Freunde ist aus dem Ersten Weltkrieg zurückgekehrt. In ihrer letzten vollendeten Erzählung *The Canary* (Der Kanarienvogel) – entstanden im Juli 1922 in der Schweiz – trauert eine Frau um ihren Kanarienvogel. »Vielleicht kommt es nicht so sehr darauf an, was man in dieser Welt liebt. Aber etwas muß man lieben.« Sie weiß, dass sie den Verlust verkraften wird, weil man über alles im Leben irgendwann hinwegkommen muss. Katherine Mansfield gelingt es, noch eine Schicht tiefer zu gehen. Wenn sie ihre Protagonistin darüber nachdenken lässt, dass das Leben etwas Trauriges habe, erreicht sie eine Ebene, die einen beim Lesen innehalten lässt: »Schwer zu sagen, was es ist. Ich meine nicht das Leiden, das man so kennt, Krankheiten, Armut, den Tod. Nein, es ist etwas anderes. Es ist hier drinnen, tief in uns, tief in uns drinnen, es ist ein Teil von uns, wie unser Atem. Ich kann arbeiten und mich abrackern, soviel ich will, ich weiß, sobald ich innehalte, wartet es schon auf mich. Ich frage mich oft, ob andere Menschen ebenso fühlen.«

Seit ihrem ersten Aufenthalt in London – mit fünfzehn Jahren – führt Katherine Mansfield Tagebuch und vertraut ihm nicht nur ihre Ängste, Zweifel und Hoffnungen an, sondern notiert darin auch Entwürfe und Szenen für ihre Geschichten. Im Gegensatz zu ihrer Prosa, in der Gefühle nur zwischen den Zeilen mitschwingen, zeigt sie im Tagebuch auch ihre Verletzlichkeit. Ihre Krankheit dagegen erwähnt sie auf diesen Seiten relativ selten. Als sie einmal starke Ischiasschmerzen hat, ermahnt sie sich, auch diese Erfahrung für ihre kreative Arbeit zu nutzen: »Zeichne es auf, falls es je weggeht. Diese Schmerzen. Vergiß nicht, sie einmal jemandem in einer Geschichte zu geben.«[*]

Erst als die Tuberkulose weiter fortschreitet, tauchen Reflexionen über ihre Krankheit häufiger auf. Katherines Tagebücher spiegeln die Ambivalenz zwischen der Erkenntnis des nahen Todes und der Hoffnung auf Heilung. Doch es ist nicht nur die Tuberkulose, die an ihr zehrt. Sie fühlt sich von ihrer Familie unverstanden. Über ihre Cousinen erfährt sie, dass ihr Vater – der sie mit dreihundert Pfund im Jahr unterstützt – erwartet, dass sie ihm häufiger schreibt und der Ansicht ist, es sei die Aufgabe ihres Mannes, für sie zu sorgen. Katherine ist enttäuscht und zögert lange, ehe sie sich direkt an den Vater wendet. Im November 1921, kurz nach ihrem dreiunddreißigsten Geburtstag, schickt sie ihm einen Brief, in dem deutlich wird, wie sehr sie an ihm hängt. Sie erklärt, der Grund für ihr Schweigen sei ihre Krankheit und das Warten auf Besserung gewesen. Dann spricht sie das zentrale Thema, den finanziellen Aspekt an: »Natürlich weiß ich Deine hohe Großzügigkeit, in dem Du mir so viel Geld zuwendest, zu würdigen. Und ich weiß, das machst Du nur, weil ich so krank bin, wie ich nun bin. Doch ist es sehr unwahrscheinlich, daß ich lange leben werde, und Schwindsucht ist eine schrecklich teure Krankheit. Ich glaubte, es würde Dich nicht stören, Dich in diesem Ausmaß um mich zu kümmern. Und das Gefühl, daß es Dich doch stört – traf mich wie ein Schlag – ich kam nicht darüber hinweg. Mir ist, als gehörte ich eigentlich nicht zu Dir.«

Katherine hat das Pech, dass sowohl ihr Vater, der als Direktor der Bank von Neuseeland zu den reichsten Männern des Landes gehört, als auch ihr Mann, der inzwischen als Herausgeber und Kritiker gut verdient, sparsam und kleinlich sind. Es erstaunt deshalb nicht, dass Männer in vielen ihrer Geschichten als emotional schwach, unsensibel, grausam und egoistisch geschildert werden. Zu ihrem Vater hat sie seit der Kindheit ein ambivalentes Verhältnis, da er einerseits zuverlässig, stark und reich, aber auch derb und geizig ist. Der Brief

[*] vgl. Tomalin

endet mit der Einsicht: »Es gibt keinen Grund, lieber Vater, daß Du mich weiterhin durch dick und dünn liebst. Das sehe ich ein. Und ich war immer ein außergewöhnlich unbefriedigendes und enttäuschendes Kind.« Doch sie schließt mit der Bitte, er möge sich nicht von ihr abwenden und unterzeichnet mit den Worten: »[…] ich bin Dein ergebenes tief bekümmertes Kind Kass.«

Auf dem Kopf dieses Briefes befindet sich ein Vermerk von Harold Beauchamp, in dem er sich rechtfertigt und versichert, niemals irgendeinem seiner Kinder die finanzielle Unterstützung ungern gegeben zu haben. Ob diese Notiz nur für ihn selbst oder auch für die Nachwelt gedacht war, ist nicht bekannt. Doch hätte er seiner Tochter leicht die zermürbenden Geldsorgen abnehmen und ihr eine bessere Pflege ermöglichen können, die ihre Krankheit wohl nicht geheilt, aber vielleicht gelindert hätte.

1922 erscheint unter dem Titel *The Garden-Party* (Das Gartenfest) Katherine Mansfields dritter Band mit Kurzgeschichten. In der Titel-Erzählung beschreibt sie die Vorbereitungen für das Gartenfest einer reichen neuseeländischen Familie. Als die junge Laura vom tödlichen Unfall eines armen Arbeiters aus der Nachbarschaft erfährt, meint sie, das Fest müsse abgesagt werden. Doch die Familie ist nicht irritiert und feiert. Nur bei ihrem Bruder findet Laura Verständnis. Auch hier streift der Tod die Idylle nur kurz und das Leben geht wie gewohnt weiter. Das Buch bekommt sehr gute Kritiken, erlebt in kurzer Zeit drei Auflagen und bringt der Autorin viel Lob und Anerkennung.

Aber ihre schöpferische Kraft lässt nach und sie sucht nun entschlossener nach Heilungsmöglichkeiten. Sie reist zu einem russischen Arzt nach Paris, der Tuberkulose mit einer neuen Methode behandelt, bei der die Milz Röntgenstrahlen ausgesetzt wird. Im Tagebuch notiert sie im Januar 1922: »Ordnete alle meine Papiere. Zerriß und vernichtete schonungslos vieles. Das ist immer eine große Befriedigung. Jedesmal, wenn ich mich auf eine Reise vorbereite, ist es so, als ob ich mich auf den Tod vorbereiten würde. Wenn ich nie mehr zurückkommen sollte, ist alles in Ordnung. Das hat mich das Leben gelehrt.«

Die neue Therapie bringt jedoch nur vorübergehend Besserung. Im Juni kehrt Katherine mit ihrem Mann, der sie abgeholt hat, erschöpft in die Schweiz zurück. Wieder ist er nicht in der Lage, sich richtig um sie zu kümmern. Sie bittet Ida Baker um Hilfe, die sofort kommt. Das Ehepaar trennt sich nun endgültig, da das Zusammenleben – wie Murry es ausdrückt – »auf beide eine niederdrückende Wirkung hatte«. Im Tagebuch fragt sich Katherine später: »Was bleibt von all den gemeinsam verlebten Jahren? Es ist schwer zu sagen. Wenn sie so wichtig waren, wie kommt es dann, daß nichts davon übrigbleibt?«

Die beiden haben sich auch in ihren Ansichten entfremdet. Katherine beschäftigt sich mit östlicher Weisheit und sucht nach einem inneren Weg, ihre Krankheit zu überwinden. In dieser Situation hört sie von dem griechisch-armenischen Heiler George Ivanovich Gurdjieff, der den Körper durch die Seele heilen will. Sie verlässt die Schweiz und reist im Sommer 1922 nach London, wo sie sich mit ihrem Vater und Freunden trifft und bei einer Bank ihr Testament hinterlegt. Danach fährt sie wieder nach Frankreich. In der Nähe von Paris – in Fontainebleau – hat Gurdjieff sein Institut für die harmonische Entwicklung des Menschen eröffnet. Katherine Mansfield ist überzeugt, nur dort Hilfe zu bekommen. An ihrem vierunddreißigsten Geburtstag, am 14. Oktober 1922, überdenkt sie ihre Situation und erkennt, dass sie unheilbar krank ist. Da sie das Gefühl hat, »am Ende ihrer Quelle zu sein« und keine Kraft und Inspiration mehr zu haben, hört sie mit dem Schreiben auf. Sie will erst ihre innere Einstellung verändern, um dann neu und anders zu beginnen. In Gurdjieffs Institut hofft sie, ihr Gleichgewicht wieder zu finden. Durch harte körperliche Arbeit und Meditation will dieser den Geist reinigen und danach die physischen Erkrankungen heilen. Seine Methode ist umstritten, viele – auch Murry – halten ihn für einen Scharlatan. Doch Katherine sieht in ihm ihre letzte Chance und ist beeindruckt von seinem Ansatz.

Im Oktober 1922 trifft sie in Gurdjieffs Sanatorium ein und fühlt sich wohl, obwohl sie anstrengende Arbeiten und Abhärtungen mitmachen muss. Zu den Menschen dort spürt sie eine enge Verbindung und Nähe und erlebt ein bisher nie erfahrenes Verständnis und Mitgefühl. Sie beginnt, russisch zu lernen. Eine in Ida Schöfflings Mansfield-Biografie abgedruckte Liste von wichtigen Worten und Sätzen zeigt, wie schwer der Alltag für Katherine Mansfield gewesen sein muss: »Mir ist kalt. – Bringen Sie Papier, um Feuer anzuzünden. – Kein Feuer mehr. – Wieviel Uhr ist es?«

In Fontainebleau findet Katherine eine innere Zufriedenheit, die sie seit Jahren nicht mehr erlebt hat. Sie beschließt, bis zum Frühjahr allein dort zu bleiben und weder Ida noch ihren Mann zu sehen. Anfang 1923 ändert sie ihre Meinung und bittet Murry zu kommen. Seinem Bericht zufolge scheint Katherine ihrem angestrebten Ziel der geistigen Erneuerung sehr nah gekommen zu sein, doch ihren Körper kann sie nicht heilen. Im Beisein ihres Mannes erleidet sie am Abend des 9. Januar 1923 einen krampfartigen Hustenanfall und einen Blutsturz. Innerhalb weniger Minuten stirbt sie und wird vier Tage später auf dem Friedhof in Avon beigesetzt. Auf den Grabstein lässt ihr Mann – anstelle einer Berufsbezeichnung – unter ihrem Namen den Zusatz »Wife of John Middleton Murry« meißeln.

In ihrem Testament hat sie ihren Mann als Erben eingesetzt: »Alle meine Manuskripte überlasse ich gänzlich Dir, Du kannst damit machen, was Du willst. Sieh sie eines Tages durch, mein Lieber, und vernichte alles, was Du nicht verwendest. Bitte vernichte alle Briefe, die Du nicht behalten möchtest, und alle Papiere. Du weißt, wie sehr ich Sauberkeit liebe. Mach reinen Tisch, [...] und hinterlasse alles ordentlich – tust Du das? Die Bücher gehören natürlich Dir... Gelder gehören natürlich alle Dir. Überhaupt, mein Lieber, hinterlasse ich alles Dir – dem geheimen Du, dessen Lippen ich heute morgen geküßt habe. Trotz allem, wie glücklich waren wir!«

John Middleton Murry ignoriert den Wunsch seiner Frau. Nach ihrem Tod veröffentlicht er in rascher Folge ihre unvollendeten Erzählungen, ihre Tagebücher und ihre Briefe. Durch sinnentstellende Kürzungen schafft er das Image einer einfachen Frau, die geduldig ihr Leid erträgt. Erst die Publikation ihrer ungekürzten autobiografischen Aufzeichnungen und einiger aufschlussreicher Biografien über die Schriftstellerin hat gezeigt, dass sie nicht nur eine sensible und ehrgeizige Künstlerin, sondern auch eine starke, mutige Persönlichkeit war. Katherine Mansfield hinterließ achtundachtzig Erzählungen, die bis heute nichts von ihrer Originalität und Frische eingebüßt haben und ihren Ruhm als Wegbereiterin der modernen Kurzgeschichte begründeten. Zu ihrem hundertsten Geburtstag, 1988, wurde ihr Geburtshaus in Wellington als Museum eröffnet.

Im Jahr vor ihrem Tod bekannte sie in einem Brief:

»[...] um als Schriftstellerin zu leben, kann man sich nur auf das einem wirklich vertraute Leben stützen. [...] Unser geheimes Leben, das Leben, zu dem wir immer wieder zurückkehren, das ›Erinnerst du dich‹-Leben ist stets die Vergangenheit. Und das Merkwürdige ist, wenn wir beschreiben, was uns so ungeheuer persönlich erscheint, dann finden andere Gefallen daran und verstehen es, als wäre es ihr eigenes.«

Edith Södergran
(1892–1923)

» Ich bin nichts als ein maßloser Wille «

Ich bin ein sehr reifer Mensch,
doch kennt mich niemand.
Meine Freunde machen sich von mir ein falsches Bild.
Ich bin nicht zahm.
[…]

Diese Zeilen aus dem Gedicht *Beschluß* verdeutlichen das poetische Selbstbewusstsein der Finnlandschwedin Edith Södergran. Schon mit ihrem ersten Gedichtband, der 1916 erschien, erregte sie Aufsehen, da sie sowohl inhaltlich als auch formal neue Wege ging. Sie brach mit der Tradition und verzichtete auf feste Rhythmen und Reime, die bis dahin die nordische Dichtung bestimmten. In einer ausdrucksstarken, frei assoziierenden Bildersprache schilderte sie eine eigene Phantasie- und Gefühlswelt. Ihre Themen sind Liebe, Krankheit, Tod und das Aufbegehren gegen die einengenden Normen der bürgerlichen Gesellschaft. Die literarische Öffentlichkeit in Skandinavien begegnete den Versen der Vierundzwanzigjährigen mit Verständnislosigkeit und Ablehnung. Seit ihrem sechzehnten Lebensjahr litt Edith Södergran an Lungentuberkulose. In ihren Gedichten versuchte sie, ihre schwierige Lebenssituation zwischen Krankheit, Armut und Einsamkeit zu kompensieren. In fünf Jahren veröffentlichte sie vier Gedichtbände – ein schmales Werk, das die skandinavische Lyrik revolutionierte. Schon bald nach ihrem frühen Tod im Alter von einunddreißig Jahren wurde der große Einfluss deutlich, den die Lyrikerin auf zeitgenössische und nachfolgende finnische und schwedische Dichter hatte. Heute gilt sie in Skandinavien als Wegbereiterin der modernen Lyrik.

Edith Irene Södergran wird am 4. April 1892 als einzige Tochter finnlandschwedischer Einwanderer in St. Petersburg geboren. Der Vater, Matts Södergran, arbeitet in Russland zunächst als Mechaniker, später als Ingenieur. In zweiter Ehe hat er 1890 Helena Holmroos, die Tochter eines wohlhabenden Fabrikanten, geheiratet. Kurz nach Ediths Geburt bezieht die Familie eine Villa am Onkamo-See in Raivola im damals russischen Großfürstentum Finnland. Der Grenzort auf der Karelischen Landenge zwischen Finnland und Russland gilt als »Riviera der Zarenzeit«, wo die finnische und russische Oberschicht ihre Sommerurlaube verbringt. Edith erlebt eine sorglose Kindheit und wächst in einem großen Haus und einem weitläufigen Garten mit vielen Tieren, Bäumen und Blumen auf. Die Mutter, die in St. Petersburg eine deutsche Schule besucht hat, legt viel Wert auf Bildung und liest der Tochter deutsche Märchen vor. 1902 kehrt die Familie nach St. Petersburg zurück, damit die Zehnjährige auf die traditionsreiche – 1709 gegründete – deutsche Eliteschule St. Petri gehen kann. Dort besucht sie die höhere Töchterschule, denn in das Gymnasium, das einen separaten Eingang hat, werden nur Jungen aufgenommen. Der Unterricht der Schülerinnen und Schüler, die verschiedenen Nationalitäten angehören, findet auf Deutsch statt, das Edith noch kurz vor ihrem Tod als »ihre beste Sprache« bezeichnet. Ihre Muttersprache Finnlandschwedisch wird sie nie fehlerfrei beherrschen. So schreibt sie auch ihre ersten Gedichte in ihrer Umgangssprache Deutsch. Sie ist eine der begabtesten Schülerinnen der Klasse, nur Handarbeiten liegen ihr nicht.

1904 erkrankt der Vater an einer Grippe, die sich, da sie nicht gleich behandelt wird, zu Lungentuberkulose entwickelt. Edith besucht ihn im Sanatorium in Nummela, einem Kurort in der Nähe von Helsinki und empfindet dort Entsetzen über das langsame Sterben. Als der geliebte Vater im Oktober 1907 seiner Krankheit erliegt, ist das die erste Katastrophe im Leben der Fünfzehnjährigen. In dieser Zeit notiert sie in einem schwarzen Heft – außer einigen französischen, russischen und schwedischen Versen – über zweihundert deutsche Gedichte. Neben schwärmerischen Liebesgedichten an den verehrten Französisch-Lehrer stehen Texte, deren Themen zu Beginn des 20. Jahrhunderts bei einem jungen Mädchen überraschen. Sie kritisiert das grausame Regime des russischen Zaren Nikolaus II. und schreibt über die Menstruation, in der sie eine Metapher für den Sonnenuntergang sieht. Fast alle frühen Gedichte sind in Strophen-

und Reimform verfasst und lassen Edith Södergrans intensive Lektüre von Heinrich Heines *Buch der Lieder* spüren. Interessant ist, dass das letzte deutsche Gedicht – geschrieben im September 1908 – in Reimform beginnt, jedoch in freien Versen endet:

Ich weiss nicht, wem meine Lieder bringen,
Ich weiss nicht, in wessen Sprache schreiben,
Ich weiss nicht, zu wessen Herzen dringen,
Vor wessen Augen stehen bleiben.

Ich hab für mich selbst gesungen
Und bin schon müde geworden,
[…]
Ich aber verfluche die Einsamkeit
Und suche in der weiten Welt
Nach einem Herzen
Und schau in der Menschen Augen
Und suche eine menschliche Seele
Die mich verstehen könnte
Jedoch ihre Augen sind mir so fremd,
Sie schauen auf andere Dinge.

Im Herbst 1908 erkrankt sie an einer Lungenentzündung, wenig später an Lungentuberkulose und muss die Schule kurz vor der Abschlussprüfung verlassen. Die nächsten Jahre verbringt sie – begleitet von der Mutter – in verschiedenen Sanatorien. Zunächst fährt sie in die Klinik in Nummela, in der ihr Vater starb, doch deprimiert sie dieser Ort besonders und verursacht ihr »einen gräßlichen abergläubischen Schrecken«. Erst als sie sich von 1911 bis 1914 in den Schweizer Kurorten Arosa und Davos aufhält, bekommt sie wieder Lebensmut. In Davos trifft sie den Psychologen und Chefarzt des Sanatoriums, Dr. Ludwig von Muralt, dessen Behandlung zu einer vorübergehenden Besserung ihres Gesundheitszustandes führt. Die Begegnung mit ihm beeinflusst ihre geistige Entwicklung entscheidend. In der Schweiz beginnt sie, sich für Fotografie zu interessieren und mit einer Rollfilmkamera Landschafts-, Natur- und Tieraufnahmen zu machen. Sie fotografiert nicht nur den von ihr geschätzten Arzt, sondern auch sich selbst im Krankenbett. Nach ihrer Rückkehr nach Raivola im Frühjahr 1914 nimmt sie Bilderserien vom Haus,

Garten und den zahlreichen Tieren der Familie auf. Ein Fotoalbum enthält ausschließlich Katzenbilder. So entstehen Hunderte von privaten Fotos, Selbstbildnisse und von der Mutter aufgenommene Porträts, die Edith mit Brille, verschiedenen Frisuren und Hüten und mit ihrer Lieblingskatze Totti zeigen.

Bereits 1908 hat sich Edith Södergran entschieden, nur noch auf Schwedisch zu schreiben. In der kosmopolitischen Atmosphäre der Schweizer Kurorte hat sie die neuesten literarischen Strömungen kennengelernt. Sie liest die wegweisende expressionistische Literaturzeitschrift *Der Sturm* und fühlt sich Else Lasker-Schüler nah, deren Gedichte sie begeistern. In ihren Texten, die zunächst noch vom deutschen Expressionismus und französischen Symbolismus beeinflusst sind, gelingt ihr bald ein eigener Ton. Ihre Verse, in denen schon die zentralen Motive ihrer Dichtung – Liebe und Tod – anklingen, haben eine kraftvolle Sprache.

Nach allen vier Winden

Kein Vogel verfliegt sich zu mir in mein verborgenes Nest,
keine schwarze Schwalbe, die Sehnsucht bringt,
keine weiße Möwe, die Sturm verkündet...
Im Schatten der Klippen hält meine Wildheit Wache,
bereit vor geringstem Rascheln, nahenden Schritten zu fliehen...
[...]
Ich habe eine Tür nach allen vier Winden.
Eine goldene Tür nach Osten – für die Liebe, die nie kommt,
eine Tür für den Tag, eine andere für die Melancholie,
ich habe eine Tür für den Tod – sie steht immer offen.

Die Gedichte, die sie für einen ersten Band zusammenstellt, zeichnen sich durch einen individuellen Stil und poetische Unabhängigkeit aus. Bei einem Besuch in Helsingfors 1915 zeigt sie dem finnlandschwedischen Schriftsteller Arvid Mörne ihr Manuskript, und dieser fasst sein Urteil in einem Satz zusammen: »Sieht das Fräulein nicht selbst, daß seine Gedichte famos sind?«

Im Jahr darauf schickt die Vierundzwanzigjährige ein Manuskript an den Schriftsteller Runar Schildt, der als Lektor im Verlag seines Cousins Holger Schildt arbeitet. Sie bittet um Diskretion und seinen Rat, da sie nicht beurteilen könne, ob ihr Versuch, als Lyrikerin zu debütieren, zu diesem Zeitpunkt sinnvoll sei. »Nicht Übereifer oder jugendliche Ungeduld sind es, die mich zu dieser Handlung treiben«, erklärt sie, sondern es sei ihr persönliches Ziel, Schriftstellerin zu werden. Der Lektor findet die Stimmung ihrer Verse außerordentlich stark und bewegend. Obwohl ihm einige Eigenheiten auffallen, beeindruckt ihn die »Wahrnehmung von etwas absolut Echtem, Durchlebtem und Durchlittenem«.*

In ihrer Phantasie kann Edith Södergran ihre Visionen ausleben und sich über die Begrenzungen, die ihr die Krankheit auferlegt, hinwegsetzen. Im Gedicht *Vierge Moderne* (Moderne Jungfrau) gelingen ihr kühne Bilder für den Eros:

Ich bin keine Frau. Ich bin ein Neutrum.
Ich bin ein Kind, ein Page und ein kühner Entschluß,
[…]
ich bin ein Sprung in die Freiheit und das Selbst …
Ich bin des Blutes Flüstern im Ohr des Mannes,
ich bin ein Fieber der Seele, Sehnsucht und Verweigern
    des Fleisches,
ich bin ein Eintrittsschild zu neuen Paradiesen.
Ich bin eine Flamme, suchend und furchtlos,
ich bin ein Wasser, tief aber dreist bis an die Knie,
ich bin Feuer und Wasser ehrlich vereint in freiem Entschluß …

Edith Södergrans erstes Buch erscheint im Herbst 1916, sie gibt ihm den schlichten Titel *Gedichte*. Selbstbewusst schreibt sie über ihre Träume, Ängste und Emotionen. Dieser neue Ton in der skandinavischen Dichtung irritiert Leser und Kritiker gleichermaßen.

[…] Kennst du den Schmerz? Er ist stark und groß,
    mit heimlich geballten Fäusten.
Kennst du den Schmerz? Er lächelt voller Hoffen
    mit verweinten Augen.
Der Schmerz gibt uns alles, was wir brauchen –
die Schlüssel zum Reich des Todes,
er drängt uns durch das Tor, während wir noch zögern. […]

* vgl. Rieger

Der Dichter und Kritiker Elmer Diktonius, der zur literarischen Avantgarde in Skandinavien gehört, ist einer der wenigen, der Edith Södergrans Bedeutung schon früh erkennt. Er fasst die Verstörung der Leser so zusammen: »Diese Gedichte verursachen in uns Angst. Sie beweisen nur, was in uns allen steckt, und was wir in uns unterdrücken. Erst wenn wir so frei sind zuzugeben, dass Edith Södergran im Grunde nur unsere Furcht und unsere Trauer, unsere Verwirrung vor diesem Leben beschreibt, werden wir sie und uns selbst entdecken.«* Die Verse der jungen Dichterin überraschen durch ihre gedankliche Tiefe und Reife:

Das Leben

Ich, mein eigener Gefangener, sage dies:
das Leben ist nicht der Frühling, gekleidet in hellgrünen Samt,
oder eine seltene Liebkosung,
das Leben ist nicht der Beschluß zu gehn
oder zwei weiße Arme, die uns binden.
Das Leben ist der enge Ring, der uns gefangenhält,
der unsichtbare Kreis, den wir nie übertreten,
das Leben ist das nahe Glück, das an uns vorübergeht
und tausend Schritte, vor denen wir zögern.
Das Leben ist sich selbst zu verachten
und unbeweglich im Dunkel eines Brunnens zu liegen
wissend, oben scheint die Sonne
[…]
Leben ist kurzes Abschiedwinken und nach Hause gehen
    und schlafen…
Das Leben ist sich selbst ein Fremder sein
und eine neue Maske für jeden anderen der kommt.
Das Leben ist achtlos dem Glück begegnen
und wegzustoßen den einzigen Augenblick,
das Leben ist sich für schwach zu halten und nichts zu wagen.

Im Jahr nach dem Erscheinen ihres ersten Gedichtbandes, 1917, reist Edith Södergran nach Helsinki, um literarische Kontakte zu knüpfen und zu vertiefen. Dabei trifft sie auch ihren Lektor Runar Schildt und

* vgl. *Feindliche Sterne*

lernt die etwa gleichaltrigen Autoren Jarl Hemmer und Erik Grotenfelt kennen, die sich später für sie einsetzen.

Kurz danach erlebt sie einschneidende Ereignisse, die ihre Lebensumstände deutlich verändern. Durch die russische Oktoberrevolution, die das Zarentum beendet und die Unabhängigkeit Finnlands ermöglicht, verliert die Familie fast ihr gesamtes Vermögen, das in russischen Obligationen angelegt war. Unvermittelt sind Mutter und Tochter, die sich um finanzielle Angelegenheiten nie kümmern mussten, von Armut bedroht. Da Kuraufenthalte nun nicht mehr möglich sind, verschlechtert sich Ediths Gesundheitszustand.

In dieser Situation entdeckt sie das Werk von Friedrich Nietzsche, für den die schöpferische Kraft dem Leiden entspringt. In seinen Texten findet sie Bestätigung und Ermutigung. Dieses neu gewonnene Selbstbewusstsein kommt schon im Vorwort zu ihrem zweiten Gedichtband *Septemberlyra*, der 1918 publiziert wird, zum Ausdruck: »Daß meine Dichtung Poesie ist, kann niemand bestreiten. Daß es Verse sind, will ich nicht behaupten. Ich habe versucht, gewisse widerspenstige Gedichte zu rhythmisieren, und dabei herausgefunden, daß ich die Macht des Wortes und des Bildes nur bei voller Freiheit, das heißt auf Kosten des Rhythmus, besitze.« Sie empfiehlt, man solle ihre Gedichte »als flüchtige Handzeichnungen« betrachten, und fügt – sich an Nietzsche orientierend – hinzu, dass sie aus der Intuition heraus schreibe und die Worte nicht intellektuell suche. Die Einleitung schließt mit zwei Sätzen, die die Leser verärgern: »Meine Selbstsicherheit beruht darauf, daß ich meine Dimensionen entdeckt habe. Es steht mir nicht zu, mich kleiner zu machen als ich bin.«* Stolze Worte einer sechsundzwanzigjährigen Dichterin, die in einem Provinznest unter ärmlichsten Bedingungen lebt und arbeitet. Der finnische Literaturbetrieb ist schockiert. Edith Södergran schreibt einen Leserbrief, um zu verdeutlichen, dass mit dem Erscheinen ihres zweiten Gedichtbandes eine neue Phase ihres Schaffens beginnt. Sie erklärt, dass in den neuen Versen »das wilde Blut der Zukunft« pulsiere und sie wegweisend für die poetische Entwicklung seien. Doch diese Einschätzung wirkt auf die Leserschaft ebenso befremdlich, auch wenn die Dichterin die Qualität ihrer Verse, die die Moderne in der skandinavischen Lyrik einleiten, richtig beurteilt. Während im ersten Band Desillusionierung und Auf-

* vgl. *Klauenspur*

begehren noch abwechseln, zeugen die Gedichte des neuen Buches von Vitalität und einer manchmal überheblich wirkenden Selbsterhöhung – ganz im Sinne Nietzsches.

Der Triumph zu sein

Was fürchte ich? Ich bin ein Teil der Unendlichkeit.
Ich bin ein Teil der großen Kraft des Alls,
eine einsame Welt in Millionen Welten,
ein Stern des ersten Grades gleich dem, der zuletzt erlischt.
Triumph zu leben, Triumph zu atmen, Triumph zu sein!
Triumph, die Zeit eiskalt durch die Adern rinnen zu fühlen
und die stumme Flut der Nacht zu hören
und auf dem Berg unter der Sonne zu stehn.
Ich gehe auf der Sonne, ich stehe auf der Sonne,
ich weiß nichts anderes als Sonne.

Zeit – Verwandlerin, Zeit – Zerstörerin, Zeit – Verzauberin,
[…]
Zeit – du Mörderin – weiche von mir!
[…]

Derartige Verse hat man in der skandinavischen Lyrik bisher nicht gehört, noch dazu von einer Frau. Dichterische Eigenständigkeit und die Verweigerung der traditionellen, passiven Frauenrolle passen nicht in das damalige Bild einer Künstlerin. Die Kritik richtet sich nicht nur gegen die vermeintliche Selbstüberschätzung der Dichterin, die einer Frau nicht zusteht, sondern auch gegen die ungewohnte, expressive Bildersprache. Edith Södergrans Gedichte werden als Verse eines »nietzscheverrückten Frauenzimmers« und »Lachpillen einer Wahnsinnigen« verhöhnt. Das Avantgardistische dieser Gedichte, die auch die Umgangssprache miteinbeziehen, erkennt die zeitgenössische Kritik nicht.

Hoffnung

Ich will ungeniert sein –
darum pfeife ich auf edlen Stil,
die Ärmel kremple ich auf.

Der Teig des Gedichtes gärt…
O ein Kummer –
daß ich keine Kathedrale backen kann…
Hoheit der Formen –
inständiges Sehnsuchtsziel.
[…]
Bevor ich sterbe,
backe ich eine Kathedrale.

Die finnische Schriftstellerin und Kritikerin Hagar Olsson ist die Einzige, die Edith Södergrans Gedichtband *Septemberlyra* in einer Rezension verteidigt, nicht ohne auch einige kritische Bemerkungen zu machen. Daraufhin wendet sich die Dichterin direkt an die ein Jahr jüngere Kollegin, schickt ihr Gedichte und bittet sie – mit dem Argument »Poeten sind kritiklos« – um ihre Meinung. Edith Södergran, die in Gesprächen manchen vor den Kopf stößt, weil sie unumwunden sofort auf das für sie Wichtige zu sprechen kommt, verwendet auch im Brief klare Worte: »Können wir uns die Hand reichen? Ich beginne gleich mit meiner Offensive, ich möchte, daß Sie mich als den sehen, der ich wirklich bin, und Sie sich mir als den zeigen, der Sie sind. Können wir so göttlich miteinander umgehen, daß alle Schranken fallen? Noch rede ich zu Ihnen mit der tastenden, erniedrigenden Sprache eines Fremden. Nietzsche ist der einzige Mensch, vor dem ich keine Angst hätte, den Mund aufzumachen. Sind Sie das Feuermeer, in das ich tauchen möchte?«

In der Kollegin findet Edith Södergran sowohl eine kompetente Kritikerin ihrer Gedichte, als auch eine Freundin. Schon im zweiten Brief, geschrieben im Januar 1919, wird deutlich, was sie von der anderen erwartet. »Ich habe nun gefunden, was ich brauche: Ihren objektiven Blick, und Verstand haben Sie für uns beide. […] Wir wollen rücksichtslos miteinander umgehen, scharf wie Diamanten. Ich finde es abscheulich, in dieser Zeitungssprache mit Ihnen zu sprechen, ich möchte nur in schönen Worten sprechen, in unserer eigentlichen inneren Sprache, aber wer kann kostbare Kraft auf Briefe verschwenden?« Unbekümmert geht Edith Södergran vom Sie zum Du über. Ihre Briefe sind originell und voller Energie, doch auch fordernd und besitzergreifend, wenn sie Hagar Olsson mitteilt, sie sei für sie eine Geistesschwester und bekennt: »Nun habe ich einen Menschen für mich, fürs ganze Leben.«

Als Hagar Olsson im Februar ihren Besuch in Raivola ankündigt, erklärt ihr Edith Södergran, dass ihre Gesundheit schwer angeschlagen sei, und bittet sie, ein Stück Seife mitzubringen. Die finanzielle Situation ist so dramatisch, dass oft das Nötigste zum Leben fehlt. Bereits bei ihrer ersten Begegnung gewinnt Hagar Olsson den Eindruck, dass die zerbrechlich wirkende Autorin eine ungebremste Energie und Willenskraft ausstrahlt. Äußerlich wirkt Edith auf sie wie eine kranke, magere Frau in altmodischer Kleidung, doch fallen ihr kräftiges Gesicht und ihr volles, kastanienbraunes krauses Haar auf und ihre großen grauen Augen haben »eine seltsam suggestive Kraft«. Diese Freundschaft wird für Edith Södergran in den folgenden vier Jahren bis zu ihrem Tod zum Rettungsanker. Sie klammert sich geradezu an die neue Freundin, bittet und drängt sie immer wieder schriftlich, sie zu besuchen. »Es ist so notwendig, daß du kommst. Wenn du nicht kommen kannst, das zu hören ertrage ich nicht, bist du mir einen langen Brief schuldig. Schreib, wann du kommst.«

Dass die Beziehung der beiden Frauen unter einem solchen Druck starken Schwankungen ausgesetzt ist, verwundert nicht. Im Sommer 1919 bezeichnet Edith Hagar als Verräterin, nachdem diese auf vier Postkarten nicht reagiert hat. Vorwurfsvoll erklärt sie, kein Gedicht mehr schreiben zu können, da ihr die Inspiration fehle. Ungeduldig und herausfordernd fragt sie: »Bist du vergeßlich, bist du wankelmütig? Es ist manchmal ein so gereizter Ton in deinen Briefen, bin ich es, die dich irritiert? Vielleicht schreibe ich zu viel und es ist gefährlich, dich zu verwöhnen. Ich möchte, daß du mit mir zusammenwächst und mit diesem Ort, daß nichts uns trennen kann und du dich nicht losmachen kannst.«

Die großen Ansprüche, die Edith Södergran an diese Freundschaft stellt, müssen zwangsläufig zu Enttäuschungen führen. Mehrmals kündigt Hagar Olsson Besuche an, die sie aber oft kurzfristig absagt. Je mehr Edith insistiert, fordert und schließlich um Besuche und Gespräche bettelt, desto mehr scheint sich die andere ihr zu entziehen. »Ich empfinde es wie Dolchstiche, jeden Tag kommt Post und nichts von dir. Ich leide still, grausam, innerlich. Bist du aus Stein oder bist du taub oder stumm geworden?« Vermutlich fühlt sich Hagar Olsson, die damals mit dem finnischen Schriftsteller Ragnar Rudolf Eklund verlobt ist, von den besitzergreifenden Äußerungen überfordert und weiß nicht, wie sie auf Ediths Erwartungen und Forderungen reagieren soll. Hagar Olsson hat diese Freundschaft später

»das bitterste Erlebnis meiner Jugend« genannt und die an sie gerichteten Briefe erst über dreißig Jahre nach dem Tod von Edith Södergran veröffentlicht – allerdings ohne ihre eigenen zu ergänzen.

1920 gesteht Edith in einem Brief an die Freundin, dass sie mit ihrem Charakter hadert, und offenbart die hohen Ansprüche, die sie auch an sich selbst hat. Jeden Gedanken und jede Empfindung will sie kontrollieren. Die Dichterin ahnt, dass ihr weder für die Lyrik noch für die Freundschaft viel Zeit bleibt. In den Gedichten, die sie damals schreibt, verdrängt sie das Wissen um den bevorstehenden Tod allerdings noch. Das Gedicht *Die Erde wurde in einen Aschenhaufen verwandelt* verdeutlicht das:

> […] Ich bin stark,
> denn ich bin vom Marmorbett des Todes auferstanden.
> Tod – ich sah dir ins Gesicht, ich hielt dir die Waagschale hin.
> Tod – deine Umarmung ist nicht kalt, ich selbst bin das Feuer. […]

Nur ein Jahr nach dem zweiten Buch wird 1919 ihr dritter Gedichtband *Der Rosenaltar* veröffentlicht, in dessen ersten Zeilen die Autorin ihre Besonderheit betont und deutlich macht, wie sicher sie sich ihrer Begabung ist. Edith Södergrans Gedichte stehen in engem Zusammenhang mit ihrem Schicksal. »Ich mache keine Gedichte, ich schaffe mich selbst; meine Gedichte sind für mich der Weg zu mir selbst.«* Gegen Krankheit und Armut setzt Södergran visionäre Traumwelten und ein starkes Selbstwertgefühl:

> Den Kelch des Leidens mögen schwächere Hände fassen,
> ihn an bleichere Lippen zu führen,
> meine Siegerlippen entbehren ihn noch.
> Doch – nein!
> In meinem Herzen sitzen noch Riesen mit dunklen Gesichtern,
> mit hart zusammengepreßten steinernen Händen.
> Sie werden einmal heraustreten aus ihren Nebeln –
> sie rufen dich – Schmerz.
> Hierher, Funkenhammer, zum Steingötzen.
> Meißle meine Seele heraus,
> daß sie Worte finde, die es auf Menschenzungen niemals gegeben.

---

* vgl. Trotzig

Die Gedichte des neuen Bandes sind sachlicher und härter in der Aussage als die früheren. Im Kontrast dazu steht ein Abschnitt mit fast romantisch klingenden Zeilen, die an eine Schwester gerichtet sind, in der leicht die Freundin Hagar Olsson erkennbar wird.

Im Dunkel

Ich fand die Liebe nicht. Ich begegnete keinem.
Bebend ging ich an Zarathustras Grab vorbei
  in herbstlichen Nächten:
Wer hört mich denn auf Erden?
Da legte sich leicht ein Arm um meinen Leib –
ich fand eine Schwester …
Ich zupfe sie an den goldenen Locken –
bist du es, Unmögliche?
Bist du es?
Zweifelnd blicke ich ihr ins Gesicht …
Spielen die Götter so mit uns?

Edith Södergrans poetische Kraft ist ungebrochen, doch ihre Lebensumstände verschlechtern sich immer mehr. In den letzten beiden Jahren nimmt ihre Vereinsamung zu. Raivola wird nach der Revolution und dem Bürgerkrieg in Finnland zum militärischen Sperrgebiet erklärt und ist nur mit einer Sondergenehmigung erreichbar. Abgeschnitten von der Welt lebt die Dichterin dort nur mit der Mutter, die sich um die Kranke kümmert, und ihrer geliebten Katze Totti, die eines Tages von einem Nachbarn erschossen wird. Hagar Olsson gegenüber bekennt sie in einem Brief, der Verlust des Familienvermögens habe sie nicht so getroffen wie der Tod des Tieres. Und sie fährt fort: »Wir tragen die Verantwortung für die ganze Menschheit und all ihre Qual und für die Tiere, die armen Tiere. Ich will nicht sterben bevor ich nicht etwas getan habe, das mehr ist als ein Tropfen im Meer.«[*]

Oft ist das Geld so knapp, dass es nicht genug zu essen gibt. Edith versucht, Fotos, Möbel und Hausrat zu verkaufen, und kommt sich dabei wie eine Bettlerin vor. Im April 1920 berichtet sie der Freundin von ihren Bemühungen, Geld zu verdienen. »Die Parfumflasche

---

[*] vgl. Rieger

ist nun verkauft, aber ich bin wie gerädert. Wenn das so weitergeht, gehe ich unter. Du kannst mich retten, aber viel mehr durch Freundschaft als durch materielle Unterstützung.« Sie bittet Hagar Olsson, ihr Aufträge für Rezensionen oder Übersetzungen zu beschaffen. Diese setzt sich für sie ein und sorgt dafür, dass einzelne Gedichte in Zeitschriften abgedruckt werden. Außerdem mobilisiert sie den 1919 gegründeten finnischen Schriftstellerverband, der Edith Södergran aufnimmt und auch finanziell unterstützt. Allerdings ist es nicht einfach, die Dichterin davon zu überzeugen, diese Art von Hilfe anzunehmen, denn sie will arbeiten, schreiben, übersetzen und niemandem unnötig zur Last fallen.

Bereits ein Jahr nach dem dritten Buch erscheint 1920 ihr vierter und letzter zu Lebzeiten veröffentlichter Gedichtband *Schatten der Zukunft*. Elmer Diktonius nennt dieses Buch 1922 die »stärkste von einer Frau gezeugte Gedichtsammlung, die die moderne Literatur kennt«. Auch wenn der Ton der neuen Verse noch immer selbstbewusst klingt, gibt es auch Gedichte, in deren Zeilen sich Melancholie und Resignation mischen:

Schatten der Zukunft

Ich ahne den Schatten des Todes.
Ich weiß, daß unsere Schicksale bündelweis auf dem Tisch der
    Nornen liegen.
[…]
So sicher wie die Sonne aufgeht, weiß ich,
daß ich nie den atemlosen Augenblick sehen werde,
    da sie im Zenit steht.
Die Zukunft wirft auf mich ihren seligen Schatten:
er ist nichts anderes als gleißende Sonne:
durchbohrt vom Licht werde ich sterben,
wenn ich alle Wechselfälle mit Füßen getreten habe,
    werde ich mich lächelnd vom Leben abwenden.

In den letzten Gedichten des neuen Bandes scheint die Autorin ihr Schicksal angenommen zu haben und sich des nahen Todes bewusst zu sein. Auch ihre Briefe an Hagar Olsson verändern sich und sie bekennt: »Wenn ich wäre wie früher, würde ich sagen, ich bin tief gekränkt, daß du mich nicht sehen willst. Aber ich sage nichts dergleichen, ich bin ein anderer geworden.« Die fortschreitende Krankheit schwächt Edith Södergran. Unter großer Anstrengung stellt sie eine Anthologie finnlandschwedischer Dichtung zusammen, in der sie Texte der Avantgarde vereint. Zu den Autoren gehören Hagar Olsson, Elmer Diktonius, Erik Grotenfelt und Jarl Hemmer, der inzwischen Sekretär des finnischen Schriftstellerverbandes ist. Über einen deutschen Bekannten bietet sie die Sammlung dem Rowohlt Verlag an, der das Projekt jedoch aus finanziellen Gründen ablehnt.

Nach ihrer Beschäftigung mit Friedrich Nietzsche und dem Anthroposophen Rudolf Steiner wendet sie sich in den letzten Monaten ihres Lebens dem Neuen Testament zu. Religion und Gottesnähe sind ihr nun wichtiger als das Dichten. In einem Brief an Hagar Olsson schreibt sie:»Glaube, daß ich meine Laufbahn als Dichter beendet habe.«

Beschluß

Ich bin ein sehr reifer Mensch,
doch kennt mich niemand.
Meine Freunde machen sich von mir ein falsches Bild.
Ich bin nicht zahm.
Ich habe die Zahmheit in meinen Adlerklauen geprüft und kenne
    sie wohl.
O Adler, welche Süße in deiner Schwingen Flug!
Wirst du schweigen wie alles?
Willst du vielleicht dichten? Du wirst nie mehr dichten.
Jedes Gedicht wird die Zerreißung eines Gedichtes sein,
nicht Gedicht. Klauenspur.

Nach dieser Absage an die Lyrik schreibt sie kaum noch. Nur der avantgardistischen Zeitschrift *Ultra*, die von ihren einzigen Freunden Hagar Olsson und Elmer Diktonius herausgegeben wird, stellt sie 1922 noch einige todesnahe Gedichte zur Verfügung.

Im März desselben Jahres besucht Elmer Diktonius sie in Raivola. Es ist das erste und einzige Treffen der beiden Dichter, das bei dem Kollegen einen tiefen Eindruck hinterlässt. Trotz ihrer körperlichen Schwäche wirkt Edith Södergran auf ihn wie eine Art »Übermensch«. »Kein Körper, aber ein seelenvolles, herrliches Gesicht, Menschengesicht«, berichtet er drei Tage später. »Und wie sie lachen

kann – die Kranke. Ich bin noch warm davon, werde es immer sein.«[*]
Auch Edith hat seinen Besuch genossen und gesteht, dass sie ihn am
liebsten duzen würde, um weniger förmlich zu sein, es im Gegensatz zu ihrem früheren Verhalten aber nicht tut. Selbstkritisch erklärt
sie, »Kühnheit oder besser unreife Dummdreistigkeit waren bislang
meine Eigenschaft. Und genau deshalb sollte ich die Klugheit wählen, weil es meine Natur ist, die Unvorsichtigkeit zu wählen.« Der
Brief endet mit einer Forderung an Elmer Diktonius: »Versprechen
Sie mir nur hoch und heilig, daß meine Briefe nie jenen Leichenwür-
mern in die Hände fallen, die Biographien schreiben.«

Systematisch ordnet sie ihren poetischen Nachlass, verbrennt viele
Entwürfe und Briefe und verlangt von der Mutter, nach ihrem Tod
ihre Tagebücher zu vernichten. Sie will allein durch ihr dichterisches
Werk wirken. In fünf Jahren hat Edith Södergran vier Gedichtbände
publiziert, in denen nicht nur ihre poetische, sondern auch ihre persönliche Entwicklung deutlich wird. Die Dichterin stirbt am 24. Juni
1923 in Raivola und wird auf dem Friedhof, der an das elterliche
Grundstück grenzt, beigesetzt.

Zwei Jahre später gibt Hagar Olsson – den Wunsch der Freundin,
nichts mehr zu veröffentlichen, missachtend – den Band *Das Land,
das nicht ist* mit sehr frühen und letzten Gedichten aus ihrem Nachlass heraus.

Mein Leben, mein Tod, mein Schicksal

Ich bin nichts als ein maßloser Wille,
unermeßlicher Wille, doch wozu, wozu?
Alles um mich ist dunkel,
keinen Strohhalm kann ich heben.
Mein Wille sucht nur eines, doch kenne ich es nicht.
Bricht mein Wille hervor, werde ich sterben:
seid gegrüßt, mein Leben, mein Tod, mein Schicksal.

Diese Publikation sorgt dafür, dass Edith Södergrans Werk in Skandinavien bekannt wird. In den dreißiger Jahren des 20. Jahrhunderts
wird Raivola zur Pilgerstätte, die viele junge schwedische Literaten
besuchen. Im Juli 1933, zehn Jahre nach ihrem Tod, wird an ihrem

[*] vgl. Trotzig

Grab ein Gedenkstein errichtet. Der schwedische Dichter Gunnar Ekelöf reist 1938 auf ihren Spuren nach Raivola und besucht die greise, fast blinde Mutter der Dichterin, die ihm den großen kahlen Raum zeigt, in dem die Tochter starb. Er beschreibt die besondere Atmosphäre des Gartens, in dem noch immer die Blumen und Bäume wachsen, die Edith Södergran liebte, und sieht den Himbeerhügel, den sie in einem späten Gedicht erwähnt:

> Die Bäume meiner Kindheit ragen hoch aus dem Gras
> sie schütteln die Häupter: was ist geworden aus dir?
> [...]
> Als du Kind warst, führtest du lange Gespräche mit uns,
> dein Blick war weise.
> Nun aber verraten wir dir deines Lebens Geheimnis:
> der Schlüssel zu allen Geheimnissen liegt im Gras am
>   Himbeerhang.
> Wir möchten dich vor die Stirn stoßen, Schlummernde,
> wir möchten dich, Tote, wecken aus deinem Schlaf.

Im finnisch-russischen Winterkrieg 1939 werden der Garten, das Haus, die Kirche und das Grab der Dichterin mit dem Gedenkstein zerstört. Raivola wird ein Jahr später von Stalin annektiert und heißt seit 1948 – zunächst zur Sowjetunion, später zu Russland gehörend – Roschtschino. Erst 1985 stellt der finnische Schriftstellerverband einen neuen Gedenkstein auf dem Gelände auf. Er trägt – wie der erste – die Anfangszeilen eines ihrer letzten Gedichte *Ankunft im Hades*:

> Sieh den Strand der Ewigkeit,
> hier braust der Strom vorbei,
> und der Tod spielt in den Büschen
> sein immergleiches Tandaradei.
>
> Tod, was verstummtest du?
> Wir sind von weit gekommen
> und begierig zu hören;
> wir hatten nie eine Amme,
> die singen konnte wie du.

Den Kranz, der nie mich schmückte,
leg ich dir stumm zu Füßen.
Zeig mir das wunderbare Land,
wo hoch die Palmen stehn
und zwischen Pfeilerreihen
der Sehnsucht Wogen gehn.

In diesem späten Gedicht schlägt sie einen Bogen zu ihren Anfängen. Mut und Selbstüberschätzung sind der Trauer gewichen. Edith Södergrans Gedichte sind Zeugnisse einer widersprüchlichen Persönlichkeit mit einem starken, unverstandenen Ich, das die Isolierung zu durchbrechen suchte. In dem Gedicht *Geheimnis* schreibt sie: »Meine flammenden Zeilen wird jedes Kind lesen.« Für den schwedischen Teil Finnlands trifft das zu. Dort stehen ihre Gedichte in den Schulbüchern. Doch außerhalb Skandinaviens ist die Dichterin nur wenigen bekannt, obwohl *Kindlers Neues Literaturlexikon* sie »die bedeutendste modernistische Lyrikerin Skandinaviens« nennt.

Die jüdische Dichterin Nelly Sachs, die 1940 ins schwedische Exil flüchtete, war die Erste, die Edith Södergrans Verse nach dem Zweiten Weltkrieg ins Deutsche übertrug. Sie sagte über deren Lyrik: »Ihre Gedichte waren keine nur so dahingeschriebenen Verse, sie waren ein Sturmwind, der die Herzen ergriff. Bis heute kann sich kein Schwede, der die Dichtung liebt, ihrer soghaften Bilderfülle entziehen. Sie ist das Alpha und Omega der nordischen Dichtung. Wer sie begreift, wird auch dieses Land und diese Menschen verstehen.«* 1960 nahm Hans Magnus Enzensberger fünf Södergran-Gedichte in seine berühmte Anthologie *Museum der modernen Poesie* auf. Und 1977 erschien eine Ausgabe ihrer gesammelten Gedichte auf Deutsch. In seinem Nachwort betont der Schriftsteller Horst Bienek: »Man kann nicht oft genug ihren Namen nennen. Denn immer noch ist er zu wenig bekannt hierzulande. Wer diese Gedichte gelesen hat, freilich, wird ihn nicht mehr vergessen.« Er nennt die Dichterin »einen weiblichen Rimbaud« und stellt sie in eine Reihe mit Else Lasker-Schüler, Georg Trakl, Giuseppe Ungaretti, Ezra Pound und Anna Achmatowa. Doch auch die Veröffentlichung ihres lyrischen Gesamtwerkes in Deutschland brachte Edith Södergran nicht die Aufmerksamkeit, die sie verdient. Ihre Gedichte haben nichts an

---

* vgl. *Feindliche Sterne*

Aktualität eingebüßt. Ihre reichen, phantasievollen Bilder und ihre selbstbewusste Ausdruckskraft beeindrucken noch immer. Im Nachwort der 1990 erschienenen deutschen Taschenbuchausgabe mit Gedichten und Briefen Edith Södergrans bezeichnet der Dichter und Übersetzer Richard Pietraß sie als eine Dichterin des Nachruhms, die ein »Leben im Wartestand« führte: das Warten auf Heilung, auf die Liebe, auf Freundschaft, auf Besuch, auf Resonanz und den Ruhm. In dem späten Gedicht *Tantalos, fülle deinen Becher* bezieht die Autorin sich auf die ewigen Qualen des Tantalos, der das Ersehnte nie bekommt.

Sind das Gedichte? Nein, das sind Fetzen, Krümel,
Papierzettel des Alltags.
Tantalos, fülle deinen Becher.
Unmöglichkeit, Unmöglichkeit,
sterbend werde ich einmal den Kranz von meinen Locken werfen
in deine ewige Leere.

Marie Luise Kaschnitz
(1901–1974)

»Zeile für Zeile
Mein Paradies«

Interview

Wenn er kommt, der Besucher,
Der Neugierige und dich fragt,
Dann bekenne ihm, daß du keine Briefmarken sammelst,
Keine farbigen Aufnahmen machst,
Keine Kakteen züchtest.
Daß du kein Haus hast,
Keinen Fernsehapparat,
Keine Zimmerlinde.
Daß du nicht weißt,
Warum du dich hinsetzt und schreibst,
Unwillig, weil es dir kein Vergnügen macht.
Daß du den Sinn deines Lebens immer noch nicht
Herausgefunden hast, obwohl du schon alt bist.
Daß du geliebt hast, aber unzureichend,
Daß du gekämpft hast, aber mit zaghaften Armen.
Daß du an vielen Orten zuhause warst,
Aber ein Heimatrecht hast an keinem.
Daß du dich nach dem Tode sehnst und ihn fürchtest.
Daß du kein Beispiel geben kannst als dieses:
Immer noch offen.

Marie Luise Kaschnitz, die 1955 mit dem Georg-Büchner-Preis ausgezeichnet wurde, gehört zu den wichtigsten deutschsprachigen
Schriftstellerinnen der Nachkriegszeit. Bei ihr sind Leben und Werk
untrennbar miteinander verbunden. In ihren Erzählungen, Gedich-

ten, Hörspielen und der autobiografischen Prosa hat sie ihre bedrückende Kindheit, ihre glückliche Ehe, die Zeit des Nationalsozialismus und die Nachkriegsjahre, den Tod des Mannes, ihre Erfahrungen beim Schreiben und gesellschaftspolitische Probleme geschildert. Die Schriftstellerin, die bekannte, sie könne nichts erfinden, bezeichnete sich selbst als eine »ewige Autobiografin«. Dabei gelingt es ihr, persönlichen Erfahrungen eine allgemeingültige Form zu geben. Beeindruckend ist der Stilwechsel, den ihr Schreiben Mitte der fünfziger Jahre erfuhr. Die Kindheit spielt in ihrem Werk eine besondere Rolle. Schon in ihrem ersten Gedichtband, der 1947 erschien, heißt es:

[…]
O hüte dich, der Kindheit nachzusinnen
So schaurig ist's im tiefen stillen Tal
Der ersten Freude Glanz wirst du gewinnen
Doch auch des ersten Grauens bittre Qual.
[…]

Marie Luise von Holzing-Berstett stammt aus einer alten adligen Offiziersfamilie und wird als dritte Tochter des preußischen Generals Max Freiherr von Holzing-Berstett und seiner Frau Elsa am 31. Januar 1901 in Karlsruhe geboren. Die beiden Schwestern Karola und Helene, genannt Lonja, sind vier beziehungsweise drei Jahre älter. 1904 kommt der lang ersehnte Stammhalter Peter zur Welt. Die vier Geschwister wachsen in Potsdam und Berlin in einer privilegierten Umgebung auf. Der Vater kennt Kaiser Wilhelm II. und erwartet von seinen Kindern, dass sie mit der Tochter des Kaisers spielen. Doch diese finden die Prinzessin langweilig und das Schloss Sanssouci in Potsdam »blöd«. Marie Luise entwickelt schon früh ein feines Gespür für Standesunterschiede und stellt fest, dass es bei den Köchinnen und Stubenmädchen viel interessanter zugeht.

Die eigene Position in der Familie empfindet das Mädchen als bedrückend. Denn die beiden älteren Schwestern bilden meist eine Einheit, und der Bruder wird zum Lieblingskind der Mutter. Marie Luise, die in der Familie und auch später von Freunden nur »Leu« genannt wird, fühlt sich einsam und ausgeschlossen, auch wenn die drei Mädchen mit ihren hüftlangen Haaren oft wie Drillinge die gleiche Kleidung tragen. Noch am Ende ihres Lebens – in ihrem letzten Band mit autobiografischer Prosa *Orte* – wird sie sich an dieses Gefühl erinnern: »Ich einst im Buchsbaum, ich einst im Haselgebüsch, versteckt unter dem roten Kinderzimmertisch, immer schluchzend, von Tränen überströmt. Ich tue mir leicht weh, und man tut mir leicht weh, die Geschwister, die Mutter, der Vater, der mich übersieht.«*

Das Mädchen, das sich ungeliebt fühlt, ist sehr schüchtern und wünscht sich die ganze Kindheit über, ein Junge zu sein. Der Vater ist ein vornehmer, ernster Mann, der schnell hohe militärische Posten erreicht hat, aber auch Gedichte schreibt und malt. Die Kinder sind stolz auf ihre elegante Mutter, die sich abends, bevor sie ausgeht, mit glitzernden Ohrringen über ihre Betten beugt, aber sie kommen ihr nicht wirklich nahe. Die lebenslustige Mutter fördert zwar die musischen Interessen ihrer Kinder, doch vor allem Marie Luise vermisst Zuneigung und Zärtlichkeit. Dem Vater widmet sie später mehrere Gedichte, der Mutter kein einziges. Die drei Jahre ältere Schwester Lonja, schön, schlank und künstlerisch begabt, ist das Lieblingskind des Vaters. Marie Luise fühlt sich ihr unterlegen und bleibt mit ihrer Eifersucht und den kindlichen Ängsten und Enttäuschungen allein. Die komplizierten Beziehungen unter Geschwistern thematisiert sie Jahrzehnte später:

Geschwister werden später fremd,
Vom eigenen Schicksal eingedämmt,
Doch niemals stirbt die wilde Kraft
Der alten Nebenbuhlerschaft,
Und keine andere vermag
So bittres Wort, so harten Schlag.
Und doch, sooft man sich erkennt
Und bei den alten Namen nennt,
Auf wächst der Heckenrosenkreis.
Du warst von je dabei. Du weißt.

In vielen ihrer Texte spiegeln sich ihre negativen Kindheitserfahrungen. Besonders eindrucksvoll setzt sie sich damit in ihrer bekanntesten Erzählung *Das dicke Kind* auseinander. Die Geschichte balanciert meisterhaft zwischen Realität und Fiktion und beschreibt das

---

* Soweit nicht anders vermerkt, sind die Zitate entnommen aus: Kaschnitz, Marie Luise: *Gesammelte Werke in sieben Bänden*. Hrsg. von Christian Büttrich und Norbert Miller. Frankfurt am Main 1981 bis 1989

mysteriöse Zusammentreffen einer Frau mit einem dicken, ängstlichen und trägen Mädchen, das seine ältere Schwester bewundert und erst im Moment höchster Gefahr mutig zu sich selbst findet. Die Erzählerin will gerade etwas essen, als plötzlich ein Kind in ihrem Zimmer steht: »Es war ein Mädchen von vielleicht zwölf Jahren, das einen altmodischen Lodenmantel und schwarze, gestrickte Gamaschen anhatte und an einem Riemen ein paar Schlittschuhe trug, und es kam mir bekannt, aber doch nicht richtig bekannt vor, und weil es so leise hereingekommen war, hatte es mich erschreckt.«

Auslöser für diese Geschichte ist ein Foto, das die Autorin als Mädchen in einem dunklen Mantel in Schlittschuhen auf einer Eisfläche zeigt. Einige Jahre nach der Publikation des Textes bekennt die Sechzigjährige in einem Interview mit Horst Bienek, sie selbst sei das dicke Kind und viele Details der Erzählung seien autobiografisch. »Ich halte die Geschichte *Das dicke Kind* für meine stärkste Erzählung, weil sie am kühnsten und am grausamsten ist. So grausam zu sein, konnte mir nur gelingen, weil das Objekt dieser Grausamkeit ich selber war.«

Die Diskrepanz zwischen der behütet wirkenden Kindheit und ihrem inneren Erleben zieht sich durch das gesamte Werk der Schriftstellerin.

Nach dem Ersten Weltkrieg zieht Marie Luise mit Eltern und Geschwistern auf das Familiengut Bollschweil im Schwarzwald, das sie zeitlebens als ihre wirkliche Heimat empfindet. Nicht nur in dem Text *Beschreibung eines Dorfes* hat sie ihrem Heimatort ein literarisches Denkmal gesetzt, sondern auch in zahlreichen Gedichten. Der Zyklus *Herbst im Breisgau* entsteht in den fünfziger Jahren:

> Drei Schritte von meinem Vaterhaus
> Bin ich über meinen Schatten gesprungen.
> Da hingen die Dächer firstab im Blau
> Die Linden wurzelten im Wolkenbett
> Die Toten flogen vom Weinberg auf
> Seltene Vögel.
> [...]
> In den Springbrunnen fällt die Nacht
> Wie ein Stein vom Himmel.
> [...]
> Die Uhren schlagen. Keine Stunde gilt.
> [...]

Schon früh interessiert sich Marie Luise für Kunst, Literatur und Musik. Im Poesiealbum notiert sie – neben Gedichten ihres Lieblingsdichters Georg Trakl – auch eigene Verse. Nach der Schulzeit absolviert sie Anfang der zwanziger Jahre eine Buchhandelslehre in Weimar. Dort wohnt sie zum ersten Mal in ihrem Leben allein und emanzipiert sich von ihrem konservativen Elternhaus. Sie entdeckt die Weimarer Kultur, geht allerdings lieber ins Bauhaus als ins Goethehaus. Die junge Frau mit dem ausdrucksstarken Gesicht, den dicken Augenbrauen über großen blauen Augen und dem langen dunklen Haar hat viele Verehrer. Sie verteilt und empfängt Küsse, aber wenn einer der jungen Männer ihr noch näher kommen will, verteidigt sie ihre Tugend, weil sie auf den einen, den richtigen Mann wartet.

Mit dreiundzwanzig Jahren tritt sie ihre erste Stelle bei einem Münchner Verlag an und lernt den elf Jahre älteren Freiherrn Guido Kaschnitz von Weinberg kennen. Der Wiener Archäologe hat gerade eine Stelle in Rom angenommen und überlässt ihr – die nur eine kahle, kalte Dachkammer bewohnt – sein Zimmer mit Ofenheizung. Sie ist von seinem Blick fasziniert, empfindet die Begegnung als schicksalhaft und folgt ihm bald nach Italien. Kurz vor der Hochzeit am 30. Dezember 1925 in der Dorfkirche in Bollschweil lässt sich Marie Luise einen Bubikopf schneiden, da Guido ihre langen Haare »unappetitlich« findet. 1926 gehen sie zusammen nach Rom, wo ihr Mann am Deutschen Archäologischen Institut arbeitet. Bis 1932 bleibt das Ehepaar in der italienischen Hauptstadt, eine Zeit, die Marie Luise Kaschnitz rückblickend als ihre glücklichsten Jahre bezeichnet. Sie begleitet ihren Mann auf seinen Forschungsreisen durch die Mittelmeerländer und beschäftigt sich mit Kunstgeschichte und Archäologie. Mit großer Neugier lernt sie die Welt der Wissenschaft kennen, diskutiert mit Professoren und Kollegen ihres Mannes und nimmt die unterschiedlichsten Eindrücke auf, die sich später in ihrem literarischen Werk niederschlagen werden. Diese Gespräche bilden einen kleinen Ersatz für ein versäumtes Studium. Die beiden führen eine harmonische Ehe, nur manchmal ist sie auf seinen Beruf eifersüchtig. Guido Kaschnitz von Weinberg ist ein begeisterter, ehrgeiziger Forscher, der ständig im Einsatz ist; so macht das Ehepaar zwar viele Dienstreisen, aber nie Urlaub. Doch das Gefühl der Zusammengehörigkeit ist stark und leidenschaftlich und kommt in vielen Liebesgedichten zum Ausdruck:

Wie du mir nötig bist? Wie Trank und Speise
Dem Hungernden, dem Frierenden das Kleid,
Wie Schlaf dem Müden, Glanz der Meeresreise
Dem Eingeschlossnen, der nach Freiheit schreit.

So lieb ich dich. Wie dieser Erde Gaben
Salz, Brot und Wein und Licht und Windeswehen,
Die, ob wir sie auch bitter nötig haben,
Sich doch nicht allezeit von selbst verstehen.
[…]

Im Dezember 1928 wird das einzige Kind, die Tochter Iris, geboren.
Marie Luise Kaschnitz hält sich für keine gute Mutter und macht
sich zeit ihres Lebens Vorwürfe, ihre Tochter vernachlässigt zu haben.
Ihre Ehe bezeichnet sie als einen »Egoismus zu zweit« und gesteht:
»Die größte Sünde, die ich an meinem Kind begangen habe, war die
Liebe zu meinem Mann, das Ein-Herz-und-eine-Seele-Sein. […] ›Ihr
haltet auch immer zusammen‹, hat meine Tochter, vierjährig, einmal
gesagt und hat sich umgedreht und mit dem Fuß aufgestampft. Wir
beide werden dazu auch noch gelacht haben. Wenn ich an die Einsamkeit des Kindes denke, wird mir übel zumute.«
    Die Verlassenheit, das Gefühl des Ausgeschlossenseins, unter dem
die kleine Marie Luise so gelitten hat, lernt ihre eigene Tochter ebenfalls kennen – wenn auch aus unterschiedlichen Gründen. Obwohl
die Mutter die Einsamkeit des Kindes erkennt, vermag sie nicht, die
Tochter aufzufangen – die Liebe zu ihrem Mann ist zu stark.

[…]
Aber schweigen möchte ich über das
Was nur uns beide anging.
Über die Namen, die wir uns gaben
Täglich neue
Und wie wir beieinander ruhten ohne Furcht.
[…]

Doch es entstehen nicht nur ausdrucksstarke Verse für ihren Mann.
Der fünfjährigen Tochter widmet sie eines ihrer bekanntesten Gedichte, *Am Strande*, das mehrmals vertont wird.

Heute sah ich wieder dich am Strand
Schaum der Wellen dir zu Füßen trieb
Mit dem Finger grubst du in den Sand
Zeichen ein, von denen keines blieb.

Ganz versunken warst du in dein Spiel
Mit der ewigen Vergänglichkeit,
Welle kam und Stern und Kreis zerfiel
Welle ging und du warst neu bereit.

Lachend hast du dich zu mir gewandt
Ahntest nicht den Schmerz, den ich erfuhr:
Denn die schönste Welle zog zum Strand,
Und sie löschte deiner Füße Spur.

In diesen Jahren ist Marie Luise Kaschnitz vor allem Hausfrau und Mutter. Die Ehe empfindet sie als ihren »Hauptberuf«; sie sorgt dafür, dass ihr Mann gut arbeiten kann und kümmert sich um die Tochter. Daneben entstehen – »in der kurzen gestohlenen Zeit« – ihre ersten Gedichte und Erzählungen. Im Gespräch mit Horst Bienek offenbart sie, sie schreibe »oft heimlich, im Caféhaus, zwischen den Einkäufen«, wo sie Muße habe, ihren eigenen Gedanken und Ideen zu folgen. Da ihr Mann sie zum Schreiben ermutigt und sie unterstützt, ist es für sie selbstverständlich, unter dem Namen Kaschnitz zu veröffentlichen.

1930 beteiligt sie sich an einem Prosawettbewerb des renommierten Bruno Cassirer Verlages in Berlin, der einige ihrer Erzählungen und 1933 ihren ersten Roman *Liebe beginnt* veröffentlicht. In dem Buch schildert sie, wie sich eine Frau aus den vorgeschriebenen Rollenmustern befreit, zeichnet aber auch das Bild eines emanzipierten, verständnisvollen Mannes, in dem unschwer Guido Kaschnitz von Weinberg zu erkennen ist. Im Jahr darauf gewinnt die Vierunddreißigjährige den ersten Lyrik-Wettbewerb der damals sehr populären Zeitschrift *Die Dame*. Von dem Preisgeld in Höhe von tausend Reichsmark kauft sie sich ihr erstes Auto, einen Opel P4. Durch diese Erfolge ermutigt, entstehen weitere Texte, die immer einen engen Bezug zu ihrem persönlichen Leben und den wechselnden Umgebungen der Autorin haben. Marie Luise Kaschnitz folgt ihrem Mann in die Universitätsstädte, in denen er Professuren antritt: 1932 geht das Ehepaar nach Königsberg in Ostpreußen, 1937 nach Marburg an der Lahn und 1941 nach Frankfurt am Main. Beide sind von Anfang an Gegner des Hitler-Regimes. In Königsberg bekommt Guido Kaschnitz von Weinberg Schwierigkeiten wegen unbesonnener politischer Äußerungen. Seine Frau lehnt eine Lesung vor der nationalsozialistischen Künstlergemeinschaft ab. 1938 überlegt das Paar, Deutschland zu verlassen, doch sie bleiben im Land und ziehen sich in die wissenschaftliche und literarische Arbeit zurück. Sie arbeitet an biografischen Studien über den Dichter Joseph von Eichendorff und den französischen Maler Gustave Courbet, dessen Landschaftsgemälde sie faszinieren. An eine Veröffentlichung ist während des Dritten Reiches nicht zu denken. Als ihre Courbet-Biografie 1949 erscheint, erfüllt sich Marie Luise Kaschnitz einen Traum: Sie kauft sich ein Gemälde des Malers, ein Stück Meer mit weißen Schaumkronen. Als leidenschaftliche Schwimmerin hat sie zum Meer eine besondere Beziehung.

In diesen politisch schwierigen Jahren verliert Marie Luise Kaschnitz ihre Eltern. Im September 1936 stirbt der Vater, der niemandem erzählt hat, dass er unheilbar an Krebs erkrankt ist. Bedrückend schildert die Schriftstellerin »die Nacht, die mein Vater allein durchstand und die ihn zurückließ als ein Stück gemartetes Fleisch, einen Körper, der starb«. Im Nebenzimmer schläft seine Frau, die ein Schlafmittel genommen hat und Ohrstöpsel benutzt. Seine erwachsenen Kinder sind auch im Haus, lassen die Zimmertüren am langen Korridor offen, besuchen und beraten sich. In *Orte* kommt noch Jahrzehnte später ihr Schuldgefühl zum Ausdruck, weil niemand in der Familie von den Qualen des Vaters etwas ahnte: »Diese vielen Stunden, in denen der schöne, gepflegte Vater mit dem Tode kämpfte wie ein Tier der Wildnis, und keiner von den sogenannten Seinen hat es gespürt.«

Im Dezember 1941 erfährt sie vom Tod der Mutter und reist mitten im Krieg nach Bollschweil. Sie gibt der in ihrem Bett aufgebahrten Mutter widerstrebend einen Kuss auf die Wange, »aber ich muß es tun, als Ausgleich für alle nicht geliebte Liebe, als Abbitte für allen nicht empfundenen Schmerz«. Mit wenigen Worten bringt sie die ambivalenten Beziehungen der Kinder zur Mutter auf den Punkt: »[...] jedes von uns hat eine andere Mutter gehabt, nur die Schauplätze der Kindheit hatten wir gemeinsam, aber das ist viel.«

In Notizbüchern, Schul- oder Oktavheften hält Marie Luise Kaschnitz schöne und schwere Erlebnisse, alltägliche Beobachtungen und Begebenheiten fest, die später – in verdichteter Form – in ihre Texte Eingang finden. Dabei ist die Grenze zwischen privaten Aufzeichnungen im Tagebuch und poetischen Notizen fließend. Für sie sind diese Hefte eine Material- und Ideensammlung für spätere Bücher, einige hat sie nach dem Erscheinen ihrer autobiografischen Prosabände vernichtet. Die Eintragungen in ihren Tagebüchern spiegeln die wachsende Bedrohung durch die Nationalsozialisten. Sie notiert, welche Autoren emigrieren müssen und wer sich mit dem Regime arrangiert. Im November 1938, während der von der NSDAP organisierten Ausschreitungen gegen Juden, vermerkt sie: »Tage der tiefsten Niedergeschlagenheit, Scham und Trauer.«

Aus den Jahren des Zweiten Weltkrieges sind keine Tagebücher erhalten, doch einen Tag vergisst sie ihr Leben lang nicht: Im von Bomben zerstörten Frankfurt am Main sucht sie mit ihrem Mann nach der fünfzehnjährigen Tochter. Nach zehn Stunden zwischen Angst und Hoffnung erfahren die Eltern, dass Iris den Bombenangriff unverletzt überlebt hat. In ihrem Buch *Tage, Tage, Jahre* erinnert sie sich später: »[…] und immer und auch nach der entsetzlichen Krankheit und dem Tod meines Mannes werde ich denken, sagen, nicht sagen, aber wissen, dieses war mein schlimmster Tag.«

In den Jahren 1942/43 erscheinen in der *Frankfurter Zeitung* Kriegsgedichte von Marie Luise Kaschnitz, die den Soldaten Hoffnung auf eine bessere Zeit geben sollen:

Geduld. Gelassenheit. O wem gelänge
Es still in sich in dieser Zeit zu ruhn,
Und wer vermöchte die Zusammenhänge
Mit allem Grauen von sich abzutun?

Zwar blüht das Land. Die reichen Zweige wehen,
Doch Blut und Tränen tränken rings die Erde
Und in der Tage stillem Kommen, Gehen
Verfällt das Herz der tiefsten Ungebärde

Und ist des Leidens satt und will ein Ende
Und schreit für Tausende nach einer Frist,
Nach einem Zeichen, daß das Kreuz sich wende.

Und weiß doch nicht, mit welchem Maß der Bogen
Des Unheils über diese Welt gezogen
Und welches Schicksal ihm bereitet ist.

Nach dem Krieg fühlt sich die Schriftstellerin schuldig, weil sie sich
nicht aktiv gegen den Nationalsozialismus gewehrt hat. Die Bezeichnung »innere Emigration« lehnt sie für sich selbst ab und lässt auch
die kleinen Alltagsproteste nicht als Entschuldigung gelten: Das Ab-
hören feindlicher Sender, die in kleinen Gruppen geäußerte Kritik
an der Regierung oder die Begrüßung eines Juden, auch wenn man
beobachtet wurde. Schonungslos listet sie das Versagen auf: »Nicht
heimlich im Keller Flugblätter gedruckt, nicht nachts verteilt, nicht
widerständlerischen Bünden angehört, von denen man wußte, daß
es sie gab, es so genau aber gar nicht wissen wollte. Lieber überleben, lieber noch da sein, weiter arbeiten, wenn erst der Spuk vo-
rüber war.«

Das Gefühl der Schuld wird die Autorin nie verlassen. Einem
Deutschlehrer und seinen Schülern antwortet sie auf die Frage nach
ihrem Engagement während der Zeit des Nationalsozialismus, sie
sei damals zwar »dagegen« gewesen und habe deshalb auch einige
Schwierigkeiten gehabt, doch war sie »viel zu feig, um wirklich etwas
zu tun«.

Während sie unter dem nationalsozialistischen Regime kaum veröffentlichen konnte, erscheinen nun zwischen 1947 und 1952 vier Gedichtbände, an denen man nicht nur ihr Leben – wie sie selbst konstatiert –, sondern auch ihre Entwicklung als Lyrikerin ablesen kann.
In dem Band *Totentanz und Gedichte zur Zeit* greift sie Themen der
unmittelbaren Gegenwart auf. Von einer italienischen Zeitschrift wird
sie daraufhin »Trümmerdichterin« genannt. Den Zyklus *Rückkehr
nach Frankfurt* eröffnet eine Frage:

Sage, wie es begann.
Wie sah sie dich an
Aus ihren erloschenen Augen,
Die Stadt?
[...]
Das wußte ich nicht, wie bald
Ruinen verwittern,
[...]

Und wie schnell das alles verschwunden,
Verrottet, verfilzt, verweht,
Was der Mensch erfunden,
Mittel und Gerät,
[...]
Wie die Stadt klingt im Geheimen.
Ach, eine Fülle von Reimen
Beschreibe das nicht. Es bedarf
Ohren zu hören.
[...]

Nach dem Krieg ist für Marie Luise Kaschnitz die Zeit der »schönen Reime« vorbei. Bis dahin enthalten ihre Gedichte viele Natur- und Landschaftsschilderungen und sind in klassischen, gereimten Strophen geschrieben. In den fünfziger Jahren erfährt ihre Lyrik einen radikalen Stilbruch. Die Dichterin schreibt realistischer, härter, sprachlich knapper und in freien Rhythmen. Von den meisten ihrer frühen Texte hat die sehr selbstkritische Autorin später nicht mehr viel gehalten. Sie wird zur Meisterin der kleinen literarischen Form und veröffentlicht sowohl Gedichte, Erzählungen, Kurzgeschichten und autobiografische Prosa, als auch Hörspiele, die in den fünfziger und sechziger Jahren – da viele Menschen noch keinen Fernseher haben – eine wichtige Unterhaltungsform sind.

1952 übernimmt Guido Kaschnitz von Weinberg den Wiederaufbau des Deutschen Archäologischen Instituts in Rom. So kehrt Marie Luise Kaschnitz mit ihrem Mann in ihre »Herzlandschaft« zurück. Im folgenden Jahr lernt sie dort die sechsundzwanzigjährige österreichische Dichterin Ingeborg Bachmann kennen. Beide Autorinnen gehören zu einer Gruppe von deutschsprachigen Schriftstellern, die sich regelmäßig in einem Café in der Via Veneto treffen. Trotz des Altersunterschiedes von fünfundzwanzig Jahren entwickelt sich zwischen den beiden Frauen, die in poetischen Fragen oft übereinstimmen, eine Freundschaft. Marie Luise Kaschnitz unterstützt die sensible Ingeborg Bachmann nicht nur finanziell, sondern auch in seelischen und körperlichen Krisen. Ab 1954 wohnt Ingeborg Bachmann in der Via Bocca di Leone. Der Name der Straße, in der sich die Freundinnen oft treffen, wird später zum Titel eines Gedichts, das Marie Luise Kaschnitz Ingeborg Bachmann widmet:

[…]
Manchmal sehe ich dich
Noch unversehrt

Da stehst du
Da gehst du umher
Kein Glas in der Hand
Kein Wort auf den Lippen –

Schon bald zählt Marie Luise Kaschnitz zu den wichtigsten deutschen Autorinnen der Nachkriegszeit. In den frühen fünfziger Jahren erscheinen der Erzählband *Das dicke Kind*, mehrere Hörspiele und das römische Tagebuch *Engelsbrücke*. 1955 wird sie – als dritte Frau – mit dem renommierten Georg-Büchner-Preis ausgezeichnet. In ihrer Rede bei der Preisverleihung erklärt sie: »All meine Gedichte waren eigentlich nur ein Ausdruck des Heimwehs nach einer alten Unschuld oder der Sehnsucht nach einer aus dem Geist und der Liebe neu geordneten Welt – in meinen Essays und Tagebüchern, ja auch in meinen Hörspielen, die ich übrigens nicht als uneheliche Kinder betrachte, überall habe ich versucht, den Blick des Lesers auf das mir Bedeutsame zu lenken, auf die wunderbaren Möglichkeiten des Menschen, seine tödlichen Gefahren und auf die bestürzende Fülle der Welt.«

Eindrucksvoll thematisiert sie in einem ihrer bekanntesten Gedichte die Bedrohung der Welt durch den Menschen. Es entsteht, nachdem sie in einer Zeitung ein Foto des Piloten gesehen hat, der am 6. August 1945 die Atombombe über Japan abgeworfen hat. Die schlichte, klare Sprache der beiden Strophen unterstreicht die beklemmende Aussage und den Widerspruch zwischen Wirklichkeit und Wahrheit.

Hiroshima

Der den Tod auf Hiroshima warf
Ging ins Kloster, läutet dort die Glocken.
Der den Tod auf Hiroshima warf
Sprang vom Stuhl in die Schlinge, erwürgte sich.
Der den Tod auf Hiroshima warf
Fiel in Wahnsinn, wehrt Gespenster ab
Hunderttausend, die ihn angehen nächtlich
Auferstandene aus Staub für ihn.

Nichts von alledem ist wahr.
Erst vor kurzem sah ich ihn
Im Garten seines Hauses vor der Stadt.
Die Hecken waren noch jung und die Rosenbüsche zierlich.
Das wächst nicht so schnell, daß sich einer verbergen könnte
Im Wald des Vergessens. Gut zu sehen war
Das nackte Vorstadthaus, die junge Frau
Die neben ihm stand im Blumenkleid
Das kleine Mädchen an ihrer Hand
Der Knabe der auf seinem Rücken saß
Und über seinem Kopf die Peitsche schwang.
Sehr gut erkennbar war er selbst
Vierbeinig auf dem Grasplatz, das Gesicht
Verzerrt von Lachen, weil der Photograph
Hinter der Hecke stand, das Auge der Welt.

Bis zur Pensionierung von Guido Kaschnitz von Weinberg im Frühjahr 1956 lebt das Ehepaar in der italienischen Hauptstadt. Wenige
Monate später wird während eines Aufenthalts in Wien bei ihrem
Mann ein unheilbarer Gehirntumor entdeckt, an dem er zwei Jahre
danach, am 1. September 1958 in Frankfurt am Main, stirbt.

Nach diesem Schicksalsschlag, den sie den »Höllensturz ihres Lebens« nennt, braucht Marie Luise Kaschnitz lange, um aus der Trauer
herauszufinden. Mit dem Verlust ihres Mannes hat sie sich in vielen
Gedichten und Prosatexten auseinandergesetzt. In *Requiem* heißt es:

Mit dem Tod muß ich umgehn
Dem schwarzen Hengst,
Der sprengt mit der Schulter
Die sicheren Wände,
Der zerstampft mit dem Huf
Die geglätteten Dielen.
[…]
Und ich zerrte an deinen Fingern,
Und ich rüttelte deine Schulter,
Aber du rührtest dich nicht.
Du schliefst. Du schliefst,
[…]
Einer stand hinter mir,

[...]
Murmelte: Schweig.
Laß ihn ziehen.
[...]

Das Schreiben wird für Marie Luise Kaschnitz zur Trauerarbeit und sie nimmt sich vor, dabei »vom Allerpersönlichsten zum Allerunpersönlichsten« zu kommen, wie sie im Tagebuch festhält. Es gelingt ihr, die kleinen Momente und Details des Zusammenlebens wieder heraufzubeschwören, in denen sich Liebe und Geborgenheit ausdrücken: »Der schmale Korridor in der Wiesenau und deine Heimkehr, die ganz gewöhnliche, am Abend, nicht etwa nach Luftangriffen, überstandenen, oder nach Reisen in tieffliegerbeschossenen Zügen, vielmehr der Alltag, Heimkehr aus dem Seminar oder der Bibliothek, aber das genügte, der Schlüssel, der sich in der Wohnungstür drehte, und schon schlug mein Herz schneller, höher wie man so sagt. Küsse und Fragen, wie war es – wie war es, das Stückchen Leben allein oder mit anderen, und alles war wichtig, aber das Wichtigste ist doch die Umarmung, die erste, zu der ich dir auf dem Korridor entgegenlief, zu der du deine Büchermappe auf den Boden warfst, alle Tage, ja, verrückt, alle Tage. Als hätte uns auch in Friedenszeiten eine schreckliche Gefahr gedroht, Gefahr des Sichverlierens. So kommt es, daß ich auch das Geräusch des sich drehenden Schlüssels noch immer, immer wieder höre und aufspringe und den Korridor hinunterlaufe, meinem vieljährigen Alleinsein zum Trotz.«

Marie Luise Kaschnitz fasst das individuelle Erleben in allgemeingültige Worte, das gibt ihr Halt und hilft ihr, weiterzuleben. Das bewegendste Zeugnis dieser Trauerarbeit ist der Gedichtband *Dein Schweigen – meine Stimme*, der 1962 erscheint:

Du entfernst dich so schnell
[...]
Dein Schweigen
Meine Stimme
Dein Ruhen
Mein Gehen
Dein Allesvorüber
Mein Immernochda.

Die Kaschnitz-Biografin Dagmar von Gersdorff nennt die Gedichte der Autorin über den Tod ihres Mannes einzigartig in der deutschen Literatur. Die Dichterin habe sich sowohl formal als auch thematisch von der Tradition entfernt und »ungeahnte Ausdrucksmöglichkeiten« gefunden.

[…]
Und Trost ist nicht, da du mein Trost gewesen
Und Rat ist nicht, da du mein Rat gewesen
Und Schutz ist nicht, da du mein Schutz gewesen
Und Liebe nicht, da ich um deinetwillen
Die Welt geliebt.
[…]

1963 wird der Prosaband *Wohin denn ich* veröffentlicht, dessen Titel ein Hölderlin-Zitat aufnimmt. Wieder handelt es sich um autobiografische Aufzeichnungen, doch schon auf der ersten Seite verwischt die Autorin die Grenzen zwischen Realität und Fiktion:»Wenn Sie wissen wollen, wer hier spricht, welches Ich, so ist es das meine und auch wieder nicht, aus wem spräche immer nur das eigene Ich.«

Thematisch kreist das Buch wieder um die Bewältigung des Verlustes. Marie Luise Kaschnitz gelingen zeitlose Texte, in denen sie alle Facetten der Trauer benennt. Sie fühlt sich unverstanden, da der Tod ihres Mannes für alle anderen eine bedauerliche Tatsache ist, für sie selbst aber ein »lebendiger Prozess« aus »Anziehung, Abstoßung, Nähe und Ferne«. Niemand kann »diese schmerzhafte Spannung zwischen Todessehnsucht und Lebenswillen« nachvollziehen. »Kein Pflug steht still um eines Menschen willen, der stirbt, und wer hätte das nicht schon erlebt, wie unerbittlich das Leben darauf besteht, weiter geführt zu werden, den Trauernden zum Hohn. Das aber kann ich nicht ertragen, daß so wie sonst die Sonne lacht […].«

Die Autorin macht deutlich, dass jeder Mensch nach einem Todesfall seine eigene individuelle Trauerzeit braucht, für die es – entgegen der allgemeinen Annahme – keinen zeitlichen Rahmen gibt. Sie bekennt, dass sie nur ganz langsam wieder ins Leben zurückfinden könne und ihr dabei wenige gute Freunde, viel Alleinsein und das Erinnern helfen. Gleichzeitig hat sie aber auch ein Gefühl für die »Größe eines Schicksals« und weiß, dass man es annehmen muss.

Zwei Jahre später nimmt sie das Angebot an, die Frankfurter

Poetik-Vorlesungen zu halten. Die Erfahrung des Zweiten Weltkrieges und der Verlust des Ehemannes sind Einschnitte im Leben von Marie Luise Kaschnitz, die ihre Texte verändern. In den späten fünfziger Jahren findet sie zu einem eigenen Ton, zu einer schlichten, poetischen Sprache, die das Wesentliche benennt.

In zahlreichen Texten setzt sie sich mit dem Vorgang des Schreibens auseinander. Ihrer Ansicht nach vermag niemand Texte zu verfassen, ohne dabei in irgendeiner Art persönliche Erfahrungen zu verwenden. Die Schriftstellerin, die gern auf Reisen geht, braucht keinen bestimmten Ort zum Schreiben: »Der ideale Arbeitsplatz ist die Fremde, die Unerreichbarkeit, keine bekannten, erinnerungsgeladenen Dinge, nichts, woran man sich halten kann, und nichts, das einem heimtückisch ein Netz über den Kopf wirft, keine Haustürglocke, kein Telefon. [...] Wenn ich arbeite, will ich nicht ich sein, [...] sondern gar niemand, ein Auge, ein Ohr, das sich erinnert, eine Hand, die schreibt.«

Die Poesie ist für sie die höchste Form des literarischen Ausdrucks. Wie mühsam die Arbeit an poetischen Texten sein kann, verdeutlicht das Gedicht *Müllabfuhr*:

Meine Gedichte
Ins Schmierheft gekritzelt
Verworfen zerhackt
[...]
Mit Flitter behangen
Der Flitter heruntergerissen
Kargwort neben Kargwort

Endlich das Ganze zerknüllt
Von der Hand in den Müll
Und fortgerollt mit Getöse
Am nächsten Morgen
Nur Worte noch zwei oder drei
Tanzen im Kielstaub
Leuchten auf in der Sonne.

Doch nicht immer kann sie Gedichte schreiben, wie sie im Interview mit Horst Bienek erläutert. Prosa- und Lyrikperioden wechseln einander ab, da es ihr schwerfällt, an beidem gleichzeitig zu arbeiten.

Im Gegensatz zur Arbeit an Gedichten sei die Prosa »immer eine Qual«, denn auch Erzählungen haben ihren verborgenen Rhythmus, aus dem man nicht herausgebracht werden dürfe. Wenn sie Prosatexte schreibt, nimmt sie sich vor, täglich zwei bis drei Seiten fertigzustellen. Selbst wenn sie keine Lust hat oder fürchtet, ihr würde nichts einfallen, zwingt sie sich an den Schreibtisch. Bis sie ihr Pensum erfüllt hat, vergehen manchmal acht Stunden, manchmal nur zwei. Beim Schreiben von Gedichten erwartet sie dagegen keine bestimmte Menge. Ein reines Vergnügen, zu dem sie sich nie zwingen muss, ist es, Dialoge für ein Hörspiel zu entwerfen.

In den sechziger Jahren erhält Marie Luise Kaschnitz zahlreiche Auszeichnungen. Ehrfürchtig wird sie »die große alte Dame der deutschen Literatur« genannt, eine Bezeichnung, die sie ärgert. Obwohl sie äußerlich dem Bild der »Frau mit der Perlenkette« entspricht, steht ihr gesellschaftspolitisches Engagement in krassem Gegensatz dazu. So nimmt die Schriftstellerin 1964 am Auschwitz-Prozess in Frankfurt am Main teil, unterstützt eine Wahlkampagne für Willy Brandt und sympathisiert mit der Frankfurter Hausbesetzer-Szene. Zu ihren engsten Freunden gehören der Publizist Dolf Sternberger und der Philosoph Theodor W. Adorno. Ihre Wohnung in Frankfurt am Main wird zum Treffpunkt junger Autoren wie Thomas Bernhard, Paul Celan, Ingeborg Bachmann, Max Frisch, Ingeborg Drewitz, Helmut Heißenbüttel, Alexander Kluge und anderen.

1970 veröffentlicht sie unter dem Titel *Steht noch dahin* ein Buch mit beunruhigenden Kurztexten: »Ob wir davonkommen ohne gefoltert zu werden, ob wir eines natürlichen Todes sterben, ob wir nicht wieder hungern, die Abfalleimer nach Kartoffelschalen durchsuchen, ob wir getrieben werden in Rudeln, wir haben's gesehen. Ob wir nicht noch die Zellenklopfsprache lernen, den Nächsten belauern, vom Nächsten belauert werden, und bei dem Wort Freiheit weinen müssen. Ob wir uns fortstehlen rechtzeitig auf ein weißes Bett oder zugrunde gehen am hundertfachen Atomblitz, ob wir es fertigbringen mit einer Hoffnung zu sterben, steht noch dahin, steht alles noch dahin.«

Diese beeindruckenden Prosaminiaturen, die keine Titel haben und sprachlich extrem verdichtet sind, nennt der Kritiker Marcel Reich-Ranicki »beklemmend und aufschreckend«. In wenigen Zeilen fängt die Autorin Momente des Alltags ein, die zum Nachdenken anregen. »Ein Mensch ist ein Neger, den viele verfolgen, der rennt und rennt. Ein Mensch ist ein Polizist, der seine Pflicht tut, oder ein Mädchen, das sagt, es macht ihm nichts aus, heiraten oder nicht geheiratet zu werden. Ein Mensch ist ein Auge am Elektronenmikroskop, eine Gummihand in der Bauchhöhle des Nächsten, eine Müdigkeit im Oktober, ein Finger am Abzugshahn. Auch die Frau war ein Mensch, die ihr Gespendetes aus dem Biafrasammeltopf fischte und sagte, pardon, ich dachte, Sie sammeln für Tiere.«

Marie Luise Kaschnitz ist nicht bereit, die Augen vor der Realität zu verschließen, und das erwartet sie auch von ihren Lesern. Doch bei einer Veranstaltung wirft man ihr vor, sie würde nur über »hässliche Dinge« schreiben und nicht mehr wie früher auch über Tröstliches. Sowohl in der Prosa als auch in der Lyrik sucht die Autorin immer nach der »härtesten inneren Wahrheit«, wie sie es einmal ausdrückt.

[…]
Halte nicht ein bei der Schmerzgrenze
Halte nicht ein
Geh ein Wort weiter
Einen Atemzug
Noch über dich hinaus
[…]

Im Jahr ihres siebzigsten Geburtstages, 1971, erscheinen mehrere Bücher von ihr und sie wird mit der Goethe-Plakette des Landes Hessen geehrt. »Das Alter ist für mich kein Kerker, sondern ein Balkon, von dem man zugleich weiter und genauer sieht«, schreibt sie in ihrem letzten Band mit autobiografischer Prosa *Orte*, der 1973 erscheint. Er wirkt wie die Essenz ihres Werkes und Lebens rund um die drei wichtigsten Orte ihrer Biografie: Bollschweil, Rom und Frankfurt am Main. In diesen kurzen Texten erinnert sich die Autorin an Momente ihres Lebens, an Wichtiges und scheinbar Nebensächliches, an Glück und Schmerz. Persönliche und gesellschaftliche Fragen vermischen sich. »Der Tod ist in meinen Gedichten, Geschichten, Aufzeichnungen überall anzutreffen, aber in meinem Alltag nicht. Ich denke nicht an ihn, jeder Versuch, ihn mir vorzustellen, wird abgebrochen, er kommt noch früh genug. […] Vielleicht ist das Schlimmste, von den Lebenden Abschied zu nehmen und in ihren Augen das Entsetzen zu sehen.«

Im selben Jahr muss sie zwei Verluste verkraften, die ihr sehr nahe gehen: in Rom stirbt die Freundin und Kollegin Ingeborg Bachmann und ihr Neffe Philipp, der zwanzigjährige Sohn ihres Bruders, wird von einem Lastwagen überfahren und tödlich verletzt. Ihr Bruder Peter schildert später, wie sie mit ihm das Grab des Neffen besucht und sagt:»Wenn ich sterbe, dürft ihr nicht traurig sein – ich habe ein herrliches, reiches Leben gehabt.«

Im Herbst 1974 macht sie mit ihrem Bruder, der seinen siebzigsten Geburtstag feiert, Urlaub in einem italienischen Küstenort nördlich von Rom. Ihrer besorgten Tochter verspricht sie, nicht im Meer zu schwimmen, doch geht sie dreimal täglich in den Pool der Pension. Dabei erkältet sie sich und wird mit dem Verdacht auf eine Lungenentzündung in das römische Krankenhaus Clinica de Spirito Santo gebracht. Bei der Aufnahme stellt sie fest, hier sei auch der Schriftsteller Stefan Andres gestorben und sagt:»Das ist der Anfang vom Ende.«* Marie Luise Kaschnitz stirbt am 10. Oktober 1974 im Alter von dreiundsiebzig Jahren. Zwei Tage später sollte sie die Frankfurter Buchmesse mit einem Vortrag eröffnen, dem sie den Titel »Rettung durch Phantasie« gab. Die Schriftstellerin wird am 16. Oktober in ihrem Heimatort Bollschweil neben ihrem Mann beigesetzt.

An dem Haus in Frankfurt am Main, in dem sie bis 1974 lebte, in der Wiesenau 8, erinnert eine Gedenktafel an sie.

Marie Luise Kaschnitz hat ein umfangreiches Werk hinterlassen. In den achtziger Jahren erschien eine siebenbändige Gesamtausgabe und 1998 wurden ihre Tagebücher, die sie einmal »mit wirklichen oder verkleideten Ichromanen« verglich, in zwei Bänden veröffentlicht. Nur schwer kann man sich dem Sog ihrer Geschichten entziehen, die – oft zwischen Realität und Illusion balancierend – beschreiben, wie das Unvorhergesehene ins alltägliche Leben einbricht. Ihre autobiografischen Texte haben bis heute nichts von ihrer Faszination und Eindringlichkeit eingebüßt. Sie benutzte ihr eigenes Leben als Material für ihre literarische Arbeit, verfremdete und verdichtete es. Viele Menschen spüren eine verborgene Tiefe hinter der Wirklichkeit, wagen jedoch nicht, weiter zu denken und zu fragen. Marie Luise Kaschnitz hat sich mutig und ehrlich den eigenen Ängsten, Hoffnungen und Konflikten gestellt. Mit ihrer prägnanten und genauen Sprache hat sie ihr Ziel erreicht, »leicht und doch nicht töricht zu schreiben«.

* vgl. von Gersdorff

Ein Gedicht

Ein Gedicht, aus Worten gemacht.
Wo kommen die Worte her?
Aus den Fugen wie Asseln,
Aus dem Maistrauch wie Blüten,
Aus dem Feuer wie Pfiffe,
Was mir zufällt, nehm ich,

Es zu kämmen gegen den Strich,
Es zu paaren widernatürlich,
Es nackt zu scheren,
In Lauge zu waschen
Mein Wort

Meine Taube, mein Fremdling,
Von den Lippen zerrissen,
Vom Atem gestoßen,
In den Flugsand geschrieben

Mit seinesgleichen
Mit seinesungleichen

Zeile für Zeile,
Meine eigene Wüste
Zeile für Zeile
Mein Paradies.

Mascha Kaléko
(1907–1975)

» Wir haben keine andre Zeit als diese «

Mein schönstes Gedicht…?
Ich schrieb es nicht.
Aus tiefsten Tiefen stieg es.
Ich schwieg es.*

Mascha Kaléko wurde Ende der zwanziger Jahre in Berlin mit ihren heiter-melancholischen Großstadtversen bekannt. Nach der Machtübernahme der Nationalsozialisten erhielt die jüdische Autorin Schreibverbot. 1938 emigrierte sie nach Amerika, 1959 nach Israel, doch heimisch fühlte sie sich in keiner Stadt mehr. Ihre zeitlosen Gedichte faszinieren immer neue Leser-Generationen, weil sie Grunderfahrungen der Menschen beschreiben: Liebe, Hoffnung, Zweifel und Verlust. Dabei gelingt es der Dichterin mühelos, die schwierige Balance zwischen Witz und Ernst zu halten und auch die kleinen Momente des Lebens und der Emotionen in wenigen Zeilen auf den Punkt zu bringen. In den Texten der erfolgreichsten deutschsprachigen Lyrikerin des 20. Jahrhunderts spiegeln sich persönliches Schicksal und zeitgeschichtlicher Hintergrund auf eindrucksvolle Weise.

Golda Malka Aufen, genannt Mascha, wird am 7. Juni 1907 in Chrzanów in West-Galizien – im heutigen Polen – als ältestes Kind einer jüdischen Familie geboren. Der Vater, Fischel Engel, ist russischer Staatsbürger und Kaufmann, seine Frau Rosa stammt aus

---

* Soweit nicht anders vermerkt, sind die Zitate entnommen aus: Kaléko, Mascha: Sämtliche Werke und Briefe in vier Bänden. Herausgegeben und kommentiert von Jutta Rosenkranz. Redaktion und Transkription des Briefbestandes: Eva-Maria Prokop, Übersetzung der fremdsprachigen Briefe und Textstellen: Britta Mümmler, Efrat Gal-Ed. München 2012

Österreich. Zwei Jahre später kommt die Schwester Lea zur Welt. Da die Eltern nach jüdischem Gesetz geheiratet haben, aber nicht standesamtlich, gelten die Töchter als unehelich geboren. Diese Tatsache wird Mascha ihr Leben lang verschweigen, wie auch ihre Herkunft aus dem damals noch zur Habsburger Monarchie gehörenden West-Galizien, wo vor allem die ärmeren Juden leben. Die brave jüngere Schwester wird zum Lieblingskind der Mutter, während die lebhafte und eigensinnige Mascha sehr an ihrem Vater hängt, der allerdings beruflich viel auf Reisen ist. Mascha fühlt sich als Außenseiterin. Später erinnert sie sich in ihrem Gedicht *Interview mit mir selbst*:

> [...]
> Mein meistgesprochenes Wort als Kind war »Nein«.
> Ich war kein einwandfreies Mutterglück.
> Und denke ich an jene Zeit zurück –
> ich möchte nicht mein Kind gewesen sein.
> [...]

1914 wandert Fischel Engel mit seiner Familie nach Deutschland aus; zuerst wohnen sie in Frankfurt am Main und Marburg, nach dem Ersten Weltkrieg ziehen sie nach Berlin. Zwei Jahre später wird die Schwester Rahel geboren, der sich die dreizehnjährige Mascha besonders verbunden fühlt, da sie sie fast wie ein eigenes Kind empfindet. Mascha gehört zu den besten Schülerinnen ihrer Klasse, schreibt gute Aufsätze und bekommt in Geografie einmal einen Tadel, weil sie während des Unterrichts unter dem Tisch Verse notiert. Schon damals übt das Schreiben auf sie eine besondere Faszination aus und heimlich probiert sie im Büro des Vaters die Schreibmaschine aus. Im Oktober 1923 verlässt sie die Mädchenschule der Jüdischen Gemeinde mit dem Zeugnis der Mittleren Reife. Sie wäre gern noch weiter zur Schule gegangen, doch der streng orthodoxe Vater ist der Meinung, dass Mädchen nicht studieren müssen.

> [...]
> Beim Abgang sprach der Lehrer von den Nöten
> der Jugend und vom ethischen Niveau.
> Es hieß, wir sollten jetzt ins Leben treten.
> Ich aber leider trat nur ins Büro.

Acht Stunden bin ich dienstlich angestellt
und tue eine schlechtbezahlte Pflicht.
Am Abend schreib ich manchmal ein Gedicht.
Mein Vater meint, das habe noch gefehlt.
[...]

1924 beginnt Mascha Engel eine Bürolehre bei der Jüdischen Gemeinde Berlin; im selben Jahr kommt der Bruder Haim zur Welt. Die
attraktive junge Frau mit den dunklen Haaren und lebhaften Augen
liest viel, verfasst Gedichte und besucht als Gasthörerin Abendkurse
in Philosophie und Psychologie an der Friedrich-Wilhelms-Universität. 1926 lernt sie den zehn Jahre älteren jüdischen Philologen und
Sprachlehrer Saul Kaléko kennen, zwei Jahre später, am 31. Juli 1928,
findet die Hochzeit statt. Im Sommer 1929 veröffentlicht die Zweiundzwanzigjährige ihre ersten Gedichte und trifft mit ihrer Mischung
aus Humor und Gefühl genau den Ton der Zeit. In ihrem Gedicht
Der nächste Morgen heißt es:

Wir wachten auf. Die Sonne schien nur spärlich
Durch schmale Ritzen grauer Jalousien.
Du gähntest tief.... Und ich gesteh es ehrlich:
Es klang nicht schön. – Mir schien es jetzt erklärlich,
Daß Eheleute nicht in Liebe glühn.
[...]
Wie plötzlich mich so viele Dinge störten!
– Das Zimmer, du, der halbverwelkte Strauß,
Die Gläser, die wir gestern abend leerten,
Die Reste des Kompotts, das wir verzehrten.
...Das alles sieht am Morgen anders aus.
[...]

In ihren Gedichten scheinen sich Zeilen und Reime locker aneinan-
derzureihen. Die Autorin beherrscht das poetische Handwerkszeug
genau, die klassischen Strophen- und Reimformen. Souverän erweitert sie die in der deutschen Dichtung beliebte vierzeilige Volkslied-
strophe durch ungewöhnliche Reime und modernes Vokabular wie in
dem Gedicht *Frühling über Berlin*:

Sonne klebt wie festgekittet.
Bäume tun, als ob sie blühn.
Und der blaue Himmel schüttet
Eine Handvoll Wolken hin.

Großstadtqualm statt Maienlüfte.
– Frühling über Groß-Berlin! –
Süße, wohlbekannte Düfte...
Stammen höchstens von Benzin.
[...]

Ihre leichtfüßigen Verse kippen nicht in Sentimentalität um, aufkommende Rührung wird ironisch gebrochen. Der heiter-ernste Ton ihrer Gedichte wird zu Mascha Kalékos Markenzeichen. Das Image der jungen, frühreifen Dichterin unterstützt sie noch dadurch, dass sie sich fünf Jahre jünger macht und als Geburtsjahr 1912 nennt. Bald gehört sie zum Kreis der Künstler und Literaten, die sich im Romanischen Café an der Berliner Gedächtniskirche treffen. Ihr erster Gedichtband *Das lyrische Stenogrammheft* erscheint im Januar 1933 im Rowohlt Verlag, Ende 1934 wird ihr *Kleines Lesebuch für Große* veröffentlicht. Hermann Hesse schreibt über ihre Lyrik:»Es ist eine aus Sentimentalität und Schnoddrigkeit großstädtisch gemischte, mokante, selbstironisierende Art der Dichtung, launisch und spielerisch, direkt von Heinrich Heine abstammend [...].« Mit Witz und Wehmut schildert sie das Lebensgefühl der Menschen, die alltäglichen Sehnsüchte, Ängste und Sorgen. Doch in ihren Versen klingen nicht nur Ironie und Melancholie an, sondern auch Sozialkritik wie in ihrem Antikriegsgedicht *Chor der Kriegerwaisen*:

[...]
Kind sein, das haben wir niemals gekannt.
Uns sang nur der Hunger in Schlaf...
Weil Vater im Schützengraben stand,
Zu fallen für Kaiser und Vaterland,
Wenns grade ihn mal traf.
[...]
Und kam eines Tages ein Telegramm,
Wenn der Vater schon lang nicht geschrieben –
Dann zog sich die Mutter das Schwarze an,

Und wir waren kriegshinterblieben.
[…]
Wir spüren noch heute auf Schritt und Tritt
Jener »Herrlichen Zeiten« Vermächtnis.
– Und spielt ihr Soldaten, wir machen nicht mit;
Denn wir haben ein gutes Gedächtnis!

Innerhalb weniger Jahre avanciert sie zur erfolgreichen Großstadt-Poetin und wird diese Zeit rückblickend als »die paar leuchtenden Jahre« bezeichnen – »vor der großen Verdunkelung«. Die Macht-ergreifung der Nationalsozialisten im Januar 1933 hat zunächst kaum Auswirkungen auf ihre berufliche Karriere. Als Ende Februar im Romanischen Café eine Lesung des regimekritischen Autors Walter Mehring stattfinden soll und plötzlich SS-Männer auftauchen, spielt Mascha Kaléko die charmante und naive Künstlerin und lenkt die Uniformierten ab. So bewahrt sie den Kollegen vor der Verhaftung und Mehring kann noch am selben Abend mit dem nächsten Zug nach Paris fliehen. Als das Regime jedoch feststellt, dass die Dich-terin Jüdin ist, dürfen von ihren Büchern, die kleine Bestseller sind, keine Neuauflagen mehr gedruckt werden. Ihr Name steht nun auf der »Liste des schädlichen und unerwünschten Schrifttums« und im August 1935 wird sie aus der Reichsschrifttumskammer ausgeschlos-sen. In deutschen Zeitungen darf sie nicht mehr veröffentlichen. Zu den beruflichen Schwierigkeiten kommen private: 1935 lernt sie den jüdischen Komponisten, Dirigenten und Chorleiter Chemjo Vina-ver kennen. Der zwölf Jahre ältere Musiker ist ihre große Liebe. Als sie einmal in einem Café sitzen, schiebt er ihr einen Zettel über den Tisch, auf dem nur ein Satz steht: »Mascha, ich muss ein Kind von dir haben.« Im Dezember 1936 wird der gemeinsame Sohn Avitar – später Steven genannt – geboren, dem sie ihr Gedicht *Einem kleinen Emigranten* widmet.

Du, den ich liebte, lang bevor er war,
Den Unvernunft und Liebe nur gebar,
Der blassen Stunden Licht und Himmelslohn,
Mein kleiner Sohn.

Du Kind, mein Herz gehörte dir schon ganz,
Als du ein Nichts noch warst, ein ferner Glanz
Aus deines Vaters dunklem Augenpaar,
In jenem Jahr.
[...]

Anfang 1938 lässt sie sich scheiden und heiratet sechs Tage später, am 28. Januar, Chemjo Vinaver. Offiziell heißt sie nun Mascha Kaléko-Vinaver, als Schriftstellerin publiziert sie weiter unter dem Namen Mascha Kaléko.

Gerade noch rechtzeitig vor den November-Pogromen, nach denen die Maßnahmen gegen die jüdische Bevölkerung im Dritten Reich immer bedrohlicher werden, emigriert die kleine Familie im Herbst 1938 nach New York. In der Emigration trifft die Autorin das Schicksal fast aller deutschsprachigen Exil-Schriftsteller, die, in einen anderen Sprachraum versetzt, kaum Möglichkeiten haben, zu veröffentlichen. Nur vereinzelt können Gedichte in der deutschsprachigen Emigranten-Zeitung *Aufbau* erscheinen. Mascha Kaléko lernt zwar schnell Englisch, doch schreiben kann sie nur in ihrer Muttersprache. Dieses Thema greift ihr Gedicht *Der kleine Unterschied* auf:

Es sprach zum Mister Goodwill
ein deutscher Emigrant:
»Gewiß, es bleibt das selbe,
sag ich nun *land* statt Land,
sag ich für Heimat *homeland*
und *poem* für Gedicht.
Gewiß, ich bin sehr happy:
Doch glücklich bin ich nicht.«

In den ersten Exil-Jahren steht das Überleben im Mittelpunkt, die Geldsorgen werden die Familie jahrelang begleiten. Mascha Kaléko verfasst Werbetexte und arbeitet als Dolmetscherin für ihren Mann, der einen Chor gründet, aber die fremde Sprache nicht beherrscht. Die Umstellung ist für sie nicht leicht, denn nach den erfolgreichen Jahren in Berlin ist sie in Amerika nur noch Mrs. Vinaver und kümmert sich um Mann, Sohn und Haushalt. »Oft frag ich mich: Ist die Wohnung für mich – oder bin ich für die Wohnung da?«, klagt sie in einem Brief. Zum Schreiben bleibt nur wenig Zeit. Sie knüpft Kontakte zu anderen deutschen Emigranten und Schriftstellern, darunter Hermann Kesten, Johannes und Gertrude Urzidil, Kurt Pinthus und Manfred George. Die Gedichte, die in der Emigration entstehen, thematisieren die Sehnsucht nach der verlorenen Heimat. 1945 erscheint in den USA ihr drittes Buch *Verse für Zeitgenossen*, das ihre Emigrationsgedichte enthält, in denen ihre ambivalenten Gefühle Deutschland gegenüber zum Ausdruck kommen wie in dem Gedicht *Emigranten-Monolog*:

> Ich hatte einst ein schönes Vaterland,
> So sang schon der Flüchtling Heine.
> Das seine stand am Rheine,
> Das meine auf märkischem Sand.
>
> Wir alle hatten einst ein (siehe oben!)
> Das frass die Pest, das ist im Sturm zerstoben.
> O, Röslein auf der Heide,
> Dich brach die Kraftdurchfreude.
> [...]
> Mir ist zuweilen so als ob
> Das Herz in mir zerbrach.
> Ich habe manchmal Heimweh.
> Ich weiss nur nicht, wonach...

Thomas Mann, dem sie ein Exemplar ihres Buches geschickt hat, lobt an den »ausdrucksvollen« Gedichten »eine gewisse aufgeräumte Melancholie«. Und der Kollege Hermann Kesten nennt in seiner Rezension den Titel ihres Buches zu bescheiden, da er sicher ist, dass einige dieser Verse »noch ganz anderen Leuten als unsern ›Zeitgenossen‹ gefallen, nämlich ihren Söhnen und Töchtern«. Seine Besprechung schließt mit dem Fazit: »Die Mischung in den Versen der Kaléko, Melancholie und Witz, Aktualität und Musik, romantische Ironie und politische Schärfe, ist glücklich und charmant und wahrhaft dichterisch.«

Nach Kriegsende schlägt Mascha Kalékos früherer Verleger Ernst Rowohlt der Dichterin vor, ihre Bücher wieder in Deutschland zu drucken, doch sie zögert. Aus der Ferne verfolgt sie, wie sich ihr ehemaliges Heimatland politisch und gesellschaftlich entwickelt. Sie liest regelmäßig deutsche Zeitungen und registriert genau, dass in der

Bundesrepublik Deutschland viele frühere Nationalsozialisten wieder wichtige Posten innehaben. In ihrem unveröffentlichten Gedicht *Ansprache an die Herrschaften mit kurzem Gedächtnis* kritisiert sie den Umgang mit der Vergangenheit in der jungen Bundesrepublik Deutschland:

> [...]
> Schon schlummert das, verzeihn Sie, Weltgewissen.
> Die edlen Herrenmenschen vom Ka-Zett
> Erholen sich auf sanftem Ruhekissen
> Und schwimmen wieder oben, mit dem Fett.
> [...]

Doch sie kann die Schrecken der Vergangenheit nicht vergessen und ist der Meinung, dass, »wenn die Deutschen wollen, dass man es vergesse, sie in allem zeigen müssen, dass sie es nicht vergessen haben«, wie sie in einem Brief an Manfred George, den Herausgeber des *Aufbau,* im Februar 1956 betont. Bei ihrer ersten Europareise nach der Emigration macht sie 1952 um Deutschland noch einen Bogen.

Erst drei Jahre später kommt es wieder zu einer Zusammenarbeit zwischen der Dichterin und dem Rowohlt Verlag, der ihre beiden ersten Bücher unter dem Titel *Das lyrische Stenogrammheft* neu auflegt. Zum Erscheinen des Buches fährt Mascha Kaléko erstmals seit ihrer Emigration nach Deutschland, erste Station im Januar 1956 ist Hamburg. Ihrem Mann berichtet sie fast täglich von ihren ambivalenten Eindrücken: »Die Landschaft und die Bäume hätten mir an sich wohlgetan, aber sie taten mir auch sehr weh. [...] Vergessen ist ein schweres Wort. Ganz frei von den düstern Geistern, die ich nun überall auf diesem Boden sehe, wird das Land für mich wohl kaum werden.« Sie gesteht, dass ihr bei der ersten Begegnung mit deutschen Beamten unheimlich zumute war, weil sie lange Mäntel tragen und diese Uniformen bei ihr unangenehme Erinnerungen hervorrufen. Misstrauisch beobachtet sie, ob die Deutschen den Übergang von der Diktatur zur Demokratie innerhalb so kurzer Zeit wirklich geschafft haben. Als 1956 an den hundertsten Todestag von Heinrich Heine erinnert wird, schreibt sie – einen Titel von ihm variierend – ihr Gedicht *Deutschland, ein Kindermärchen*:

[...]
Wie Heinrich Heine zu seiner Zeit
War auch ich in der Fremde oft einsam.
(Auch daß mein Verleger in Hamburg sitzt,
Hab ich mit dem Autor gemeinsam.)

Der Lump sei bescheiden: Ich sag es mit Stolz,
Daß von Urvater Heine ich stamme,
Wie Tucholsky und Mann, Giraudoux und Verlaine –
Wir lieben das Licht und die Flamme!
[...]

Dieses mit einundzwanzig Strophen längste Gedicht in Kalékos Werk ist eines ihrer wichtigsten. In ihm verbinden sich die Heiterkeit und Ironie ihrer frühen Verse mit der Zeitkritik und Tiefe, die ihre Exilgedichte auszeichnen. Die Dichterin fühlt sich dem konvertierten Juden Heine, der Deutschland nach dem Verbot seiner Bücher 1835 verlassen musste und nach Frankreich ins Exil ging, seelenverwandt.

[...]
... Auch ich bin »ein deutscher Dichter,
Bekannt im deutschen Land«,
Und nennt man die zweitbesten Namen,
So wird auch der meine genannt.

Auch meine Lieder, sie waren einst
Im Munde des Volkes lebendig.
Doch wurden das Lied und der Sänger verbannt.
– Warn beide nicht »bodenständig«.

Ich sang einst im preußischen Dichterwald,
Abteilung für Großstadtlerchen.
Es war einmal. – Ja, so beginnt
Wohl manches Kindermärchen.

»... Da kam der böse Wolf und fraß
Rotkäppchen.« – Weil sie nicht arisch.
Es heißt: die Wölfe im deutschen Wald
Sind neuerdings streng vegetarisch.

Jeder Sturmbannführer ein Pazifist,
So lautet das liebliche Märchen,
Und wieder leben Jud und Christ
Wie Turteltaubenpärchen.
[...]

Kritisch beobachtet sie die Nachkriegszeit und das Leben in Deutschland zwischen Ruinen, Aufbaustimmung, alten und neuen nationalsozialistischen Tendenzen und Wirtschaftswunder-Mentalität. Am
aufregendsten ist für sie das Wiedersehen mit ihrer früheren Heimatstadt Berlin, wo sie ein halbes Jahr bleibt. In zahlreichen Briefen und
Postkarten schildert sie ihrem Mann ihre Eindrücke von der zerstörten Metropole. Kurz nach ihrer Ankunft Anfang März 1956 schreibt
sie (ohne Umlaute, weil sie keine deutsche Schreibmaschine zur Verfügung hat): »Berlin ist erschuetternd. Kaputt bis auf Ku-Damm und
Tauentzien, [...]. Frag mich nicht, nichts steht, lauter Ruinen. Stand
vor der Synagoge Fasanenstrasse und sah ihr in die zerschossenen
Eingeweide – – – – [...]. Die Gedaechtniskirche...., Zerschossen
oben – – vorn steht der Eingang und hinten der Ausgang – – dazwischen Luft. Wo das Romanische war, – – ein riesenleerer Platz. Man
kann durchgucken bis zum Bahnhof Zoo.«

Für Mascha Kaléko vermischen sich die aktuellen Bilder immer wieder mit denen der Vergangenheit. Sie ist hin- und hergerissen zwischen ihren Erinnerungen an das Vorkriegs-Berlin und den
Impressionen in der Ruinenstadt. Wie zu Beginn der dreißiger Jahre
sieht sie ihre Bücher in den Schaufenstern der Buchhandlungen und
genießt das lang ersehnte Comeback, den neuen Ruhm, der allerdings wieder nur ein paar Jahre dauern wird. Das Berlin, das sie von
früher kannte, ist für immer verschwunden. Ihr Heimweh bezieht
sich nicht nur auf den Ort, sondern vor allem auf die vergangene Zeit,
wie ihr Gedicht *Wiedersehen mit Berlin* zeigt.

Berlin, im März. Die erste Deutschlandreise,
seit man vor tausend Jahren mich verbannt.
Ich seh die Stadt auf eine neue Weise,
so mit dem Fremdenführer in der Hand ...
[...]
Und alles fragt, wie ich Berlin denn finde?
– Wie ich es finde? Ach, ich such es noch!

Ich such es heftig unter den Ruinen
der Menschheit und der Stuckarchitektur.
Berlinert einer: »Ick bejrüße Ihnen!«,
glaub ich mich fast dem Damals auf der Spur.
Doch diese neue Härte in den Mienen…
Berlin, wo bliebst du? Ja, wo bliebst du nur?
[…]

Die Diskrepanz zwischen dem Berlin ihrer Erinnerung und dem der Gegenwart ist groß. Beruflich ist ihr Besuch in der Stadt erfolgreich, Leser, Redakteure und Verleger erinnern sich an die bekannte Dichterin der dreißiger Jahre. Sie wird zu Lesungen und Radio-Interviews eingeladen und die Zeitungen drucken wieder ihre Gedichte.

1958 erscheinen die *Verse für Zeitgenossen* im Rowohlt Verlag. Dieses Buch, das Mascha Kaléko einmal als »das Beste meiner bescheidenen Versuche in der Dichtkunst« bezeichnet, enthält – im Gegensatz zu ihren beiden ersten Büchern – auch jüdische Motive. Erst durch den Nationalsozialismus und seinen extremen Antisemitismus setzt sie sich stärker mit ihrer jüdischen Herkunft auseinander. In dem Gedicht *Einer Negerin im Harlem-Express* thematisiert sie die Unterdrückung von Minderheiten und zieht eine Parallele zwischen der Ausgrenzung und Verfolgung von Juden und Schwarzen, vergleicht Antisemitismus und Rassendiskriminierung:

[…]
Immer möchte ich dich leise fragen:
Weisst du, Fremde, dass wir Schwestern sind?
Du, des Kongo bronzefarbne Tochter,
Ich, Europas blasses Judenkind.…
[…]

Mascha Kaléko ist sich der jüdischen Tradition bewusst und feiert die wichtigsten jüdischen Feste mit ihrer Familie, doch gehört sie einem liberalen Judentum an. In den fünfziger Jahren wendet sie sich den östlichen Religionen zu und beschäftigt sich intensiv mit dem Zen-Buddhismus. Ihre Texte sind nicht nur voller Zitate und Anspielungen auf die Bibel, sondern enthalten auch zahlreiche Bezüge zur Literatur, Psychologie, Philosophie und den Welt-Religionen. Ihr Religionsbegriff ist universell definiert, wie ihr Vierzeiler *Es werde jeder selig nach seiner Konfession* verdeutlicht:

> Ob Jud, ob Christ: es gibt nur *einen* Gott.
> Doch sucht der Mensch ihn unter vielen Namen.
> Stehn wir vor IHM, so fragt ER nicht danach,
> Auf welchem Pilgerweg wir zu ihm kamen.

Bei ihrem zweiten Deutschlandbesuch 1958 bleibt sie mit ihrem Mann neun Monate in Berlin. Die Vergangenheit ist immer präsent, wenn auch nicht mehr so deutlich wie bei ihrem ersten Besuch. Als sie sich einen Dokumentarfilm über die Nürnberger Prozesse, die 1945/46 gegen die Hauptkriegsverbrecher geführt wurden, anschaut, löst das widersprüchliche Gefühle aus: »Es ist Herbst, wie damals vor genau 20 Jahren, als ich abschiednehmend über dieses Pflaster schritt. Die Blätter fallen, bronzefarben und braun. Und die braune Farbe hat ihren Schrecken verloren. Beinahe. Ach, nicht so ganz waschecht ist dieses Braun, es haftet manchem noch an, – so schnell lässt sich das nicht ganz abreiben. Und kommt man aus dem Film, so dauert es eine Weile, ehe der Krampf sich ganz löst, die Angst weicht. [...] es ist hell auf dem Kurfürstendamm, die Pärchen untergehakt wie eh und je, auch im Oktobersturm. Die Lautsprecher dröhnen nicht mehr durch das herbstliche Laub der Bäume, nicht ein einziges Hakenkreuz, unfaßbar! Nach so vielen eben drin auf der Leinwand... [...] Irgendwo in uns gibt es das unsichtbare Tonbandgerät, das notiert. Mit Vergessen lässt sich das nicht ausradieren. Eher mit stillem Zuhören, Stellungnehmen, Neinsagen zu dem was war. Laut nein sagen.«

Ihr kritischer und sensibler Blick hat auch Folgen für ihr Berufsleben, denn sie kommt in eine Situation, in der sie nicht anders kann, als Nein zu sagen. Nach den Erfolgen ihrer beiden wiederaufgelegten Bücher wird Mascha Kaléko im Frühjahr 1959 für den mit viertausend Mark dotierten Fontane-Preis der Berliner Akademie der Künste nominiert. Doch als sie erfährt, dass der Schriftsteller Hans Egon Holthusen – Direktor der Abteilung für Dichtung und Jury-Mitglied – in der SS war, zieht sie ihre Kandidatur zurück. Es sei ihr unmöglich, als von den Nationalsozialisten verbotene und verfolgte Autorin und emigrierte Jüdin einen Preis aus seiner Hand anzunehmen. Der Fontane-Preis hätte ihr die Bestätigung gebracht, die sie sich immer wünschte. Danach wird sie nie wieder für eine Ehrung vorgeschlagen. Immerhin erfolgt im selben Jahr ihre Aufnahme in das PEN-Zentrum deutschsprachiger Autoren im Ausland.

Über das Schreiben äußert Mascha Kaléko einmal in einem Interview: »Manchmal kommt ein Gedicht und ist so gut wie ›fertig‹. Manchmal schleppt man Strophen mit sich herum. Einmal ging es fast zehn Jahre, bis die letzte fehlende Strophe endlich da war. Vielleicht kommt zuweilen auch nur eine Zeile, die kann dann die Form des Ganzen bestimmen, kann wie eine Keimzelle schon alles enthalten. [...] Man darf ein Gedicht nicht loslassen, ehe das Gedicht einen loslässt.« Im Gedicht *Quasi ein »Januskript«* charakterisiert sie ihren poetischen Stil:

Wie Janus zeigt zuweilen mein Gedicht
Seines Verfassers doppeltes Gesicht:
Die eine Hälfte des Gesichts ist lyrisch,
Die andere hingegen fast satirisch.
Zwei Seelen wohnen, ach, in mir zur Miete
– Zwei Seelen von konträrem Appetite.
Was ich auch brau in meinem Dichtertopf,
Stets schüttelt Janus einen halben Kopf;
Denn, was einst war, das stimmt uns meistens lyrisch,
Doch das, was ist, zum großen Teil satirisch.

Im Herbst 1959 übersiedelt das Ehepaar Kaléko-Vinaver nach Jerusalem, weil Chemjo Vinaver sein Lebenswerk, eine Sammlung jüdischer Synagogalmusik, nur in Israel fortsetzen und vollenden kann. Die Dichterin, die sich in New York inzwischen einigermaßen zu Hause fühlt, wagt diesen Umzug nur ihrem Mann zuliebe.

Man braucht nur eine Insel
Allein im weiten Meer.
Man braucht nur einen Menschen,
Den aber braucht man sehr.

Diese Künstlerehe zweier eigenwilliger Persönlichkeiten verläuft nicht ohne Konflikte. Die Schriftstellerin klagt manchmal darüber, dass Chemjo Vinaver nur seine Musik im Kopf habe und sie für alles Organisatorische zuständig sei und deshalb nicht zum Schreiben komme. Einer Freundin gesteht sie, ihr Mann sei charmant und »wahrlich ein genialer Musiker, aber zur Mascha brauchte er auch noch eine haustüchtige nervenlose Hausfrau. Und die Mascha einen braven Mann, der rechnen kann und auch sonst nicht alles seiner Frau auflädt, weil er es nicht ›kann‹.« Doch die Basis dieser Beziehung sind Liebe und Geborgenheit, die beiden Partnern Kraft und Halt geben. In einem Brief berichtet Mascha Kaléko, dass ihre Handschrift für ihren Mann unlesbar sei, er aber »recht gut in meinem Herzen« lese.

> Ich und Du wir waren ein Paar
> Jeder ein seliger Singular
> Liebten einander als Ich und als Du
> Jeglicher Morgen ein Rendezvous
> Ich und Du wir waren ein Paar
> Glaubt man es wohl an die vierzig Jahr
> Liebten einander in Wohl und in Wehe
> Führten die einzig mögliche Ehe
> Waren so selig wie Wolke und Wind
> Weil zwei Singulare kein Plural sind

Nach mehr als zwanzig Jahren in Amerika ist die Übersiedlung nach Israel für Mascha Kaléko wie eine zweite Emigration. Nun fühlt sie sich fremd, da sie die Landessprache nicht beherrscht und auch nicht lernt. Der Umzug bedeutet zudem die räumliche Trennung von Steven, der die Musikalität des Vaters und die Sprachbegabung der Mutter geerbt hat. Nach einem Studium der Literatur- und Theaterwissenschaft hat der Dreiundzwanzigjährige erste Erfolge als Autor und Regisseur. Die Eltern leiden darunter, dass sie Steven kaum noch sehen und er sich selten meldet. Als er Anfang der sechziger Jahre mehrere Monate in Berlin lebt und arbeitet, unterzeichnet er einen Brief an die Mutter mit »Dein kleiner Emigrant«.

Zu der sprachlichen Isolation kommen andere Belastungen wie das ungewohnte Klima mit den trocken-heißen Wüstenwinden, die Krankheit ihres Mannes, der Herzprobleme hat und an Asthma leidet, eigene Beschwerden und die Pflichten des Alltags. In ihrer Korrespondenz schildert Mascha Kaléko ihre Unzufriedenheit und Erschöpfung: »[…] der Alltag raubt mir Zeit und Kraft, im Winter schrieb ich sogar wieder ein bischen, aber jetzt muss ich wieder immerzu kochen und haushalten, –« beschwert sie sich in einem Brief. »Alles bleibt für ›morgen‹ liegen, Post und Wichtigeres…. aber so auf ne freie Viertelstunde hin kann ich nich dichten. […] Ich bin 24 Stunden lang im ›Dienst‹. Pflegerin, Köchin, Dienstmädchen, alles, nur nicht Ich.«

In den sechziger Jahren, in denen sich die poetischen Formen verändern, gerät die Dichterin in Vergessenheit. Ihre Bücher sind vergriffen und werden nicht wieder neu aufgelegt. Der heiter-freche Ton der Anfangsjahre ist einer resignierten Traurigkeit gewichen. Während in den Emigrationsgedichten trotz der Sehnsucht immer auch Humor und treffsicher beschriebene Alltagsdetails aufleuchten, haben die Verse der letzten Jahre fast alle einen pessimistischen Grundton – wie im Gedicht *Heimweh, wonach?*

> Wenn ich »Heimweh« sage, sag ich »Traum«.
> Denn die alte Heimat gibt es kaum.
> Wenn ich Heimweh sage, mein ich viel:
> Was uns lange drückte im Exil.
> Fremde sind wir nun im Heimatsort.
> Nur das »Weh«, es blieb.
> Das »Heim« ist fort.

In diesen Zeilen kommt das Gefühl der Entwurzelung zum Ausdruck, das Mascha Kaléko ein Leben lang begleitet. Wie ein roter Faden zieht sich das Motiv der Heimatlosigkeit durch ihre Texte. Nach ihrer Übersiedlung nach Jerusalem entstehen deutlich weniger Gedichte, sie sind resignativer, aber auch klug und voller Lebensweisheit.

Innerhalb weniger Jahre treffen sie schwere Schicksalsschläge. Im Juli 1968 stirbt überraschend der einunddreißigjährige Sohn, der in Amerika eine hoffnungsvolle Karriere als Regisseur begonnen hatte. Der Tod des geliebten, einzigen Sohnes ist für die Eltern die größte Katastrophe ihres Lebens, von der sich beide nicht mehr erholen werden. »Das ›Leben‹ geht weiter, sagt man. Lassen Sie mich Ihnen sagen, es ist nicht so«, gesteht sie einer Freundin, »etwas geht weiter, man ernährt seinen Körper und die sogenannte Seele […]«. Ein Jahr lang reist das Paar ruhelos in Europa umher und die Dichterin erkennt: »Die Zeit ›heilt‹ nichts. Sie narkotisiert nur. Und zuweilen wacht man aus der Narkose auf und merkt den Schmerz hinterm Schleier noch intensiver.« Der Verlust des Sohnes überschattet alles. 1971 veröffentlicht Mascha Kaléko ihr Kinderbuch *Wie's auf dem Mond zugeht* und zwei Jahre später den Gedichtband *Hat alles seine zwei Schattenseiten*. Der Berliner Schriftstellerin Ingeborg Drewitz, mit der sie sich angefreundet hat und die sie zu Lesungen einlädt, bekennt sie im Sommer 1972 in einem Brief: »Ich bin oft seelisch k. o. statt o. k.«

Im Dezember 1973 erliegt Chemjo Vinaver einem Herzanfall. Der Tod des Mannes stürzt sie erneut in eine Lebenskrise. Ihre Trauer und Melancholie vertraut sie nur ihrem Tagebuch an: »Immer denke ich nur an den Chemjo von einst, nie an ihn wie er zuletzt war, schwach und elend, und so oft verwirrt. [...] Jedes harte Wort, das ich ihm in unseren Kabbeleien je gab, schmerzt, aber das tut es sicher bei allen, denn man kann ja kaum in 38 Jahren miteinander Tag und Nacht zusammensein, bis auf geringe Unterbrechungen, und immer nur sich umarmen und küssen. Dennoch, es tut weh.«[*] Über die Todesanzeige setzt sie ihr Gedicht *Memento:*

Vor meinem eignen Tod ist mir nicht bang,
Nur vor dem Tode derer, die mir nah sind.
Wie soll ich leben, wenn sie nicht mehr da sind?

Allein im Nebel tast ich todentlang
Und laß mich willig in das Dunkel treiben.
Das Gehen schmerzt nicht halb so wie das Bleiben.

Der weiß es wohl, dem gleiches widerfuhr;
– Und die es trugen, mögen mir vergeben.
Bedenkt: den eignen Tod, den stirbt man nur,
Doch mit dem Tod der andern muß man leben.

In diesem eindrucksvollen Gedicht, das schon in den vierziger Jahren entstand, bringt sie die Erfahrung von Liebe und Verlust zum Ausdruck. Hermann Kesten berichtet sie: »Es ist mein Schicksal, alles zweimal zu erleben. Das erste Mal, wenn man es in Angst vorausahnt, und dann das zweite Mal, wenn es geschieht.« Nach dem Tod ihres Mannes zieht sich Mascha Kaléko noch mehr zurück. Ihr Notizbuch spiegelt ihre Einsamkeit und Trauer: »Überleben heißt warten

[*] vgl. Rosenkranz

auf den eigenen Tod«, lautet eine Eintragung, eine andere: »Ich habe es satt, tapfer zu sein.«[*]

Im September 1974 fährt sie noch einmal zu einer Lesung nach Berlin. Dort entsteht ihr Gedicht über die Straße in Charlottenburg, in der sie in den dreißiger Jahren wohnte. Es klingt wie eine Bilanz ihrer Heimatlosigkeit und ist ihr letztes vollendetes Gedicht:

Bleibtreu heißt die Straße

Vor fast vierzig Jahren wohnte ich hier.
… Zupft mich was am Ärmel, wenn ich
so für mich hin den Kurfürstendamm entlang
schlendere – heißt wohl das Wort.
Und nichts zu suchen, das war mein Sinn.
Und immer wieder das Gezupfe.
Sei doch vernünftig, sage ich zu ihr.
Vierzig Jahre! Ich bin es nicht mehr.
Vierzig Jahre. Wie oft haben meine Zellen
sich erneuert inzwischen
in der Fremde, im Exil.
New York, Ninety-Sixth Street und Central Park,
Minetta Street in Greenwich Village.
Und Zürich und Hollywood. Und dann noch Jerusalem.
Was willst du von mir, Bleibtreu?
Ja, ich weiß. Nein, ich vergaß nichts.
Hier war mein Glück zu Hause. Und meine Not.
Hier kam mein Kind zur Welt. Und mußte fort.
Hier besuchten mich meine Freunde
und die Gestapo.
Nachts hörte man die Stadtbahnzüge
und das Horst-Wessel-Lied aus der Kneipe nebenan.
Was blieb davon?
Die rosa Petunien auf dem Balkon.
Der kleine Schreibwarenladen.
Und eine alte Wunde, unvernarbt.

[*] vgl. Rosenkranz

Jahrzehntelang hat Mascha Kaléko an der klassischen, strengen Reim-
und Strophenform festgehalten, doch in ihren späten Gedichten ist
eine interessante stilistische Entwicklung festzustellen. Sie reimt weniger, verzichtet auf ein genaues Versmaß und passt die Länge der
Zeilen dem Inhalt an, der ihr nun wichtiger ist als formale Aspekte
und Reimpaare.

Die Schriftstellerin ist nie darüber hinweggekommen, dass sie
Deutschland 1938 verlassen musste. »Berlin bleibt für mich immer
ein wunder und ein guter Punkt in meinem Leben«, sagt sie 1973 in
einem Interview. Bei ihrem Besuch im Herbst 1974 überlegt sie, wieder in ihre alte Heimatstadt zurückzukehren, doch auf der Rückreise
über Zürich verschlechtert sich ihr Gesundheitszustand so sehr, dass
sie ins Krankenhaus muss. Dort bekommt sie eines Tages einhundert
rote Rosen vom Rowohlt Verlag, der *Das lyrische Stenogrammheft*
wieder veröffentlicht und das hunderttausendste Exemplar gedruckt
hat. An Ingeborg Drewitz schreibt sie entmutigt: »Bin *sehr krank* und
kann kaum noch. Unsere Berlin-Pläne sind jetzt utopisch.«

Mascha Kaléko stirbt am 21. Januar 1975 im Alter von siebenund-
sechzig Jahren an Magenkrebs. Die Beisetzung findet zwei Tage später auf dem Israelitischen Friedhof Friesenberg in Zürich statt.

An ihrem fünfzehnten Todestag, im Januar 1990, wird an dem
Haus in der Bleibtreustraße 10/11 in Berlin-Charlottenburg eine
Gedenktafel enthüllt und in Berlin-Kladow gibt es seit 1995 einen
Mascha-Kaléko-Weg. Seit ihrem einhundertsten Geburtstag im Juni
2007 erinnert in New York in der Minetta Street in Greenwich Village
eine Gedenktafel an die Dichterin, die dort siebzehn Jahre lang, von
1942 bis 1959, mit ihrem Mann und Sohn lebte.

Mascha Kaléko hat sich von der jungen Autorin charmanter Groß-
stadtverse zur Dichterin eindrucksvoller Emigrationslyrik entwickelt.
Ihr Werk umfasst über sechshundert Gedichte und Epigramme,
außerdem Prosatexte, Kurzgeschichten, Kinderbücher, Artikel und
mehr als tausend Briefe, in denen sie die Höhen und Tiefen ihres
Lebens – wie in ihren Versen – humorvoll und nachdenklich, aber un-
mittelbarer und ausführlicher schildert.

Obwohl ihre Gedichte sowohl von Lesern als auch von Rezensenten begeistert aufgenommen wurden, haben viele Literatur-Lexika
die Schriftstellerin entweder ignoriert oder nur in wenigen Zeilen gewürdigt. Auch die Literaturwissenschaft, die sich nur selten ihrem

Werk widmete, hat Probleme mit der Anerkennung und Einordnung ihrer Lyrik. Diese Dichterin passt in keine Schublade: Ihre Gedichte sind witzig und melancholisch, altmodisch und gegenwartsbezogen zugleich und werden oft unterschätzt, weil sie leicht verständlich sind. Sie stehen in der Tradition von Heinrich Heine, Kurt Tucholsky und Erich Kästner, doch Mascha Kaléko hat einen eigenen Stil entwickelt und ist die einzige weibliche Stimme unter den Lyrikern der Neuen Sachlichkeit. Die »Poetin des Alltäglichen«, der in ihren Versen über das individuelle Erleben hinaus allgemeingültige, zeitlose Formulierungen gelingen, ist längst eine Klassikerin der Moderne.

Wir haben keine andre Zeit als diese,
Die uns betrügt mit halbgefüllter Schale.
Wir müssen trinken, denn zum zweiten Male
Füllt sie sich nicht. – Vor unserm Paradiese

Droht schon das Schwert, für das wir auserlesen,
Verlorner Söhne landvertriebene Erben.
Wir wurden alt bevor wir jung gewesen,
Und unser Leben ist ein Nochnichtsterben.

Wir kamen einst mit Kindes Gläubigkeit
In ein vom Sturm verwüstetes Jahrhundert.
Einst hofften wir. Nun schweigt's in uns verwundert.
Ihr aber könnt nur helfen dem, der schreit.

Verstohlen träumen wir von Wald und Wiese
Und dem uns zugeworfnen Brocken Glück …
Kein Morgen bringt das Heute uns zurück,
Wir haben keine andre Zeit als diese.

Marlen Haushofer
(1920–1970)

» Meine Bücher sind alle verstoßene Kinder «

»Ich schreibe nie über etwas anderes als über eigene Erfahrungen. Alle meine Personen sind Teile von mir, sozusagen abgespaltene Persönlichkeiten, die ich recht gut kenne. [...] Ich bin der Ansicht, daß im weiteren Sinne alles, was ein Schriftsteller schreibt, autobiographisch ist.«

Dieses Bekenntnis in einem Interview mit Elisabeth Pablé zeigt, dass für die Autorin jedes eigene Erlebnis zum literarischen Material werden konnte. Marlen Haushofer führte ein Doppelleben: Sie war Hausfrau, Mutter, Zahnarztgattin – und Autorin. Jahrelang versuchte sie, diese unterschiedlichen Bereiche zu vereinen, doch es gelang ihr nicht, die Diskrepanz zwischen Leben und Literatur aufzulösen. In ihren Romanen und Erzählungen stellt sie die scheinbare Idylle der fünfziger Jahre in Frage und porträtiert Frauen, die aus den Pflichten zwischen Kindern, Küche und Kirche ausbrechen wollen. Schon als Kind versucht Marlen, sich gegen Regeln und Riten zur Wehr zu setzen. In ihren autobiografischen Romanen hat sie einfühlsam die Erlebnisse eines Mädchens zwischen Gehorsam und Rebellion geschildert. Den Höhepunkt dieser Auflehnung bildete ihr Roman *Die Wand*, der 1963 erschien und die Abkehr einer Frau von der Welt am radikalsten beschreibt. Doch damit war die Schriftstellerin ihrer Zeit voraus. Die Brisanz und Aktualität dieses Textes wurde Anfang der sechziger Jahre nicht erkannt und gewürdigt. Erst zwanzig Jahre später, nach der Neuauflage des Buches 1983, wurde die Autorin zu einer Ikone der Frauenbewegung.

Maria Helene Frauendorfer wird am 11. April 1920 als Tochter des Försters Heinrich Frauendorfer und seiner Gattin Maria in Frauenstein in Oberösterreich geboren. Sie wächst in der Natur auf, umgeben von Wald, Wiesen und Tieren. Das große Forsthaus ihrer Eltern empfindet sie zeitlebens als ihr einziges wirkliches Zuhause. Doch ihre Erinnerungen an die Kindheit sind ambivalent. In ihrem Roman *Himmel, der nirgendwo endet* hat sie ihre Kindheitserfahrungen, die in ihrem ganzen Werk eine große Rolle spielen, kaum verschlüsselt beschrieben. Maria Helene, die später Marlene genannt wird und im Roman Meta heißt, ist ein lebhaftes, aufgewecktes und neugieriges, aber auch sensibles Kind. Schon früh protestiert sie gegen Konventionen und geschlechterspezifische Regeln. Puppen interessieren sie nicht, sie »sehen jeden Tag gleich aus« und sind »kalt und dumm und riechen nach gar nichts«.

Zur Mutter hat sie ein schwieriges Verhältnis, denn Maria Frauendorfer ist eine rigorose, streng katholische Frau, die ihre lebhafte Tochter schon früh disziplinieren will. Für sie, die eine Hauswirtschaftsschule besucht hat, ist der perfekt geführte Haushalt eine tägliche Herausforderung. Als das Mädchen vier Jahre alt ist, kommt der Bruder Rudolf zur Welt. Der artige und angepasste Junge wird zum Lieblingskind der Mutter. Nach der Geburt des Bruders wird die Beziehung zur Mutter, die sich ein braves, sanftes Mädchen und keinen rebellischen Wildfang wünscht, noch komplizierter. »Freche Antworten nennt Mama es, wenn Meta sagt, was sie denkt.« Marlen, die sich nach der Zuneigung der Mutter sehnt, provoziert sogar Schläge, um körperliche Zuwendung zu erfahren. Obwohl das Gefühl der Zurücksetzung das Mädchen verletzt, entwickelt sich zwischen Bruder und Schwester ein inniges Verhältnis.

Marlen wendet sich dem Vater zu, der ein ruhiger, ausgeglichener und humorvoller Mann ist und zu einer Zuflucht für seine Tochter wird. Heinrich Frauendorfer, weniger pedantisch als seine Frau, verweigert die von ihr erwartete Rolle des strengen Familienoberhauptes. Wenn die Mutter sonntags allein in die Kirche geht, genießt die Tochter das Frühstück im Bett mit dem Vater, der ihr immer wieder neue, wunderbare Geschichten erzählt. »Das Bettfrühstück ist ein großer Spaß. Einmal beißt Vater vom Butterbrot ab, einmal Meta. Vater macht große breite Zahnabdrücke, Meta kleinere, die aber ganz ähnlich aussehen.«

Noch vor der Einschulung hat sich Marlen das Lesen selbst beigebracht. In der Schule bekommt sie nur gute Zensuren, gilt als munter, aber auch melancholisch. Da sie nicht Zeitung lesen darf, studiert sie die Bücher aus der Bibliothek des Vaters: »Es war ja immer schon ihr Verlangen, Dinge, die ihr gefallen, zu verschlucken. Lesen ist eine Art, sich die geliebten Dinge einzuverleiben, für die man nicht bestraft werden kann.« Während der Vater die Leselust der Tochter unterstützt, würde die Mutter ihr die Lektüre am liebsten verbieten. Doch als Marlen die Klassiker für sich entdeckt, wird das »Lesen zu einer angesehenen, nützlichen Beschäftigung«. Diese Werke sind so berühmt, dass die Mutter sie nicht verbieten kann. »Mama ist übrigens nur ganz oberflächlich gebändigt, sie macht immer wieder Ausfälle, um wenigstens Heinrich Heine zurückzuerobern und einzusperren. Da er aber ohne Zweifel ein Klassiker ist und einen roten Deckel mit Golddruck hat, gibt es für sie keinen triftigen Grund, ihn zu verwerfen. Aber sie mißtraut ihm sehr, und wüßte sie nicht, daß er ein großer Dichter war, sie hielte ihn für einen sittenlosen, frivolen Burschen. Ein Grund mehr für Meta, sich Heines besonders anzunehmen. Sie hat eine Schwäche für sittenlose, frivole Burschen, die ebensosehr wie sie von Mama verfolgt werden. Außerdem ist Heine auch Vaters Liebling […]«

Bald beginnt Marlen selbst Geschichten zu notieren, doch sie ist unzufrieden, weil sich ihre Gedanken beim Aufschreiben zu verändern scheinen. »Alles, was in ihrem Kopf so lebendig und leuchtend gewesen ist, wird matt und grau.« Als die Mutter eines Tages eine ihrer Geschichten in einer Schublade findet, liest sie sie begeistert der Familie vor. Marlen schämt sich und möchte am liebsten im Erdboden versinken. Zwar genießt das Mädchen das Lob der Mutter, wünscht sich jedoch, gelobt und gestreichelt zu werden, auch wenn sie keine Geschichten schreibt. Mit der Zeit erkennt Maria Frauendorfer, von der Tochter als »Märtyrerin der Küche« bezeichnet, dass Marlen keine gute Hausfrau abgeben wird: »Dich lassen wir studieren, denn du hast einen Kopf.« Später bestärkt die Mutter Marlen sogar darin, Schriftstellerin zu werden – denkt dabei allerdings mehr an Ritterromane als an beunruhigende Erzählungen und kritische, feministische Texte.

Die relative Freiheit und Geborgenheit der Försterstochter endet abrupt, als sie im Herbst 1930, mit zehn Jahren, in ein Ursulinen-Kloster in Linz kommt. Das strenge, reglementierte Internatsleben ist für das Mädchen ein Schock. Die Schülerinnen müssen um sechs Uhr früh aufstehen, sich mit kaltem Wasser waschen, straff geflochtene Zöpfe tragen und dürfen nur zu bestimmten Stunden sprechen. »Besonders aber haßte sie […] die Kälte. Den ganzen Tag lang fürchtete sie sich fröstelnd vor dem eiskalten Bett, in dem sie sich nie erwärmen konnte.«* Das Motiv der äußeren und inneren Kälte zieht sich wie ein roter Faden durch Marlen Haushofers gesamtes Werk. Die täglichen Unannehmlichkeiten im Internat sind schwer zu ertragen, denn auch dort entdeckt das kritische Mädchen den Kontrast zwischen der Außen- und der Innenwelt. Doch es bleibt ihr nichts anderes übrig, als sich zu fügen. »Sie kam dahinter, daß es sündhaft war, zu lügen, daß man sich aber mit der Wahrheit nur unbeliebt machte.«*

Nach außen hin ist Marlen ein ruhiges, zurückhaltendes Kind. Weder den Eltern gegenüber noch im Internat beklagt sie sich über die Zustände, die ihr zu schaffen machen. Der genau geregelte Tagesablauf mit seinen religiösen Riten und moralischen Pflichten verstört sie. Im Gegensatz zur Mutter, die tief religiös ist, entwickelt Marlen immer mehr Zweifel und bezeichnet sich als erwachsene Frau als Atheistin. Es irritiert sie, dass der nackte Christus betrachtet werden darf, die Mädchen aber, wenn sie baden, ihr Hemd anbehalten müssen, damit sie sich selbst nicht sehen. Die einzigen erträglichen Stunden im Kloster sind die Schulstunden, weil die Klassenzimmer besser geheizt werden und Marlen nach wie vor sehr wissbegierig ist. Freiwillig sitzt sie in der ersten Reihe, um nichts zu versäumen. Ihre Bücher und Hefte geben ihr ein Gefühl der Sicherheit. Sie gehört zu den besten Schülerinnen der Klasse und fällt vor allem durch ihre guten Deutscharbeiten auf. Oft werden ihre Aufsätze der Klasse vorgelesen. Mathematik und Zahlen liegen ihr weniger, deshalb notiert sie sich vor Prüfungen Jahreszahlen auf die Fingernägel. Nur beim Theaterspielen kann sie ihre ausgelassene und fröhliche Seite ausleben, denn die ernste und nachdenkliche steht meist im Vordergrund.

In der dritten Klasse wird Marlen depressiv und erkrankt an Tuberkulose. Sie verbringt ein Jahr außerhalb des Klosters und wird von der Mutter gepflegt. Nach ihrer Genesung zieht sich das Mädchen noch mehr in sich selbst zurück: »Aber es war mir nach dem Kranksein ein Licht aufgegangen. Ich hatte gelernt, mich nicht mehr gegen alle möglichen Hindernisse aufzulehnen. Mit dem Kopf durch die Wand? Das hatte ich aufgegeben.«**

Nach dem Anschluss Österreichs an das Deutsche Reich im März 1938 wird das Internat von den Nationalsozialisten geschlossen.

* vgl. *Eine Handvoll Leben*
** vgl. Strigl

Marlen besucht eine andere Schule, an der sie im Frühjahr 1939 das Abitur besteht. Sofort danach lässt sich die Neunzehnjährige beim Reichsarbeitsdienst verpflichten, da sie nach acht Jahren im Kloster die Welt entdecken will. Der Arbeitseinsatz führt sie nach Ostpreußen an die Ostsee. Auch dort muss sie sich der Lagerdisziplin unterordnen. Trotz der harten Einsätze als Landarbeiterin genießt sie diese Zeit, da sie zum ersten Mal von der Familie fort ist und sich selbstständig fühlt. Im Gegensatz zum Klosterleben sind die Frauen beim Arbeitsdienst nicht streng von den Männern getrennt. Marlen verliebt sich in einen Medizinstudenten aus Dortmund, doch nach Hitlers Überfall auf Polen am 1. September 1939 werden die Mädchen in ihre Heimat zurückgeschickt.

Im Januar 1940 beginnt Marlen mit dem Studium der Germanistik und Kunstgeschichte an der Wiener Universität. Der Krieg beeinträchtigt das unbeschwerte Studentenleben noch nicht. In Wien lebt sie von hundert Reichsmark im Monat und kommt sich etwas verloren vor, da sie das Leben in der Großstadt nicht gewöhnt ist. Dort trifft die Zwanzigjährige den Medizinstudenten wieder und verlobt sich im Herbst mit ihm. Kurz darauf stellt sie fest, dass sie schwanger ist, und trennt sich von ihrem Verlobten. Vermutlich hat er ihr Vertrauen missbraucht und sie zum Geschlechtsverkehr genötigt. Jahre später erwähnt sie einer Freundin gegenüber, dass sie einen solchen Mann niemals hätte heiraten können. In ihrer Novelle *Wir töten Stella* heißt es: »Vor Jahren war mir etwas geschehen, das mich in einem reduzierten Zustand zurückgelassen hatte, als einen Automaten, der seine Arbeit verrichtet, kaum noch leidet und nur für Sekunden zurückverwandelt wird in die lebendige junge Frau, die er einmal war.«

Für Marlen, das katholische Mädchen vom Land, ist diese uneheliche Schwangerschaft eine Sünde und ein Unglück, doch eine Abtreibung kommt für sie nicht in Frage. In ihrem Roman *Die Tapetentür* wird sie später eine Frau beschreiben, die ihr autonomes Leben aufgibt, heiratet und schwanger wird. Doch sie merkt bald, dass sie im falschen Leben ist und empfindet das ungeborene Kind als Bedrohung. Die Protagonistin hat das Gefühl, von diesem Kind verschlungen zu werden, und sehnt die Geburt herbei, »um endlich von dieser Last befreit zu werden«. Sie wehrt sich gegen die Mutterrolle und die damit zusammenhängenden Pflichten. Die Schilderung einer nicht wie allgemein angenommen von Glücksgefühlen bestimmten, sondern bedrückenden Schwangerschaft ist 1957 – im Erscheinungsjahr des Romans – völlig neu und ungewöhnlich. Ausgehend von ihrer eigenen Erfahrung wagt es die Autorin, Gedanken zu formulieren, die damals kaum eine Frau laut artikuliert hätte.

Von ihrer eigenen ungewollten Schwangerschaft erzählt Marlen im Winter 1940 nur dem Bruder und einer Freundin und studiert eifrig weiter. Im Dezember lernt sie in Wien in der Straßenbahn einen jungen Mann kennen, der ihr seinen Sitzplatz anbietet, obwohl man noch nicht sieht, dass sie schwanger ist. Die beiden verlieben sich ineinander und je näher sie sich kommen, desto mehr belastet Marlen ihr Geheimnis. In ihrem Roman *Die Mansarde* schildert sie die Zeit des Kennenlernens und das wunderbare Gefühl, »plötzlich nicht mehr allein zu sein«. Der drei Jahre ältere Manfred Haushofer, Feldwebel und Student der Medizin, ist ein intelligenter, zurückhaltender und ruhiger Mensch. »Wir redeten wirklich miteinander, nicht nur so nach den üblichen Spielregeln, sondern ganz ohne Hintergedanken und Vorbehalte, wie vielleicht zwei Kinder miteinander reden, die sich auf dem Spielplatz kennengelernt haben.«

Bald gesteht sie ihm ihre Schwangerschaft, doch Manfred Haushofer will sie trotzdem heiraten. Ende Juli 1941 wird Marlens Sohn Christian geboren, den sie in die Obhut der Mutter einer Freundin nach Bayern gibt. Ihre Eltern erfahren erst im Herbst von dem Enkel, kurz vor der Hochzeit ihrer Tochter. Marlen Frauendorfer und Manfred Haushofer heiraten am 11. November 1941 standesamtlich und am Tag danach in der Pfarrkirche von Frauenstein. Es ist eine Liebesbeziehung, nicht nur eine Zweckgemeinschaft, auf der jedoch – wie die Haushofer-Biografin Daniela Strigl konstatiert – von Anfang an die Hypothek des Neugeborenen lastet. In dem Roman *Die Mansarde* heißt es: »Wir waren dafür geschaffen, einander im Winter kennenzulernen, langsam aufzutauen und endlich wieder zu erstarren.«

Das junge Paar lebt kurze Zeit in Prag, dann in Wien, wo Marlen wieder studiert. Ihr Sohn Christian bleibt in Bayern. Im März 1943 bringt sie einen zweiten Jungen zur Welt, der auf den Namen des Vaters Manfred getauft wird. Da ihr Mann an einer lebensgefährlichen Krankheit, einer Herzmuskelentzündung, leidet, muss er nicht an die Front und promoviert kurz vor Kriegsende zum Doktor der Medizin. Die ersten fünf Jahre ihrer Ehe wird Marlen rückblickend als ihre glücklichsten bezeichnen, obwohl es Kriegsjahre sind, die allerdings für sie und ihre Familie keine gravierenden Veränderungen mit sich bringen. Auch in ihrer Prosa werden Krieg und Nachkriegszeit kaum thematisiert, sind eher eine Störung des Privatlebens als eine politische Tatsache. Nur in den Hörspielen, die sie in den fünfziger Jahren schreibt, spielen Zeitgeschichte und Vergangenheitsbewältigung eine größere Rolle.

Als der Krieg zu Ende ist, holen Manfred und Marlen Haushofer den ältesten Sohn Christian zu sich. Ein Ereignis, das für den Vierjährigen zum traumatischen Erlebnis wird, da er plötzlich nicht mehr das einzige Kind ist und die Aufmerksamkeit mit dem knapp zwei Jahre jüngeren Bruder Manfred teilen muss. Die Eltern verschweigen Christian die Tatsache, dass er einen anderen Vater hat. Erst nach dem Tod der Mutter wird er davon erfahren. Sie wohnen nun in Graz, wo Marlen weiter Vorlesungen in Germanistik besucht, ihr Studium jedoch nicht abschließt. Doch sie beginnt wieder zu schreiben; nun mit der Absicht, ihre Texte bei verschiedenen Zeitschriften zur Veröffentlichung anzubieten. Im Dezember 1946 publiziert sie erstmals eine Kurzgeschichte in einer Zeitung.

1947 zieht sie mit ihrem Mann, der als Zahnarzt arbeitet, und den beiden Söhnen nach Steyr bei Linz in Oberösterreich. Sie leidet unter ihrer Rolle als Hausfrau, Mutter und Zahnarztgattin und den familiären Pflichten. Die Eheleute beginnen sich zu entfremden und immer heftiger zu streiten. Marlen hat den Eindruck, ihr Mann sei nach dem Krieg verändert. Die beiden haben unterschiedliche Interessen, während er unternehmungslustig ist, bleibt sie am liebsten zu Hause. Manfred Haushofer wird abweisend und jähzornig und hat Affären mit anderen Frauen. Die Atmosphäre in der Familie ist nicht nur zwischen den Eheleuten angespannt, auch zwischen den beiden Kindern herrscht Eifersucht, da sowohl Marlen als auch ihr Mann den gemeinsamen jüngeren Sohn vorziehen.

In dieser Zeit findet Marlen Haushofer in Wien Anschluss an einen Kreis junger, unbekannter Autoren um den Schriftsteller und Herausgeber Hermann Hakel. Dazu zählen unter anderem Ingeborg Bachmann, Ilse Aichinger und Friederike Mayröcker. Aus der geistigen Anziehung zwischen Autorin und Mentor wird bald eine Liebesbeziehung, die später in eine Freundschaft übergeht. Hermann Hakel erkennt hinter der Fassade der bescheidenen Arztgattin vom Land den starken Willen und die intellektuelle Schärfe und ermuntert sie zum disziplinierten Schreiben. Von nun an lebt Marlen Haushofer in zwei Welten: dem künstlerischen Kreis in Wien und der Familie in Steyr, wo sie ihre Aufgaben als Ehefrau und Mutter zu erfüllen versucht. Die

Zeit für ihre kreative Arbeit sind gestohlene Stunden, die sie den Familienpflichten abtrotzt. In einem Brief stellt sie resigniert fest: »[…] ich müßte einmal ein paar Monate allein sein und Ruhe haben. Ich steh auf einem Platz, auf den ich nicht gehöre, lebe unter Menschen, die nichts von mir wissen u. die Hälfte meiner Kraft geht schon auf, in der Anstrengung, die es mich kostet, unauffällig zu bleiben. Je älter ich werde, desto klarer sehe ich, wie hoffnungslos wir alle verstrickt sind und ich bin froh für jeden, der nie zu Bewußtsein kommt.«*

Im Frühjahr 1950 macht sich Manfred Haushofer mit einer eigenen Zahnarztpraxis selbstständig und seine Frau wird seine Assistentin. Tagsüber kümmert sie sich um den Haushalt und die Kinder und arbeitet unentgeltlich in der Praxis ihres Mannes. An einem Sommertag gehen die Haushofers mit ihrem siebenjährigen Sohn Manfred in ein Café und lassen ihn dort eine halbe Stunde allein. Erst Jahre später wird er erfahren, dass sich seine Eltern in dieser Zeit haben scheiden lassen. Doch die Scheidung hat keine Konsequenzen. Sie erzählen niemandem davon und leben wie bisher unter einem Dach – allerdings in getrennten Zimmern – und sprechen oft tagelang nicht miteinander. Die Fassade des Ehepaares halten sie nur den Kindern und der Außenwelt gegenüber aufrecht.

Die schriftstellerische Arbeit in den Alltag zu integrieren, ist nicht einfach. Marlen Haushofer erledigt vormittags die Hausarbeit, nachmittags betreut sie die Kinder und am Wochenende stehen Büroarbeit oder Aktivitäten mit der Familie und Freunden auf dem Programm. Da ihr Alltag als Hausfrau sehr früh beginnt, schreibt sie von halb fünf bis halb sieben Uhr morgens und ist dann den ganzen Tag lang müde. In der Wohnung verteilt sie Zettel, auf denen sie Gedanken notiert, die ihr bei der Hausarbeit einfallen. Immer wieder nimmt sie sich vor, täglich zwei bis drei Seiten zu schreiben, doch es gelingt ihr nicht, da ständig andere Verpflichtungen dazwischenkommen. So arbeitet sie eher schubweise an ihren Texten, sobald sich eine Gelegenheit ergibt und alle aus dem Haus sind. Beim Schreiben muss sie allein sein, dann arbeitet sie sehr diszipliniert, doch hat sie kein »Zimmer für sich allein«, wie es Virginia Woolf schon 1929 für jede schreibende Frau forderte. Marlen Haushofer notiert ihre Texte mit der Hand am Küchentisch in Schulhefte, weil das Geklapper der Schreibmaschine sie stört. Sie weiß, dass sie für die Aufgaben einer

* vgl. Strigl

Hausfrau kein Talent hat, und bedauert es, nur nebenbei Schriftstellerin sein zu können. Sie trennt diese beiden Tätigkeiten völlig. Die Familie nimmt ihr Schreiben nicht ernst und betrachtet es nur als Hobby. Außerdem sind die Söhne eifersüchtig auf das andere, literarische Leben der Mutter, die regelmäßig nach Wien fährt.

Dort lernt sie Anfang der fünfziger Jahre den Journalisten und Kritiker Hans Weigel kennen, der im Nachkriegsösterreich eine Schlüsselposition im Kulturbetrieb innehat. Er löst Hermann Hakel als Mentor ab, wird zum Freund und Förderer der jungen Autorin und ermutigt sie, einen Roman zu verfassen. In einem Brief an ihn bekennt sie, dass sie sich durchaus fähig fühle, einen guten Roman zu schreiben, doch fehle ihr der dazu nötige Fleiß. Und sie fährt fort: »Tatsächlich wünsch ich mir jetzt einen handgreiflichen Erfolg nur, damit man mich endlich in Ruhe arbeiten läßt u. nicht behaupten kann, daß ich meine Zeit u. Gesundheit für eine fixe Idee opfere. Im übrigen ist die Zeit in der ich schreiben kann (und ich schreib sehr mühsam) für mich die erträglichste, da bin ich manchmal für Minuten fast glücklich.«* Sie verändert ihre Arbeitszeit und schreibt nun – »mit Hilfe von Cola u. Kaffee« – von neun Uhr abends bis Mitternacht.

Es geht ihr wie vielen Frauen ihrer Generation in den fünfziger und sechziger Jahren, die ihre eigenen Interessen jahrelang zurückstellen und ihr Leben der Familie opfern. In ihrem Roman *Die Tapetentür* heißt es: »Eine Frau, die ein Kind hatte, hörte auf, ein freier Mensch zu sein. Man war eine gute Mutter und nichts sonst, oder man versagte als Mutter und behielt seine Persönlichkeit. [...] Niemand konnte eine Sache gleichzeitig behalten und aufgeben, und hatte man sich dazu entschlossen, sie aufzugeben, so mußte man es rückhaltlos tun. Es gab keinen Weg, der zu der jungen Frau in der kleinen Wohnung zurückführte, die gewohnt war, zu tun und zu lassen, was ihr beliebte.«

1952 erscheint Marlen Haushofers erstes Buch *Das fünfte Jahr*, in dem sie die Erlebnisse eines fünfjährigen Mädchens schildert. Für diese Erzählung wird die Autorin mit dem Förderpreis des Österreichischen Staatspreises für Literatur ausgezeichnet. Diese erste literarische Anerkennung ist besonders wichtig für sie, da sie der Familie und den Bekannten beweist, dass sie Schriftstellerin ist und nicht nur zum Spaß oder Zeitvertreib schreibt.

* vgl. Strigl

Die innere Aufspaltung in diese beiden so unterschiedlichen Welten kostet Marlen Haushofer viel Energie. Als ihr Mann eine Assistentin einstellt, wird Marlen etwas entlastet, da sie nur noch die Büroarbeit für die Praxis erledigen muss. Die neue Sprechstundenhilfe ist eine enge Freundin von ihr, mit der Manfred Haushofer bald darauf ein Verhältnis beginnt. Trotz der doppelten Verletzung durch die Trennung und die neue Beziehung ihres Mannes mit ihrer Freundin erträgt Marlen das Dreiecksverhältnis, alle Beteiligten fahren sogar mehrmals zusammen in den Urlaub. Allerdings hat auch Marlen Haushofer in Steyr eine Affäre mit einem verheirateten Mann, die sie zunächst »zeitweise glücklich« macht, doch bald immer mehr belastet. Sie bekommt Depressionen, die sie vor ihrer Familie geheim zu halten versucht, arbeitet aber trotzdem täglich an einem Roman. Hans Weigel empfiehlt ihr Therapiestunden bei dem Psychologen Viktor Frankl, dem Begründer der Logotherapie, den sie eine Zeitlang aufsucht.

1953 wagt sie einen Ausbruchsversuch und wohnt einige Monate in Wien. Dort merkt sie, dass sie sehr gut arbeiten kann, wenn sie allein lebt und schreibt fast zweihundert Seiten ihres Romans. Doch das Gefühl der Verpflichtung ihren Kindern und dem Mann gegenüber ist so stark, dass sie schließlich nach Steyr zurückkehrt. Einer Freundin gesteht sie 1954, dass sie sich seit sieben Jahren darum bemühe, unabhängig zu werden: »Aber weil er meine ganze Kraft beansprucht u. meine ganze Zeit, komm ich nie aus dieser Sklaverei heraus.«*

In ihren Texten erkennt Marlen Haushofer klarsichtig das Dilemma der Frauen zwischen Freiheitsstreben und Abhängigkeit. Die Protagonistinnen in ihren Büchern riskieren, was der Autorin in ihrem eigenen Alltag nicht gelingt. Ihr erster Roman *Eine Handvoll Leben*, der 1955 veröffentlicht wird und nicht nur in Österreich, sondern auch in der Schweiz und in Deutschland positiv besprochen wird, handelt von einer Frau, die Mann, Kind und Geliebten verlässt, um unabhängig zu leben. »Betty stellte sich vor, wie ihr Leben verlaufen wäre […] Vielleicht hätte sie endgültig resigniert und wäre mit den Jahren eine freundliche, ein wenig zerstreute Frau geworden, die mit ihrem Kind spazierengeht, Romane liest, Gäste empfängt, Blumen in Vasen ordnet und das Leben sanft und ohne Bedauern davonrinnen spürt. Eine von den vielen Frauen, deren Wille gebrochen ist und die gar nicht mehr wirklich sind.«

* vgl. Strigl

Schon in diesem ersten Roman hat Marlen Haushofer ihren eigenen Ton gefunden, kurze, schlichte Sätze in einer exakten, oft lakonischen Sprache, die kein Wort zu viel nennt. Ihr Buch stellt das bürgerliche Familienleben in Frage, das in der Gesellschaft der fünfziger Jahre einen hohen Stellenwert hat. Die Protagonistin analysiert auch die Beziehungen zwischen Männern und Frauen kritisch. Denn in Marlen Haushofer steckt eine Feministin und Männerfeindin, die man in der freundlichen, bürgerlichen Frau nicht vermutet, da sie ihre radikalen Überzeugungen auch vor den meisten Freunden und Bekannten verbirgt.

Sie bewundert die französische Schriftstellerin Simone de Beauvoir und deren Buch *Das andere Geschlecht*. Die Philosophin erkannte schon früh, dass es für Frauen im Patriarchat zwei große Fallen gibt: die Ehe und die Mutterschaft.

Marlen Haushofer fühlt sich auch den Vorkämpferinnen der Frauenbewegung – vor allem der Wiener Autorin und Feministin Rosa Mayreder – verbunden, doch sie selbst ist keine Kämpfernatur. Die Freundin und Schriftstellerin Jeannie Ebner bezeichnet Marlen als eine Frau, die die Männer nicht wirklich braucht. Die meisten Männer halten sie für hilflos und ahnen nichts von ihrem analytischen Blick und scharfen Verstand. Den Geschlechterkonflikt und die Zivilisationskritik hat sie schon lange vor der Frauen- und der Ökologie-Bewegung thematisiert.

Naturschilderungen spielen in Haushofers Werken eine besondere Rolle. »Ich brauche immer ziemlich lange Zeit, bis ich für meine Helden ein bißchen Sympathie aufbringe. Manchmal werden sie mir unterwegs langweilig und ich gebe sie auf«, bekennt sie in dem Interview mit Elisabeth Pablé, »aber noch nie ist mir ein Baum, ein Stein oder eine Landschaft langweilig geworden.«

Als Kind rebellierte sie gegen die Gebote und Verbote der Mutter, die sie als »Pflichtmensch« bezeichnet. Doch hat sie deren strenge Maßstäbe verinnerlicht; das Korsett ihrer Erziehung und der bürgerlichen Umwelt ist zu stark, um sich einfach darüber hinwegzusetzen. In ihrem Band mit Erzählungen *Schreckliche Treue* heißt es: »Übrigens hatte sie längst beschlossen, niemals so dumm zu sein, wie ihre arme Mutter, die den ganzen Tag kochen, aufräumen, abwaschen und nähen mußte und schon sehr abgearbeitete und häßliche Hände hatte.« Marlen Haushofers Anspruch an sich selbst als Hausfrau und Mutter ist hoch. Zwar hat sie das Gefühl, ihre »besten Kräfte sinnlos« zu verschwenden, doch würde ihr ein gelungenes Buch keine Freude machen, wenn sie ihre Familie deshalb vernachlässigt hätte. »Ich glaube wirklich, man kann nicht gleichzeitig ein guter Mensch u. ein guter Künstler sein.«*

Den Konflikt zwischen Schreiben und Leben kann Marlen Haushofer nicht auflösen, doch aus diesem inneren Druck heraus entstehen ihre Erzählungen und Romane. Auch in der meisterhaften Novelle *Wir töten Stella*, die 1958 erscheint, blickt sie kühl hinter die Fassade einer Familienidylle und hinterfragt das typische Verhalten der Männer. Der Ehemann verführt ein junges Mädchen, das sich das Leben nimmt, nachdem er das Interesse an ihr verloren hat. Seine Frau – die Protagonistin – beobachtet alles, ohne einzugreifen und konstatiert: »Richard ist ein Ungeheuer: fürsorglicher Familienvater, geschätzter Anwalt, leidenschaftlicher Liebhaber, Verräter, Lügner und Mörder. […] Wenn wir in ein gewisses Alter kommen, befällt uns Angst und wir versuchen etwas dagegen zu tun. Wir ahnen, daß wir auf verlorenem Posten stehen, und unternehmen verzweifelte kleine Ausbruchsversuche. Wenn der erste dieser Versuche mißlingt, und er tut es in der Regel, ergeben wir uns bis zum nächsten, der schon schwächer ist und uns noch elender und geschlagener zurückwirft.« Der Schweizer Schriftsteller Otto F. Walter urteilt anerkennend über dieses Buch: »Ich wüßte kein von einer Frau geschriebenes Stück Literatur, das mich in meinem Dasein und Verhalten als Mann fundamentaler in Frage stellte als diese Prosa.«

Ihrem Mentor, Hans Weigel, zeigt Marlen Haushofer einen frühen Romanentwurf, in dem einige Frauen gemeinsam einen lästigen Mann ermorden. Weigel rät ihr von einer Veröffentlichung des Textes ab, vermutlich verbrennt sie das Manuskript daraufhin. Die fünfziger Jahre, von der amerikanischen Autorin und Psychologin Betty Friedan als das Jahrzehnt des »Weiblichkeitswahns« bezeichnet, sind für derart extreme Befreiungsversuche der Frauen noch nicht reif. Obwohl Marlen Haushofer in ihren Gedanken sehr emanzipiert ist, bedient sie im täglichen Leben das damals übliche Klischee der Hausfrau und Mutter.

Die einzige Ablenkung sind ihre kurzen Ausflüge in das literarische Leben in Wien. Ihre geplante Teilnahme an einem Treffen der

* vgl. Strigl

Gruppe 47, in der Hans Werner Richter junge, unbekannte Autoren mit Kritikern und Verlegern zusammenbringt, fällt im Sommer 1954 aus. Es wäre eine Gelegenheit gewesen, sie im deutschsprachigen Raum bekannter zu machen, wie es den beiden österreichischen Autorinnen Ilse Aichinger und Ingeborg Bachmann gelang. Allerdings vermeidet Marlen Haushofer öffentliche Auftritte und Veranstaltungen und weigert sich auch, in Steyr aus ihren Büchern zu lesen.

In Wien begegnet sie dem Schriftsteller Reinhard Federmann, mit dem sie eng befreundet und einige Zeit auch liiert ist. Doch wieder wird sie enttäuscht, denn der Kollege ist verheiratet und trennt sich nicht von seiner Frau. Aber Marlen zögert ebenfalls, ihren Mann endgültig zu verlassen. So scheitert auch dieser Versuch, aus der Zwickmühle zwischen Familie und Literatur auszubrechen. Schließlich besiegelt sie diesen Zustand sogar noch, denn im Februar 1958 heiraten Marlen und Manfred Haushofer ein zweites Mal. Einer Freundin erklärt sie, dass man in Steyr nicht geschieden sein könne. Diese Entscheidung ist schwer nachzuvollziehen, denn die tägliche Hausarbeit wird ihr immer lästiger.»Wenn ich vorher gewußt hätte, daß Schreiben mein Lebensinhalt ist, hätte ich vielleicht keine Kinder bekommen. Kinder sind kein Lebensinhalt«, wird sie in Strigls Biografie zitiert.

Da Marlen Haushofer den Gegensatz zwischen Alltag und Literatur nicht auflösen kann, findet sie sich mit ihrer Doppelexistenz als Hausfrau und Schriftstellerin ab. Für sie ist die Phase der Arbeit am Text wichtiger als das veröffentlichte Buch, denn beim Schreiben kann sie ihrer engen Hausfrauenwelt entfliehen. Doch ihre Bücher sind nicht nur persönliche Bewältigungstexte, sie zeigen mit sensibler und schonungsloser Genauigkeit, wie das Leben der Frauen in den fünfziger und sechziger Jahren aussieht: eingeengt in die vorgegebene Rolle als Hausfrau und Mutter, ohne Chance, eigene Träume und Pläne zu verwirklichen. In ihren Erzählungen und Romanen entwirft sie eindrucksvolle Gegenwelten zum damals vorherrschenden Frauenbild, das die Frauen meist angepasst und fürsorglich darstellt, und zeigt, wie Frauen aus dem Zwang der Konventionen und Pflichten ausbrechen könnten. Ihre wichtigsten Bücher variieren das Grundthema ihres Werkes: Frauen zwischen dem Anspruch auf Selbstbestimmung und der Anpassung an die Lebensumstände. Die Männer in ihren Büchern erscheinen meist als Zerstörer oder Erhalter der reibungslos funktionierenden Alltagswelt, an die sie die Anpassung der Frauen erwarten. Für die zunehmende Entfremdung zwischen den Menschen, aber auch sich selbst gegenüber haben sie kein Gespür. Die Protagonistinnen in Haushofers Romanen spüren diese Ambivalenz, können ihr aber nicht entfliehen und sich nicht befreien. Hinter der scheinbaren Idylle der Nachkriegszeit deckt sie die Verlogenheit der Gesellschaft auf. Mit ihrer Forderung nach mehr Unabhängigkeit der Frauen stellt Marlen Haushofer das Frauenideal der fünfziger Jahre auf den Prüfstand. 1960 zieht die Familie in eine größere Wohnung mit Garten, in der Marlen Haushofer mehr Platz zum Arbeiten hat. Als die beiden Söhne ausziehen, ist sie nachmittags allein und kann dann schreiben, denn »der Abend gehört der Familie«. Trotzdem leidet sie unter der Doppelbelastung.

Sie empfindet es als Erleichterung, dass weder ihr Mann noch die Söhne ihre Bücher lesen, denn so kann sie es wagen, ehrlich zu sein. Da ihre Texte viele autobiografische Elemente enthalten, hätte die Lektüre innerhalb der Familie die angespannte Situation noch verschärft. Marlen versichert ihrem Mann, dass er mit den literarischen Männerfiguren nichts zu tun hat, doch wenn sie einen einengenden Ehealltag schildert, fällt es schwer, das zu glauben. In einem Interview gesteht die Autorin, dass sie nur das beschreiben könne, was sie kennt. Deshalb müsse sie oft lügen, um niemandem wehzutun.

1963 erscheint ihr wichtigster und bekanntester Roman *Die Wand*, in dem sie ihr Thema – die Unmöglichkeit von Nähe und die Entfremdung zwischen den Menschen – kompromissloser als in allen anderen Büchern und mit größter Konsequenz gestaltet. Eine Frau ist plötzlich durch eine unsichtbare Wand abgeschnitten vom Rest der Welt und versucht, mithilfe einiger Tiere zu überleben. Die einfache, klare Sprache entwickelt einen Sog und eine Spannung, denen man sich beim Lesen schwer entziehen kann: »Wenn ich heute an die Frau denke, die ich einmal war, die Frau mit dem kleinen Doppelkinn, die sich sehr bemühte, jünger auszusehen als sie war, empfinde ich wenig Sympathie für sie. Ich möchte aber nicht zu hart über sie urteilen, sie hatte ja nie eine Möglichkeit, ihr Leben bewußt zu gestalten. Als sie jung war, nahm sie, unwissend, eine schwere Last auf sich und gründete eine Familie und von da an war sie immer eingezwängt in eine beklemmende Fülle von Pflichten und Sorgen. Nur eine Riesin hätte sich befreien können und sie war in keiner Hinsicht eine Riesin, immer nur eine geplagte, überforderte Frau von mittelmäßigem Verstand, obendrein in einer Welt, die den Frauen feindlich gegenüberstand, und ihnen fremd und unheimlich war.«

In diesem Roman hat Marlen Haushofer ihre Phantasie vom Ausbruch aus dem bedrückenden Alltag und den Pflichten am radikalsten umgesetzt. Die Frau im Roman kann ihr selbstbestimmtes Leben nur führen, weil sie die einzige Überlebende ist. Zum ersten Mal beschreibt sie eine aktive Protagonistin, die ihr Leben in die Hand nimmt. Als am Ende des Romans plötzlich ein Mann auftaucht und ihr ruhiges Zusammenleben mit den Tieren gefährdet, tötet sie ihn. »Um unsere Freiheit ist es sehr traurig bestellt. Wahrscheinlich hat es sie nie anderswo als auf dem Papier gegeben. Von äußerer Freiheit konnte wohl nie die Rede sein, aber ich habe auch nie einen Menschen getroffen, der innerlich frei gewesen wäre. Und ich habe diese Tatsache nie als beschämend empfunden. Ich kann nicht sehen, was daran unehrenhaft sein sollte, wie jedes Tier die auferlegte Last zu tragen und letzten Endes wie jedes Tier zu sterben.«

In einem Interview bezeichnet Marlen Haushofer *Die Wand* als ihr »wesentlichstes Buch« und erklärt, dass ihr »ein solcher Wurf nicht noch einmal gelingen« werde. Doch die meisten Zeitgenossen erkennen die beunruhigende, zeitlose Aktualität des Romans nicht, der bei seinem Erscheinen mehr Ablehnung als Anerkennung erfährt. Für Hans Weigel ist das Buch jedoch »ein großer Bericht, dessen äußerste Einfachheit klassisches Maß erreicht«. Er zählt den Roman zu den Meisterwerken »abendländischer Epik«, in dem »schlicht und ohne Prätention Außerordentliches gesagt und gestaltet« wird. Erst eine Neuauflage zwanzig Jahre später bringt dem Roman endlich die Aufmerksamkeit, die er verdient. In den achtziger Jahren entdeckt die Frauenbewegung das Buch der fast vergessenen Autorin, in dem die Rollen der Geschlechter angezweifelt werden. Heute zählt *Die Wand* zu den Klassikern der Nachkriegszeit und wird immer wieder aufgelegt.

Marlen Haushofer weist in einem Gespräch auch auf eine psychologische Deutung der Wand hin, wenn sie erwähnt, dass die »Wand eigentlich ein seelischer Zustand« sei, der nach außen plötzlich sichtbar wird. »Haben wir nicht überall Wände aufgerichtet? Trägt nicht jeder von uns eine Wand, zusammengesetzt aus Vorurteilen, vor sich her?«[*]

Als Ausgleich für die mühsame Arbeit an Romanen schreibt Marlen Haushofer ab Mitte der sechziger Jahre Kinderbücher. 1964 veröffentlicht sie den ersten Band *Bartls Abenteuer*, für den ihr geliebter

[*] vgl. Strigl

Tigerkater Iwan das Vorbild ist. Es folgen die Kinder- und Jugend-
bücher *Brav sein ist schwer*, das sie aus der Perspektive eines Jungen schreibt, und *Müssen Tiere draußen bleiben?* Für diese Bücher,
die sie leicht und mit Vergnügen verfasst und die ihr den größten
finanziellen Erfolg bringen, bekommt sie drei Mal den Kinder- und
Jugendbuchpreis der Stadt Wien verliehen.

Noch vor der Veröffentlichung ihres Romans *Die Wand* hat Marlen
Haushofer mit einem neuen autobiografischen Manuskript begonnen.
Bei jedem Buch hat sie das Gefühl, wieder am Anfang zu stehen – als
hätte sie noch nie geschrieben. In einem Brief an Jeannie Ebner beklagt sie, wie störend es für sie sei,»dauernd in mehreren Welten zu
leben, die durch Abgründe getrennt sind«.* Ihre Kindheitserinnerungen erscheinen 1966 unter dem Titel *Himmel, der nirgendwo endet*.
Sie widmet das Buch ihrem Bruder, mit dem sie sich nach wie vor gut
versteht. Die Rezensenten loben die Poesie des Textes, der »aus einer tiefen, inneren Wahrheit« lebe und frei von Sentimentalität sei.*

In einem Interview mit der Kollegin und Freundin Dora Dunkl
antwortet Marlen Haushofer auf die Frage nach ihrem liebsten Werk:
»Meine Bücher sind alle verstoßene Kinder. Mich interessiert nur der
Vorgang des Schreibens. Die einzige Ausnahme ist der Roman *Himmel, der nirgendwo endet*, eine Autobiographie meiner Kindheit. Auch
dieses Buch lese ich nicht wieder, es genügt mir, in ihm ein Stück Vergangenheit eingefangen zu haben und manchmal daran zu denken.«

Das Lesen ist für Marlen Haushofer – neben dem Schreiben –
eine Gegenwelt, in die sie flüchten kann. Neben ihren Lieblings-
schriftstellern Heinrich Heine, Heinrich von Kleist und Charles
Dickens schätzt sie vor allem die Erzählungen Anton Tschechows.
Virginia Woolfs und Katherine Mansfields Texte liest sie auf Englisch.
Im Schnitt schafft sie drei Bücher pro Woche, greift dabei auch gern
zu Krimis, Groschenromanen und Science Fiction.

Im Mai 1967 unternimmt sie mit Freundinnen eine Reise nach
Rom, die sie wie eine Befreiung empfindet. Sie machen ausgedehnte
Spaziergänge und Besichtigungstouren durch die Stadt. Mit Hingabe
füttert Marlen die römischen Katzen und ist so locker und gelöst
wie selten. Die Aktivitäten dieser Reise hat sie penibel im Tagebuch
notiert, es ist das einzige, das – vermutlich versehentlich – im Nachlass erhalten ist. Jahrzehntelang führt Marlen Haushofer periodisch

* vgl. Strigl

Tagebuch, bewahrt diese Aufzeichnungen aber nur eine bestimmte Zeit auf und verbrennt sie dann. Im Januar 1968 klingt ihre Eintragung nachdenklich und zweifelnd: »Eigentlich kann ich nur leben, wenn ich schreibe u. da ich derzeit nicht schreibe fühle ich mich versumpft u. ekelhaft. Werde Kinderbuch machen, besser als gar nichts. Sehe daß die Erzählungen wahnsinnig depressiv und hoffnungslos sind, dabei in einer halbwegs guten Zeit geschrieben, in der ich mich ›stark‹ fühlte! Kein Mensch wird das lesen wollen, mit Recht, das böse Ende steht uns doch allen bevor, wozu sich jetzt schon betrüben lassen durch diese Geschichten.«

Für diese Erzählungen, die sie im Herbst 1968 unter dem Titel *Schreckliche Treue* veröffentlicht, erhält sie den Österreichischen Staatspreis für Literatur. Entgegen ihrer pessimistischen Eintragung im Tagebuch erklärt sie, diese Texte geschrieben zu haben, um sich selbst eine Freude zu machen. Nachdem sie in den Jahren zuvor zwei Romane geschrieben hatte, fühlte sie sich erschöpft von der mühseligen Arbeit. Der Zwiespalt zwischen Alltag und Schreiben wird im Laufe der Jahre immer belastender für Marlen Haushofer, die über zu viel Arbeit und große Müdigkeit klagt. Ihrer Freundin Jeannie Ebner gesteht sie: »Die Hausarbeit wird mir auch sauer und hängt mir nachgerade zum Hals heraus, weil sie idiotisch ist und mich nur Zeit und Kraft kostet.«*

Im Herbst 1968 wird bei Marlen Haushofer Knochenkrebs diagnostiziert. Schon seit Monaten hat sie Schmerzen, deren Ursache zunächst nicht erkannt wurde. In Wien wird sie operiert, doch der Tumor ist schon zu groß. Sie muss sich einer Chemotherapie und einer Strahlenbehandlung unterziehen. Das wahre Ausmaß ihrer Erkrankung verharmlost sie nicht nur vor Freunden und Bekannten, sondern verschweigt es auch ihrer Familie. Trotz ihrer schweren Krankheit beendet sie ihren Roman *Die Mansarde*, der 1969 erscheint. Die Reaktionen auf das Buch sind ambivalent. Doch Marlen Haushofer, die sich über gute Kritiken freut und schlechte schnell vergisst, arbeitet weiter an ihrem letzten Werk *Schlimm sein ist auch kein Vergnügen*, das erst posthum erscheint und später zu einem österreichischen Kinderbuchklassiker wird.

Beeindruckend ist ihre letzte Tagebucheintragung, die sie knapp einen Monat vor ihrem Tod notiert: »Mach Dir keine Sorgen. Du hast zuviel und zu wenig gesehen, wie alle Menschen vor Dir. Du

* vgl. Studer

hast zuviel geweint, vielleicht auch zu wenig, wie alle Menschen vor Dir. Vielleicht hast du zuviel geliebt und gehaßt – aber nur wenige Jahre – zwanzig oder so. Was sind schon zwanzig Jahre? Dann war ein Teil von Dir tot, genau wie bei allen Menschen, die nicht mehr lieben oder hassen können. Du hast viele Schmerzen ertragen, ungern – wie alle Menschen vor Dir. Dein Körper war Dir sehr bald lästig, Du hast ihn nie geliebt. Das war schlecht für Dich – oder auch gut, denn an einem ungeliebten Körper hängt die Seele nicht sehr. Und was ist die Seele? Wahrscheinlich hast Du nie eine gehabt, nur Verstand, und der war nicht bedenkend der Gefühle. Oder war da manchmal noch etwas anderes? Für Augenblicke? Beim Anblick von Glockenblumen oder Katzenaugen und des Kummers um einen Menschen, […]. Mach Dir keine Sorgen – alles wird vergebens gewesen sein – wie bei allen Menschen vor Dir. Eine völlig normale Geschichte.«

Marlen Haushofer stirbt drei Wochen vor ihrem fünfzigsten Geburtstag am 21. März 1970 in Wien. Die Urnen-Beisetzung findet auf dem Taborfriedhof in Steyr statt. 1990 wird an dem Forsthaus in Frauenstein, in dem sie geboren wurde, eine Gedenktafel enthüllt.

Ihrem gespaltenen Leben hat die Schriftstellerin ein beachtliches literarisches Werk abgerungen: fünf Romane, zwei Novellen, drei Bände mit über sechzig Erzählungen, fünf Kinderbücher und mehrere Hörspiele. Mit großer Sensibilität beschrieb sie Alltagssituationen und das Innenleben der Frauen, vermied dabei mit ihrer konzentrierten und schnörkellosen Sprache jede Sentimentalität. Fünfzehn Jahre nach ihrem Tod entdeckte die neue Frauenbewegung diese zu Unrecht vergessene Autorin, die die Rolle der Geschlechter schon früh in Frage stellte. Ihre Bücher wurden wieder neu aufgelegt und erzielten hohe Auflagen. Daniela Strigl kommt in ihrer Biografie zu dem Fazit: »Marlen Haushofer durchschaute alles und tat nichts. Sie kritisierte die Welt feministisch und blieb Hausfrau. Aus den Widersprüchen ihrer Existenz wie ihres Charakters ergab sich das Spannungsfeld, dem sich ihr Werk verdankt.« Diesen Zwiespalt verdeutlicht eine Passage aus der Erstfassung des Romans »Die Wand«, die Daniela Strigl zitiert:

»Ich träume immer noch davon frei zu sein und jetzt weiß ich auch daß ich eines Tages frei sein werde – nämlich nach meinem Tod. Nur werde ich es nicht mehr wissen und das kränkt mich ein wenig.«

Ingeborg Drewitz
(1923–1986)

»Der harte Trost der Genauigkeit«

»Ich will aufklären, will empfindlich machen für das, was uns
bedrückt und ich will vor allen Dingen immer wieder beweisen,
welche Fähigkeiten doch im einzelnen Menschen drinstecken,
mit diesem Druck fertig zu werden und wie klein der Freiraum
auch sein mag, den der einzelne hat, daß dieser Freiraum doch das
Geschenk ist, das wir wahrzunehmen haben.«[*]

Ingeborg Drewitz zählt zu den bedeutendsten deutschsprachigen
Autorinnen der Nachkriegszeit. Sie beschreibt, wie Menschen mit
persönlichen, gesellschaftlichen und zeitpolitischen Veränderungen
konfrontiert werden und lernen, damit umzugehen. In ihrem wichtigsten Roman *Gestern war Heute. Hundert Jahre Gegenwart* schildert sie das Leben von Frauen aus verschiedenen Generationen und
zeigt, wie Geschichte ins Alltags- und Privatleben eingreift. Schon
lange vor der Frauenbewegung Mitte der siebziger Jahre porträtierte
sie in ihren Büchern Frauenfiguren, die zwischen der Rolle als Hausfrau und Mutter und der beruflichen Karriere hin- und hergerissen
sind. Bekannt wurde Ingeborg Drewitz vor allem durch ihr politisches und gesellschaftliches Engagement, das oft von ihrem literarischen Werk abgelenkt hat.

Ingeborg Neubert wird am 10. Januar 1923 in Berlin geboren. Der
Vater, Eugen Neubert, ist Ingenieur und arbeitet in einem Konstruk-
tionsbüro. Die Mutter Hildegard gibt nach der Geburt der zweiten
Tochter Brigitte 1928 ihre Karriere als Pianistin auf. Schon als Kind
rebelliert Ingeborg gegen die vorgeschriebene Rollenverteilung. Sie
ist nicht gern Mädchen, fährt Roller und Fahrrad, sitzt rittlings auf

[*] vgl. Nachlass

Mauern und baut sich aus Stühlen ein Motorrad mit Beiwagen. Sie möchte Hosen tragen und wünscht sich einen Matrosenanzug, bekommt aber ein Matrosenkleid, bei dem sie jedoch die Matrosenjacke falsch herum zuknöpft. Noch als erwachsene Frau erinnert sie sich, wie sehr sie die einengenden Konventionen verabscheute, in denen ihre Mutter und Großmutter lebten. »Ich – oder nein, das Kind, das damals ich sagte, ich dachte, wollte anders sein als die Frauen, für die es wichtig war, daß der Teller leer gegessen wurde, daß die Röcke mit mehreren Säumen genäht wurden, um drei, vier Jahre zu passen, daß die Haare ordentlich gekämmt waren, die Strümpfe kein Loch hatten und das Kind Knicksen lernte.«*

Bei einem Waldspaziergang mit dem Vater nimmt Ingeborg einen Kiefernzweig mit nach Hause und legt ihn neben ihr Bett: Das ist ihr Wald. Als sie später die Buchstaben lernt, die das Wort Baum bilden, hat sie das Gefühl, nun gehöre ihr der Baum. So entdeckt das Mädchen, das von den bürgerlichen Regeln in ihrem Freiheitsdrang gebremst wird, eine andere Welt, die man selbst gestalten kann: das Schreiben. Für zehn Pfennige kauft sie ein Diktatheft und erfährt »zum erstenmal das Erlebnis der leeren Seite«, den »Sog des weißen Papiers«, spürt aber auch eine Aversion gegen das Gleichmaß, das ihr durch die engen Linien vorgegeben wird. Sie empfindet die Spannung zwischen Anziehung und Widerwillen und fühlt in sich eine Fülle aus Wörtern, Bildern, Geräuschen, Gerüchen, aber auch undefinierbaren Ängsten. Noch Jahrzehnte später wird sie sich an die frühe Faszination durch Buchstaben erinnern: »Das Vergnügen, Geschichten aufzuschreiben, das ich im ersten Schulwinter entdeckt hatte, ließ mich vollends vergessen, ob ich ein Mädchen oder ein Junge war.«

Ingeborg ist eine gute Schülerin, leidet nur unter der Handarbeitsstunde, die im dritten Schuljahr eingeführt wird. Sie bastelt lieber und baut mit Pappe, Schere und Kleister Häuser, Möbel, einen Schlitten und eine Filmkamera.

Als die Nationalsozialisten an die Macht kommen, ist sie zehn Jahre alt. In der Familie sind alle gegen das neue Regime, besonders die Mutter macht die Tochter auf Ungerechtigkeit und Willkür aufmerksam. Schon vor 1933 hat sie ihr nach Straßenschlachten die Blut-

---

* Soweit nicht anders vermerkt, sind die biografischen Zitate entnommen aus: Drewitz, Ingeborg: *Die ganze Welt umwenden. Ein engagiertes Leben.* Hrsg. von Uwe Schweikert. Düsseldorf 1987

flecken auf den Pflastersteinen gezeigt. Sie nimmt die Tochter mit, wenn sie in Wohnungen oder Kellern jüdische Familien besucht, die sie unterstützt. Der Vater, der inzwischen wie viele andere arbeitslos ist, tritt trotz seiner Vorbehalte in die NSDAP ein, um wieder eine Stellung zu finden. Weil sie sich von den Gruppenaktivitäten in Schule und Freizeit ausgeschlossen fühlt, wird Ingeborg 1936 – trotz Warnungen der Eltern – Mitglied im Bund deutscher Mädel (BDM). Doch mit der Zeit spürt sie ein Unbehagen und empfindet den Gruppendruck als einengend. Damals entwickelt sie eine Abneigung gegen jede Form der Gruppenzugehörigkeit und entdeckt »die Lust am Einzelgängertum«.* Zwei Jahre nach ihrem Beitritt kündigt sie ihre Mitgliedschaft aus Protest gegen die Reichspogromnacht im November 1938, in der die Nationalsozialisten jüdische Geschäfte plündern und zerstören und Juden verfolgen, misshandeln und ermorden.

Ihre Mutter registriert sehr genau die politischen Veränderungen in Deutschland und wird zum Vorbild. Nachts holt sie die Töchter ans Fenster, zeigt ihnen, wie Menschen von Uniformierten in ein Auto gestoßen werden, und sagt: »Vergeßt das nicht!« So werden die Mädchen schon früh für das Schicksal Verfolgter sensibilisiert.

Ingeborg gibt Nachhilfestunden und spart das Geld, um später studieren zu können. Doch 1941 wird die Achtzehnjährige – drei Tage nach bestandenem Abitur – zum Reichsarbeitsdienst zwangsverpflichtet. Sie arbeitet in einer Fabrik als Monteurin, in einem Fotolabor, auf einem Bauernhof, in einer Gärtnerei und einer Wäscherei. Ab Winter 1941/42 wird sie zum Kriegshilfsdienst eingezogen und muss täglich bis zu zweihundert Mitteilungen an die Eltern gefallener Soldaten schreiben. Diese Einsätze absolviert sie ohne Protest, weil sie das Gefühl hat, es sei gut, viele verschiedene Erfahrungen zu sammeln. Rückblickend wird sie diese Jahre ihre »Lebenslehrzeit« nennen.

Im Frühjahr 1942 beginnt Ingeborg – gegen den Willen des Vaters, aber mit Unterstützung der Mutter – mit dem Studium der Literaturwissenschaft, Geschichte und Philosophie an der Friedrich-Wilhelms-Universität in Berlin. Als die Nachricht von der Hinrichtung der Geschwister Hans und Sophie Scholl – die wegen eines Flugblatts gegen die Nationalsozialisten zum Tode verurteilt wurden – un-

* vgl. Demin

ter den Studenten flüsternd die Runde macht, schämt sie sich, nicht gegen das Regime zu protestieren. 1943 nehmen die Luftangriffe der Alliierten auf Berlin zu und große Teile der Stadt werden bombardiert. Auf den langen Fußmärschen von den Vorlesungen an der Universität in der Stadtmitte nach Friedenau »durch die verqualmten, von Trümmern übersäten Straßen« begleitet sie immer die Furcht, ob ihr Wohnhaus noch steht, und sie fragt sich: »Was hat das alles für einen Sinn, das Sterben, die Zerstörung, der Haß, der Gehorsam? Wie sind wir da hineingeraten?« Darauf gibt ihr auch das Philosophiestudium keine Antwort, doch diese Fragen bilden den Grundstein für ihr späteres gesellschaftspolitisches Engagement.

Als Gerüchte über das Ausmaß der Judenverfolgung und -vernichtung bekannt werden, fragt ihre Mutter im Februar 1945: »Kannst Du das glauben, was sie von den Gasöfen sagen? Das *können* Menschen doch nicht tun!« Sehr zögernd antwortet Ingeborg: »*Vorstellen* kann ich mir's auch nicht.« Dieses Gespräch wird sie nie vergessen.

Kurz vor Kriegsende – im April 1945 – promoviert die Zweiundzwanzigjährige und entscheidet sich trotz schwieriger Lebensumstände und schlechter finanzieller Perspektiven dafür, das Schreiben zum Beruf zu machen. In den ersten Nachkriegsjahren sind die Winter kalt und die Lebensmittel knapp. Das Überleben steht im Vordergrund und wird zur täglichen Herausforderung, aber es ist auch wieder möglich, private Pläne zu schmieden. Ingeborg trifft den zwei Jahre älteren, aus der Kriegsgefangenschaft zurückgekehrten Jugendfreund Bernhard Drewitz wieder, den sie 1938 in der Tanzstunde kennengelernt hat. Ihre Empfindungen fließen später in ihren Roman *Gestern war Heute* ein: »Reden ist nicht nötig. Das ist eine ganz neue Erfahrung: Daß es genügt, nebeneinander zu gehen, den Wind auf der Haut zu spüren. Sie haben sich nicht an den Händen gefaßt. Sie haken sich nicht einmal ein. Aber ihre Schritte stimmen jetzt zusammen. [...] Sie bleiben nicht stehen vor den Schaufenstern. Sie sehen sich nicht an und wissen doch jeder von dem andern das Lächeln.«

Ein Jahr nach dem Ende des Krieges, am 25. Mai 1946, heiraten die beiden. Der Bräutigam leiht sich vom Nachbarn einen Frack und das Brautpaar fährt sogar in einer weißen Kutsche. Die Mutter sorgt – trotz knapper Mittel – für einen feierlichen Rahmen und auf dem Fest tanzt man zum Kaiserwalzer, der vom Plattenspieler erklingt.

In *Gestern war Heute* schildert Ingeborg Drewitz die Ambivalenz einer Beziehung in dieser Zeit: »Neu ist es, sich aufeinander zu freuen, auf den Abend, auf das Wörterspiel mit den Wenns. Wenn wir ein Kind haben. Wenn wir eine eigene Wohnung haben. Wenn wir Fahrräder kaufen können. Wenn wir reisen können.« Sie entwirft ein zukünftiges Familienleben, spürt dabei aber auch »die Angst sich abhanden zu kommen. Angst vor dieser Idylle: Mann und Frau, vielleicht auch ein Kind oder zwei. Angst vor der Immer-Wiederkehr: Mann und Frau und Mann und Frau. Angst vor dem Leben, das Mutter gelebt hat und Großmutter und Urgroßmutter: Draußen die Welt und hinter den vier Wänden – nein, keine Geborgenheit.«

Das Ehepaar zieht in ein Reihenhaus in Berlin-Zehlendorf, auf der anderen Seite der Straße beginnt der Grunewald. 1948 kommt die erste Tochter zur Welt, zwei Jahre danach wird die zweite Tochter geboren. Ingeborg Drewitz will sowohl Mutter sein als auch Schriftstellerin. Ihr Mann, der Bankkaufmann ist, unterstützt sie im Haushalt und bei der Kinderbetreuung, damit sie arbeiten kann. Doch es ist nicht leicht, das Schreiben in ihren Alltag, der aus Haushalt, Küche und Kindern besteht, zu integrieren. Jeden Tag muss sie sich die Zeit für ihre Arbeit stehlen, sich Freiräume schaffen. »Klafften nicht Leben und Schreiben auseinander? Die Mutter, die junge Frau, die über Schularbeiten saß, [...] die Freude hatte, als endlich die Wohnung zu gestalten war, die mit den Kindern bastelte, mit dem Mann rodeln ging abends, wenn die Kinder schliefen, die wie wild tanzte – und schlaflos nachdachte, gejagt von Bildern.« Die zwei Spuren, Leben und Schreiben, erlebt Ingeborg Drewitz als Parallelwelten: Sie hat das Gefühl, diese zwei Spuren laufen bei ihr nebeneinander her und treffen sich nur selten.

In den ersten Jahren verdient sie mit ihrer Arbeit kaum Geld und stellt sich selbst und ihre Zukunftsvision oft in Frage. Sie denkt sogar darüber nach, sich das Leben zu nehmen. »Ich hab mit dem Gedanken nicht gespielt, sondern es war für mich eigentlich oft die einzige Beruhigung, die ich finden konnte«, bekennt sie Jahrzehnte später in einem Hörfunk-Interview.

Sie beendet ihren ersten Roman *Prometheus II*, findet auch einen Verlag, der ihn drucken will, doch durch die Währungsreform 1948 muss dieser Konkurs anmelden. Das Buch wird nie veröffentlicht.

1953 stirbt die Mutter, deren Selbstlosigkeit, Zuverlässigkeit und Mitgefühl für andere Ingeborg Drewitz bewundert: »Jahre hindurch habe ich geglaubt, meine Mutter habe sich zerstören lassen, habe sich aufgegeben, weil sie die Ziele, Wünsche, Hoffnungen ihrer Jugend aufgegeben hatte. – Bis ich begriffen habe, daß sie ein Leben gelebt hat, das in seiner Bescheidenheit und Farblosigkeit reich war.«

Als Schriftstellerin folgt sie der Spur der Mutter, die sich im Alltag »einsam trotzig den Nazis widersetzte«, indem sie den Nationalsozialismus und seine Folgen zu einem der zentralen Themen ihrer Texte macht. Ingeborg Drewitz ist die Erste, die ein Theaterstück schreibt, in dem Szenen in einem Konzentrationslager spielen. Die Erschütterung und Empörung über den von den Nationalsozialisten organisierten Massenmord an den Juden ist so groß, dass sie – noch ohne verfügbare Dokumente und genaue Informationen – »nur vom Schmerz fast erdrückt« den Text »in einem Atem herunter« schreibt. Für das Drama *Alle Tore waren bewacht*, das »aus der Betroffenheit über die brutale Rassenpolitik der Nazis« entsteht, erhält Ingeborg Drewitz 1952 ein Reisestipendium. Drei Jahre später findet in Berlin die Uraufführung statt und die Autorin wird mit der Jochen-Klepper-Gedächtnisplakette ausgezeichnet. Den Ausdruck »Vergangenheitsbewältigung« lehnt sie allerdings ab. Ihrer Meinung nach kann man Vergangenheit nicht bewältigen, sondern muss sie annehmen und sich mit ihr auseinandersetzen. Das betrifft die »eigene, die persönliche, aber auch die kollektive Vergangenheit, von der man sich als einzelner nicht ganz lösen kann«, wie sie in einem Fernseh-Interview erklärt.

Zunächst verfasst sie vor allem Dramen. 1954 nimmt sie an einem Treffen der Gruppe 47 in Italien teil und stellt sich dort mit einem Auszug aus einem Theaterstück als Dramatikerin vor. Doch ihre Lesung findet nur wenig Anklang. Dieses Forum, in dem Autoren nur vorlesen, aber nicht mit diskutieren dürfen und die anwesenden Kollegen und Kritiker die Texte beurteilen, bevorzugt Lyrik und Prosa. Später kritisiert die Schriftstellerin die Gruppe 47, weil diese sich nur zögernd den Exil-Autoren und Emigranten öffnet.

1955 veröffentlicht Ingeborg Drewitz ihren ersten Band mit Erzählungen, *Und hatte keinen Menschen*. In den nächsten Jahren liegen private und berufliche Ereignisse, ihre »zwei Spuren«, oft dicht beieinander. 1957 stirbt die dritte Tochter kurz nach der Geburt. 1958 wird die vierte Tochter geboren und der erste Roman *Der Anstoß* erscheint fast zeitgleich. Das traumatische Erlebnis des Verlustes eines Kindes gestaltet Ingeborg Drewitz – deren jüngste Tochter einen schweren Unfall hatte – erst viele Jahre später literarisch. In dem Roman *Gestern war Heute* verliert die Protagonistin ihre Tochter durch einen Sturz im Treppenhaus und fragt sich: »Bin ich schuld, ich? Weil ich zuviel wollte? Bin ich schuld, weil ich geschrieben habe: wir sind manchmal sehr glücklich? Darf man das nicht schreiben? Bin ich schuld, weil ich mein eigenes Leben haben wollte?«

Mit großer Disziplin und der Hilfe ihres Mannes, der sich oft um die Töchter kümmert, versucht Ingeborg Drewitz, Kinder, Haushalt, Familie und das Schreiben in Einklang zu bringen.

Auf die Benachteiligung der Frauen in der Gesellschaft weist sie immer wieder hin. Schon 1963 – lange vor der Frauenbewegung der siebziger Jahre – schreibt sie: »Unsere Gesellschaftsordnung hat die Emanzipation noch immer nicht ganz mitvollzogen. Noch immer existiert die Not der Frauen zwischen Verdienst und Familie, ihre Qual zwischen zwei Aufgaben wählen, sich entscheiden zu müssen.«

Eindrucksvoll und selbstkritisch schildert sie in ihrem autobiografischen Text *Ich über mich* ihren eigenen täglichen Zwiespalt: »Die zwei Spuren, Schreiben und Leben, sind äußerlich so weit voneinander, daß die Niederlagen der Autorin und die bescheidenen Erfolge der Autorin überhaupt nicht ins tägliche Leben hineingreifen. [...] wie's mich jedesmal durchfuhr, wenn wieder ein Hörspiel angenommen war, also das andere, das schreibende Ich doch existierte. Preise, Uraufführungen, ich hinter der Bühne, das war ich nicht, das war die ganz andere. Das war die Haut, das waren die Fingerspitzen, für die die Lust an den Sprache gewordenen Bildern alles war.«

Als die Töchter größer sind, beginnt Ingeborg Drewitz in den sechziger Jahren, sich immer mehr öffentlich zu engagieren. Sie ist Vorsitzende der Gemeinschaft der Künstlerinnen und Kunstfreunde (GEDOK), Gründungsmitglied der Verwertungsgesellschaft Wort, Präsidiumsmitglied des PEN-Zentrums der Bundesrepublik Deutschland und Mitbegründerin und lange Jahre Vorsitzende des Verbandes Deutscher Schriftsteller. Die Aufgabe des Schriftstellers besteht für sie darin, Veränderungen anzustoßen, aber die Ausführung anderen zu überlassen. Ein großes Vorbild in diesem sozialen Engagement ist für sie der Kollege Heinrich Böll.

Mitten im Kalten Krieg setzt sie sich für die Verständigung mit den Ostblockstaaten ein. Sie kümmert sich um verfolgte tschechische Autoren und Schriftstellerkollegen aus der DDR und trifft 1969 Peter Huchel und Reiner Kunze in Ost-Berlin. Sie organisiert die erste Ausstellung über Emigrationsliteratur in Berlin und lädt als Vorsitzende des Schutzverbandes Deutscher Schriftsteller Autoren, die während des Dritten Reiches emigrieren mussten, in die Bundesrepublik Deutschland ein. So besucht die jüdische Dichterin Nelly Sachs 1965 das erste und einzige Mal nach ihrer Emigration ihre Heimatstadt Berlin wieder. 1968 kommt die Berliner Dichterin Mascha Kaléko, der Ingeborg Drewitz in einem freundschaftlichen Briefwechsel jahrelang verbunden bleibt, zu einer Lesung in die Stadt.

Nach der Erschießung des Studenten Benno Ohnesorg während einer Demonstration im Juni 1967 in Berlin klagt Ingeborg Drewitz den Verleger Axel Springer »der Anstiftung zur Körperverletzung an«. Die in seinem Verlag erscheinenden Zeitungen hatten mit provozierender Berichterstattung Stimmung gemacht gegen die protestierenden Studenten, die den Besuch des Schahs von Persien kritisierten. Das Bundesverdienstkreuz, das ihr Bundespräsident Heinrich Lübke 1968 verleihen will, lehnt sie ab, weil dieser als Mitarbeiter von Rüstungsminister Albert Speer unter Hitler Baupläne für Konzentrationslager entworfen und unterzeichnet hat.

Zu dem täglichen Balanceakt zwischen Kindern, Haushalt und Schreiben kommt nun noch ihr gesellschaftspolitischer Einsatz. Ingeborg Drewitz nimmt auf sich selbst kaum Rücksicht, kümmert sich unermüdlich um Benachteiligte und Minderheiten, doch für ihre eigenen Kinder ist sie selten ansprechbar. Schreiben und Handeln bestimmen ihr Leben. Sie engagiert sich in unzähligen Vereinen und Gremien, und wenn sie sich für eine Sache einsetzt, dann wird sie auch aktiv, telefoniert, verhandelt, schreibt Briefe, hält Reden, reist umher. In einem Brief klagt sie: »Ich sitze meist bis Mitternacht am Schreibtisch nach der schriftlichen Tagesarbeit. Auf die Dauer ist das nicht gut. Ich schaff's nur, weil ich sehr wenig esse. [...] Der Wecker klingelt um halb sieben. So schleif' ich immer ein Stück Müdigkeit hinter mir her.«

Das Familienleben, aber auch ihre eigenen Bedürfnisse leiden darunter. Sie zieht sich in ihre Arbeit zurück und schreibt mehrere Stunden am Tag, in denen sie die Töchter nicht stören dürfen. Diese haben das Gefühl, der Mutter ist das Leben am Schreibtisch wichtiger als das echte Leben. Die sorgende Mutterrolle übernimmt Bernhard Drewitz, der so seiner Frau den Freiraum für die literarische und soziale Arbeit schafft. Dabei kommt der Austausch zwischen den Ehepartnern zu kurz und sie entwickeln sich auseinander. »Ehe ist nicht leicht, auch wenn man sich einigermaßen mag. Ist eine Einübung in Toleranz, und nur selten das, was man auch erfährt: Glück.

Das Leben ist dazu zu anstrengend«, bekennt Ingeborg Drewitz in einem Brief. »Vielleicht gäbe es längeres Glück, wenn man nicht für den Lebensunterhalt schuften müßte. So sind's winzige Augenblicke. Aber als Frau ist man gut dran, wenn man Kinder hat (so schwer's auch ist und dem Beruf quer). Man erfährt mit der ganzen Haut die physische Hilflosigkeit *und* Wärme.«

Auch in ihrem Roman *Eis auf der Elbe* thematisiert sie die Entfremdung zwischen Ehepartnern: »Muß es besondere Gründe geben, wenn zweien die Gefühle abhanden kommen? Reicht da die Lebenslangeweile nicht aus? Montagdienstagmittwochdonnerstagfreitagsonnabendsonntagmontagdienstag…«

Obwohl Ingeborg Drewitz in den fünfziger und sechziger Jahren einige Romane, Erzählungen und Hörspiele veröffentlicht, werden ihre Texte kaum wahrgenommen. Zum einen, weil sie die Wirklichkeit zu realistisch abbilden und die männliche Autorität in Frage stellen. Zum anderen, weil die Autorin in der Öffentlichkeit mehr durch ihr gesellschaftspolitisches Engagement auffällt. Das ändert sich erst 1969, als ihr Roman *Oktoberlicht oder ein Tag im Herbst* erscheint. In diesem Buch, das in der Ich-Form erzählt wird, steht zum ersten Mal eine Frau im Mittelpunkt. Geschildert werden vierundzwanzig Stunden im Leben der Protagonistin, die aus dem Krankenhaus entlassen wird und versucht, wieder in ihren Alltag zurückzufinden. In wenigen Worten gelingt es der Schriftstellerin, flüchtige Momente des Alltags festzuhalten. »Ich war nie heiterer als nach dem Aufwachen, ich hätte gern nach dem Lichtfleck auf der Wand gegriffen, aber ich brauchte ihn nicht zu greifen, er war da, das genügte.« Der Roman vermischt Gegenwart und Erinnerungen vor dem Hintergrund der Geschichte Berlins.

Im gleichen Jahr publiziert sie die erste umfassende Biografie über Bettine von Arnim, diese engagierte Autorin des 19. Jahrhunderts, die es wagte, den König zu kritisieren und auf Missstände in der Bevölkerung hinzuweisen. Ingeborg Drewitz ist die Erste, die bis dahin geheim gehaltene Dokumente und Briefe aus dem Arnim'schen Nachlass sichten und auswerten darf. Sie erkennt sich – trotz des »Altersunterschiedes von 138 Jahren« – in Bettine von Arnims vielfältiger Persönlichkeit wieder und entdeckt Parallelen zu ihrem eigenen Leben. Ein fiktiver Brief an Bettine von Arnim zu deren zweihundertstem Geburtstag 1985 macht deutlich, wie sehr sie sich der

Kollegin verbunden fühlt: »Meine liebe Bettine, […] zu viele Erfahrungen, zuviel Geschichte trennt uns. […] Du hast ja auch gegen das Vorgefundene rebelliert wie ich. […] wie meine Freundschaft zu dir gewachsen ist. […] ein Angebot, über Dich zu schreiben. […] Eine Arbeit, die ich begann, als mein Vater im Sterben lag, eine Arbeit, nach deren Abschluß ich meine jüngste Tochter beinahe durch einen Unfall verloren hätte. Beides hat mit der Arbeit nichts zu tun und doch mit Dir und mir. Denn als Frauen und Mütter – Dir sind sieben Kinder geboren, mir vier – erfahren wir ja täglich die Zerbrechlichkeit des Lebens und seine Kostbarkeit. […] Für mich ist es wichtig, daß Du so warst, wie ich zu sein versuche: Nicht angepaßt, empfindlich für die, die draußen stehen, zornig gegenüber der aalglatten Routine, wach für die Fingerspitzengefühle von Mensch zu Mensch, von den Sorgen um die eigenen Kinder immer wieder erreicht, eifernd im Protest, weil von der sozialen und demokratischen Verantwortung überzeugt – und schreibend allein. […] Bettine, Schwester, Freundin, anderes Ich – […] Bleib Du mir nahe mit Deinem Mut!«

In ihren Büchern thematisiert Ingeborg Drewitz den Konflikt der Frauen zwischen Familie und Beruf. In den nächsten Jahren folgen die Romane *Wer verteidigt Katrin Lambert?*, *Das Hochhaus* und *Eis auf der Elbe*. Die Schriftstellerin lässt sich zwischen den Romanen Zeit, will sich nicht wiederholen, sondern in jedes Buch neue Erfahrungen einarbeiten.

Neben ihren eigenen Büchern schreibt sie – trotz ihrer vielfältigen anderen Belastungen – Aufsätze, Essays, Vor- und Nachworte und Hunderte von Buchkritiken für Hörfunk, Zeitungen und Zeitschriften. Sie rezensiert Erzählungen der österreichischen Schriftstellerin Marlen Haushofer und lobt die »empfindliche Genauigkeit, mit der Situationen und Charaktere dargestellt werden«. Auch die Bücher von Marie Luise Kaschnitz bespricht Ingeborg Drewitz. Die beiden Autorinnen kennen sich persönlich, begegnen sich bei Tagungen und auf Buchmessen und tauschen sich über ihren Alltag, Reisen und entstehende Werke in Briefen aus. Sie treffen sich auch privat an den jeweiligen Wohnorten in Berlin oder Frankfurt am Main. Bei einer dieser Gelegenheiten überrascht Marie Luise Kaschnitz die mehr als zwanzig Jahre jüngere Kollegin mit dem spontan geäußerten Satz: »Sie sind so jemand, dem alle alles aufbürden wollen.« Ingeborg Drewitz ist das damals noch nicht bewusst, gesteht sie später in einem Porträt über die Kaschnitz, als sie sich an diese Begegnung erinnert.

1978 veröffentlicht Ingeborg Drewitz ihren wichtigsten Roman *Gestern war Heute. Hundert Jahre Gegenwart*, eine große Berliner Familiensaga, in der persönliches Erleben mit dem wechselnden politischen Schicksal der Stadt verknüpft wird. In diesem Roman, der viele autobiografische Bezüge aufweist, setzt sie auch ihrer Mutter ein literarisches Denkmal. Die Protagonistin Gabriele – wie die Autorin 1923 geboren – fühlt sich schuldig, weil sie weiß, dass die Mutter auf ihr Leben, auf eine Karriere als Pianistin, verzichtet hat wegen der Kinder. Gabriele ist entschlossen, »der Angst nicht nachzugeben, daß sie auch einmal so verloren gehen könnte«. Das Buch schildert, wie Frauen aus fünf Generationen nach ihrer Selbstverwirklichung suchen. Dabei zeichnet Ingeborg Drewitz ein vielschichtiges Bild der Frauengestalten und beschreibt in einer genauen, klaren Sprache deren Alltagsleben mit seinen Widersprüchen und den oft unmerklichen Brüchen: »In der Stille ist der Eisschrank zu hören und die Wasserspülung irgendwo im Haus. [...] Vorm Spiegel sitzen und die Äderung der Augäpfel erkennen, die Fältchen zwischen den Lachfalten, die schärfer gewordenen Mundfalten, die kariösen Zähne, die porige Wangenhaut, die bräunlichen Schatten neben der Nasenwurzel. Sich vorm Älterwerden fürchten, davor, sich versäumt zu haben und das nicht mehr einholen zu können.«

Die Spannung des Romans liegt nicht nur in der Darstellung der Frauenfiguren, die zwischen Beruf und Familie hin- und hergerissen werden und nach einem Ausweg oder Kompromiss suchen. Ingeborg Drewitz zeigt darüber hinaus, wie politisches Geschehen in das persönliche Leben eingreift und es mitgestaltet. Sie ist überzeugt davon, dass sich niemand in seinem Leben der aktuellen Zeitgeschichte entziehen kann und entfaltet ein Panorama der politischen Veränderungen des 20. Jahrhunderts am Beispiel der Stadt Berlin: Kaiserzeit, Erster Weltkrieg, Weimarer Republik, Nationalsozialismus, Zweiter Weltkrieg, Nachkriegszeit, Blockade und Luftbrücke, Gründung der BRD und der DDR, Wirtschaftswunder, Bau der Mauer. Für die Schriftstellerin ist das persönliche Leben untrennbar mit dem gesellschaftlichen Geschehen verbunden. Der Rezensent Jürgen P. Wallmann nennt *Gestern war Heute* einen »wichtigen Zeitroman, der unsere Gegenwart wie unsere Vergangenheit besser zu verstehen lehrt«.

Ingeborg Drewitz, deren Romane alle in der Metropole an der Spree spielen, wird auch zur Berlin-Chronistin, die die Entwicklung der Stadt nach dem Krieg dokumentiert. Als Berlinerin und Autorin fasziniert sie die Ambivalenz dieser Stadt. Sie empfindet es als ihre Pflicht, nicht nur die Spannungen zwischen den beiden deutschen Staaten aufzuzeigen, sondern auch die Schicksale der von der Spaltung betroffenen Menschen im geteilten Berlin.

Ingeborg Drewitz, die im Westteil der Stadt aufgewachsen ist und dort lebt, besucht regelmäßig Freunde in Ost-Berlin. Nach dem Bau der Mauer im August 1961 benötigen Westberliner zum Besuch der östlichen Bezirke einen Passierschein und müssen langwierige Kontrollen an den Grenzübergängen über sich ergehen lassen. In ihrem Buch *Hinterm Fenster die Stadt* publiziert sie einen »Brief an eine Freundin in Ost-Berlin«, weil sie der Meinung ist, dass ihre Freundschaft und vor allem ihre zunehmende Entfremdung ein öffentliches Thema sind. In diesem Text formuliert sie sensibel die Folgen der Teilung der Stadt für die Menschen. »Und dann die Jahre der Trennung. Die Scheu, Briefe so zu schreiben, wie Briefe unter Freunden zu schreiben sind. Pakete packen. Lauter Mißverständnisse, weil das, was wir hätten packen müssen, nicht geschickt werden durfte, bis heute nicht: Bücher, Zeitschriften, Schallplatten, Dinge, die uns angingen. Seitdem weißt Du zuwenig von uns. Ein Jahrzehnt Trennung und zwanzig Jahre geistige Trennung [...].« Die Schriftstellerin berichtet von den Problemen in der geteilten Stadt und wagt eine Zukunftsvision: »Wie wird das denn sein, wenn Du kommen kannst, endlich? Wenn ich Dir die veränderte Halbstadt zeigen kann, wie Du mir die veränderte Halbstadt – nein, nicht gezeigt – angedeutet hast, als ginge sie Dich nichts an vom Brandenburger Tor ostwärts bis zu den Endstationen in der Mark. Du bist noch nicht einmal bis zur Mauer gegangen, hast Du mir einmal gesagt. Dabei gibt es bei Euch doch keinen Mauertourismus wie bei uns, der einen davon abhalten könnte. [...] Ob wir uns noch (oder wieder) verstehen werden, das ist mir wichtig. Ob wir austauschen können, was wir beide gedacht (nicht nur was wir beide gemacht) haben in den 25, 26 oder 27 Jahren, die wir dann getrennt gewesen sein werden? Oder werden's noch mehr Jahre sein [...]. Ob wir nachholen können, was wir versäumen mußten?« Es werden achtundzwanzig Jahre, doch Ingeborg Drewitz hat den Fall der Berliner Mauer im November 1989 und die Wiedervereinigung der beiden deutschen Staaten im Jahr darauf nicht mehr erlebt.

In einem Interview betont sie, dass gerade die »Wechselwirkung zwischen Leben und Schreiben« für sie enorm wichtig sei. Sie erfährt das Schreiben als einen »Überlebensprozeß«: »Ich versuche immer zu schreiben, wenn ich mit Erfahrungen anders nicht fertig werde, als sie in der Formung zu bewältigen.«

Die Schriftstellerin, die ohne zu schreiben nicht existieren kann, erlebt auch Schreibkrisen. Gerade wenn größere Arbeiten abgeschlossen sind, fällt sie in ein Loch und fragt sich: »Ach, warum hast Du das getan? Warum veröffentlichst du das jetzt?« Erst als sie versteht, dass diese Zweifel zu ihrer Arbeit dazugehören, gelingt es ihr, diese Krisen anzunehmen und auszuhalten. Für sie ist Schreiben »immer ein Abenteuer«, das sie als eine Entblößung empfindet, aber auch als einen Akt der Befreiung. Oft sitzt sie stundenlang vor dem weißen Papier oder zerreißt nach einiger Zeit alles Geschriebene wieder. Dabei ist die Publikation für sie besonders wichtig, denn »beim Schreiben selbst ist man allein, aber ein Buch, das nicht veröffentlicht ist, ein Hörspiel, das nicht gesendet wird, ist tot. Es lebt erst, in dem es dann wie ein Seil, oder wie eine Schnur zu dem Gegenüber geworfen wird«, berichtet sie in einem Radio-Interview.

Diese Öffentlichkeit will sie nicht nur mit ihren Texten erreichen, sondern auch mit ihren gesellschaftlichen und kulturellen Aktivitäten. Für ihr literarisches Werk und ihr Engagement erhält Ingeborg Drewitz zahlreiche Auszeichnungen, unter anderem den Ida-Dehmel-Literaturpreis der GEDOK, die Carl-von-Ossietzky-Medaille der Internationalen Liga für Menschenrechte und den Gerrit-Engelke-Literaturpreis. Von Bundespräsident Gustav Heinemann nimmt sie 1973 das Bundesverdienstkreuz Erster Klasse für ihre künstlerische Leistung, ihre Arbeit zur Verbesserung der sozialen Situation der Schriftsteller und ihre Mitarbeit an der Verständigung mit den sozialistischen Staaten entgegen.

Immer wieder macht sie auf soziale Probleme aufmerksam, engagiert sich im Beirat »Zur Situation der Menschenrechte in der Bundesrepublik Deutschland« und für Opfer des Vietnam-Krieges und Türken in Berlin. Sie sammelt für Polen, betreut Strafgefangene in der Haftanstalt Berlin-Tegel und beteiligt sich 1974 zusammen mit anderen Schriftstellern und Studenten an einem viertägigen Solidaritätshungerstreik gegen die Haftbedingungen der RAF-Mitglieder. In den siebziger Jahren wird Ingeborg Drewitz Redaktionsmitglied einer Frauenzeitschrift, leitet die erste Delegation des Verbandes Deutscher Schriftsteller in Moskau, gründet in Berlin die Neue Gesellschaft für Literatur, arbeitet als Lehrbeauftragte am Institut für

Publizistik der Freien Universität Berlin, organisiert den ersten Kongress Europäischer Schriftstellervereinigungen in Berlin, die Tagung »Schreib das auf, Frau«, die Frauen Mut machen soll, zu schreiben und mit ihren Texten an die Öffentlichkeit zu gehen, und gehört zu den Erstunterzeichnern der Initiative »Künstler für den Frieden«.

Diese Aufzählung klingt beeindruckend und anstrengend. Ingeborg Drewitz steht fast ständig unter Druck, weil sie immer zu erreichen ist und sofort reagiert, wenn Probleme auftauchen. Sie erweckt den Eindruck, dass die wesentliche Aufgabe ihres Lebens nicht die Familie ist, sondern die Gesellschaft. Doch sie selbst nennt an erster Stelle das Schreiben, danach die Familie und erst dann ihr gesellschaftspolitisches Engagement. In einem Fragebogen antwortet sie auf die Frage nach ihrer Lieblingsbeschäftigung: Schreiben und Menschen zuhören. Doch in einem privaten Brief erwähnt sie, dass ihr Wunsch, allein über ihren Tag verfügen zu können, nur ganz selten in ihrem Leben in Erfüllung gegangen sei.

Es ist erstaunlich, dass sie parallel zu diesen fast unüberschaubaren Aktivitäten und Belastungen noch regelmäßig Bücher schreibt und veröffentlicht. Außerdem macht sie in den siebziger und achtziger Jahren zahlreiche Lesereisen, besucht unter anderem die Vereinigten Staaten, England, Irland, die Niederlande, Skandinavien, Portugal, Marokko, Algerien und Israel. Dabei geht sie bis an die Grenze ihrer physischen Kraft. In einem Brief erklärt sie, sie sei »vor lauter Lesungen ganz unfähig zu arbeiten. Und das ist das Schlimmste, was ich erfahren kann, weil das Schreiben meine Wirklichkeit ist, das Leben nur Vorstufe.« Im April 1974 notiert sie im Tagebuch: »Ich möchte nur noch schreiben – die verdammten Ämter abstoßen.« Doch erst Ende 1980 gibt Ingeborg Drewitz ihre ehrenamtlichen Aufgaben in der Neuen Gesellschaft für Literatur und im Verband Deutscher Schriftsteller auf. Im Frühjahr 1984 ist sie zwar wieder bereit, für den Vorsitz zu kandidieren, unterliegt dann aber überraschend in einer Kampfabstimmung. Nach dieser Niederlage, die offenbar durch eine Intrige gegen sie ausgelöst worden ist, zieht sie sich zurück. Bald darauf, im Juli 1985, stirbt der Mitstreiter und Freund Heinrich Böll; sein Tod geht ihr sehr nah.

Im gleichen Jahr publiziert sie einen Band mit literarischen Familienporträts, *Hinterm Fenster die Stadt*, und mehrere autobiografische Essays. In dem Text *Ich über mich* geht sie ihrer Identität als Autorin nach: »Ich kann von den Arbeitsantrieben schreiben, von den Verletzungen, die ich schreibend zu ertragen versuchte. Ich kann kaum von den Glücksmomenten schreiben, wenn die Sprache für Vibrationen, für Lichteinfälle, für Schmerz und Schweigen durchlässig wurde. Ich kann kaum von der Bangigkeit schreiben, die die Arbeit an einem Satz, einem Wort zur Qual machen kann. Denn das hieße beschreiben, was Schreiben ist, und das kann nicht gelingen, ohne sich und andere zu täuschen.«

In ihren Romanen und Erzählungen schildert Ingeborg Drewitz einfühlsam und realistisch das tägliche Leben der Menschen. »Die Erleichterung des Benennens. Der harte Trost der Genauigkeit, die die bestechlichen Erinnerungen auseinanderhält«, schreibt sie in *Hinterm Fenster die Stadt.* Sie blickt hinter die Fassade der Normalität und dringt in tiefere Schichten ein, die oft verdrängt werden. In der Erzählung *Erlenholz* kommt ein Sohn erst nach dem Tod seines Vaters zum Nachdenken: »Jeder erlebt mal seines Vaters Ende. Und schließlich ist es schnell gegangen. Genau zwanzig Minuten, die er gelegen hat. Zwanzig Minuten, in denen ich am Bett gesessen habe. [...] Daran habe ich denken müssen in den zwanzig Minuten, an alles das, was sein Leben nicht geworden ist. Zwanzig Minuten, ausreichend Zeit, um das zu bedenken! [...] Und es war zu spät. Ich war immer nur weiter und weiter gehastet, kurzatmig von Ziel zu Ziel: Examen, Stellung, Beförderung, Wohnung, die Sommerreise, die größere Wohnung, die nächste Sommerreise, dazwischen manchmal Gewissensbisse: das Tun. [...] Ich habe mich geschämt, dieses Ich da neben dem gelben Sandhügel. Geschämt, weil ich doch vergessen hatte zu lieben, meines Vaters kleines, tapferes Leben zu lieben.«

Im Frühjahr 1986 erscheint ihr Buch *Eingeschlossen*, in dem sich zwei Männer, ein Emigrant und ein Sozialarbeiter, begegnen. Die Protagonisten wollen die Welt verbessern, scheitern jedoch. Im Dialog zweier Generationen fasst die Autorin die Ängste und Hoffnungen des 20. Jahrhunderts zusammen. Sie greift hier Motive ihres ersten, unveröffentlichten Romans wieder auf, in dem sie die »Freiheitswut« und den Verrat des Prometheus thematisiert, der die Menschheit ins Verderben reißt. In einer Nachbemerkung zum Roman *Eingeschlossen*, den die Literaturkritikerin Iris Denneler in ihrer Rezension das »Resümee eines langen engagierten Lebens« nennt, spricht Ingeborg Drewitz auch über ihr soziales Engagement und ihre Aktivitäten, bei denen sie durch Überanstrengung an die Grenzen ihrer Kraft gerät. In einem Interview bekennt sie, sich selten so »ausgepreßt« gefühlt zu haben.

Die Schriftstellerin ist erschöpft, doch zum Ausruhen hat sie keine Zeit. Wieder geht sie auf Lesereise, von April bis Juni 1986 fährt sie neunzehntausend Kilometer mit dem Auto von Veranstaltung zu Veranstaltung. Nach ihrer Rückkehr im Sommer leidet sie unter Magen-Darm-Beschwerden. Nach einer Untersuchung teilen die Ärzte ihr mit, dass sie an Darmkrebs erkrankt ist. Sie muss sich einer Operation unterziehen, doch die Krankheit ist schon zu weit fortgeschritten. In einem Brief an eine Kollegin zieht Ingeborg Drewitz Bilanz. »Ich habe gelebt. Sehr intensiv, sehr einsam oft, aber mit offenen Augen und ganz ausgesetzt [...].«

Die Eintragungen im Tagebuch, das im Nachlass erhalten ist, dokumentieren ihre Emotionen, die zwischen dem Bewusstsein, Abschied nehmen zu müssen, und dem Willen, weiterleben zu wollen, wechseln. Ende August 1986 schreibt sie: »Ich klammere mich an die Zeitungslektüre, als könnte ich mich festkrallen in der Wirklichkeit.« Sie verflucht ihre Rastlosigkeit der letzten Jahre und erkennt, dass ihre Lage hoffnungslos ist. Da sie es schrecklich findet, ihren Tod nicht selbst planen zu dürfen, denkt sie an Selbstmord, doch verzichtet sie aus Rücksicht auf die Familie darauf. Mitte November spürt sie trotz aller Schmerzen eine tiefe Ruhe in sich, »als wachse eine leise, weiße Blume« in ihr.

Ingeborg Drewitz kann das Haus, das Zimmer, das Bett nicht mehr verlassen, aber sie empfängt viele Besucher, verabschiedet sich von Freunden und Weggefährten und spricht offen über das nahe Ende. Auch von Briefpartnern nimmt sie Abschied. Bernhard Drewitz erledigt die gesamte Korrespondenz seiner Frau nach ihrem Diktat. In einem Brief heißt es: »Ich habe mein Leben gelebt! Ich bin dankbar! Ich will jetzt gehen!«

Die Schriftstellerin regelt die wichtigsten organisatorischen Fragen, den Verbleib ihres literarischen Nachlasses und bestimmt den Ablauf der Trauerfeier, bei der Wolfgang Amadeus Mozarts Konzert für Orchester, Flöte und Harfe gespielt werden soll. Im Tagebuch notiert sie mit immer kleiner werdender Schrift: »Daß es gar nicht wehe tut, wenn sich die Iche auflösen! Daß nur noch Schmerz u. Hilflosigkeit bleiben. Aber große Dankbarkeit.«

Nachdem ihr im Oktober »für ihre sozialen und politischen Kämpfe zugunsten der Frauen und der Menschenrechte« der Primo Minerva zugesprochen worden ist, nimmt eine Freundin den Preis am 24. November in Rom für sie entgegen. Einen Tag später erzählt diese ihr am Telefon von der Feier, das ist die letzte Nachricht, die die Schriftstellerin bewusst wahrnimmt.

Am 26. November 1986 stirbt Ingeborg Drewitz im Alter von dreiundsechzig Jahren in ihrem Haus in Berlin-Zehlendorf und wird auf dem nahegelegenen Friedhof beigesetzt. Seit ihrem zehnten Todestag erinnert an ihrem Wohnhaus im Quermatenweg 178, in dem sie von 1946 bis 1986 lebte, eine Gedenktafel an sie.

Ingeborg Drewitz hat rund vierzig Bücher veröffentlicht und hinterlässt ein umfangreiches literarisches Werk: Dramen, Hörspiele, Romane, Erzählungen, zahlreiche Essays, Reden und über fünfhundert Buchkritiken. In der Öffentlichkeit wurde sie mehr durch ihr engagiertes und couragiertes Auftreten und Wirken wahrgenommen als aufgrund ihres vielseitigen literarischen Schaffens. Das mag ein Grund dafür sein, dass Leben und Werk der Schriftstellerin in Vergessenheit geraten sind. Doch ihre Bücher sind auch heute noch lesenswert und aktuell, weil in ihnen Hoffnungen, Ängste und Erfahrungen der modernen Menschen in einfacher, prägnanter Sprache mit großem Einfühlungsvermögen geschildert werden. Eine Notiz aus dem Nachlass der Schriftstellerin, die sich auf ihr Hörspiel *Erfahrungen* bezieht, könnte als Motto über ihrem ganzen Werk stehen:

»Mir ging es darum, die normalen Ängste, die normalen Hoffnungen, Freuden, Enttäuschungen auszusprechen, über die Wahrnehmungen, die eigentlich jeder nachvollziehen kann, zur Frage: Warum leben wir? vorzustoßen, zu entdecken, daß der Mensch allein, auch einsam ist, aber durch seine Wahrnehmungen, durch die Augen, die Ohren, den Körper befähigt ist, aus der Einsamkeit aufzubrechen, Zuneigung zu suchen, vielleicht auch zu finden. Mir ging es darum, auf die tröstlichen, die erregenden und die erschreckenden Bilder hinzuweisen, die ein gewöhnlicher Tag bereit hat.«

Wisława Szymborska
(1923–2012)

» Ich betrachte ein Gedicht als ein Zwiegespräch «

Manche mögen Poesie

Manche –
das heißt nicht alle.
Nicht einmal die Mehrheit, sondern die Minderheit.
Abgesehen von Schulen, wo man mögen muß,
    und von den Dichtern selbst,
gibt's davon etwa zwei pro Tausend.

Mögen –
aber man mag ja auch die Nudelsuppe,
mag Komplimente und die Farbe Blau,
mag den alten Schal,
mag auf dem Seinen beharren,
mag Hunde streicheln.

Poesie –
was aber ist das, die Poesie.
Manch wacklige Antwort fiel
bereits auf diese Frage.
Aber ich weiß nicht und weiß nicht und halte mich daran fest
wie an einem rettenden Geländer.

Wisława Szymborska, die »große alte Dame der polnischen Poesie«,
wurde 1996 mit dem Literatur-Nobelpreis ausgezeichnet. Mit Leichtigkeit, Witz und Ironie beschreibt sie die flüchtigen Augenblicke des
Alltags und Themen der Weltgeschichte. Das Einmalige, Unwieder-

holbare schildert sie in unvergänglichen Versen und überrascht dabei immer wieder mit ungewohnten Wendungen. Trotz hoher Auszeichnungen ist ihr lyrisches Werk noch immer nur wenigen bekannt. Ihre Gedichte üben einen Sog aus, dem sich kaum jemand entziehen kann. In klaren, poetischen Bildern zeigt sie dem Leser einen anderen Blick auf die Welt und sich selbst.

> Nichts geschieht ein zweites Mal,
> auch wenn es uns anders schiene.
> Wir kommen untrainiert zur Welt
> und sterben ohne Routine.
> [...]

Wisława Szymborska wird als jüngste Tochter des Gutsverwalters Wincenty Szymborski und seiner – zwanzig Jahre jüngeren – Frau Anna am 2. Juli 1923 in der westpolnischen Stadt Bnin bei Posen (Poznan) geboren. Nach der Geburt der älteren Tochter Nawoja 1917 haben sich die Eltern einen Sohn gewünscht und Wisława berichtet noch Jahrzehnte später, dass sie, als sie zur Welt kam, wohl eine Enttäuschung für ihren Vater war. Dennoch schildert sie ihre Kindheit als sehr glücklich und erinnert sich noch als Erwachsene an die Landschaft in dieser Zeit: »Hier waren [...] mein erster See, mein erster Wald, meine erste Wiese, meine ersten Wolken. Das sind Dinge, die man sehr tief im Gedächtnis aufbewahrt und wie ein großes, beglückendes Geheimnis hütet.«*

Das Mädchen ist stolz auf seine klugen Eltern. Die Mutter kümmert sich um die praktischen Dinge und der Vater ist für Gespräche zuständig und beantwortet ihr alle Fragen, die ihr einfallen. Er stellt sich nicht nur dem kindlichen Wissensdurst, sondern unterstützt schon früh die Kreativität seiner Tochter. Bereits im Alter von sechs Jahren verfasst sie kurze Gedichte zu verschiedenen Familienanlässen und der humorvolle Vater belohnt die Tochter mit zwanzig Groschen, wenn die Verse Witz haben und ihm gefallen.

Wisława ist acht Jahre alt, als die Familie 1931 nach Krakau zieht. Fünf Jahre später stirbt der Vater an Herzversagen, es ist der erste tiefe Einschnitt in ihrem Leben. Sie besucht das Mädchen-Gymnasium des Ursulinen-Klosters in Krakau, wo der Unterricht wäh-

* vgl. Kijowska

rend der deutschen Besatzung Polens heimlich stattfinden muss. Mit einer Freundin entdeckt sie ihre Leidenschaft fürs Kino, schwärmt für Gary Cooper und Errol Flynn und sieht sich Filme mit Marlene Dietrich und Greta Garbo an, die damals noch nicht jugendfrei waren. Im Frühjahr 1941 besteht sie das Abitur, doch kann sie während des Zweiten Weltkrieges nicht studieren und arbeitet bei der Bahn.

Wisława Szymborska ist einundzwanzig Jahre alt, als im März 1945 ihr erstes Gedicht mit dem programmatischen Titel *Ich suche das Wort* in einer Tageszeitung erscheint. Nach dem Ende des Zweiten Weltkrieges studiert sie Polonistik und Soziologie an der ältesten Hochschule Polens, der Jagiellonen-Universität in Krakau. 1948 bricht sie ihr Studium ab, weil sie es nicht mehr finanzieren kann und arbeitet als Sekretärin bei einer Zeitschrift. Im selben Jahr heiratet sie Adam Włodek, den Chefredakteur der Zeitung, in der ihr erstes Gedicht erschien. 1954 lässt sich das Paar scheiden, bleibt aber in freundschaftlichem Kontakt bis zu seinem Tod 1986.

Als Wisława Szymborska 1948 eine erste Lyrik-Sammlung veröffentlichen will, wird diese »aus ideologischen Gründen« abgelehnt. In den frühen fünfziger Jahren schreibt sie Gedichte, die in die Linie des Sozialistischen Realismus passen. Ihr erster Gedichtband *Deshalb leben wir* erscheint 1952. Die Autorin tritt in die Polnische Arbeiterpartei ein und wird in den polnischen Schriftstellerverband aufgenommen. Zwei Jahre später veröffentlicht sie ihre Gedichtsammlung *Fragen, die ich mir stelle*, für die sie mit dem Krakauer Literaturpreis ausgezeichnet wird. Von diesen frühen Gedichten hat Wisława Syzmborska sich bald distanziert und nur wenige in spätere Sammlungen aufgenommen. Mitte der fünfziger Jahre befreit sie sich von allen Vorgaben und findet ihren eigenen poetischen Ton jenseits von politischen Strömungen und Ideologien. Jahrzehnte später erklärt sie selbstkritisch, dass sie damals »mit der ganzen Kraft jugendlicher Überzeugung« glaubte, das kommunistische Regime führe »zu einer glücklicheren Zukunft der Menschheit«. Sie habe damals aus »Dummheit, Unwissenheit und Idealismus« gehandelt und sei überzeugt gewesen, dass das, was sie schrieb, richtig sei. Doch diese Erkenntnis befreie sie »keineswegs von der Schuld, die ich den Lesern gegenüber empfinde, die möglicherweise von meinen Gedichten beeinflusst wurden«, wie die Literaturwissenschaftlerin Marta Kijowska die Autorin zitiert.

1953 beginnt Wisława Szymborska ihre Tätigkeit als Redakteurin bei der Wochenzeitschrift *Literarisches Leben*, wo sie für die Poesie-Seite zuständig ist. Fast dreißig Jahre lang wird sie dort arbeiten und ihre Stelle erst 1981 aus Protest gegen die Verhängung des Kriegsrechts in Polen kündigen. Außerdem publiziert sie Übersetzungen französischer Poesie und jahrzehntelang viel gelesene, eigenwillige Buchkritiken in der Reihe »Unverbindliche Leseempfehlungen«. Auskünfte über ihr Privatleben gibt die Dichterin nur selten, denn sie weiß, wie viel oder wenig biografische Angaben aussagen. Ihr Gedicht *Das Schreiben eines Lebenslaufs* spricht für sich:

[…]
Ungeachtet der Länge des Lebens
hat der Lebenslauf kurz zu sein.

Geboten sind Bündigkeit und eine Auswahl von Fakten.
Die Landschaften sind durch Anschriften zu ersetzen,
labile Erinnerungen durch konstante Daten.

Von allen Lieben genügt die eheliche,
nur die geborenen Kinder zählen.
[…]
Schreibe, als hättest du niemals mit dir gesprochen
und dich von weitem gemieden.

Umgehe mit Schweigen Hunde, Katzen und Vögel,
den Erinnerungskleinkram, Freunde und Träume.

Es gilt der Preis, nicht der Wert,
der Titel, nicht dessen Inhalt,
die Schuhgröße, und nicht wo
der Mensch, für den man dich hält, hingeht.

Dazu eine Fotografie mit entblößtem Ohr.
Wichtig ist seine Form, nicht, was es hört.
Was es hört?
Das Knirschen des Papierwolfs.

Dieses Gedicht hat sie selbst einmal als ein antibiografisches Gedicht bezeichnet, da alles, was hier angesprochen wird, weniger wichtig sei als das, was verborgen bleibt.«Ich möchte meine Gedichte nicht mit Details aus meinem Leben kommentieren, weil ich möchte, dass die Gedichte ihr Eigenleben haben«, betont sie in einem TV-Interview. »Sie sollen nicht auf Kommentare angewiesen sein, denn sonst wäre die innere Ordnung des Gedichts nicht in Ordnung.«

Für Wisława Szymborska sind biografische Daten des Autors für das Lesen und Verstehen von Poesie nicht wichtig. Sie verweigert sich der bei Lesern und Kritikern beliebten Methode, aus Gedichten Rückschlüsse auf die Biografie der Autoren zu ziehen. Sich selbst und ihr eigenes Leben nimmt sie nicht wichtig. Ihre persönlichen Erfahrungen fließen nur indirekt in ihre Lyrik ein, in der es ihr darum geht, die Einmaligkeit des einzelnen Menschen, des Individuums darzustellen und vor dem Untergehen in der Masse zu bewahren.

Die Lyrikerin schreibt in einer schlichten und genauen Sprache, die jeder versteht. Bis auf wenige Ausnahmen, in denen sie reimt, folgen ihre Verse einem eigenen, freien Sprachrhythmus. Sie hinterfragt die Selbstverständlichkeiten des Lebens und die kleinen Momente des Alltags und überrascht durch ungewohnte Gedanken.

Nichts ist geschenkt, alles geliehen.
Ich stecke in Schulden bis über die Ohren.
Ich muß für mich
mit mir bezahlen,
fürs Leben das Leben rückerstatten.
[...]

Ihre Gedichte haben oft einen direkten Bezug zur Wirklichkeit, deshalb kann man sich ihrer Wirkung nur schwer entziehen. Man liest, hält inne, erkennt Facetten des eigenen Lebens und stellt sich selbst die Fragen, die die Autorin in ihren Gedichten aufwirft.

Fragen die ich mir stelle

Was ist der Inhalt eines
Händedrucks und Lächelns?
[...]
Bist du sicher, alles
im Menschen lesen zu können?
Du weichst aus

und antwortest
– statt ehrlich zu sein – mit einem Scherz.
Wie kalkulierst du Verluste?
Freundschaften, unerfüllte,
Welten, in Eis geschlagene.
Weißt du, daß man die Freundschaft
mitschaffen muß wie die Liebe?
[...]
Ist denn von Mensch zu Mensch
alles so selbstverständlich?

In diesem frühen Gedicht aus den fünfziger Jahren werden Fragen zu einem Stilmittel und bewirken ein inneres Nachfragen. Die Dichterin versteht es meisterhaft, Selbstverständliches und Banales aufzubrechen und in Frage zu stellen. Sie gibt Antworten, die neu und unerwartet, aber einleuchtend sind und beim Leser ein Erstaunen über die Welt und sich selbst auslösen.

Wisława Szymborska gehört – wie der zwölf Jahre ältere Czesław Miłosz – zu der Generation von polnischen Dichtern, deren Schreiben stark von der Erfahrung des Zweiten Weltkrieges geprägt ist. Doch im Gegensatz zur kunstvollen, oft hermetischen Lyrik ihrer Kollegen sind ihre Verse leicht verständlich. In dem Gedicht *Einst hatten wir die Welt* heißt es:

[...]
Unsere Kriegsbeute ist das Wissen von dieser Welt:
– Sie ist so groß, daß zwei im Händedruck sie fassen können,
so schwer, daß sie mit einem Lächeln sich beschreiben läßt,
so seltsam wie das Echo alter Wahrheit in Gebeten.

1956 gibt es nicht nur einen Bruch in ihrem poetischen Werk, in Polen setzt auch ein politischer Wandel ein. Die Unzufriedenheit der Bevölkerung mit dem kommunistischen System führt zum Arbeiteraufstand in Posen und dem »Polnischen Oktober«, beide Ereignisse bewirken in den folgenden Jahren das Ende des Stalinismus und eine Demokratisierung. Auch in der Literatur und vor allem in der Poesie werden neue Themen und Formen erprobt; Wisława Szymborska ist eine der wichtigsten Lyrikerinnen dieser sogenannten Generation 56. Ihren nächsten Gedichtband *Rufe an Yeti*, der 1957 erscheint, sieht sie rückblickend als ihr eigentliches Debüt als Dichterin. In diesen Versen hat sie ihren individuellen Stil gefunden. Die Mischung aus Ernst und feiner Ironie, mit der sie sowohl große Themen als auch Details des Alltags behandelt, wird zu ihrem Markenzeichen. Dabei bedient sie nicht einen ständig nach Neuem verlangenden Medienmarkt, sondern nimmt sich Zeit und schreibt maximal acht bis zehn Gedichte pro Jahr. So vergehen zwischen der Publikation der einzelnen Lyrik-Bände mehrere Jahre: *Salz* wird 1962 veröffentlicht, *Hundert Freuden* 1967. Selbstbewusst heißt es in ihrem Gedicht *Freude am Schreiben*:

[…]
Über dem weißen Blatt lauern sprungbereit
die Buchstaben, die sich womöglich schlecht fügen werden,
belagernde Sätze,
vor denen es keine Rettung mehr gibt.
[…]
Hier herrschen andre Gesetze, schwarz auf weiß.
Hier dauert jeder Moment so lange, wie ich es will,
[…]
Wenn ich befehle, passiert hier nichts auf Dauer.
Kein Blatt fällt ohne meinen Willen,
kein Grashalm bricht unter dem Punkt des Hufs.
[…]
Freude am Schreiben.
Möglichkeit des Erhaltens.
Rache der sterblichen Hand.

Schon Ende der fünfziger Jahre hat Wisława Szymborska den zehn Jahre älteren Schriftsteller Kornel Filipowicz kennengelernt, mit dem sie sich gut versteht. Doch er bleibt auf Distanz, da sie Mitglied in der Polnischen Arbeiterpartei ist. Erst als sie 1966 – wie viele andere Intellektuelle aus Protest gegen den Parteiausschluss des Philosophen Leszek Kołakowski – austritt, werden die beiden ein Paar. Diese Beziehung bezeichnet sie als ihre wichtigste Liebe. Sie leben und arbeiten in getrennten Wohnungen und finden die richtige Balance zwischen Nähe und Distanz: »Wenn einer von uns gesagt hat ›Ich habe keine Zeit, ich will niemanden sehen‹, dann respektierte man das«, erklärt sie in einem Fernseh-Interview. »Ich wusste, was es heißt zu schreiben, und er wusste es auch. Und manchmal gab es

Zeiten, in denen wir uns drei Tage lang nicht sahen – das musste man respektieren. Mit ihm wäre ich ans Ende der Welt gereist [...].«

Besonders wichtig für das Paar sind die gemeinsamen Urlaube. Sie fahren Boot, zelten und sammeln Pilze. Wisława Szymborska liebt die Natur, die auch in ihrer Poesie oft präsent ist. Ein Gedicht hat sie dem ewigen »Happening am Himmel«, den Wolken gewidmet, die sie »eine aufwühlende Erfindung der Natur«* nennt.

> Mit der Beschreibung der Wolken
> müßt ich mich eilen –
> schon im Bruchteil eines Moments
> sind sie nicht mehr die, sind sie andere.
>
> Ihre Eigenschaft ist,
> sich in Formen, Schattierungen, Posen, im Wechselspiel
> niemals zu wiederholen.
>
> Nicht beschwert mit dem Erinnern von nichts,
> erheben sie sich mühelos über die Fakten.
>
> Was wären das schon für Zeugen,
> sie verlaufen sofort in jede Richtung.
>
> Verglichen mit Wolken
> erscheint das Leben verwurzelt,
> fast schon dauerhaft und beinahe ewig.
> [...]
> Mögen die Menschen sein wie sie wollen,
> und dann der Reihe nach jeder von ihnen sterben,
> sie, die Wolken, geht das nichts an,
> das seltsame
> alles.
> [...]
> Sie sind nicht verpflichtet, mit uns zu vergehen.
> Sie fließen, ohne daß wir sie sehen.

* vgl. Lecka

In ihrem Gedicht vergleicht sie lakonisch flüchtige Naturvorgänge mit den Prozessen im Leben eines Menschen. Die Vielfalt ihrer Motive scheint unerschöpflich: Neben den großen klassischen Themen wie Liebe und Tod wirft sie einen neuen Blick auf biblische Stoffe und widmet sich mit gleicher Intensität dem scheinbar Unwichtigen wie einem toten Käfer, dem Nichts, einem Stein oder Träumen. Immer geht es ihr darum, den flüchtigen Augenblick festzuhalten.

Nach dreiundzwanzig Jahren der Partnerschaft stirbt Kornel Filipowicz im Februar 1990. Wisława Szymborska zieht sich zurück und spricht nicht über diesen Verlust. Doch ihre Verse überraschen mit einem ungewöhnlichen Blick auf das Thema Sterben. In dem Gedicht *Katze in der leeren Wohnung* beschreibt sie den Tod eines geliebten Menschen aus der Perspektive einer Katze:

Sterben – das tut man einer Katze nicht an.
Denn was soll die Katze
in einer leeren Wohnung.
An den Wänden hoch,
sich an Möbeln reiben.
Nichts scheint hier verändert,
und doch ist alles anders.
[...]
An den Abenden brennt die Lampe nicht mehr.

Auf der Treppe sind Schritte zu hören,
aber nicht die.
Die Hand, die den Fisch auf den Teller legt,
ist auch nicht die, die es früher tat.

Hier beginnt etwas nicht
zur gewohnten Zeit.
Etwas findet nicht statt,
wie es sich gehörte.
Jemand war hier und war,
dann aber verschwand er plötzlich
und ist beharrlich nicht da.

Alle Schränke durchforscht.
Alle Regale durchlaufen.

Unter die Teppiche gekrochen und nachgesehen.
Sogar trotz des Verbots
die Papiere durcheinandergeworfen.

Was bleibt da noch zu tun.
Schlafen und warten.

Komme er nur,
zeige er sich.
Er wird schon sehn.
Einer Katze tut man so etwas nicht an.
Sie wird ihm entgegenstolzieren,
so, als wollte sie's nicht,
sehr langsam,
auf äußerst beleidigten Pfoten.
Zunächst ohne Sprung, ohne Miau.

Auch andere Emotionen thematisiert Wisława Szymborska aus unkonventioneller Perspektive. Das Gedicht *Abschied vom Ausblick* ist ein leises, unpathetisches Poem über die Liebe, das sich deutlich von anderen Texten dieser Gattung abhebt. Die beiden großen Themen Liebe und Tod werden hier scheinbar mühelos und locker miteinander verknüpft. Schlichte, poetische Bilder reihen sich aneinander, eingeleitet durch das immer wiederkehrende Wort »Ich« am Zeilenanfang. Unsentimental wird die Realität, der stetige Wechsel von Werden und Vergehen in der Natur, und der Bezug zum menschlichen Dasein hergestellt.

Ich verzeihe dem Frühling,
daß er wieder kam.
Ich zürne ihm nicht,
daß er wie alle Jahre
seine Pflicht tut.

Ich weiß, meine Trauer
hält das Grün nicht auf.
[...]
Ich nehme zur Kenntnis,
daß das Ufer des Sees

– als lebtest du noch –
so schön ist, wie's war.
[…]
Ich kann mir auch vorstellen,
daß zwei, nicht wir,
in diesem Augenblick
auf dem Birkenstamm sitzen.

Ich achte ihr Recht
auf Geflüster, auf Lachen
und glückliches Schweigen.
[…]
Ich verlange keinen Wandel
von den Wellen am Ufer,
die mal flink sind, mal träge
und mir nicht gehorchen.

Erst in den letzten beiden Strophen und einer deutlichen Zäsur durch das zweimalige »nur« am Zeilenanfang, zieht die Dichterin das philosophische Fazit. Das Gedicht läuft auf die letzte Zeile zu, in der die ganze Schwere und Trauer des Verlustes liegt:

Nur eins kann ich nicht.
Dorthin zurück.
Privileg des Dortseins –
Ich verzichte darauf.

Nur um so viel, nur so weit
hab ich Dich überlebt;
um aus der Ferne zu denken.

Obwohl Wisława Szymborska in ihren Gedichten kaum Persönliches preisgibt, fühlt man sich persönlich angesprochen. Die zierliche Dichterin, die man selten ohne Zigarette sieht, scheint sich hinter der sachlichen Reflexion, der Ironie und scheinbaren Leichtigkeit ihrer Verse zu verbergen. Über ihre privaten Vorlieben ist nur wenig bekannt, sie schätzt die amerikanische Jazzsängerin Ella Fitzgerald und die Gemälde des holländischen Barock-Malers Jan Vermeer, sammelt alte Zeitschriften und Postkarten, erfindet Gesellschaftsspiele und schickt

Freunden gern originelle Collagen. Ihr Lieblingsautor ist Thomas Mann, dessen Bücher sie auf einer beliebigen Seite aufschlagen kann, um sich sofort »zuhause« zu fühlen.

Wisława Szymborska wirkt zurückhaltend und schüchtern, doch manchmal überrascht sie mit ihrer Schlagfertigkeit und ihrem Witz. Einmal ist sie zu einer Lesung in Brüssel eingeladen und als sie das Podium betritt, herrscht erwartungsvolle Stille im Saal. Nachdem sie sich an den Tisch gesetzt hat, bricht sie in schallendes Gelächter aus, als sie sieht, dass die Füße des Tisches mit goldener Folie umwickelt sind, weil sie in einem ihrer Texte einen Tisch mit goldenen Füßen erwähnt.

Der Lyrikerin gelingt es, persönliche Erlebnisse, Zweifel und Irritationen in poetisch verdichteter Form von der individuellen auf eine allgemeine Ebene zu bringen. Dabei gibt sich die lyrische Stimme nur in wenigen Gedichten als eine weibliche zu erkennen. Wisława Szymborska ist eine Frau, die sich selbst und die Welt humorvoll und mit wachem Blick für Details beobachtet und in ihren Versen mit neuen Perspektiven auf Bekanntes überrascht – wie in dem Gedicht *Danksagung*:

Vieles verdanke ich denen,
die ich nicht liebe.

Die Erleichterung, mit der ich hinnehme,
daß sie einem anderen näher sind.
[…]
Ich habe Frieden mit ihnen
und Freiheit mit ihnen,
das aber kann mir Liebe
weder geben noch nehmen.

So warte ich nicht auf sie
zwischen Fenster und Tür.
Geduldig
fast wie die Sonnenuhr,
weiß ich, was die Liebe
nicht weiß,
verzeihe, was die Liebe
niemals verziehe.

Vom Stelldichein bis zum Brief
verfließt keine Ewigkeit,
nur eben Tage und Wochen.

Die Reisen mit ihnen gelingen immer,
Konzerte werden erlebt,
Kirchen besichtigt,
Landschaften deutlich.
[…]
Sie wissen es selbst nicht,
was ihre leeren Hände alles tragen.

»Ich schulde ihnen gar nichts« –
würde die Liebe sagen
zu dieser offenen Frage.

Immer wieder betont Wisława Szymborska, wie wichtig ihr die Verwunderung ist, und nennt in diesem Zusammenhang als einen ihrer
bevorzugten Autoren Michel de Montaigne. Ihm verdanke sie ihr
»erstes Staunen über die Welt und ihre Vielfalt«. Neben dem Erstaunen ist für sie auch die Neugier ein wichtiger Faktor im dichterischen
Schaffen, wie sie in einem Gespräch mit der Literaturwissenschaftlerin Gabriela Lecka beschreibt: »Keiner zählt die Neugierde zu den
Gefühlen. Und meiner Meinung nach ist sie ein Gefühl. […] Neugierde, Staunen und eine Art komplizierter Probleme, die uns im Leben begegnen, erst das bildet den Stoff für die Lyrik.«
    In ihren Gedichten lässt sie den Leser an diesem Staunen teil-
haben. In Polen gehören die Gedichte der Autorin bald zur Schul-
lektüre, ihre Gedichtbände erscheinen in Erstauflagen von zehntau-
send Exemplaren und sind innerhalb von einer Woche vergriffen.
Dabei wird deutlich, welchen Stellenwert die Poesie in Polen hat.
Die Schriftstellerin fördert die Verkaufszahlen ihrer Bücher nicht
durch öffentliche Auftritte. Sie ist so publikumsscheu, dass sie auch
die »Greta Garbo der Poesie« genannt wird. Sie hält sich fern vom
Literaturbetrieb, meidet Lesungen und große Veranstaltungen. In
einem TV-Interview bekennt sie: »Ich hoffe, daß meine Leser nicht
in großen Sälen sitzen, daß sie nichts gemeinschaftlich erleben. Mich
interessiert ein Leser, der nach Hause kommt und dort ein bißchen
Zeit und Lust aufbringt, um einen Lyrikband oder eine Zeitschrift

aufzuschlagen und mein Gedicht zu lesen. Ich schreibe nämlich für einzelne Menschen. [...] Ich betrachte ein Gedicht als ein Zwiegespräch, ein Gespräch unter vier Augen.«

Als Wisława Szymborska im Oktober 1996 während ihres Urlaubs im Kurort Zakopane von der Entscheidung der Schwedischen Akademie erfährt, sie mit dem Nobelpreis für Literatur auszuzeichnen, schwankt sie zwischen Staunen, Freude und Panik: »Ich bin sehr glücklich und überrascht. Ich fürchte, ich werde jetzt kein ruhiges Leben haben.« Die schüchterne Dichterin, die selten Interviews gibt, steht plötzlich im Mittelpunkt der Aufmerksamkeit. Leser und Journalisten interessieren sich dafür, wie sie lebt und arbeitet, welche Erfahrungen und Einflüsse wichtig für sie sind. Zu bestimmten Themen äußert sie sich nur ungern. Dazu gehören ihre Biografie, Gedichtinterpretationen, Einflüsse und Inspirationen, bevorzugte Bücher und das Problem, wie man leben soll. In dem Film-Interview gesteht sie, dass sie einen Widerwillen dagegen hat, öffentlich von sich selbst zu sprechen. »Ich versuche bestimmte eigene Erfahrungen in meinen Gedichten wiederzugeben. Manchmal gelingt es, manchmal nicht. Aber über sie direkt zu sprechen, das ist nicht meine Rolle.«

Die Königliche Akademie der Wissenschaften in Stockholm, die Wisława Szymborska einen »Mozart der Poesie« nennt, begründet ihre Wahl damit, dass »ihr feinsinniges dichterisches Werk die Grundwerte des Lebens gegen die Sachzwänge der gesellschaftlichen Umstände« verteidige. Am 10. Dezember 1996 – dem einhundertsten Todestag von Alfred Nobel – nimmt die Dreiundsiebzigjährige in Stockholm den Nobelpreis entgegen. In der über neunzigjährigen Geschichte dieses wichtigsten Literaturpreises ist sie die neunte Frau und die vierte Preisträgerin aus Polen – nach Henryk Sienkiewicz (1905), Władysław Reymont (1924) und Czesław Miłosz (1980). In ihrer Rede *Der Dichter und die Welt*, die sie bei der Preisverleihung in der Universität von Stockholm hält, thematisiert sie das Interesse der Menschen, der Inspiration und dem Entstehungsprozess von Kunstwerken auf die Spur zu kommen. Bei Malern könne man wenigstens etwas sehen, bei Komponisten etwas hören, doch bei den Dichtern sei es am schlimmsten. »Ihre Arbeit ist hoffnungslos unfotogen. Da sitzt jemand am Tisch oder liegt auf einem Sofa, starrt unablässig an die Wand oder die Decke, schreibt von Zeit zu Zeit sieben Zeilen, von denen er nach einer Viertelstunde eine streicht, und wieder vergeht eine Stunde, und es geschieht nichts.« Sie erläutert, dass die Dichter heute auf die Frage nach der Inspiration oft ausweichend antworten, da es schwierig sei, jemandem etwas zu erklären, das man selbst nicht begreift. Aber sie ist sicher, dass Inspiration kein ausschließliches Privileg der Dichter oder Künstler sei. Ihrer Meinung nach erleben Inspiration alle Menschen, »die sich ihre Arbeit bewusst aussuchen und sie mit Hingabe und Phantasie verrichten«. Und sie kommt zu dem Schluss, dass man Inspiration nicht intellektuell erzwingen könne, weil sie aus dem Unbewussten und Unbekannten erwachse. »Deshalb sind für mich die drei kleinen Wörter ›Ich weiß nicht‹ so vertraut und kostbar. Zwar klein, aber mit starken Flügeln. Sie machen unser Leben weiter und weiter, sowohl nach innen als auch nach außen, in die Sphären hinaus, in denen unsere kleine Erde schwebt. [...] Auch ein Dichter, der wirklich ein Dichter ist, muß sich immer wieder sagen ›Ich weiß nicht‹. Mit jedem Gedicht versucht er, darauf zu antworten, doch sobald er nur einen Punkt gesetzt hat, beginnt er zu zögern; es wird ihm klar, daß seine Antwort provisorisch und völlig unzulänglich ist. Also versucht er es wieder und wieder [...].«

Wisława Szymborskas Gedichte stellen Fragen. Fragen an die Gesellschaft, die Geschichte, vor allem aber an sich selbst und an den Leser. Die großen politischen Veränderungen in Polen hat sie nicht thematisiert. In ihren späteren Texten greift sie allerdings grenzüberschreitende geschichtliche, soziale oder politische Motive auf.

Das Ende eines Jahrhunderts

Es hatte besser sein sollen als die vergangenen,
unser 20. Jahrhundert.
Ihm bleibt keine Zeit mehr, das zu beweisen,
gezählt sind die Jahre,
der Schritt schwankt,
der Atem geht kurz.

Zu viel ist geschehen,
was nicht hat geschehen sollen,
und was hat kommen sollen,
kam leider nicht.
[...]
Einige Unglücksfälle
sollten nicht mehr geschehen,

zum Beispiel Krieg,
Hunger und so.
[...]
Gott sollte endlich glauben dürfen
an einen Menschen, der gut ist und stark,
aber der Gute und Starke
sind immer noch zweierlei Menschen.

Wie leben? – fragte im Brief
mich jemand, den ich dasselbe
hab fragen wollen.

Weiter und so wie immer,
wie oben zu sehn,
es gibt keine Fragen, die dringlicher wären
als die naiven.

Nach der Verleihung des Nobelpreises zieht sich Wisława Szymborska noch mehr zurück in die Stille, die sie zum Schreiben braucht. Die Hausnummer ihrer bescheidenen Dreizimmerwohnung in Krakau wird geheim gehalten und an der Tür steht ein anderer Name. Den größten Teil der Preissumme in Höhe von rund 1,7 Millionen Mark stiftet sie für soziale Zwecke. Die Dichterin bekennt, sie »schreibe für Leser, deren Leben nicht gerade einfach ist« und glaube nicht, »dass ihre Gedichte in Villen mit Swimmingpool und Springbrunnen gelesen werden«.

Die Lyrikerin hat einen eigenen, unverwechselbaren Stil gefunden: präzise, originelle und poetisch verdichtete Bilder. Mit der ihr eigenen Selbstironie gesteht sie: »Wenn ich schreibe, habe ich immer das Gefühl, jemand steht hinter mir und schneidet Grimassen. Deshalb hüte ich mich, so gut ich kann, vor großen Worten.« Sie arbeitet nicht am Schreibtisch, sondern liegt auf der Couch und notiert ein Gedicht erst, wenn sie es in Gedanken fertig hat. »Ich bin eine altmodische Person, die mit der Hand schreibt, die Kontakt halten muss zwischen dem zweifelhaften Inhalt des Kopfes und der Hand.« Über ihre Arbeitsweise berichtet sie, dass sie nicht – wie viele Autoren – mit dem ersten Satz beginne, sondern oft mit dem letzten. Und dann sei es sehr schwer, »sich zum Anfang des Gedichts hochzuarbeiten.« Das Schreiben von Lyrik sei eine »langwierige Beschäftigung« und wenn sie ein Gedicht niedergeschrieben habe, empfinde sie große Erleichterung und Genugtuung. Dabei hofft sie, dass der Leser ihren Text »umgekehrt aufnimmt«, ihn zunächst »spielerisch« kennenlernt und danach den tieferen Sinn erkennt und weiter über das Thema nachdenkt.

Die Titel ihrer Gedichte sind meist kurz und schlicht und verraten wenig über den Inhalt. Komplizierte philosophische Zusammenhänge beschreibt sie in leicht verständlicher Form, manchmal auch in der Umgangssprache. Ihre Kunstfertigkeit versteckt sie hinter Ironie und Humor. Das Gedicht *Unter einem Stern* endet mit den Zeilen:

> [...]
> Nimm mir nicht übel, Sprache, daß ich pathetische Worte
>   entlehne
> und mir dann Mühe gebe, sie leicht erscheinen zu lassen.

Das Schweigen hat für Wisława Szymborska eine besondere Bedeutung, wie sie im TV-Interview erklärt: »Ich glaube, dass wir wirklich zu viel sprechen. Man redet ständig, in Wirklichkeit aber sind es drei, vier Gedanken in jeder Epoche, die es wirklich wert sind, ausgesprochen zu werden. Alles andere ist nur leeres Gerede. Manchmal reichen zwei Worte oder Sätze aus, dass man einen halben Tag über eine Sache nachdenkt.« So kann es einem nach der Lektüre ihrer Gedichte gehen. Sie sind spannend, weil die Autorin nicht mit den gewohnten und erwarteten Denkmustern arbeitet. Mit unbestechlichem Blick schaut sie auf die Welt und ihre Details und versucht, einzelne Momente des Alltags einzufangen.

> Ein Leben im Handumdrehen.
> Eine Aufführung ohne Probe.
> Ein Körper von der Stange.
> Ein Schädel ohne Bedacht.

> Ich kenne die Rolle, die ich spiele, nicht.
> Ich weiß nur, sie ist unauswechselbar mein.

> Wovon das Stück handelt,
> werde ich erst auf der Bühne erraten.

Dürftig gerüstet dem Leben zum Ruhm,
ertrage ich das mir aufgezwungene Tempo der Handlung
   mit Mühe.
Ich improvisiere, obwohl mich das Improvisieren ekelt.
Ich stolpere auf Schritt und Tritt über meine Unkenntnis
   der Dinge.
Mein Lebenslauf schmeckt nach Provinz.
Meine Instinkte sind Dilettantismus.
Das Lampenfieber, das für mich spricht, demütigt um so mehr.
Die mildernden Umstände scheinen mir grausam.

Nicht rücknehmbar sind die Worte und Gesten,
die Sterne nicht zählbar,
und der Charakter, gleich einem Mantel, im Laufen zu Ende
   geknöpft –
das sind die kläglichen Folgen dieser Eile.
Probte man wenigstens rechtzeitig einen Mittwoch,
oder man wiederholte den Donnerstag doch!
Aber schon naht der Freitag mit der mir fremden Rolle.
[…]
Es täuscht der Gedanke, die Prüfung sei Nebensache,
in einem provisorischen Raum verwiesen. Nein.
Ich steh im Bühnenbild und seh, wie solide es ist.
[…]
Kein Zweifel, es ist die Premiere.
Und was ich auch tue,
verwandelt sich ein für alle Male in das, was ich tat.

Als habe sie sich nach der Verleihung des Nobelpreises lange erholen müssen, erscheint ihr nächster Gedichtband *Der Augenblick* erst
2002, neun Jahre nach dem Buch *Ende und Anfang*. Wieder beobachtet sie mit wachem Blick sowohl den Mikrokosmos als auch das Welt-
geschehen. In ihrem Gedicht *Fotografie vom 11. September* gelingt
es ihr, in wenigen Zeilen den schrecklichen Moment festzuhalten, in
dem sich die Menschen aus dem brennenden World Trade Center
stürzen:

[…]
Jeder ist noch ganz
mit eigenem Gesicht
und gut verstecktem Blut.

Es ist genügend Zeit,
daß die Haare wehen
und aus den Taschen Schlüssel,
kleine Münzen fallen.
[…]
Nur zwei Dinge kann ich für sie tun –
diesen Flug beschreiben
und den letzten Satz nicht hinzufügen.

In ihren letzten Lebensjahren steht die Dichterin weder für Interviews noch für Lesungen zur Verfügung. Sie empfängt nur noch wenige gute Freunde und bei gemeinsamen Treffen dürfen maximal zwölf Personen anwesend sein, sind es mehr, ist es für sie eine »Menschenmenge«. Ihr letzter Gedichtband, den sie noch selbst zusammenstellt, der aber erst posthum veröffentlicht wird, trägt den bezeichnenden Titel *Es ist genug*.

Wisława Szymborska stirbt am 1. Februar 2012 im Alter von achtundachtzig Jahren in ihrer Krakauer Wohnung an Lungenkrebs. Die Urnen-Beisetzung findet eine Woche später im Familiengrab, in dem ihre Eltern und ihre Schwester ruhen, auf dem Rakowicki-Friedhof statt. Bei der kurzen, nicht religiösen Bestattungsfeier spricht auch Staatspräsident Bronisław Komorowski und es erklingt, wie die Dichterin es wünschte, Jazzmusik von Ella Fitzgerald.

Schon fünfzig Jahre vor ihrem Tod hat die Lyrikerin mit dem Gedicht *Grabstein* ihren eigenen poetischen Nachruf geschrieben:

Hier ruht, altmodisch wie das Komma, eine
Verfasserin von ein paar Versen. Die Gebeine
genießen Frieden in den ewigen Gärten,
obwohl sie keiner Literatengruppe angehörten.
Drum schmückt nichts Beßres ihre Totenstätte
als Reimerei, die Eule und die Klette.
Passant, hol das Elektronenhirn aus dem Aktenfach
und denk über Szymborskas Los ein wenig nach.

Wisława Szymborskas Werk ist schmal: knapp dreihundertfünfzig Gedichte in rund fünfundsechzig Jahren, enthalten in dreizehn Büchern. Ihre Lyrik erschien in über vierzig Sprachen, im deutschsprachigen Raum wurde sie, dank des Übersetzers Karl Dedecius, der mit der Dichterin befreundet war, schon in den sechziger Jahren publiziert. Dieser drückte die Faszination, die von ihren Gedichten ausgeht, einmal so aus: »Ihr Denken ist sehr kompliziert, ihre Sprache sehr einfach.«

An mein Gedicht

Im besten Fall
wirst du, mein Gedicht, aufmerksam gelesen,
kommentiert und in Erinnerung behalten.

Im schlechteren Fall
nur durchgelesen.

Die dritte Möglichkeit –
du wirst geschrieben,
aber gleich in den Papierkorb geworfen.

Oder du kannst den vierten Ausweg wählen:
du verschwindest ungeschrieben
und murmelst zufrieden vor dich hin.

Inge Müller
(1925–1966)

»Ich weigre mich Masken zu tragen«

Lebenslauf

Geboren im Hinterhaus
Vater: der mit vier Zwiebeln verkauft
Für die Mutter, die nähte nachts
Für die fünf Kinder und den Mann
Und weinte, selten, um das eine, das aus dem Fenster fiel
Und um das von dem Fräulein nebenan:
Erstickt im Müllkübel.

Mutter: gehobener Mittelstand
Heiratete ins Hinterhaus
Gegen den Vater. Der fand
Später den Mann nicht übel.

Ein Zuhause enges Neubauloch
Die Fenster immer weit offen
Die Tür so allerweltsbunt seh ich noch
Sie war nie einem verschlossen.

Durch die Tür kam der Marschbefehl.
Als ich wiederkam nach tausend Jahren
Lag eine andre Tür halb verbrannt
Auf denen die drunter waren.

Da war was die Welt war türlos
Und was Füße hatte lief

Über die Gräber, die waren kreuzlos
Still und bodenlos tief.*

In ihrem Gedicht *Lebenslauf* beschreibt Inge Müller den Riss, der durch ihr Leben ging und es in Davor und Danach teilte. In schlichter, präziser Sprache schildert sie ihr Zuhause und den Einbruch des Zweiten Weltkrieges in den Alltag. In den letzten Kriegstagen entging die Autorin in Berlin nur knapp dem Tod – ein Trauma, das sie nie überwunden hat. Erst viele Jahre später konnte sie ihre Kriegserlebnisse in kurzen, fast atemlosen Gedichten thematisieren.

Heute zählt Inge Müller zu den wichtigen deutschen Nachkriegslyrikerinnen, doch ihr Name ist nur wenigen bekannt. Zu ihren Lebzeiten galt sie als Kinderbuchautorin und Mitarbeiterin ihres Mannes, Heiner Müller. Erst 1985, knapp zwanzig Jahre nach ihrem Freitod, erschien ein Gedichtband, der ihr posthum große Anerkennung einbrachte.

Ingeborg Ursula Elsa Meyer wird am 13. März 1925 in Berlin-Lichtenberg geboren. Der Vater, Hubert Meyer, stammt aus Schlesien und dient im Ersten Weltkrieg als Soldat. Danach übt er verschiedene Tätigkeiten als Verkäufer und Zeitungsbote aus, bevor er – nach einem Abendstudium – eine Stelle als Abteilungsleiter im Ullstein Verlag antritt. Vermutlich lernt er dort Elsa Wenzel kennen, eine preußische Offizierstochter, die im Verlag als Telefonistin und Sekretärin arbeitet. An seinem dreiunddreißigsten Geburtstag, am 20. März 1923, heiraten die beiden und ziehen in die Hinterhauswohnung seiner Eltern. Knapp drei Monate später, im Juni 1923, wird der Sohn Wolfgang geboren, der kurz nach Ingeborgs Geburt stirbt.

Meine Mutter wollt mich nicht haben
Sie wollte einen Sohn
Und da kam ich schon
Und mein Bruder war noch nicht begraben
[…]

---

* Soweit nicht anders vermerkt, sind die Zitate entnommen aus: Müller, Inge: *Daß ich nicht ersticke am Leisesein*. Gesammelte Texte. Hrsg. von Sonja Hilzinger, Berlin 2002

Meine Mutter wollt mich nicht haben
Ich wollt die Mutter nicht
Drum hab ich kein Gesicht
Bis sie mich begraben.

Die Mutter muss den Tod des Sohnes verkraften und sich um das neugeborene Mädchen kümmern. Sie ist eine harte, strenge Frau, für die Genauigkeit und Ordnung die wichtigsten Gebote sind. Ihren Wahlspruch »Über alles die Pflicht!« schreibt sie der Tochter ins Poesiealbum. Da Ingeborg schon früh die Ablehnung der Mutter spürt, sind ihre wichtigsten Bezugspersonen der Vater und dessen Mutter. Nachdem Hubert Meyer Vertriebsleiter geworden ist, zieht die Familie in eine eigene Wohnung in Friedrichsfelde, doch Ingeborg vermisst die vertraute Umgebung und die Großmutter Martha Meyer. Mit vier Jahren reißt sie das erste Mal von zu Hause aus und wandert zur geliebten Oma.

Ich wuchs auf zwischen Standuhr und Radiotisch.
Die Politur durft ich nicht anfassen.
Mutter liebte die Möbel mehr als mich.
Ich beschloß, Mutter zu verlassen.*

Nach jedem Fluchtversuch wird Ingeborg von der Mutter geschlagen, die Schmerzen spürt sie »innen und außen«. Gehorsam und Unterordnen lernt das Mädchen auch nach der Einschulung und dem Machtantritt der Nationalsozialisten 1933. In der Schule fällt Ingeborg auf, weil sie – der die Großmutter immer Märchen erzählt hat – gute Geschichten schreiben kann. In Deutsch bekommt sie die Note »Eins«, allerdings wird im Zeugnis vermerkt: originell, aber zu eigenwillig.

Einige Zeit träumt sie davon, Kinderärztin zu werden, doch ein Studium können die Eltern nicht finanzieren. Trotzdem erhält sie eine solide Ausbildung, lernt Stenographie und Englisch und geht zum Akkordeon- und Ballettunterricht. Parallel dazu besucht sie eine Handelsschule, an der sie 1942 das Abitur besteht.

33 war ich ein gläubiges Kind
Meine Eltern warn gut und fleißig

* vgl. Geipel

Erwachsen wurde ich 39
Als der Krieg anfing.
[...]
Meine erste Liebe war als der Krieg anfing
Und da ging er in den Krieg
Ich weinte und war ein dummes Ding
Im Verhältnis zur Nation sehr gering.

Bevor er fiel kam er zu mir
Ganz zerrissen vom Morden
Ich wußt nichts bessres als: bleib doch hier
Glücklich sind wir nicht geworden.
[...]

Im April 1942 wird die Siebzehnjährige zum Reichsarbeitsdienst verpflichtet, arbeitet zunächst auf einem Bauernhof in der Steiermark,
später als Straßenbahnschaffnerin und Statistin an der Oper in Graz.
Zum ersten Mal ist Ingeborg Meyer für mehrere Monate von zu
Hause fort und auf sich allein gestellt. Durch ihre Arbeit lernt sie die
Unabhängigkeit kennen und das abwechslungsreiche Leben der Sänger und Schauspieler, außerdem vertieft sie das Akkordeonspielen,
das sie in Berlin begonnen hatte. Nach ihrer Rückkehr nach Berlin
1943 muss sie ein weiteres Pflichtjahr, das aber nur sechs Monate
dauert, im Haushalt einer Familie ableisten, danach ist sie als Ste-
notypistin und Sekretärin in einer Chemiefabrik tätig. Obwohl die
Bombenangriffe auf die Stadt häufiger und schwerer werden, versuchen die Berliner, ihr normales Leben aufrechtzuerhalten. Als der
Kampf gegen die Alliierten für Hitlers Truppen immer aussichtslo-
ser wird, werden auch Frauen zur Wehrmacht eingezogen. Ingeborg
Meyer erhält ihre Einberufung Anfang Januar 1945 und wird – nach
einer Kurzausbildung – als Kraftfahrerin eingesetzt. Da die Einsatz-
gebiete im Berliner Umland liegen, ist sie in den letzten Kriegswo-
chen ständig unterwegs. Nach einem missglückten Fluchtversuch
wird sie zur Flak in die Hauptstadt strafversetzt, die bis zum letzten
Mann verteidigt werden soll. Als Wehrmachtshelferin lernt sie schießen, Munition besorgen und Verwundete bergen. Wenige Tage vor
der Kapitulation Deutschlands wird die Zwanzigjährige Ende April
1945 bei einem Bombenangriff unter einem einstürzenden Haus verschüttet. Im Gedicht *Unterm Schutt II* heißt es:

Und dann fiel auf einmal der Himmel um
Ich lachte und war blind
Und war wieder ein Kind
Im Mutterleib wild und stumm
Mit Armen und Beinen die ungeübt stießen
Und griffen und liefen
Bilder ringsum
Kein Boden kein Dach
Was ist – verschwunden
Ich bin eh ich war.
[…]
Mich trägst du nicht, Tod, ich mach mich schwer
Bis sie kommen und graben
Bis sie mich haben
Du gehst leer.

Drei Tage lang ist sie lebendig begraben, harrt – umgeben von Trümmern und Staub – in einem Hohlraum aus, ruft, schreit und hört das
Hecheln eines Hundes, der mit ihr verschüttet wurde. Dann wird sie
endlich gefunden und geborgen.

Als ich Wasser holte fiel ein Haus auf mich
Wir haben das Haus getragen
Der vergessene Hund und ich.
Fragt mich nicht wie
Ich erinnere mich nicht.
Fragt den Hund wie.

Das Gedicht *Unterm Schutt III*, das in sechs Zeilen das traumatische
Erlebnis emotionslos in kargen Worten umkreist, entsteht erst mehr
als fünfzehn Jahre später. Im Frühjahr 1945 ist die Überlebende noch
sprachlos und macht sich in der Ruinenstadt Berlin auf die Suche
nach ihren Eltern.

Heimweg 45

Übriggeblieben zufällig
Geh ich den bekannten Weg
Vom Ende der Stadt zum andern Ende

Ledig der verhaßten Uniform
Versteckt in gestohlenen Kleidern
Aufrecht, wenn die Angst groß ist
Kriechend über Tote ohne Gesicht
Die gefallene Stadt sieht mich an
Ich seh weg. [...]

Sie wandert nach Friedrichsfelde zur Fürst-Bismarck-Straße 19, in
der die Eltern wohnen. Doch das Haus ist zerstört, unter den Trümmern findet sie im Keller die Leichen fast aller Bewohner, darunter
auch die der Eltern. Nachdem die Toten geborgen sind, sucht sie
nach einer Karre, um sie zum Friedhof zu bringen. Als sie wenig
später zurückkommt, fehlt an der Hand der Mutter ein Finger, an
dem ein Ring steckte. Auf einem Foto ihres Elternhauses markiert
sie in jeder Etage jedes Fenster mit einem Kreuz und notiert darunter: 19 Tote. Nach der Kapitulation Deutschlands im Mai 1945 gehört Ingeborg zu den sogenannten »Trümmerfrauen«, die zu Räum-
und Bergungsarbeiten eingesetzt werden. Mehrmals kehrt sie zu der
Ruine des Elternhauses zurück und sucht in den Trümmern nach
Habseligkeiten, findet den Lieblingshut der Mutter und die goldene
Uhrkette des Vaters. Die Gedichte, in denen sie diese Zeit schildert,
entstehen erst in den sechziger Jahren. Damit gehören sie streng genommen nicht mehr zur Literatur der »Stunde Null«, doch sind sie
bedrückend nah am Geschehen:

Ich sah die Welt in Trümmern
Noch hatte ich nichts von der Welt gesehn
Ich sah den Tod und die Gewalt
Noch eh ich jung war, war ich alt
Und wußte, ohne zu verstehn.
[...]

Glücklicherweise hat die Großmutter den Krieg überlebt und nimmt
die Enkelin zunächst bei sich auf. Im Juni bezieht Ingeborg Meyer
ein möbliertes Zimmer und hat damit erstmals eine eigene Unterkunft. Kurz darauf trifft sie den ehemaligen Kollegen Kurt Loose wieder, den sie bei der Flak kennengelernt hat. Sie sehen sich fast täglich, tauschen ihre Erlebnisse aus und entdecken das Leben neu.

Sommer 45

Küsse im Roggenfeld kurz und heiß wie
Nächte im Juli und kein Erinnern mehr.
Vergessen im Mohnrot. Der Himmel ein Stein.
[...]

Am 10. November 1945 heiratet sie den drei Jahre älteren Freund,
der als Briefträger arbeitet, und kurz danach ziehen sie in eine gemeinsame Wohnung. Im Dezember des folgenden Jahres kommt
der Sohn Bernd zur Welt. Bereits im Frühjahr 1946 lernt sie jedoch
den einundzwanzig Jahre älteren Direktor des Zirkus Busch, Herbert Schwenkner, kennen. Er wirbt um die junge, gut aussehende
Frau, in deren Ehe die Unterschiede zwischen den Partnern immer
deutlicher hervortreten. Im Oktober 1947 wird das Ehepaar Loose
geschieden und drei Monate später, am 26. Januar 1948, findet Ingeborgs Hochzeit mit Herbert Schwenkner statt. Zwei Jahre lang zieht
das Paar mit den Zirkusartisten durch das kultur- und abwechslungs-
hungrige Deutschland. Ingeborg Schwenkner tritt in die neu gegründete Partei ihres Mannes, die SED, ein und arbeitet bald darauf in
der Kulturabteilung. Kurz nach der Gründung der DDR im Oktober 1949, übernimmt ihr Mann die Stelle des kaufmännischen Di-
rektors des Friedrichstadtpalastes, für den sie mehrere Kinderrevuen
schreibt. Im selben Jahr publiziert sie erstmals journalistische Texte
in verschiedenen Zeitungen. Sie ist eine attraktive, dunkelhaarige
Frau mit einer widersprüchlichen Persönlichkeit. Mal geht sie, ele-
gant gekleidet, auf Partys und ist heiter und lebenslustig, wenig später
wirkt sie melancholisch und depressiv.

Ende 1951 bezieht das Ehepaar ein Haus in Lehnitz bei Oranien-
burg nördlich von Berlin. Ingeborg schätzt die Ruhe und die Nähe
zur Natur und entdeckt das Fotografieren. Es entstehen Schnapp-
schüsse beim Pilzesammeln im Wald, beim Bootfahren auf dem
Lehnitzsee oder bei der Krimi-Lektüre im Garten. Einer der Nachbarn ist der Arzt und Schriftsteller Friedrich Wolf, der Vater des Ge-
heimdienstchefs der DDR Markus Wolf. Der Dreiundsechzigjährige,
der 1933 als Jude und Kommunist aus Deutschland emigriert und
nach Kriegsende zurückgekehrt ist, engagiert sich kulturpolitisch in
der DDR und hat 1950 die Akademie der Künste in Ost-Berlin mit-
begründet. Der Autor, der durch Dramen, Märchen- und Kinderbü-

cher bekannt geworden ist, ermuntert seine junge Nachbarin dazu, das Schreiben zum Beruf zu machen, und stellt Kontakte zu Verlagen her. Auch mit seiner Frau Else freundet sich Ingeborg bei gemeinsamen Ausflügen und Aktivitäten der Ortsgruppe der Partei an.

Im Juni 1953 kommt es zu ersten Protesten der Bevölkerung gegen das DDR-Regime, doch der Aufstand wird niedergeschlagen. Zur selben Zeit beginnt Ingeborg Schwenkner als freie Schriftstellerin zu arbeiten. In den folgenden Jahren macht sie sich einen Namen als Kinderbuchautorin; ihr erster Band *Wölfchen Ungestüm* wird 1955 mit einer Auflage von zwanzigtausend Exemplaren veröffentlicht. In ihrem Aufnahmeantrag für den Schriftstellerverband der DDR nennt sie allerdings Lyrik und Drama als bevorzugte Arbeitsgebiete.

Bei einem Treffen der »Arbeitsgemeinschaft Junger Autoren« in Berlin lernt die Achtundzwanzigjährige im Sommer 1953 den vier Jahre jüngeren, unbekannten und völlig mittellosen Heiner Müller kennen. Den 1929 in Eppendorf in Sachsen geborenen Autor fasziniert die kluge, schöne Frau, die zu den Begabtesten in der Gruppe gehört. In den Gesprächen mit ihm über Literatur und das Schreiben spürt sie eine innere Verbundenheit.

Als ich zu dir kam
Habe ich nicht nachgedacht
Barfuß kam ich den Moralschuhn entwachsen
Jung war sie und spröde
Unsre erste Nacht
Am Morgen darauf war schon
Das Feuer angefacht
Uns zu rösten

Ein knappes Jahr nach der ersten Begegnung zieht Heiner Müller mit Ingeborg und ihrem Sohn Bernd in die oberste Etage des Hauses, in dem im Parterre ihr Ehemann lebt. Es kommt zu Spannungen zwischen dem Parteifunktionär Schwenkner und dem jungen intellektuellen Regimekritiker Müller. Ein Vierteljahr später, im Juli 1954, lässt Ingeborg sich von ihrem zweiten Mann scheiden und heiratet im Jahr darauf, am 4. Juni 1955, Heiner Müller, der ihren achtjährigen Sohn adoptiert. Als Autorin nennt sie sich nun Inge Müller und sichert mit ihren Kinderbüchern und journalistischen Texten die finanzielle Existenz der Familie. Zu Beginn ihrer Beziehung ist die Poesie für das

Paar von zentraler Bedeutung. Es entstehen Dialog-Gedichte, an denen beide abwechselnd arbeiten. Im November 1954 schreibt sie:

Da ist die Brücke
Und ich seh dich gehen
Über die Planken aus Holz.
Drei fehlen in der Mitte.
Ich reiche dir die Hand
Und du siehst sie nicht.
Du siehst das Wasser unter dir
Und den Wind, der stark ist.
Da zittert meine Hand
In der Mitte zwischen Wasser
Und Wind.
Und da ist die Brücke.

Heiner Müller antwortet:

Ins Wasser blickend sah ich
Deine Augen, die mich suchten. Da
Fand ich mich. Und ich fürchtete den Wind
Nicht mehr. Er trägt uns
Die sich an den Händen halten.

Diese Symbiose aus Liebe und Schreiben gibt Inge Müller Halt. In den ersten Jahren ihrer Liebes- und Arbeitsbeziehung schreiben sie sich viele Gedichte – regelmäßig nicht nur zu den gegenseitigen Geburtstagen. Lehnitz ist auch ein Rückzugsort für die literarische Arbeit und das Familienleben, das Inge Müller aber allein organisieren muss. Oft kommen Künstlerkollegen in die Idylle im Grünen, darunter der Liedermacher Wolf Biermann, der Dramatiker Peter Hacks, der Schriftsteller Hermann Kant und die Lyriker Erich Arendt und Richard Leising. Dann wird gegessen, getrunken und bis in die Nacht diskutiert. Die Kollegen beneiden das Künstlerpaar um die kreative Beziehung, dabei geht die Faszination von Inge Müller aus, die mit ihren dunklen Augen und einem charmanten Lächeln Wärme und Intelligenz ausstrahlt. Dagegen wird Heiner Müller von seinem Adoptivsohn Bernd eher als »Kopfmensch« bezeichnet.

Als wir uns trafen
In einer Seitenstraße unsrer Wege
War dir vorm Leben angst
Wie mir vorm Tod
Der nah war und wir sahn den Himmel rot
Sanft wie ein wollnes Tuch sich um uns legen
Und einen Augenblick lang wärmten wir uns noch.

Der Augenblick
Ward sieben Sommer alt. Und als wir aufsahn
War die Zeit schon um.

In diesem Gedicht deutet sich in der letzten Zeile schon an, dass die Idylle brüchig wird. Ende der fünfziger Jahre entwickelt sich die poetische Zusammenarbeit auseinander. Anfangs zeigt Inge Müller ihrem Mann noch manchmal eines ihrer Gedichte, doch er kann wenig damit anfangen. Wenn er Verbesserungsvorschläge macht, merkt er, dass aus den Texten etwas anderes wird, das für seine Frau falsch klingt. Heiner Müller bleiben ihre Verse fremd, ihn zieht es zum radikalen, modernen Theater. Gemeinsam recherchieren sie im ehrgeizigsten Industrieprojekt der DDR »Schwarze Pumpe«, das zum Symbol für den Aufbau des Sozialismus wird. Sie besuchen die Großbaustelle des Braunkohle-Koks-Kombinats in der Nähe von Hoyerswerda, führen Interviews mit Ingenieuren und Arbeitern und dokumentieren die Lebens- und Produktionsbedingungen. Aus diesem Material entsteht das Hörspiel *Die Korrektur*, dessen erste Fassung allerdings als zu negativ abgelehnt wird. Als Ko-Autorin arbeitet Inge Müller mit ihrem Mann an den Theaterstücken *Der Lohndrücker* und *Die Korrektur*, für die beide 1959 mit der wichtigsten Literaturauszeichnung der DDR, dem Heinrich-Mann-Preis der Deutschen Akademie der Künste in Ost-Berlin geehrt werden. Doch ihre Mitarbeit wird nicht ernst genommen. Als der Text des Stückes *Der Lohndrücker* 1957 in einem Heft der Zeitschrift *Neue Deutsche Literatur* erscheint, wird nur Heiner Müller als Autor genannt. Inge Müller bemerkt dazu lakonisch: »Die schönen Weiber werden heutzutage mit unter die Talente ihrer Männer gerechnet.«[*]

In dem einzigen erhaltenen Interview mit ihr nimmt sie ausführ-

---

[*] vgl. Geipel

licher zu der mangelnden Wertschätzung Stellung und wundert sich über die unzutreffenden Vorstellungen, die über ihre Zusammenarbeit kursieren. »Man nimmt bisweilen an, ich sähe das, was Heiner alleine geschrieben hat, nur noch einmal durch, um dies und das zu verbessern oder Geringfügiges zu verändern. Dafür betrachte es dann mein Mann als seine Kavalierspflicht, im Titel auch meinen Namen erscheinen zu lassen. So ist das natürlich nicht. In tage-, ja, oft nächtelangen Diskussionen klären wir die aus dem Leben aufgegriffenen Probleme, ihre Gestaltung und den Ablauf der Handlung. Dann kann schließlich ich dort weiterschreiben, wo Heiner aufgehört hat und umgekehrt.«*

In diesen Jahren der engen Zusammenarbeit werden die Handschriften beider Autoren einander immer ähnlicher, sodass es im Nachhinein schwer ist zu unterscheiden, wer was geschrieben hat.

Obwohl beide von »der großen Liebe« sprechen, ist ihre Ehe schwierig, da sie unterschiedliche Lebenskonzepte haben und die Gegensätze groß sind: auf der einen Seite preußische Ordnung, auf der anderen Chaos. Inge Müller versucht, dem Alltag eine Struktur zu geben, und erstellt Listen und Tagespläne, an denen sie sich festhalten kann – abgedruckt in der Biografie über die Dichterin von Ines Geipel: »Aufstehn, Waschen, Kaffee, Frühstück, Schreiben, Malen, Einkaufen, Mittagessen, Haushalt, Lesen, Englisch, Mathe, Schreiben, Fensterputzen, Holz stapeln, Holz hauen, Couch und Sessel abreiben, Bernd Essen, Wäsche, Versammlung, Schwimmen, Angeln, Musik, Manuskripte sortieren, Fernsehen, Post, Belege.« Sie sehnt sich nach Klarheit und Übersicht und vermisst bei Heiner Müller, der ihr zu spontan und nachlässig ist, Verantwortungsbewusstsein. Im Tagebuch notiert sie 1957: »Heiner kann noch immer kein Versprechen halten, es fällt ihm leicht, eines zu geben.«** Er dagegen macht sich über ihren preußischen Perfektionismus lustig. Für sie ist es zum Beispiel selbstverständlich, sofort nach den Mahlzeiten das Geschirr zu spülen und danach jedes Mal den Küchenboden zu wischen. Sie macht sich Gedanken über unbezahlte Rechnungen, nicht eingehaltene Termine und schläft kaum noch. »Er macht Worte, wo Taten notwendig sind, Ferien, wo Arbeit dringend ist.«** Sie hasst es, »sein Kindermädchen zu spielen«, und ist entschlossen, sich aus diesen sich wiederholenden Abläufen herauszuhalten, doch gelingt ihr

* vgl. Geipel
** vgl. Hilzinger

das nur selten. Ihre Versuche, mit ihrem Mann darüber zu sprechen, scheitern. Noch mehr als den organisatorischen vermisst Inge Müller den literarischen Austausch mit Heiner Müller, der sich mehr und mehr zurückzieht. Sie bekommt psychosomatische Beschwerden, beginnt zu trinken und hat eine Affäre mit dem sechzehnjährigen Bruder ihres Mannes, der Wolfgang heißt – wie ihr verstorbener Bruder, den sie nie kennengelernt hat.

Im Herbst 1957 hat sie Schmerzen, deren Ursache man nicht herausfindet. Sie verbringt mehrere Wochen im Krankenhaus und notiert im Tagebuch: »Abends ›eingeliefert‹, ich fühle mich ›ausgeliefert‹. Trotzdem: wenn es hilft, werde ich Geduld aufbringen zu bleiben, so lange es notwendig ist.« Doch noch zwei Monate später klagt sie über »Schmerzen, Schmerzen, Schmerzen! Ich will mich *zwingen*, gesund *zu sein*. Das ist eine solche Anstrengung, daß es unmöglich wird, es *zu werden*.« Bei diesem Krankenhausaufenthalt liest sie Geschichten des Hamburger Autors Wolfgang Borchert, der mit seinem Hörspiel und Drama *Draußen vor der Tür* kurz vor seinem frühen Tod 1947 bekannt wurde. Seine Texte, die in einfachem, verdichtetem Stil den Alltag und die Grausamkeit des Krieges auf den Punkt bringen, beeindrucken sie sehr.

Die berufliche Zusammenarbeit mit Heiner Müller löst sich auf, er geht eigene dramatische Wege und sitzt nächtelang mit den Theaterleuten zusammen. Dann macht sie sich Sorgen und wartet auf ihn, im Tagebuch schreibt sie: »Wenn er spät kommt, ohne Nachricht – eine Qual. Es gelingt mir nur, (ihm nicht zu zeigen, wie sehr es mich quält), wenn ich mir vorstelle: er könnte nach Hause kommen, Licht in meinem Fenster sehen und denken: sie wartet wieder, ich ginge lieber nicht heim. [...] Er soll immer gern heimkommen können. Manchmal scheint es unmöglich, Gefühl und Vernunft miteinander zu verbinden. Man lernt es durch sich selbst.«

Hin- und hergerissen zwischen den täglichen Pflichten und dem Schreiben stellt sie im Tagebuch fest: »Dreigeteilt: Mein Mann, mein Kind, mein Schreiben – keins ist *vor* dem andern, keins? Wenn es entschieden ist, werde ich gesund sein oder sterben.«

Im Januar 1959 trifft Inge Müller ein neuer Schicksalsschlag: Martha Meyer stirbt, die für sie die letzte Verbindung zu ihrer Familie war. Nach dem Tod der Großmutter verschlimmert sich ihr psychischer Zustand, sie versucht mehrere Male, sich das Leben zu nehmen. Weder die Familie noch Freunde können sie auffangen.

Heiner Müller liebt seine Frau, doch steht er ihren selbstzerstörerischen Tendenzen genauso hilflos gegenüber wie ihr Sohn Bernd, der es mehrmals erlebt, dass der Rettungswagen vor der Haustür steht, wenn er aus der Schule heimkommt. Inge Müller liegt monatelang im Krankenhaus. Sie sucht einen Psychiater auf, der jedoch – wenig einfühlsam – konstatiert, dass ihre Chance zu überleben gering sei, und sich wundert, wie lange sie es ausgehalten hat. Nach ihrem Freitod wird er sich ebenfalls das Leben nehmen.

Ende 1959 kehrt die Familie nach Berlin zurück und zieht in eine Wohnung in Pankow. In dieser Zeit der inneren Zerrissenheit erfährt Inge Müller als Autorin Anerkennung und erlebt ihre erfolgreichsten Jahre. Ihre Hörspiele, dramatischen Bearbeitungen und Kindergeschichten sind gefragt; ihr zweites Kinderbuch *Zehn Jungen und ein Fischerdorf* erscheint. Aus dem Material, das sie im Kombinat »Schwarze Pumpe« gesammelt hat, entstehen das Theaterstück und Hörspiel »*Die Weiberbrigade*«, für die Hörspielfassung bekommt sie den Vaterländischen Verdienstorden in Bronze. Doch die unlebbare Liebe zu Heiner Müller belastet sie. Als sie 1960 zum siebten Mal versucht, sich zu töten, schreibt er:

Die ich liebe, hat mir gesagt, daß sie sterben will.
Sieben Jahre Glück: zu wenig
Sieben mal sieben: nicht genug
Deine Schmerzen aufzuwiegen.*

Inge Müller antwortet:

[…]
Aus Liebe frag ich was da bleibt
Wenn einer stirbt wenn er schreibt

Und die Liebe hab ich begraben
Siebenmal
Als ich gestorben bin
An Liebe und hin ist hin
Und oben fährt der Große Wagen.

* vgl. Geipel

Das sind keine Dialog-Gedichte mehr, sondern zwei Monologe, in denen die Hilflosigkeit und Vereinzelung der Partner zum Ausdruck kommt. Beide verfolgen beruflich nun verschiedene Richtungen und der poetischen Zusammenarbeit folgt die literarische Konkurrenz. Heiner Müller arbeitet an einem neuen Stück, *Die Umsiedlerin*, das unmittelbar nach der Premiere als konterrevolutionär und regimefeindlich verboten wird. Es kommt zu Hausdurchsuchungen, zur Beschlagnahmung von Texten und zu seinem Ausschluss aus dem Schriftstellerverband der DDR. Inge Müller wird nahegelegt, sich von ihrem Mann zu trennen, was sie ablehnt. Die öffentliche Isolation und Ächtung treffen auch sie. Der Staat ist in dieser Zeit besonders wachsam. Es ist August 1961, die Zeit des Mauerbaus in Berlin, mit dem die DDR die immer größer werdende Flucht von Fachkräften in den Westen stoppen will. Zu diesen politischen Vorgängen gibt es keine Tagebucheintragungen der Autorin, doch es entsteht das Gedicht *Ein Mensch steht an der Mauer*:

> [...]
> Ein Mensch fällt an der Mauer.
> Ein Gewehrlauf weist zitternd
> In den weiten Himmel
> Gelenkt von zwei Händen
> Die blieben sauber
> Und sie legten sie in Fesseln.
> Morgen steht wieder ein Mensch
> An der Mauer.

Inge Müller, die zunächst an die Idee des Sozialismus glaubte, macht sich nach dem Bau der Mauer und dem Publikationsverbot für ihren Mann keine Illusionen mehr in Bezug auf ihre künstlerische Zukunft in der DDR, wie in dem Gedicht *Masken* deutlich wird:

> Ich weigere mich Masken zu tragen
> Mich suche ich
> Ich will nicht daß ihr mich nachäfft
> Ich suche unser Gesicht
> Nackt und veränderlich.
> Nicht Tränen nicht alle Wetter
> Waschen die Larven uns ab

Kein Feuer kein Gott wir selber
Legen uns ins Grab.

Das Autoren-Ehepaar lebt völlig isoliert, ohne neue Aufträge und in finanzieller Not. Heiner Müller zieht sich noch mehr in sich selbst zurück, während sich der psychische Zustand seiner Frau weiter verschlechtert. In dieser Zeit der privaten und beruflichen Krise brechen ihre traumatischen Kriegserinnerungen wieder hervor und sie beginnt, ihre Erlebnisse poetisch zu gestalten. Bereits in den fünfziger Jahren hatte sie ein Roman-Projekt skizziert, in dem die weibliche Hauptfigur, Jona, ihre Kindheit und den Krieg schildert: »Jona hat Angst. 23 Bombenangriffe oder mehr, Brände, berstende Häuser – Angst vorm Tod, vorm Wasser, vorm Feuer, vorm Ersticken. Kellerangst, Warteangst, Ungewißheit, Neugier. Hier war die nackte Angst vorm Menschen. Das Grauen. [...] Die ersten Flakgranaten zerplatzten über der Mauer. [...] Jona weinte und wußte nicht warum. Ihre Angst war dünn geworden.« Auch Inge Müllers Prosa geht unter die Haut, doch erreichen ihre erzählenden Texte nicht die sprachliche Dichte und Prägnanz ihrer Lyrik. An den Gedichten, die Anfang der sechziger Jahre entstehen, kann man die Entwicklung ihres Schreibens nachvollziehen. Über Kinderbücher, Schlager, Prosa, Hörspiele und Theaterstücke findet sie in der Lyrik ihren eigenen Stil. Während ihre frühen Gedichte noch in Strophenform mit wechselnden Reimen geschrieben sind, haben die späten Verse meist nur wenige Zeilen, die aufs Äußerste verdichtet sind. Die schlichte Form der wie Kinderlieder klingenden Verse wird durch den harten, schonungslosen Inhalt gebrochen. Daraus beziehen diese Gedichte ihre Spannung und schmerzliche Intensität. Oft sind es nur die Reime, die den wenigen Worten Halt geben. Das folgende Gedicht greift einen bekannten Kinderspruch auf und kehrt ihn um. Nicht die Eltern wollen dem Kind das Essen schmackhaft machen mit »einen Löffel für Mama und einen für Papa«, sondern das lyrische Ich verteilt die eigenen Knochen nach dem Beinahe-Tod. Erst in der letzten Zeile deutet sich die Rettung an – das Schreiben.

Trümmer 45

Da fand ich mich
Und band mich in ein Tuch:
Ein Knochen für Mama

Ein Knochen für Papa
Einen ins Buch.

Die Jahreszahl 1945, für Inge Müller nicht nur historische, sondern
vor allem biografische Zäsur, taucht in elf Gedichten im Titel auf. Die
Genauigkeit dieser Verse, die fünfzehn Jahre nach Kriegsende entstehen, reißt den Leser mitten hinein in das Trauma das Krieges, das die
Autorin nie verlassen hat. Im Gedicht *Frage* heißt es:

> [...]
> An dem Keller trag ich noch immer
> Schwer.
> Schreiben wollt ich
> Farben finden
> Worte verstehn
> Lieben
> Sehn
> Weitergehn.
> Wer
> Ist hinter mir her?

Die Gedichte, in denen es um Krieg, Überleben, Trauer, die Liebe
und das Schreiben geht, zeigt sie weder ihrem Mann noch Freunden.
Diese Themen passen nicht in den offiziellen Literaturbetrieb der
DDR, der an optimistischen und aufbauenden Texten interessiert ist.
Inge Müllers Verse beeindrucken durch die spröde, präzise Sprache,
in der sie das Kriegsgeschehen und die enttäuschten Hoffnungen auf
eine neue Zeit danach benennt.

Stufen

> Ich schrieb und schrieb
> Das Grün ins Gras
> Mein Weinen machte die Erde nicht naß
> Mein Lachen
> Hat keinen Toten geweckt
> In jeder Haut hab ich gesteckt.
> Jetzt werd ich nicht mehr schrein –
> Daß ich nicht ersticke am Leisesein!

Doch das Schreiben gibt ihr nur vorübergehend Halt. In der Zeit der äußeren Isolation und materiellen Not bricht die jahrelang mühsam aufrechterhaltene Alltagsordnung zusammen. Sie leidet unter Depressionen und Schlafstörungen, ihre Aggressionen richten sich gegen andere und sich selbst. Stundenlang schließt sie sich in ihrem Zimmer ein und spielt Akkordeon. Die Abstände zwischen ihren Selbstmordversuchen werden kürzer. Nur manchmal gelingt es ihr, die Ängste und Aggressionen im Schreiben aufzufangen.

Hinter der Pappfassade
Ein Nichts das wächst
Aus Allerwelt Kraft Leiden
Leben aus Möglichkeiten
Endlich leben –
Jedes für sich und nicht mehr auszugeben:

Die Wahrheit leise und unerträglich

Mit ihrer Wahrheit fühlt sich Inge Müller allein, auch als sich nach zwei Jahren Isolation ihre Lage wieder verbessert und sie neue Aufträge bekommt. Großen Erfolg hat sie 1965 mit ihrer Bearbeitung des Stückes *Unterwegs* des russischen Autors Viktor Rosow, das über den Kulturaustausch der Theater auch an westdeutschen Bühnen aufgeführt wird. Inge Müller reist sogar zum Gastspiel nach Frankfurt am Main. Dem waren harte Diskussionen mit ihrem Mann vorausgegangen, der mit dem Erfolg seiner Frau nicht zurechtkommt. Zwar erhält sie für diese Bearbeitung den Kunstpreis der Freien Deutschen Jugend, doch ihr Name wird als Bearbeiterin weder bei den west- noch den ostdeutschen Aufführungen genannt. Die Anerkennung, die diese Ehrung bedeutet, scheint Inge Müller jedoch nicht mehr zu erreichen. Am 20. Mai 1966 schreibt sie ihrem zwanzigjährigen Sohn in einem Brief: »Mein Junge, ein Vorbild war ich Dir sicher nicht, einen Vater als Vorbild konnte ich Dir nicht geben, ich weiß nichts weiter, als mich auf Dich und mich und alles, was weiter will, verlassen, – so einfach ist es nicht, vielleicht bist Du praktischer, geh mir nicht kaputt, sieh Dir die andern an, und wenn Du nicht weiter weißt: Es geht noch weiter.«* Diese Zuversicht hat sie für sich selbst

* vgl. Geipel

nicht. Ihre selbstzerstörerischen Phasen nehmen zu, sie trinkt, zerreißt Manuskripte, wird aggressiv.

Immer öfter flieht Heiner Müller aus der gemeinsamen Wohnung in Berlin-Pankow. Er registriert, dass ihre Versuche, sich das Leben zu nehmen, nur stattfinden, wenn er zu Hause ist und rechtzeitig eingreifen kann. Doch als er am Morgen des 1. Juni 1966 wieder einmal zurückkehrt, findet er seine Frau, die Tabletten genommen und den Gashahn aufgedreht hat. Dieses Mal kommt er zu spät, die Einundvierzigjährige liegt tot in der Küche. Neun Jahre später schreibt er darüber: »Ich bückte mich, hob ihr Gesicht aus dem Profil und sagte das Wort, mit dem ich sie anredete, wenn wir allein waren. Ich hatte das Gefühl, daß ich Theater spielte. Ich sah mich an den Türrahmen gelehnt, halb gelangweilt halb belustigt einem Mann zusehen, der gegen drei Uhr früh in seiner Küche auf dem Steinboden hockte, über seine vielleicht tote vielleicht bewußtlose Frau gebeugt, ihren Kopf mit den Händen hochhielt und mit ihr sprach wie mit einer Puppe für kein anderes Publikum als mich. [...] Ich [...] dachte an mein Leben mit der Toten bzw. an die verschiedenen Tode, die sie dreizehn Jahre gesucht und verfehlt hatte bis zu der heutigen erfolgreichen Nacht.«

Inge Müller wird auf dem Städtischen Friedhof in Berlin-Pankow beerdigt. Nach Ablauf der Ruhefrist ist ihr Grab eingeebnet worden. Ihr Mann, den Gräber nicht interessieren, hat ihre letzte Ruhestätte nie besucht. »Ich werde mit ihrem Tod nicht fertig«, gesteht er in einem Gespräch mit dem Journalisten Jürgen Serke. Heiner Müller wird zu einem der wichtigsten Dramatiker und Lyriker der DDR und 1990 der letzte Präsident der Akademie der Künste in Ost-Berlin. Er überlebt seine zweite Frau um fast dreißig Jahre und stirbt am 30. Dezember 1995 in Berlin an Krebs. Zu Inge Müllers dreißigstem Todestag, im Juni 1996, lässt seine vierte und letzte Ehefrau, die Fotografin Brigitte Maria Mayer, auf dem Friedhof einen Gedenkstein aufstellen. An dem Wohnhaus in Berlin-Pankow, Kissingenplatz 12, in dem er bis 1979 lebt und arbeitet, erinnert seit 2006 eine Gedenktafel an das Schriftstellerpaar Inge und Heiner Müller.

Kurz vor Inge Müllers Tod wurde eine kleine Auswahl ihrer Gedichte publiziert, die kaum Beachtung fand. Auch ein schmaler Band mit siebenunddreißig Gedichten, der 1976 in der traditionsreichen Reihe »Poesiealbum« erschien, machte sie als Lyrikerin nicht bekannt. Erst fast zwanzig Jahre nach ihrem Tod, 1985 und 1986, wurde zuerst in der DDR, dann auch in der Bundesrepublik Deutschland ein Gedichtband veröffentlicht, der Leser und Kritiker auf sie aufmerksam machte. Doch noch immer steht sie im Schatten ihres Mannes, der in seiner Autobiografie *Krieg ohne Schlacht* ihre Mitarbeit an seinen frühen Stücken bestritten hat. Heiner Müller bekennt später, dass es für seine Frau schwer war, »sich frei zu schreiben, auch frei von mir, außer in den Gedichten, die ich eigentlich erst nach ihrem Tod in ihrer Qualität erkannt habe. Das war ihre eigene Welt.«

Erst in den letzten Jahren wurde Inge Müller als eigenständige Autorin und wichtige Lyrikerin der Nachkriegszeit gewürdigt. Aus ihrem schmalen Werk ragt vor allem ihre Lyrik heraus, die durch ihre konzentrierte und genaue Sprache beeindruckt und dem Trauma der Kriegsgeneration eine Stimme gegeben hat. Heute fehlen ihre Texte in keiner Anthologie dieser Zeit. Ihre eindringlichen Gedichte bezeichnete der Schriftsteller Adolf Endler als »eine Poesie an der äußersten Grenze, knapp vor dem Absturz«.

Wie kann man Gedichte machen
Lauter als die Schreie der Verwundeten
Tiefer als die Nacht der Hungernden
Leiser als der Atem von Mund zu Mund
Härter als Leben
Weich wie Wasser das den Stein überlebt?
Wie kann man keine Gedichte machen?

Ingeborg Bachmann
(1926–1973)

»*Ich existiere nur, wenn ich schreibe*«

Wem es ein Wort nie verschlagen hat,
und ich sage es euch,
wer bloß sich zu helfen weiß
und mit den Worten –

dem ist nicht zu helfen.
Über den kurzen Weg nicht
und nicht über den langen.

Einen einzigen Satz haltbar zu machen,
auszuhalten in dem Bimbam von Worten.

Es schreibt diesen Satz keiner,
der nicht unterschreibt.

In ihrem späten Gedicht *Wahrlich* formuliert die österreichische Schriftstellerin Ingeborg Bachmann, die zu den wichtigsten deutschsprachigen Autorinnen des 20. Jahrhunderts zählt, ihre Verantwortung gegenüber der Sprache.* In den fünfziger Jahren wurde sie mit ihren Gedichtbänden *Die gestundete Zeit* und *Anrufung des Großen Bären* berühmt, danach wandte sie sich der Prosa zu. Schon lange vor der Frauenbewegung der siebziger Jahre thematisierte sie den Zwiespalt der Frauen zwischen Freiheit und Abhängigkeit in einer

---

* Soweit nicht anders vermerkt, sind die Zitate entnommen aus: Bachmann, Ingeborg: *Werke*. Band 1: *Gedichte. Hörspiele. Libretti. Übersetzungen*. Band 2: *Erzählungen*. Band 3: *Todesarten: Malina und unvollendete Romane*. Band 4: *Essays. Reden. Vermischte Schriften*. Anhang. Herausgegeben von Christine Koschel, Inge von Weidenbaum, Clemens Münster. München 2010

von Männern dominierten Welt. Ihre Erzählungen in den Bänden *Das dreißigste Jahr* und *Simultan*, vor allem aber ihr Roman *Malina* sind reich an Anspielungen und Bezügen auf ihr eigenes Leben und Lieben – meist in verschlüsselter Form und in eigenwilligen Bildern. Der österreichische Schriftsteller Thomas Bernhard, mit dem sie befreundet war, nannte sie »die bedeutendste Dichterin, die unser Land in diesem Jahrhundert hervorgebracht hat«.

Ingeborg Bachmann wird am 25. Juni 1926 in Klagenfurt, der Hauptstadt des Bundeslandes Kärnten im Süden Österreichs, als ältestes Kind des Lehrers Matthias Bachmann und seiner Frau Olga geboren. Zwei Jahre später kommt die Schwester Isolde zur Welt. Bis 1933 lebt die Familie in einer Mietwohnung, in der die Kinder nur auf Strümpfen laufen und flüstern dürfen, weil unter ihnen der Hausbesitzer wohnt. Ingeborg ist sieben Jahre alt, als die Eltern mit den beiden Töchtern in ein eigenes Reihenhaus mit Garten ziehen. Die älteste Tochter empfindet den Umzug als großen Einschnitt, weil die Kinder mehr Freiheiten haben – auch wenn die Familie nun sparen muss, um die finanzielle Belastung aufzufangen.

Ingeborg ist sehr musikalisch, spielt Geige und Klavier, und als sie einmal eine Melodie erfindet und ihr die Worte dazu fehlen, kommt sie auf die Idee, sie selbst zu schreiben. So entstehen ihre ersten Gedichtzeilen und eines Tages werden ihr die Worte wichtiger als die Musik. In einem Interview erinnert sie sich später: »[...] ich habe ganz plötzlich aufgehört, habe das Klavier zugemacht und alles weggeworfen, weil ich gewußt habe, daß es nicht reicht, daß die Begabung nicht groß genug ist. Und dann habe ich nur noch geschrieben.« Ihre Leidenschaft fürs Schreiben beginnt bereits während der Schulzeit im Alter von etwa zehn Jahren. Die Hausaufgaben erledigt sie in fünf Minuten und schreibt dann für sich wie besessen weiter, erklärt den Erwachsenen aber, sie müsse den Unterricht vorbereiten.

Die Wochenenden und Urlaube verbringt die Familie meist im Geburtsort des Vaters bei den Großeltern in Obervellach im Gailtal, das im Dreiländereck Österreich, Slowenien und Italien liegt. Für die Kinder wird diese Landschaft nahe der italienischen Grenze zum Synonym für Natur und Unabhängigkeit. Die Eltern, die im Jahr vor Ingeborgs Geburt auf ihrer Hochzeitsreise mit dem Rad nach Venedig gefahren sind, fühlen sich Italien verbunden. Der Vater, an dem sie sehr hängt, bringt ihr die ersten Worte auf Italienisch bei, das sie Jahrzehnte später als ihre zweite Sprache bezeichnet wird. Matthias Bachmann legt viel Wert auf eine umfassende Bildung und achtet nicht nur auf regelmäßige sportliche Betätigung – Schwimmen, Rudern, Skilaufen –, sondern sorgt auch dafür, dass seine Kinder ihre Kenntnisse in Musik, Literatur, Sprachen und Naturwissenschaften vertiefen.

Nach der Grundschule besucht Ingeborg das Ursulinen-Gymnasium in Klagenfurt, das sich im Frühjahr 1938 nach dem Anschluss Österreichs an das Deutsche Reich in das nationalsozialistische Schulsystem einfügen muss. Auf die knapp Zwölfjährige macht dieses Ereignis einen verstörenden Eindruck, wie sie später in einem Interview bekennt: »Es hat einen bestimmten Moment gegeben, der hat meine Kindheit zertrümmert. Der Einmarsch von Hitlers Truppen in Klagenfurt. Es war etwas so Entsetzliches, daß mit diesem Tag meine Erinnerung anfängt: […]. Aber diese ungeheure Brutalität, die spürbar war, dieses Brüllen, Singen und Marschieren – das Aufkommen meiner ersten Todesangst. Ein ganzes Heer kam da in unser stilles, friedliches Kärnten … «

Als Ingeborg dreizehn Jahre alt ist, wird der Bruder Heinz geboren, den sie fast wie ein eigenes Kind empfindet und sehr umsorgt. Die Beziehung zwischen den Geschwistern ist so eng, dass sie schon damals das Gefühl hat, nie eigene Kinder haben zu können.

1939, kurz nach dem Beginn des Zweiten Weltkrieges, wird Matthias Bachmann eingezogen. Ingeborg leidet unter der langen Trennung vom Vater, der nur selten Heimaturlaub bekommt. Sie weigert sich, dem Bund Deutscher Mädel (BDM) beizutreten und es gelingt ihr, sich der Einflussnahme durch diese nationalsozialistische Jugendorganisation zu entziehen. Schon damals zeigt sich ihr widersprüchlicher Charakter zwischen Sensibilität und Entschlossenheit. In dem frühen Gedicht *Ich*, das sie als Teenager schreibt, heißt es:

Sklaverei ertrag ich nicht
Ich bin immer ich
Will mich irgend etwas beugen
Lieber breche ich.
[…]
Darum bin ich stets nur eines
Ich bin immer ich
Steige ich, so steig ich hoch
Falle ich, so fall ich ganz.

Ingeborg ist eine gute Schülerin, die jedoch häufig krank ist, empfindlich wirkt und von den Kameradinnen »Elfchen« genannt wird. Den Nonnen fällt allerdings auf, dass sie sehr belesen, begabt und selbstständig ist. Der österreichische Schriftsteller Robert Musil – ebenfalls in Klagenfurt geboren – ist der erste Autor des 20. Jahrhunderts, den sie als junges Mädchen liest und dessen Texte sie nachhaltig beeindrucken. Später bekennt sie in einem Interview: »Die Jugendjahre sind, ohne daß ein Schriftsteller es anfangs weiß, sein wirkliches Kapital.«

Im Februar 1944 besteht die Achtzehnjährige das Abitur und beginnt kurz danach – um nicht zum Reichsarbeitsdienst nach Polen geschickt zu werden – eine Lehrerausbildung in Klagenfurt, die sie bei Kriegsende im Mai 1945 abbricht. Als Österreich wie Deutschland nach der Befreiung durch die Alliierten in vier Besatzungszonen aufgeteilt wird, sind in Kärnten die Engländer stationiert. Ingeborg Bachmann verliebt sich in den britischen Soldaten Jack Hamesh, einen Juden aus Wien, der 1938 nach England emigriert ist. Mit ihm kann sie nicht nur ausführlich über Literatur diskutieren, er versorgt sie in der schwierigen Nachkriegszeit auch mit lang entbehrten Lebensmitteln und Waren. Doch eine tiefere Verbindung will sie mit ihm nicht eingehen, denn schon als junges Mädchen hat sie davon geträumt, die Enge der Provinz hinter sich zu lassen und nach Wien zu gehen. »Natürlich will ich fort«, notiert sie im Tagebuch, »aber damit ich studieren kann, und ich will überhaupt nicht heiraten, auch keinen Engländer wegen ein paar Konserven und Seidenstrümpfen.«*

Matthias Bachmann, der schon 1932 in die NSDAP eingetreten war und im Zweiten Weltkrieg als Offizier gedient hat, kehrt im Sommer 1945 aus amerikanischer Kriegsgefangenschaft zurück. Er distanziert sich vom Nationalsozialismus, gilt aber als »politisch belastet« und wird zunächst mit Berufsverbot belegt. Um wenigstens der ältesten Tochter ein Studium zu ermöglichen, nehmen die Eltern eine Hypothek auf. Im Herbst 1945 beginnt Ingeborg mit dem Philosophiestudium in Innsbruck, nach einem Semester wechselt sie im Sommer 1946 an die Universität in Graz, wo sie noch Jura belegt. Auch dort bleibt sie nur ein Semester und geht schließlich im Oktober 1946 nach Wien, um neben Philosophie Germanistik und Psychologie zu studieren.

Noch bevor sie in Wien eintrifft, wendet sich die Zwanzigjährige

* vgl. Höller

im Juli 1946 mit einem Brief an den Wiener Hörfunk- und Zeitschriften-Redakteur Rudolf Felmayr, schickt ihm einige ihrer Gedichte und bittet ihn um Rat bei der »Veröffentlichung literarischer Arbeiten«. Mit ihrer Bitte, ihr »einen Weg zu zeigen, den ich, jung und unbekannt, gehen kann«,* leitet sie zielstrebig ihre ersten Schritte in die engagierte Nachkriegs-Literaturszene, die sich bereits im noch stark zerstörten Wien gebildet hat. Als die junge Studentin in die österreichische Hauptstadt kommt, vertieft sie diese Kontakte und gehört ab Herbst 1947 zum literarischen Zirkel um den vierzehn Jahre älteren Kritiker und Journalisten Hans Weigel, mit dem sie bald eine Beziehung eingeht. Im Wiener Café Raimund treffen sich regelmäßig junge, noch unbekannte Autoren zum Austausch. Dazu gehören H. C. Artmann, Ernst Jandl, Friederike Mayröcker, Thomas Bernhard und die fünf Jahre ältere Schriftstellerin Ilse Aichinger, mit der Ingeborg Bachmann bis Anfang der fünfziger Jahre eng befreundet ist. Sie begegnet auch dem Schriftsteller und Herausgeber Hermann Hakel, der die Jugendförderung im österreichischen PEN betreut. Nachdem bereits im Juli 1946 eine Erzählung von ihr in einer Zeitung erschienen ist, publiziert er zur Jahreswende 1948/49 in der ersten Nummer seiner Zeitschrift *Lynkeus* vier Gedichte von Ingeborg Bachmann. Es ist ihre erste Lyrik-Veröffentlichung:

> Es könnte viel bedeuten: wir vergehen,
> wir kommen ungefragt und müssen weichen.
> Doch daß wir sprechen und uns nicht verstehen
> und keinen Augenblick des andern Hand erreichen,
>
> zerschlägt so viel: wir werden nicht bestehen.
> Schon den Versuch bedrohen fremde Zeichen,
> und das Verlangen, tief uns anzusehen,
> durchtrennt ein Kreuz, uns einsam auszustreichen.

Im Mai 1948 lernt die Einundzwanzigjährige den sechs Jahre älteren Dichter Paul Celan kennen, der auf dem Weg von Bukarest nach Paris für einige Monate in Wien Station macht. Er hat das Dritte Reich als Jude in einem Arbeitslager überlebt, doch seine Eltern sind von den Nationalsozialisten in einem Konzentrationslager ermordet

* vgl. Höller

worden. In Wien arbeitet er an seinem ersten Gedichtband *Der Sand aus den Urnen*, der im September erscheint. Schon vier Tage nach ihrer ersten Begegnung berichtet Ingeborg Bachmann den Eltern, ihr Zimmer sei ein Blumenmeer, da »der surrealistische Lyriker Paul Celan« sich »herrlicherweise« in sie verliebt habe und sie mit Mohnblumen überschütte.* Zu ihrem zweiundzwanzigsten Geburtstag am 25. Juni 1948 schickt Paul Celan ihr ein Gedicht, doch Ende des Monats zieht er nach Paris. Sie kann ihn nicht begleiten, weil sie erst ihr Studium und ihre Doktorarbeit in Wien abschließen will. Nach diesem stürmischen Beginn entstehen lange Pausen zwischen den Briefen der beiden. Im August 1949 erklärt ihr Celan, er habe geschwiegen, weil »ich nicht wusste, was Du über jene kurzen Wochen in Wien denkst«. Und auch Ingeborg Bachmann scheint sich ihrer Gefühle noch nicht sicher zu sein und gesteht ihm, dass »die Zeit seit Dir für mich nicht ohne Beziehungen zu Männern vergangen ist. [...] Aber nichts ist zur Bindung geworden, ich bin unruhiger als je.«

Im Frühjahr 1950 schließt sie ihr Studium mit einer Dissertation über Martin Heidegger mit Auszeichnung ab, in der sie sich kritisch mit dessen Existenzialphilosophie auseinandersetzt. Als Heideggers antisemitische und regimefreundliche Haltung während des Nationalsozialismus bekannt wird, grenzt sie sich deutlich von ihm ab und betont noch Jahre später in einem Interview, dass sie »gegen Heidegger dissertiert« habe.

Ihre Beziehung zu Hans Weigel hat sie noch nicht gelöst, als sie im Oktober 1950 zu Paul Celan nach Paris zieht. Vorher schreibt sie ihm: »Ich freue und fürchte mich abwechselnd auf das Kommende; die Furcht überwiegt noch. Versuche bitte, gut zu mir zu sein und mich festzuhalten!« Zwei Monate leben die beiden zusammen, doch Halt kann ihr der vom Holocaust traumatisierte Dichter nicht geben. Die Beziehung scheitert, weil »wir aus unbekannten, dämonischen Gründen uns gegenseitig die Luft wegnehmen«,** wie sie in einem Brief an Hans Weigel formuliert. Ingeborg Bachmann kehrt nach Wien zurück und fragt Celan im Sommer 1951: »Weißt Du eigentlich noch, dass wir doch, trotz allem, sehr glücklich miteinander waren, selbst in den schlimmsten Stunden, wenn wir unsere schlimmsten Feinde waren? [...] Ich liebe Dich und will Dich

* vgl. Stoll
** vgl. Höller

nicht lieben, es ist zuviel und zu schwer; aber ich liebe Dich vor allem – […].« Im Herbst fordert Celan den Ring zurück, den er ihr im Jahr zuvor geschenkt hat, ein Familienerbstück, dessen Bedeutung sie sich bewusst ist. Nachdem sie ihm den Ring geschickt hat, zieht sich Celan weiter zurück und bittet sie, nicht nach Paris zu kommen. »Wir wuerden einander nur weh tun«, schreibt er ihr und stellt fest, »dass nur die Freundschaft zwischen uns moeglich bleibt. Das Andere ist unrettbar verloren.« Für Ingeborg Bachmann ist diese Trennung ein schwerer Verlust, sie bekommt Depressionen und klagt: »Ich habe alles auf eine Karte gesetzt und ich habe verloren.« Paul Celan heiratet im Dezember 1952 die Malerin Gisèle de Lestrange, die er ein Jahr zuvor kennengelernt hat und die zweieinhalb Jahre später den gemeinsamen Sohn Eric zur Welt bringt. Trotz der unlebbaren Liebe zu Paul Celan setzt sich Ingeborg Bachmann weiterhin für sein lyrisches Werk ein.

Nach verschiedenen Jobs arbeitet sie ab Herbst 1951 beim Radiosender Rot-Weiß-Rot als Redakteurin und schreibt Features. Die ehrgeizige junge Frau sucht zielstrebig nach Möglichkeiten, um Anerkennung zu finden und bekannt zu werden. Als Hans Werner Richter, der Initiator der Gruppe 47, im April 1952 zu einem Interview mit Hans Weigel in die Sendeanstalt kommt, in der sie arbeitet, gelingt es ihr, seine Aufmerksamkeit auf ihre Gedichte zu lenken. Nach der Lektüre lädt er sie sofort zur bevorstehenden Tagung der Gruppe im Mai nach Niendorf an der Ostsee ein. Dort trägt sie ihre Texte allerdings so leise vor, dass sie kaum zu verstehen sind und jemand anderer sie wiederholen muss. Als man sie danach auf ihr Zimmer bringt, fällt sie in Ohnmacht. Damals entsteht der Mythos um ihre Person: Sie vermittelt das Bild einer scheuen und hilflosen Frau, die in der fast ausnahmslos männlichen Runde der Autoren und Kritiker deren Beschützerinstinkt weckt. Dabei ahnen sie nicht, dass die unbekannte und attraktive Sechsundzwanzigjährige eine kluge, kritische Autorin ist, die bereits Gedichte und ihr erstes Hörspiel *Ein Geschäft mit Träumen* veröffentlicht hat und einen Doktortitel in Philosophie besitzt. Sie weiß ihre weiblichen Reize bewusst in Szene zu setzen und kann – je nach Bedarf – Eleganz, Intelligenz oder Schüchternheit ausstrahlen. Da die kurzsichtige Lyrikerin aus Eitelkeit keine Brille trägt, wirkt ihr Verhalten manchmal unbeholfen. Ihr erster Auftritt in der deutschen Literaturszene im Mai 1952 sorgt allerdings nicht nur wegen ihrer Erscheinung für Aufsehen, sondern auch wegen ihrer beeindruckenden Gedichte.

Paul Celan, dem sie – mit der Bemerkung, er schreibe bessere Gedichte als sie – auch eine Einladung zur Tagung verschafft hat, liest dort sein Gedicht *Todesfuge*. Doch die Gruppenmitglieder reagieren ablehnend und erkennen die poetische Meisterschaft seiner Lyrik nicht. Später wird man der Gruppe 47 vorwerfen, die jüngste deutsche Vergangenheit und das Schicksal der Emigranten nicht thematisiert zu haben. Für Paul Celan und Ingeborg Bachmann sind das zentrale Themen, die in ihren Werken eine entscheidende Rolle spielen. Celans beklemmende *Todesfuge* wird als das wichtigste poetische Zeugnis der Auseinandersetzung mit dem Holocaust in die Literaturgeschichte eingehen.

Im Herbst 1952, bei der folgenden Tagung der Gruppe 47, lernt Ingeborg Bachmann den deutschen Komponisten Hans Werner Henze kennen, der sie nach Italien einlädt, wo er lebt und arbeitet. Mit dem homosexuellen Musiker verbindet die Dichterin eine Seelenverwandtschaft und lebenslange Freundschaft. Mit ihm taucht sie wieder stärker in die Welt der Musik ein, verfasst mehrere Libretti für seine Opern und er vertont einige ihrer Gedichte. Später erzählt sie in einem Interview, wie wichtig die Begegnung mit Hans Werner Henze für sie gewesen sei, weil sie erst durch ihn »wirklich Musik verstanden« habe. Musik sei für sie »der höchste Ausdruck, den die Menschheit überhaupt gefunden hat. [...] Dort haben die Menschen das erreicht, was wir durch Worte und durch Bilder nicht erreichen können.«* Sie bekennt, dass Musik für sie wichtiger sei als Schreiben und sie ohne Musik zu hören, nicht arbeiten könne.

Bei der nächsten Tagung, im Mai 1953, wird Ingeborg Bachmann mit dem Preis der Gruppe 47 ausgezeichnet und in der Bundesrepublik Deutschland bekannt. An den jährlichen Gruppentreffen nimmt sie zehn Jahre lang teil und avanciert bald zur »First Lady der Gruppe 47«. Ermutigt durch diese Bestätigung ihrer Arbeit wagt sie es, ihre Tätigkeit als Redakteurin aufzugeben und als freie Schriftstellerin zu leben. Im August zieht sie nach Italien, zunächst auf die Insel Ischia, wo sie in der Nähe von Hans Werner Henze wohnt, und im Oktober nach Rom. Die künstlerische Zusammenarbeit und Freundschaft mit dem fast gleichaltrigen Komponisten wird intensiver. Da Hans

---

* vgl. *Ein Tag wird kommen*

Werner Henze nur sechs Tage jünger ist als sie, feiern sie ihre Geburtstage oft gemeinsam und eine Zeit lang wohnen sie auch zusammen. Sie überlegen sogar zu heiraten, doch Ingeborg Bachmann kann sich nicht dazu entschließen. Für sie ist die Ehe »eine unmögliche Institution […] für eine Frau, die arbeitet und die denkt und selber etwas will,« wie sie in einem Interview betont.

Ende 1953 erscheint ihr erster Gedichtband *Die gestundete Zeit*, der von der Kritik als neuer Ton in der deutschsprachigen Lyrik gerühmt wird. Das Titelgedicht zählt zu Bachmanns bekanntesten Texten:

Es kommen härtere Tage.
Die auf Widerruf gestundete Zeit
wird sichtbar am Horizont.
[…]
Drüben versinkt dir die Geliebte im Sand,
er steigt um ihr wehendes Haar,
er fällt ihr ins Wort,
er befiehlt ihr zu schweigen,
er findet sie sterblich
und willig dem Abschied
nach jeder Umarmung.

Sieh dich nicht um.
Schnür deinen Schuh.
Jag die Hunde zurück.
Wirf die Fische ins Meer.
Lösch die Lupinen!

Es kommen härtere Tage.

Durch dieses Buch wird Ingeborg Bachmann zur wichtigsten Stimme der deutschsprachigen Lyrik der Nachkriegszeit. Im August 1954 widmet ihr das Nachrichtenmagazin *Der Spiegel* einen Artikel und ihr Foto ziert das Titelblatt; in der *Süddeutschen Zeitung* wird sie »als neuer Stern am deutschen Poetenhimmel« gefeiert. Trotz dieser Erfolge ist ihre finanzielle Situation schwierig, sodass sie vorübergehend als Korrespondentin für Radio Bremen und eine Tageszeitung arbeitet. In Rom lernt sie in einem Kreis deutschsprachiger Schriftsteller, die sich regelmäßig in einem Café treffen, unter anderen Marie Luise Kaschnitz kennen, mit der sie Freundschaft schließt.

Ingeborg Bachmann ist ihren eigenen Texten gegenüber äußerst kritisch und überarbeitet ihre Manuskripte bis zu dreißig Mal. Hans Werner Henze gesteht sie in einem Brief: »[…] die Zweifel beim Schreiben verschärfen sich manchmal so, daß ich kaum weiterkomme an manchen Tagen. Man muß nur in solchen Zeiten über die Zeit hinausschauen und an einem vorgestellten Ganzen festhalten, damit man die Teile fertigbringt, die unzulänglich erscheinen. Denn vielleicht gehören sie dann zu dem Ganzen.« Die Dichterin, die oft Probleme hat, Termine für Manuskriptabgaben einzuhalten, lebt im Augenblick, hat kein Gefühl für die Zeit und verabscheut es, unter Druck gesetzt zu werden.

Ende 1956 wird ihr zweiter Gedichtband *Anrufung des Großen Bären* veröffentlicht, für den sie im Jahr darauf den Literaturpreis der Freien Hansestadt Bremen erhält. Die meisten der darin enthaltenen Gedichte sind in Italien entstanden, doch schildern sie nicht das Urlaubsland und Touristenziel, sondern das Nebeneinander von Vergangenheit und Gegenwart. In dem bekannten Gedicht *Das erstgeborene Land* heißt es:

[…]
Und als ich mich selber trank
und mein erstgeborenes Land
die Erdbeben wiegten,
war ich zum Schauen erwacht.

Da fiel mir Leben zu.
[…]

Nicht nur das Schauen hat sie in Italien vertieft, in einem Interview bekennt sie, in Rom »froher geworden« zu sein und Lebensfreude gelernt zu haben. Der hochgelobte Gedichtband enthält auch ihr berühmtes Gedicht *Erklär mir, Liebe*, in dem sie die großen Themen Verlangen und Verlust in poetischen Bildern gestaltet:

[…]
Erklär mir, Liebe, was ich nicht erklären kann:
sollt ich die kurze schauerliche Zeit

nur mit Gedanken Umgang haben und allein
nichts Liebes kennen und nichts Liebes tun?
Muß einer denken? Wird er nicht vermißt?

Du sagst: es zählt ein andrer Geist auf ihn ...
Erklär mir nichts. Ich seh den Salamander
durch jedes Feuer gehen.
Kein Schauer jagt ihn, und es schmerzt ihn nichts.

Obwohl sie sich in Italien wohlfühlt, sind die fünfziger Jahre von Unrast und finanziellen Sorgen geprägt. Um Geld zu verdienen, geht sie 1957 nach München und arbeitet als Dramaturgin beim Bayerischen Rundfunk. Allerdings wirkt die Stadt so deprimierend auf sie, dass sie sich in Mozarts Musik flüchtet und die Stelle schon nach einem halben Jahr wieder aufgibt.

Im Oktober 1957 hat sie bei einer Tagung Paul Celan wiedergetroffen, den sie fünf Jahre nicht gesehen hatte. Nun schickt er ihr leidenschaftliche Briefe und setzt den poetischen Dialog vom Beginn ihrer Liebe fort. In *Köln, am Hof* bezieht er sich auf das Hotel, in dem sie eine Nacht verbracht haben:

Herzzeit, es stehn
die Geträumten für
die Mitternachtsziffer.
[...]

»Aber sind wir nur die Geträumten?«, fragt Ingeborg Bachmann in ihrem Antwortbrief, in dem sie ihre Zweifel bezüglich einer erneuten Verbindung formuliert und ihn beschwört, seine Frau und den Sohn nicht zu verlassen. »Wenn ich an sie und das Kind denken muß – und ich werde immer daran denken müssen – werde ich Dich nicht umarmen können.« Trotzdem nehmen sie ihre Beziehung wieder auf. Celans Ehefrau Gisèle bestärkt ihren Mann sogar darin, die Dichterin wiederzusehen, denn sie hat inzwischen Bachmanns Gedichte gelesen und erkannt, wie sehr sie unter Celans Rückzug gelitten hat. Später korrespondieren die beiden Frauen sogar und treffen sich auch zu zweit. Doch nach einem halben Jahr, im Frühjahr 1958, entscheidet das Paar, die intensive, aber komplizierte Liebesbeziehung zu beenden. Sie bleiben zwar in freundschaftlichem Kontakt, doch die Trauer über die Unmöglichkeit dieser Liebe verlässt Ingeborg Bachmann nie. Im September 1961 schreibt sie Paul Celan in einem Abschiedsbrief, den sie aber nicht abschickt, sie denke »oft sehr bitter« an ihn und »manchmal verzeihe ich mir nicht, dass ich Dich nicht hasse…«. Doch zu diesem Zeitpunkt hat sie sich schon auf eine neue Beziehung eingelassen, die sie noch viel mehr Kraft kosten und in eine existenzielle Krise stürzen wird.

Im Frühjahr 1957 wird ihr Hörspiel *Der gute Gott von Manhattan* gesendet, das den Schweizer Schriftsteller Max Frisch so beeindruckt, dass er sich mit einem Brief an die Autorin wendet, deren Lyrik er bewundert. Der Sechsundvierzigjährige hat nach dem Erfolg seines Romans *Stiller* sein Architekturbüro aufgelöst und seine Frau und drei Kinder verlassen. Als Ingeborg Bachmann im Juli 1958 in Paris ist, treffen sie sich zur Premiere seines Theaterstücks *Biedermann und die Brandstifter*. Dem Autor ist die Begegnung mit der attraktiven österreichischen Schriftstellerin wichtiger als seine Aufführung und statt im Theater sitzen sie stundenlang im Café, reden, rauchen, essen und trinken bis in den Morgen. Im Oktober erklärt sie Paul Celan, dem sie von der veränderten Situation berichtet hat, dass sie »Angst und Zweifel« bezüglich einer neuen Bindung habe und sich der Unmöglichkeit des Zusammenlebens mit einem anderen Menschen bewusst ist. Aber sie wagt es trotzdem und zieht Ende 1958 nach Zürich zu dem fünfzehn Jahre älteren Max Frisch. Für sie sind es »die ersten Schritte in ein neues Leben«, sie fühlt sich glücklich, aber auch unsicher.* Doch Hans Werner Henze gegenüber erwähnt sie ihren Eindruck, dass eine gemeinsame Zukunft mit Frisch unrealistisch sei. Die große gegenseitige Anziehung reicht offenbar nicht aus, denn auch Max Frisch hat schon früh das Gefühl, dass diese Beziehung »nicht länger als vier Wochen« lebbar ist.** Nach einigen Monaten des Zusammenlebens erkrankt er an einer schweren Hepatitis und will allein sein. Ingeborg Bachmann geht daraufhin nach Rom. Nach seiner Genesung macht er – inzwischen von seiner Frau geschieden – der Dichterin schriftlich einen Heiratsantrag, auf den sie jedoch nicht eingeht. Trotzdem leben sie bald danach wieder in Zürich, allerdings nun in zwei getrennten Wohnungen. Nachdem Ingeborg Bachmann 1959 die Führerscheinprüfung bestanden hat,

* vgl. Höller
** vgl. Frisch

kauft Frisch zwei gleiche VW-Käfer, damit beide unabhängig voneinander reisen können.

Im März 1959 erhält sie für ihr Hörspiel *Der gute Gott von Manhattan* den renommierten Hörspielpreis der Kriegsblinden. In ihrer Dankrede »Die Wahrheit ist dem Menschen zumutbar« legt sie ihre Auffassung von der Verantwortung des Schriftstellers dar, der sowohl der Vergangenheit als auch der Gegenwart verpflichtet sei: »So kann es auch nicht die Aufgabe des Schriftstellers sein, den Schmerz zu leugnen, seine Spuren zu verwischen, über ihn hinwegzutäuschen. Er muß ihn, im Gegenteil, wahrhaben und noch einmal, damit wir sehen können, wahrmachen. [...] Wie der Schriftsteller die anderen zur Wahrheit zu ermutigen versucht durch Darstellung, so ermutigen ihn die anderen, wenn sie ihm, durch Lob und Tadel, zu verstehen geben, daß sie die Wahrheit von ihm fordern und in den Stand kommen wollen, wo ihnen die Augen aufgehen. Die Wahrheit nämlich ist dem Menschen zumutbar. Wer, wenn nicht diejenigen unter Ihnen, die ein schweres Los getroffen hat, könnte besser bezeugen, daß unsere Kraft weiter reicht als unser Unglück, daß man, um vieles beraubt, sich zu erheben weiß, daß man enttäuscht, und das heißt, ohne Täuschung, zu leben vermag.«

Ingeborg Bachmann ist sich der gesellschaftspolitischen Verantwortung des Schriftstellers bewusst. Schon Anfang der fünfziger Jahre hat sie das schnelle Übergehen zur Tagesordnung nach dem Krieg ohne die Aufarbeitung der Verbrechen während des Nationalsozialismus kritisiert. In ihrem Gedicht *Früher Mittag* heißt es:

> [...] Sieben Jahre später,
> in einem Totenhaus,
> trinken die Henker von gestern
> den goldenen Becher aus.
> [...]

1958 protestiert sie gegen die atomare Aufrüstung Deutschlands, später auch gegen den Algerien- und den Vietnamkrieg. Sie verurteilt die Verjährung der Verbrechen der Nationalsozialisten und beteiligt sich Mitte der sechziger Jahre am Wahlkampf für den Sozialdemokraten Willy Brandt.

Auch in ihren fünf Vorlesungen zum Thema »Probleme zeitgenössischer Dichtung«, die sie im Wintersemester 1959/60 als erste

Dozentin auf dem Frankfurter Lehrstuhl für Poetik hält, geht es um den Zusammenhang zwischen Sprache und Gesellschaft. »Hätten wir das Wort, hätten wir die Sprache, wir bräuchten die Waffen nicht.« Für die Schriftstellerin beginnt Krieg in den Beziehungen zwischen Menschen. Sie fordert eine neue Sprache und eine Poesie »scharf von Erkenntnis und bitter von Sehnsucht«, die den Leser »zu neuer Wahrnehmung, neuem Gefühl, neuem Bewußtsein« erzieht und schließt mit dem Fazit: »Es gilt weiterzuschreiben.«

Im Mai 1960 trifft Ingeborg Bachmann in Meersburg am Bodensee die jüdische Dichterin Nelly Sachs, die dort mit dem Droste-Preis ausgezeichnet wird. Ihr gelang 1940 noch die Flucht aus Berlin nach Schweden in die Emigration. Ingeborg Bachmann wird von Max Frisch und Paul Celan begleitet, den sie bei dieser Gelegenheit zum letzten Mal sieht. Der verehrten Dichterin Nelly Sachs widmet die Bachmann das Gedicht *Ihr Worte*, eine Absage an die Lyrik:

> Ihr Worte, auf, mir nach!,
> und sind wir auch schon weiter,
> zu weit gegangen, geht's noch einmal
> weiter, zu keinem Ende geht's.
> [...]
> Laßt eine Weile jetzt
> keins der Gefühle sprechen,
> den Muskel Herz
> sich anders üben.
>
> Laßt, sag ich, laßt.
> [...]
> Kein Sterbenswort,
> Ihr Worte!

Dieses Gedicht hat für Ingeborg Bachmann eine besondere Bedeutung, denn es entsteht, nachdem sie fast fünf Jahre lang keine Lyrik geschrieben hat. Nach dem Erscheinen ihres zweiten Gedichtbandes hat sie beschlossen, sich der Prosa und Erzählungen zu widmen und bezeichnet diesen Wechsel als einen »Umzug im Kopf«. In einem Interview gesteht sie selbstkritisch, dass der Übergang für sie sehr schwer gewesen sei und sie ihre ersten Geschichten verfehlt habe, »weil ich immer noch gemeint habe, jeden Satz hinaufheben zu müssen, zum Äußersten treiben zu müssen«. Erst danach habe sie erkannt, dass der einzelne Satz in der Prosa nicht so viel bedeute, sondern das Ganze zähle.

Für die Schriftstellerin, die beim Schreiben zwischen der Hand und der Maschine wechselt, ist der Ort, an dem sie arbeitet, nicht so wichtig wie Ruhe und Ungestörtsein. Als Ingeborg Bachmann und Max Frisch 1960 eine gemeinsame, repräsentative Wohnung in Rom beziehen, kommt es nicht nur wegen ihrer unterschiedlichen Arbeitsweisen zu Verstimmungen. Er setzt sich nach dem Frühstück an den Schreibtisch und arbeitet stundenlang, doch das regelmäßige Tippen seiner Schreibmaschine blockiert ihre Kreativität. Er arbeitet an einem Theaterstück, sie an Erzählungen, aber über ihre Texte tauschen sie sich nicht aus. Es kränkt ihn, dass sie ihn nicht ihren Freunden vorstellt, weil sie nicht möchte, dass ihr nahestehende Menschen sich kennenlernen. Sie will auch nicht, dass er an einer Tagung der Gruppe 47 teilnimmt, weil das ihre Domäne ist. Während er schon beim kleinsten Anlass extrem eifersüchtig reagiert, betont sie stets ihre Unabhängigkeit. Wenn sie auf Reisen ist, kann er nicht arbeiten, weil er auf sie wartet. Es kommt zu Grenzüberschreitungen, die beide tief verletzen: Er liest Briefe, die nicht für ihn bestimmt sind, sie entdeckt sein Tagebuch über ihre gemeinsame Zeit und verbrennt es.

Im Juni 1961 erscheint ihr erster Prosaband *Das dreißigste Jahr*, eine Sammlung mit sieben Erzählungen. In der Titelgeschichte beschreibt sie eine Zäsur im Leben: »Wenn einer in sein dreißigstes Jahr geht, wird man nicht aufhören, ihn jung zu nennen. Er selber aber, obgleich er keine Veränderungen an sich entdecken kann, wird unsicher; ihm ist, als stünde es ihm nicht mehr zu, sich für jung auszugeben. Und eines Morgens wacht er auf, an einem Tag, den er vergessen wird, und liegt plötzlich da, ohne sich erheben zu können, getroffen von harten Lichtstrahlen und entblößt jeder Waffe und jeden Muts für den neuen Tag. [...] Wenn er das Bewußtsein wieder gewinnt, sich zitternd besinnt und wieder zur Gestalt wird, zur Person, die in Kürze aufstehen und in den Tag hinaus muß, entdeckt er in sich aber eine wundersame neue Fähigkeit. Die Fähigkeit, sich zu erinnern. Er erinnert sich nicht wie bisher, unverhofft oder weil er es wünschte, an dies und jenes, sondern mit einem schmerzhaften Zwang an alle seine Jahre, flächige und tiefe, und an alle Orte, die er eingenommen hat in den Jahren. Er wirft das Netz Erinnerung aus, wirft es über sich und zieht sich selbst, Erbeuter und Beute in einem, über die Zeitschwelle, die Ortschwelle, um zu sehen, wer er war und wer er geworden ist. Denn bisher hat er einfach von einem Tag zum andern gelebt, hat jeden Tag etwas anderes versucht und ist ohne Arg gewesen. Er hat so viele Möglichkeiten für sich gesehen und er hat, zum Beispiel, gedacht, daß er alles mögliche werden könne […].«

Die Erzählungen kreisen in vielfältigen Variationen um das Thema Abschied. Bei Lesern stoßen die neuen Texte der Dichterin auf großes Interesse, doch die Rezensenten reagieren zurückhaltend. Marcel Reich-Ranicki spricht sogar von »einer gefallenen Lyrikerin«. Für Ingeborg Bachmann, die meint, ihre Gedichte seien zu viel gelobt worden, sind Lyrik, Prosa oder Hörspiel gleich wichtig und nur unterschiedliche Ausdrucksformen. In einem Interview verurteilt sie den »Einteilungswahn«, der einen Autor entweder als Lyriker oder Dramatiker oder Epiker einsortiert. Trotz der kritischen Reaktion der Rezensenten wird sie im November 1961 für den Band *Das dreißigste Jahr* mit dem Literaturpreis des Verbandes der Deutschen Kritiker ausgezeichnet.

Im selben Jahr hat Max Frischs wichtigstes Theaterstück *Andorra* Premiere. Der bekannte Schweizer Autor und die erfolgreiche österreichische Schriftstellerin gelten als »Traumpaar der deutschsprachigen Literatur«, doch gibt es aus den vier gemeinsamen Jahren kein einziges Foto, das beide zusammen zeigt. Sie haben nicht nur unterschiedliche Arbeitsweisen, sondern vor allem gegensätzliche Auffassungen von Literatur: Während Max Frisch »nach dem Leben« schreibt und Privates oft kaum verschlüsselt in seine Bücher eingeht, will Ingeborg Bachmann genau das vermeiden. Sie ist darauf bedacht, Persönliches geheim zu halten, und will in ihren Büchern nicht ihr Leben erzählen, auch wenn in ihre Texte autobiografische Elemente in verfremdeter Form einfließen. In einem Interview äußert sie einmal, dass sie als Autorin gern zu politischen oder gesellschaftlichen Verhältnissen Stellung nimmt, aber »nicht zu meinem Leben. Denn ich habe zu schreiben. Und über den Rest hat man zu schweigen.«

Im Sommer 1962 lernt Max Frisch die fast dreißig Jahre jüngere Studentin Marianne Oellers kennen und beendet die Beziehung zu Ingeborg Bachmann. Für sie ist »diese Trennung die größte Niederlage« ihres Lebens, sie hat einen Nervenzusammenbruch und versucht, sich das Leben zu nehmen. Schon in der Erzählung *Das drei-*

ßigste Jahr hat sie geschrieben, »daß sich alle vor dem Tod fürchten, in den allein sie sich retten können vor der ungeheuerlichen Kränkung, die das Leben ist.« Statt mit ihr reist Max Frisch nun mit der neuen Geliebten, die er einige Jahre später heiraten wird, in die USA. Als er Ingeborg Bachmann vor seiner Abreise in einem Züricher Krankenhaus besucht, versichert sie ihm, der große Rosenstrauß in ihrem Zimmer sei von einem unbekannten Verehrer, doch hat sie sich die Blumen selbst geschickt, um ihn eifersüchtig zu machen. Im Winter verbringt sie mehrere Wochen im Krankenhaus, danach ist sie wiederholt in ärztlicher und psychotherapeutischer Behandlung. Hans Werner Henze offenbart sie im Januar 1963: »Ich kann mir nichts Schrecklicheres vorstellen als das, was ich durchgemacht habe und was mich bis heute verfolgt, auch wenn ich heute anfange mir zu sagen, daß ich weitermachen muß, daß ich an eine Zukunft denken muß, an ein neues Leben.«

In den zwei Jahren nach der Trennung entstehen über hundert Entwürfe und Fragmente, in denen sie versucht, den großen Schmerz über diese gescheiterte Beziehung zu verarbeiten.

> Meine Gedichte sind mir abhanden gekommen.
> Ich suche sie in allen Zimmerwinkeln.
> Weiß vor Schmerz nicht, wie man einen Schmerz
> aufschreibt, weiß überhaupt nichts mehr.
> [...]
> Adieu, ihr schönen Worte, mit euren Verheißungen.
> Warum habt ihr mich verlassen. War euch nicht wohl?
> Ich habe euch hinterlegt bei einem Herzen, aus Stein.
> Tut dort für mich, Haltet dort aus, tut dort für mich ein Werk

Diese Zeilen aus dem Nachlass sind ein erschütterndes Zeugnis der Lebens- und Schreibkrise, in die der Bruch mit Max Frisch sie gestürzt hat. Ingeborg Bachmann, die als Kettenraucherin schon nikotinsüchtig ist, beginnt zu trinken und wird tablettenabhängig. »Ich bin seit fast zwei Jahren permanent krank und weiß nicht, wann es mit dem Schreiben wieder gehen wird«, klagt sie im Sommer 1964 in einem Brief. »Es gibt kein Gedicht, keinen Krümel Prosa, einfach nichts.«* Im Herbst veröffentlicht Max Frisch seinen Roman *Mein*

---

* vgl. Höller

Name sei Gantenbein, in dessen weiblicher Protagonistin sie sich erkennt. Sie empfindet das Buch, in das er intime Details eingearbeitet hat, als Verrat und fühlt sich in ihrer Ehre verletzt. Seinen Vorschlag zu einer Aussprache weist sie zurück, da man diesen »Mißbrauch eines Menschen« nicht rückgängig machen könne, wie sie ihm Ende des Jahres mitteilt.* Wie sehr Ingeborg Bachmann unter dem Scheitern dieser Partnerschaft gelitten hat, wird später auch in ihrem Roman *Malina* deutlich, in dem nur zwei Daten exakt benannt werden: Der 3. Juli 1958, der Tag an dem sie Max Frisch in Paris traf, wird bezeichnet als »ein leerer oder ausgeraubter Tag, an dem ich älter geworden bin, an dem ich mich nicht gewehrt habe und etwas geschehen ließ«. Das zweite Datum, der 22. September 1962, könnte sich auf die Trennung beziehen, denn die Protagonistin wirft einen »verdammten Ring«, der »nicht mehr gelten sollte«, in die Donau. Auch Max Frisch wird noch Jahre später ihre vierjährige Verbindung in seinen Werken thematisieren und als »Sturzflug« bezeichnen. »Das Ende haben wir nicht gut bestanden, beide nicht«, heißt es in seinem Roman *Montauk*, den er 1975 – zwei Jahre nach ihrem Tod – publiziert.

Im Frühjahr 1963 bekommt Ingeborg Bachmann ein Stipendium der Ford Foundation und zieht nach Berlin, wo sie zunächst ein Gastatelier der Akademie der Künste bewohnt, dann eine Wohnung in Zehlendorf in der Nähe des Grunewalds. Doch die Stadt wirkt nach dem Bau der Mauer kalt und trist auf die kranke Schriftstellerin. Allerdings trifft sie Freunde und Kollegen wieder und gründet mit Hans Werner Richter und Uwe Johnson den Radfahrclub. Da der Arzt ihr Bewegung empfohlen hat, machen sie ein- oder zweimal in der Woche Radtouren durch den Grunewald, die ihr gut tun. Richter erinnert sich später: »Sie war fröhlich, ausgelassen und sprang auf ihr Fahrrad wie ein junges Mädchen, fast sportlich.«

Im Oktober 1964 wird Ingeborg Bachmann mit der wichtigsten Ehrung für deutschsprachige Autoren, dem Georg-Büchner-Preis, ausgezeichnet. In dieser Zeit entstehen ihre letzten Gedichte, da sie glaubt, in der Lyrik alles gesagt zu haben und sich nicht wiederholen will. In *Keine Delikatessen* heißt es:

* vgl. Höller

Nichts mehr gefällt mir.

Soll ich
eine Metapher ausstaffieren
mit einer Mandelblüte?
Die Syntax kreuzigen
auf einen Lichteffekt?
Wer wird sich den Schädel zerbrechen
über so überflüssige Dinge –

Ich habe ein Einsehn gelernt
mit den Worten,
die da sind
[…]
Ich vernachlässige nicht die Schrift,
sondern mich.
Die andern wissen sich
weißgott
mit den Worten zu helfen.
Ich bin nicht mein Assistent.
[…]
Mein Teil, es soll verloren gehen.

Die Dichterin wendet sich gegen die vorgefundene Sprache, die sich
aus Phrasen und leeren Worten zusammensetzt und deshalb zerstört
werden muss. Eines ihrer späten Gedichte, *Böhmen liegt am Meer*,
bezeichnet sie als einen »Nachzügler« und ihr Lieblingsgedicht.

[…]
Grenzt hier ein Wort an mich, so laß ich's grenzen.
Liegt Böhmen noch am Meer, glaub ich den Meeren wieder.
Und glaub ich noch ans Meer, so hoffe ich auf Land.

Bin ich's, so ist's ein jeder, der ist soviel wie ich.
Ich will nichts mehr für mich. Ich will zugrunde gehn.

Zugrund – das heißt zum Meer, dort find ich Böhmen wieder.
Zugrund gerichtet, wach ich ruhig auf.
Von Grund auf weiß ich jetzt, und ich bin unverloren. […]

Dieses Gedicht richte sich an »alle Menschen, die auf ihr Land hoffen. Es ist ein Utopia«, ein Land, das es nicht gibt, »denn Böhmen liegt natürlich nicht am Meer«, erklärt sie in einem Interview. »Es ist das Gedicht meiner Heimkehr, nicht einer geographischen Heimkehr, sondern meiner geistigen Heimkehr, deswegen habe ich es genannt *Böhmen liegt am Meer*.«

> [...]
> Ich grenz noch an ein Wort und an ein andres Land,
> ich grenz, wie wenig auch, an alles immer mehr,
>
> ein Böhme, ein Vagant, der nichts hat, den nichts hält,
> begabt nur noch, vom Meer, das strittig ist,
> Land meiner Wahl zu sehen.

Ende 1965 zieht sie wieder nach Rom, in eine Wohnung in der Via Bocca di Leone in der Nähe der Spanischen Treppe. Dort arbeitet sie – abgesehen von einigen Lesereisen, der Entgegennahme des Großen Österreichischen Staatspreises im November 1968 und Besuchen bei ihren Eltern in Klagenfurt – in den nächsten Jahren kontinuierlich an ihrem *Todesarten-Zyklus*, der auf drei Bände angelegt ist. Sie konzentriert sich zunächst auf den ersten Teil, den Roman *Malina*, den sie Ende 1970 abschließt. In der Endphase arbeitet sie fast ohne Pause bis zu achtzehn Stunden am Tag und verlässt das Haus nur, um die nötigsten Einkäufe zu erledigen. Danach ist sie total erschöpft; ihr Tablettenkonsum steigt enorm, sie nimmt zahlreiche verschiedene Präparate, die die Wahrnehmung und Schmerzempfindung reduzieren. Doch es gelingt ihr, das Ausmaß ihrer Medikamentenabhängigkeit vor der Öffentlichkeit und Freunden zu verbergen.

In *Malina* setzt sie den literarischen Dialog mit Paul Celan fort; später wird sie den Roman als eine »einzige Anspielung« auf seine Gedichte bezeichnen. Sein Freitod in der Seine im Frühjahr 1970 geht ihr sehr nah und sie fügt noch eine Passage ein, die auf den früheren Geliebten Bezug nimmt: »Mein Leben ist zu Ende, denn er ist auf dem Transport im Fluß ertrunken, er war mein Leben. Ich habe ihn mehr geliebt als mein Leben.« In einem Gespräch nennt Ingeborg Bachmann *Malina* »ausdrücklich eine Autobiographie, aber nicht im herkömmlichen Sinn«, sondern eine »geistige, imaginäre Autobiographie«. Sie erklärt, schon immer gewusst zu haben, dass sie dieses Buch schreiben müsse, bereits zu einer Zeit, als sie noch Gedichte schrieb. Und sie sei sich auch bewusst gewesen, es »nur von einer männlichen Position aus erzählen« zu können. Malina ist der männliche Teil der weiblichen Ich-Figur. In diesem Roman thematisiert die Schriftstellerin die seelischen Verletzungen, die Frauen durch ihre Beziehungen mit Männern erleiden. Auch in Interviews plädiert sie dafür, sich dagegen zu wehren, »daß diese Welt, die von Männern gemacht worden ist, Frauen unterdrückt«. Denn »Frauen können genauso viel wie Männer, man muß ihnen nur die Chance geben [...]«. Ingeborg Bachmann betont, dass die meisten Frauen eine Hoffnung brauchen, »etwas, was man ihnen noch nie gesagt hat. Ich brauch' es nicht, ich weiß es schon lange, nämlich, daß sie fähig sind, [...] genau so scharf zu denken, wie die Männer. Daß sie genau so fähig, daß sie sogar weniger eitel sind, daß sie zu größeren Leistungen imstande sind als Männer. Daß sie kein Mitleid brauchen und zu jedem Opfer fähig sind, um etwas zu tun.«

Der Roman wird im Frühjahr 1971 veröffentlicht, doch auf die Rezensenten wirkt das Buch »unzeitgemäß« und »altmodisch«. Das Publikum jedoch, das mit Spannung den ersten Roman der Dichterin erwartet hat, sorgt dafür, dass das Buch wochenlang auf der *Spiegel*-Bestsellerliste steht. *Malina* ist reich an Assoziationen und Bezügen zur Literatur und zur Lektüre der Verfasserin. In einem Interview erläutert Ingeborg Bachmann: »Es gibt für mich keine Zitate, sondern die wenigen Stellen in der Literatur, die mich immer aufgeregt haben, die sind für mich das Leben. Und es sind keine Sätze, die ich zitierte, weil sie mir so sehr gefallen haben, weil sie so schön sind oder weil sie bedeutend sind, sondern weil sie mich wirklich erregt haben. [...] ich verwende nur Sätze, die ich gern selbst geschrieben hätte.«

Die Schriftstellerin, die offenbart, sie habe Gedichte nie gern gelesen, sondern nur gern geschrieben, liest enorm schnell. Dabei reicht ihre Lektüre quer durch alle Epochen und Gattungen; sie interessiert sich nicht nur für philosophische, psychologische, historische und naturwissenschaftliche Sachbücher, sondern auch für Kriminalromane.

Im Herbst 1972 erscheint der Band *Simultan* mit Erzählungen, die sie – wie sie in einem Interview bekennt – neben dem Roman geschrieben hat, um sich von der anstrengenden Arbeit daran zu erholen. Die Erzählungen enthalten »alles das, was mir nebenbei eingefallen ist, aber keinen Platz im Roman hat«.

Anfang der siebziger Jahre überlegt Ingeborg Bachmann, nach Wien zurückzukehren. In den letzten Jahren hat sie regelmäßig – meist im Sommer und zu Weihnachten – ihre Eltern in Klagenfurt besucht. Der Mutter kann sie private Sorgen und Enttäuschungen erzählen und Matthias Bachmann ist stolz auf die berühmte Tochter und genießt den geistigen Austausch mit ihr. Sein Tod im März 1973 erschüttert sie sehr; einer Freundin gesteht sie, er sei der einzige Mann gewesen, der sie nicht verlassen habe. Ihren siebenundvierzigsten Geburtstag feiert sie im Sommer gemeinsam mit Hans Werner Henze, der besorgt bemerkt, dass sie wegen ihrer Tablettenabhängigkeit oft geistesabwesend ist. Ende September will sie mit einer Freundin zu einer dringend benötigten Kur nach Badgastein aufbrechen. Doch zwei Tage vorher, in der Nacht vom 25. auf den 26. September, zieht sie sich bei einem Brand-Unfall – ausgelöst durch eine brennende Zigarette – in ihrer neuen Wohnung in der Via Giulia schwere Verletzungen zu, denen sie drei Wochen später, am 17. Oktober 1973, erliegt. »Man stirbt ja auch nicht wirklich an Krankheiten«, sagt sie in einem Interview zwei Jahre vor ihrem Tod. »Man stirbt an dem, was mit einem angerichtet wird.« Die Beisetzung findet Ende Oktober auf dem Friedhof Annabichl in Klagenfurt statt.

Nach ihrem tragischen Tod wird Ingeborg Bachmann, die wie keine andere Autorin die schreibende Frau in einer männlichen Gesellschaft repräsentiert, zur Legende. Beim Klagenfurter Literaturwettbewerb wird alljährlich der Ingeborg-Bachmann-Preis verliehen, einer der wichtigsten Literaturpreise im deutschsprachigen Raum. An dem Haus in der Via Bocca di Leone 60 in Rom, in dem sie von 1965 bis 1972 lebte und arbeitete, wird im Jahr 2000 eine Gedenktafel enthüllt und auch an ihrem Elternhaus in der Henselstraße 26 in Klagenfurt erinnert eine Tafel an die Schriftstellerin.

Ingeborg Bachmann hat ein vielfältiges Werk hinterlassen: Gedichte, Erzählungen, einen Roman und zwei Romanfragmente, Essays, Hörspiele und Libretti. Erst viele Jahre nach ihrem Tod, nachdem zahlreiche Studien zu ihrem Leben und Werk erschienen sind, hat man ihre Bedeutung als eine der wichtigsten Schriftstellerinnen des 20. Jahrhunderts erkannt und sie nicht mehr nur auf den Mythos der zerstreuten Dichterin reduziert. »Das Bild, das man sich von einem

Menschen macht, der schreibt«, erklärte sie in ihrem letzten Interview im Sommer 1973, »stimmt überhaupt nie.«[*]

Vor allem durch ihre Prosatexte wurde Ingeborg Bachmann zur Ikone der Frauenliteratur. Im Mittelpunkt ihres Romans *Malina*, der von der Kritik wenig gewürdigt, vom Publikum aber sehr geschätzt wurde, steht die Suche des weiblichen Ichs nach einer eigenen Identität. Die beiden anderen, Fragment gebliebenen Teile *Der Fall Franza* und *Requiem für Fanny Goldmann*, die Ende der siebziger Jahre aus dem Nachlass veröffentlicht wurden, verstärkten die Verehrung durch die Frauenbewegung noch. Doch die Vereinnahmung durch die feministische Literaturtheorie wird der Schriftstellerin nicht gerecht und verstellt den Blick auf ihr einzigartiges Gesamtwerk, das sowohl in der Lyrik als auch in der Prosa über Emanzipationsthemen hinausgeht und das Spannungsfeld aller menschlichen Konflikte abbildet. In ihrer Rede zur Verleihung des Anton-Wildgans-Preises bekannte sie:

»Ich existiere nur, wenn ich schreibe, ich bin nichts, wenn ich nicht schreibe, ich bin mir selbst vollkommen fremd, aus mir herausgefallen, wenn ich nicht schreibe. Wenn ich aber schreibe, dann sehen Sie mich nicht, es sieht mich niemand dabei. Sie können einen Dirigenten sehen beim Dirigieren, einen Sänger beim Singen, einen Schauspieler, wenn er spielt, aber es kann niemand sehen, was Schreiben ist. Es ist eine seltsame, absonderliche Art zu existieren, asozial, einsam, verdammt, es ist etwas verdammt daran, und nur das Veröffentlichte, die Bücher, werden sozial, assoziierbar, finden einen Weg zu einem Du, mit der verzweifelt gesuchten und manchmal gewonnenen Wirklichkeit.«

[*] vgl. *Ein Tag wird kommen*

Sylvia Plath
(1932–1963)

» Schreiben geht mir über alles «

Du fragst, warum mein Leben Schreiben ist?
Ob es mich unterhält?
Die Mühe lohnt?
Vor allem aber, macht es sich bezahlt?
Was wäre sonst der Grund? …
Ich schreib allein
Weil eine Stimme in mir ist,
Die will nicht schweigen.

Diese Zeilen aus einem Gedicht, das Sylvia Plath als Teenager schrieb, zeigen, dass sie schon früh ihre Berufung kannte. Dennoch litt sie zeitlebens unter dem Zwiespalt zwischen Leben und Schreiben und versuchte, als Autorin, Ehefrau und Mutter perfekt zu sein. Ihre Tagebücher spiegeln nicht nur diesen Konflikt eindrucksvoll, sondern auch ihren ehrgeizigen Kampf um literarische Anerkennung und ihr Aufbegehren gegen die bürgerlichen Konventionen im Amerika der fünfziger Jahre. Im Alter von dreißig Jahren nahm sie sich das Leben. Nach ihrem Tod wurde sie mit ihrem autobiografischen Roman *Die Glasglocke* und ihren letzten Gedichten berühmt. Sylvia Plath, die in nur zehn Jahren ein beeindruckendes und beunruhigendes Werk schuf, das durch sprachliche Eigenwilligkeit und eine ungewöhnliche Bilderwelt auffiel, gehört heute zu den wichtigsten amerikanischen Schriftstellerinnen des 20. Jahrhunderts.

Sylvia Plath wird am 27. Oktober 1932 in Jamaica Plain im US-Bundesstaat Massachusetts als Tochter des Universitätsprofessors für Biologie Otto Plath und seiner Frau, der Highschool-Lehrerin Aurelia Schober Plath, geboren. Der Vater ist deutscher, die Mutter österreichischer Abstammung. Sie ist einundzwanzig Jahre jünger als ihr

Mann, den sie als seine Studentin kennengelernt hat, und gibt nach der Heirat ihre Lehrtätigkeit auf, um sich nur noch dem Haushalt und bald danach ihren Aufgaben als Mutter zu widmen. Bei der kleinen Sylvia zeigt sich schon früh ein ausgeprägtes Bedürfnis nach Anerkennung und Zuwendung. In einem Prosatext über ihre frühen Jahre, den sie kurz vor ihrem Tod schreibt, kommt ihre Reaktion auf die Ankündigung der Geburt eines Geschwisterkindes zum Ausdruck, das erste einschneidende Erlebnis ihrer Kindheit: »Ein Baby. Ich haßte Babys. Zweieinhalb Jahre lang war ich der Mittelpunkt einer zärtlichen Welt gewesen, und plötzlich drehte sich die Erdachse mit einem Ruck, und ein eisiger Frost ließ mich bis in die Knochen erstarren. Ich würde nur noch Zuschauer sein, ein Riese aus dem Museum. Babys!«*

Das Gefühl des Mädchens, etwas Besonderes zu sein, wird durch die Geburt des Bruders Warren im Frühjahr 1935 erschüttert. Sylvia Plaths lebenslanges Konkurrenzdenken hat vermutlich in dieser frühkindlichen Erfahrung seinen Ursprung. Sie wird zum Vaterkind, während der jüngere Bruder, der oft krank ist, die ganze Aufmerksamkeit der Mutter fordert. So ist Sylvias Verhältnis zum Bruder in der Kindheit meist von Rivalität bestimmt. Erst später, als beide studieren, entwickelt sich zwischen ihnen eine vertrauensvolle Geschwisterbeziehung. Durch die Mutter, die den Kindern Gedichte vorliest, entdecken sie die Literatur. Sylvia bezeichnet diese Erfahrung rückblickend als eine »neue Art Glück«.

Im Herbst 1936 zieht die Familie nach Winthrop, einen Vorort von Boston in Massachusetts, in die Nähe der Eltern von Aurelia Schober Plath. Sylvia genießt die Besuche bei den Großeltern in deren Haus direkt am Meer und sitzt oft auf der untersten Stufe der Treppe und beobachtet die Wellen des Ozeans. Das Meer übt auf sie eine magische Anziehungskraft aus und wird in ihrem späteren Werk eine wichtige Rolle spielen – als Zuflucht, aber auch als Ort des Todes. »Die Landschaft meiner Kindheit war nicht Land, sondern das Ende vom Land – die kalten, salzigen, rollenden Hügel des Atlantik. Manchmal denke ich, daß mein Bild vom Meer das Klarste ist, was ich besitze«, schreibt sie in ihrer Geschichte *Ocean 1212-W*, in der sie ihre Kinderjahre am Atlantik schildert und wie sie, ohne es zu lernen, einfach schwimmen konnte. Ocean 1212-W lautet die Telefonnum-

---

* vgl. *Die Bibel der Träume*

mer der Großmutter, die Sylvia der Telefonvermittlung nennen muss und die für sie zur »Zauberformel«, zum »Gedicht« wird.

Eine Woche nach ihrem achten Geburtstag, am 5. November 1940, erlebt Sylvia die zweite existenzielle Erschütterung ihrer Kindheit, als der fünfundfünfzigjährige Vater an Diabetes stirbt. Erste Anzeichen einer Erkrankung hatte er ignoriert und Arztbesuche beharrlich abgelehnt, bis sich sein Zustand so verschlechterte, dass es für eine Behandlung zu spät war. Für die Achtjährige ist sein Tod ein Schock. Als die Mutter ihr die traurige Nachricht überbringt, liegt sie im Bett und liest. »Ich werde nie wieder mit dem lieben Gott sprechen!«, verkündet sie und zieht sich die Bettdecke über den Kopf. Die Mutter versucht, die Tochter zu trösten, und erklärt ihr, sie brauche am nächsten Tag nicht zur Schule zu gehen, doch Sylvia will den Unterricht auf keinen Fall versäumen. Als sie zurückkommt, gibt sie der Mutter einen Zettel, auf dem nur ein Satz steht: »Ich verspreche, daß ich nie mehr heiraten werde.«* Aurelia Plath unterzeichnet.

Nach dem Verlust des Familienoberhauptes verschlechtert sich die finanzielle Situation der Familie deutlich, sodass die Mutter wieder mit dem Unterrichten beginnt. Sylvia fühlt sich vom Vater im Stich gelassen und stellt seinen Tod in späteren Gedichten als Suizid dar. Dieses Kindheitstrauma zieht sich wie ein roter Faden durch ihre Lyrik, in der sie immer wieder den toten Vater beschwört, über dessen Verlust sie nicht hinwegkommt. Die Ambivalenz ihrer Gefühle und ihre lebenslange Angst vor dem Verlassenwerden kommen in ihrem späten Gedicht *Daddy* (Papi) zum Ausdruck:

[…]
Papi, ich mußte dich töten.
Du starbst, bevor ich soweit war –
Marmorschwer, ein Sack voller Gott,
[…]
Ich betete um deine Wiederkehr immerzu.
Ach, du.
[…]
Nun, Papi, mit uns ist es endgültig aus.
Das schwarze Telefon, das riß ich heraus,
Daß die Stimme auf ewig jetzt ruht.

* vgl. *Briefe nach Hause*

Wenn ich einen erschlug, schlug ich zwei im Nu –
Den Vampir der gesagt hat er war du;
Und ein Jahr lang trank er mein Blut,
Sieben Jahre, daß du es nur weißt:
Papi, bleib liegen, du bist ein Geist.
[...]

Diese Zeilen, die wie ein Befreiungsversuch, eine Abrechnung mit dem Vater klingen, entstehen erst am Ende ihres Lebens, doch schon in der frühen Jugend wird das Schreiben für Sylvia Plath zum wichtigsten Ausdrucksmittel. Sie dichtet Reime für die Mutter, arbeitet bei der Schülerzeitung mit und führt Tagebuch. Regelmäßig zu Weihnachten schenkt Aurelia Plath der Tochter ein Journal, in dem für jeden Tag eine Seite vorgesehen ist. Mit dreizehn Jahren bittet Sylvia die Mutter, ihr ein undatiertes Tagebuch zu schenken, denn »wenn die großen Augenblicke kommen, ist eine Seite nicht genug«.*

Sylvias Verhältnis zur Mutter ist ambivalent, es verbindet sie eine Art Hassliebe. Aurelia Plath hat ihre eigenen Interessen denen ihres Mannes untergeordnet und lebt ihr die perfekte Hausfrau vor. Für die Mutter, die ihre Tochter in ihren ehrgeizigen beruflichen Plänen unterstützt, sind Disziplin und Leistung die höchsten Werte. Sylvia versucht, diesem Anspruch in allen Bereichen gerecht zu werden, spürt aber das Missverhältnis zwischen der schönen Fassade und den inneren Brüchen. Ihre Zweifel und Ängste kann sie der Mutter, der Selbstbeherrschung so wichtig ist, nicht anvertrauen.

In dreizehn Jahren wird sie ihr fast sechshundert Briefe schreiben, in denen sie sich als erfolgreiche, angepasste Tochter zeigt. In ihrem Tagebuch dagegen ist sie »unerbittlich ehrlich« und thematisiert schonungslos ihre Selbstzweifel, Enttäuschungen und Sehnsüchte. Sylvia erkennt als Ursache ihres Ehrgeizes, gute Leistungen zu erzielen, den Wunsch, von der Mutter Liebe und Anerkennung zu bekommen. Jahre später notiert sie im Tagebuch: »Mein ganzes Leben lang bin ich gefühlsmäßig ›versetzt‹ worden, von den Menschen, die ich am meisten geliebt habe: Papa starb und verließ mich, Mutter war irgendwie nicht da. Wenn zum Beispiel Menschen, die ich liebe, auch nur ein bißchen zu spät kommen, interpretiere ich das deshalb sofort als Gefühlskälte, als Zeichen dafür, daß ich ihnen nicht wichtig

* vgl. *Briefe nach Hause*

bin. Als mir das klar wurde, war ich nicht mehr wütend oder verstört, wenn sie zu spät kamen.«

Auf der Highschool gehört die 1,77 Meter große, schlanke Fünfzehnjährige zu den besten Schülerinnen und erhält mehrere Schulpreise. Während ihr Englischlehrer, dem sie ihre Gedichte zeigt, beeindruckt ist und sie der Klasse vorliest, schreckt ihre Klugheit die männlichen Altersgenossen eher ab. Wegen ihrer guten Schulleistungen bekommt Sylvia Plath von der damals bekannten Schriftstellerin Olive Higgins Prouty ein Stipendium, das ihr hilft, ihr Studium zu finanzieren. Noch bevor sie ihre Ausbildung am Smith College, dem angesehenen weltweit größten Frauen-College, beginnt, veröffentlicht die Achtzehnjährige im August 1950 ihre erste Geschichte in der Zeitschrift *Seventeen*. Diesem Erfolg sind allerdings fünfundvierzig Absagen vorausgegangen. Erst als die zuständige Redakteurin ihr rät, sich thematisch an den in den vergangenen Jahren in der Zeitschrift publizierten Texten zu orientieren, wird ihre Geschichte angenommen. Zum ersten Mal wird die junge Autorin mit der Diskrepanz zwischen dem eigenen, individuellen Stil und dem von den Magazinen erwarteten Trend konfrontiert.

Bei einer Tanzveranstaltung lernt sie Anfang 1951 einen Medizinstudenten aus Harvard kennen und beginnt eine Beziehung mit ihm. Dass er auch Affären mit anderen Frauen hat, verletzt Sylvia zwar, dennoch trennt sie sich nicht von ihm, hat aber ebenfalls Verabredungen mit anderen jungen Männern. Sie glaubt, dass sie nur jemand anderen lieben kann, wenn sie auf ihre eigenen Wünsche verzichtet. Ihre Idealvorstellung ist es aber, beides miteinander zu verbinden. Schon früh erkennt sie als Grundproblem ihrer Existenz, dass Kunst und Leben in Einklang gebracht werden müssen, und fragt sich, ob sie dafür die nötige Kraft hat. Sie spekuliert darüber, ob eine Ehe ihre kreative Energie verzehren oder vollkommener machen würde. Nachdem sie eine Zeitlang mit einem Lyriker liiert war, steht für sie fest, weder einen Schriftsteller noch einen Künstler zu heiraten, weil der »Konflikt der Egos« zu gefährlich werden könnte, wie sie ihrem Tagebuch anvertraut.

1952 gewinnt Sylvia Plath den Kurzgeschichten-Wettbewerb der Zeitschrift *Mademoiselle*. Außerdem wird sie ausgewählt, im Sommer 1953 einen Monat als Gastredakteurin des Blattes in New York zu verbringen. In diesen aufregenden, aber auch arbeitsintensiven Wochen macht sie die irritierende Erfahrung, Texte für ein Publikum schreiben zu müssen und nicht nach ihren eigenen Kriterien. Bei ihrer Rückkehr aus New York ist die Zwanzigjährige total erschöpft, hat Depressionen, leidet unter Schlaf- und Konzentrationsstörungen und kann weder schreiben noch lesen. Die einzige Lektüre in dieser Zeit ist Sigmund Freuds *Psychopathologie des Alltagslebens*, in der sie fast alle eigenen Symptome zu entdecken meint. Sie hat das Gefühl, nicht aufs College zurückkehren zu können, um weiter zu studieren und fürchtet, ihr Leben lang der Familie zur Last zu fallen. Als sie nach einem Nervenzusammenbruch versucht, sich mit Schlaftabletten das Leben zu nehmen, wird sie gerade noch rechtzeitig gefunden und danach in einer psychiatrischen Klinik mit der damals üblichen Elektroschock-Therapie behandelt. In langen Gesprächen mit ihrer Therapeutin kristallisiert sich ihr Trauma heraus: Sie kann dem Vater seinen Tod nicht verzeihen und fühlt sich verlassen. Unbewusst war der Selbstmordversuch eine Möglichkeit, ihm zu folgen.

In diesem Sommer beunruhigen Sylvia Plath, die das politische Zeitgeschehen aufmerksam beobachtet, nicht nur das Ende des Koreakrieges mit Millionen Todesopfern, sondern vor allem die Hinrichtung des Ehepaares Ethel und Julius Rosenberg im Juni 1953, die der Spionage verdächtigt werden. Dieses umstrittene Todesurteil schockiert sie so sehr, dass sie das Thema fast zehn Jahre später in ihrem einzigen, stark autobiografischen Roman *Die Glasglocke* wiederaufnimmt.

Nach mehreren Monaten in der Klinik kehrt Sylvia Plath 1954 ans College zurück, wo sie im Jahr darauf ihr Studium mit Auszeichnung abschließt. In ihrer College-Zeit verfolgt sie ehrgeizige Ziele: in allen Fächern nur Bestnoten zu erreichen, Geschichten in wichtigen Zeitschriften zu veröffentlichen und sich mit zahlreichen Verehrern zu verabreden, denen sie bald wieder den Laufpass gibt. Ihren Freunden ist sie oft ein Rätsel, gleichzeitig sind sie fasziniert von ihrer Vitalität und Fröhlichkeit. Für die Lehrer und Kommilitonen ist sie eine begabte und fleißige Studentin. Unter dieser äußerlichen Fassade, die sie der Öffentlichkeit zeigt, liegen die Schattenseiten ihrer Persönlichkeit: Unsicherheit, Zweifel und tiefe Depressionen. Diesen Widerspruch zwischen der Innen- und Außenwelt wird sie nie auflösen können. In ihren Gedichten konstruiert sie eine Gegenwelt aus negativen Gefühlen, Hässlichem, Wut und Gewalt. Gezielt sucht sie im Wörterbuch nach Ausdrücken, die Beunruhigung auslösen oder schockieren, und legt Karteikarten mit Wort-Sammlungen an. Sie erkennt, dass nicht das Ergebnis, sondern der Prozess der Entstehung das Beste ist und nimmt sich vor, täglich vier Seiten oder tausend Wörter zu schreiben. »Der schlimmste Feind der Kreativität ist der Selbstzweifel,« lautet ein Eintrag in ihrem Tagebuch.

1955 bekommt Sylvia Plath ein Fulbright-Stipendium, um als Auslandsstudentin in England an der Cambridge-Universität zu studieren. Auch dort stellt sie nach ihrem Eintreffen Ende September sofort wieder ein ehrgeiziges Pensum zusammen. Neben ihrem umfangreichen Literaturstudium spielt sie Theater, ist Mitglied einer politischen Studentengruppe und schreibt für ein Magazin.

Im Februar 1956, als sich ein Geschichtsstudent, mit dem sie eine Weile liiert war, von ihr zurückzieht, bekommt sie erneut Depressionen. Sie konsultiert einen älteren Psychiater, der ihre Sehnsucht nach einem erfahrenen, reifen Mann, einer Vaterfigur, wiederaufleben lässt. Kurz danach trifft sie auf einer Party den zwei Jahre älteren englischen Lyriker Ted Hughes – einen großen, kräftigen Mann mit dunklem Haar und markantem Gesicht, der als begabter Autor gilt. In einer Zeitschrift hat sie Gedichte von ihm gelesen und ist so beeindruckt, dass sie sie auswendig lernt. Nun will sie den Kollegen unbedingt kennenlernen und trinkt sich Mut an. Und plötzlich steht der »wunderbare Kerl, der einzige, der groß genug war für mich« vor ihr und schaut ihr »tief in die Augen«. Sofort diskutieren sie über Poesie und er ist erfreut, dass sie seine Verse so gut kennt. Ihrer Mutter berichtet sie wenige Tage später von dieser Begegnung und ihrem Gefühl, in diesem Mann einen ebenbürtigen Partner zu erkennen. Ihre Briefe klingen euphorisch, sie ist verliebt und überzeugt, den Mann fürs Leben gefunden zu haben. Auf stundenlangen Wanderungen zitieren die beiden abwechselnd Shakespeare-Gedichte. Der intellektuelle Austausch beflügelt ihre Kreativität und sie schreibt ein Gedicht nach dem anderen. Doch in einem Brief an ihren Bruder Warren bekennt sie, dass sie der Mutter »nur die Schokoladenseite« zeige, »nicht die quälende«. Im März 1956 notiert sie im Tagebuch, dass sie ihr Leben in die Hand nehmen und das ihr Wichtigste verbinden will: »Akademisches, Kreatives & Schreiben und Emotionales & Leben & Lieben [...].«

Knapp vier Monate nach ihrer ersten Begegnung heiraten Sylvia Plath und Ted Hughes kurzentschlossen am 16. Juni 1956 im Londoner Stadtteil Bloomsbury. Der Bräutigam trägt eine alte Kordjacke, die Braut ein rosafarbenes, zweiteiliges Strickkleid. Ihre Mutter, die gerade eine Europareise macht, ist als einziges Familienmitglied bei der Trauung anwesend. Die Eheschließung findet heimlich statt, weil

Sylvia Angst hat, das Stipendium, das nur ledige Studentinnen bekommen, zu verlieren. Passend für ein Schriftstellerpaar haben sie ein literarisches Datum gewählt, der Bloomsday ist der Tag, an dem der bekannteste Roman von James Joyce, *Ulysses*, spielt.

Ted Hughes ist von Sylvias Lebhaftigkeit angezogen. Für sie ist er Vorbild, weil sie das Gefühl hat, er sei ihr sowohl intellektuell als auch kreativ überlegen. Sie genießt es, ihn zu bewundern und sich in seiner Gegenwart »ganz und gar weiblich« zu fühlen. Doch am wichtigsten ist vermutlich, wie sie im Tagebuch bekennt, dass er »das riesengroße, traurige Loch« ausfüllt, das sie seit dem Verlust des Vaters spürt.

In den ersten Monaten ihrer Ehe kommt Sylvia zu dem Schluss, dass ihre Theorie, nach der ein Schriftsteller nicht heiraten dürfe, nicht mehr gilt. Sie empfindet ihren Mann als das »perfekte männliche Gegenstück« zu sich. »Wird er abgelehnt, bin ich mehr als doppelt so traurig, & wird er angenommen, freut es mich mehr als bei mir selbst [...].« Sie ist so verliebt und begeistert, dass sie sich ein Leben ohne ihn nicht mehr vorstellen kann. Beide sind besessen vom Schreiben, ergänzen einander und werden von Kollegen die »Brownings des 20. Jahrhunderts« genannt. Er erstellt für sie Lektürelisten und Themenvorschläge für ihre Gedichte und bringt ihr Atmungs- und Entspannungstechniken bei, damit sie sich besser konzentrieren kann. Allerdings beklagt sie auch, dass sie nun drei Aufgaben gleichzeitig erfüllen muss: »schreiben, kochen und Haushalt machen, und für schwierige Examina lernen«.

In ihren Briefen an die Mutter entwirft Sylvia Plath Zukunftspläne. Nach dem Ende des Studiums will sie zwei Jahre unterrichten, um ihre »Selbstachtung« zu nähren, und danach nur noch »schreiben und Ehefrau und Mutter« sein. Kinder möchte sie erst in ein paar Jahren bekommen, wenn sie einen Gedichtband und einen Roman veröffentlicht hat, damit sich die Kinder »mit der Routine meiner Arbeit vertragen, statt sie durch ihre eigene über den Haufen zu werfen«. Mit der Zeit, so hofft sie, wird das gemeinsame Einkommen so hoch sein, dass sie sich eine Haushälterin leisten können, damit »ich nicht hin- und hergerissen bin zwischen der häuslichen Arbeit und meiner Erfüllung als Schriftstellerin, auf der meine tiefinnere Gesundheit beruht – [...].«

1957 geht das Ehepaar in die USA, wo Ted Hughes als Dozent arbeitet und Sylvia eine Lehrtätigkeit am Smith College aufnimmt, an dem sie noch zwei Jahre zuvor selbst studiert hat. Doch dort fühlt sie sich nicht angenommen und zweifelt an ihren Fähigkeiten. Im Tagebuch versucht sie, die zwei unterschiedlichen Seiten ihrer Persönlichkeit zu analysieren: die positive und die zerstörerische. Sie nimmt sich vor, ihre inneren Zweifel zu ignorieren und ihr destruktives Ich zu besiegen: »Ich kann lernen, eine bessere Lehrerin zu werden. Auf die schmerzhafte Art, durch Fehler lernt man. Leben ist ein schmerzhaftes Lernen durch Fehler.« Sylvia Plaths eigene Wahrnehmung weicht deutlich von ihrer Außenwirkung ab, denn Studenten wie Kollegen halten sie für eine ausgezeichnete Lehrerin. Doch es belastet sie, dass ihre Lehrtätigkeit – der sie bis zu zwölf Stunden täglich widmet – sie von ihrer eigentlichen Berufung, dem Schreiben, abhält. In einem Brief an ihre Mutter bekennt sie: »Schreiben geht mir über alles. Um schreiben zu können, muß ich gut und intensiv und weit leben [...]. Ich könnte nie ein abgekapselter, introvertierter Schriftsteller sein, wie so viele es sind, da es bei mir einen engen Zusammenhang zwischen Schreiben und Leben gibt.«

Der Zwiespalt zwischen Schreiben und Leben ist ein zentrales Thema in ihren autobiografischen Aufzeichnungen. Dabei zieht sie Parallelen zu Virginia Woolf, die in ihrem Tagebuch ähnliche Konflikte schildert. Als Sylvia fürchtet, zu sehr in der Hausarbeit aufzugehen, weil sie statt zu lesen und zu schreiben Apfelkuchen bäckt, beruhigt es sie, bei der berühmten Kollegin zu lesen, dass diese bei Depressionen oder Ablehnungen die Küche putzt und Schellfisch und Würstchen kocht. Sylvia Plath hat den Eindruck, ihr Leben sei mit dem von Virginia Woolf verknüpft und sie habe deren Selbstmord 1953 zu wiederholen versucht. Allerdings sei ihr Plan, sich zu ertränken damals gescheitert, da sie zu gut schwimmen konnte. »Ich nehme an, ich werde immer überverletzlich sein, leicht paranoid. Aber ich bin auch verdammt gesund & unverwüstlich. Und apfelkuchenselig. Nur muß ich schreiben. Ich fühle mich schlecht diese Woche, weil ich so lange nichts geschrieben habe. Der Roman ist inzwischen eine so gewaltige Idee, daß ich Panik kriegte.«

Sylvia Plath organisiert und plant nun zwei Schriftstellerlaufbahnen, schickt ihre und die Gedichte ihres Mannes systematisch an englische und amerikanische Zeitschriften und wickelt die gesamte Korrespondenz ab. Als sie Ted Hughes ersten Lyrik-Band *The Hawk in the Rain* (Der Falke im Regen) beim Harper-Wettbewerb einreicht, gewinnt er den ersten Preis und sein Name wird bekannt. Auf Freunde und Kollegen wirken die beiden wie ein unzertrennliches Paar, das sich gegenseitig ergänzt, doch entsteht auch der Eindruck, dass sie als Dichterin in seinem Schatten steht. Nach einiger Zeit, in der ihr Mann mehr Erfolg bei Wettbewerben und Publikationen hat als sie, belastet Sylvia Plath diese Konkurrenzsituation immer mehr. Sie leidet darunter, nur als Mrs. Ted Hughes wahrgenommen zu werden, nicht als eigenständige Lyrikerin und gerät in eine Schreibkrise. Ablehnungen ihrer Texte bedeuten immer auch eine Erschütterung ihres Selbstwertgefühls. Durch ihre Pflichten im Beruf und Haushalt kommt sie kaum zum Schreiben, denn Ted Hughes unterstützt seine Frau kaum bei der Hausarbeit, sondern erwartet, dass sie sich um alles kümmert. Die Eintragungen in ihrem Tagebuch schwanken zwischen Faszination und Forderungen nach Selbsterhaltung, wenn sie notiert: »Wir passen erstaunlich gut zusammen. Aber ich muß ich selbst sein – muß mich selbst erschaffen und mich nicht von ihm erschaffen lassen.«

1958 entscheiden sich Sylvia und ihr Mann, eine Existenz als freie Schriftsteller zu wagen. Sie gibt das Unterrichten auf und arbeitet an Prosatexten und ihrem ersten Gedichtband. Dabei erlebt sie die Höhen und Tiefen des künstlerischen Schaffens besonders intensiv. Klarsichtig erkennt sie im Tagebuch die Ursache für ihre schnellen Stimmungswechsel, denn ihr Leben werde »magisch von zwei elektrischen Strömen bestimmt: einem fröhlichen, positiven, und einem verzweifelten, negativen«. Auch Ted Hughes lernt die unterschiedlichen Seiten seiner Frau kennen. Noch fast zwei Jahrzehnte nach ihrem Tod erklärt er, dass sie sich sowohl im Privatleben als auch im Schreiben hinter vielen Masken verborgen habe und er es in ihrem sechsjährigen täglichen Zusammensein nie erlebt habe, dass sie »ihr wirkliches Selbst irgendjemandem offenbart hätte«.

Nicht nur zwischen ihrem Privatleben und der Kunst wird eine Diskrepanz deutlich, sondern auch Sylvia Plaths Schreiben spiegelt die beiden Seiten ihres Ichs. Die positiv klingenden Briefe, die sie der Mutter schickt, stehen in krassem Gegensatz zu ihrer Dichtung und den Tagebüchern. Ihre privaten Aufzeichnungen zeigen eindrucksvoll ihr Dilemma zwischen Alltag und Literatur und ihr Bemühen, ihre ehrgeizigen Ziele zu verwirklichen. Sie erstellt Listen mit den täglichen Erledigungen, die sie abhakt. Einerseits registriert sie genau, wenn sie wertvolle Zeit damit verschwendet, einen Knopf anzunähen, das Bett zu machen oder Blumen zu gießen, bevor sie mit der Arbeit beginnt. Andererseits wiederholt sie mehrmals, dass sie sowohl ein Baby haben möchte als auch Karriere machen will. Sie plant, erst nachdem sie einen Roman und einen Gedichtband geschrieben hat, Mutter zu werden. Doch im Sommer 1959 entschließt sich das Ehepaar, ein Kind zu bekommen. Schon im Herbst desselben Jahres stellt Sylvia fest, dass sie schwanger ist, und kehrt mit ihrem Mann nach England zurück. Sie ahnt nicht, dass sie ihr Heimatland nie wieder besuchen wird. Die ambivalenten Gefühle während einer Schwangerschaft beschreibt sie in eigenwilligen Bildern in ihrem Gedicht *Metaphors* (Metaphern), das aus neun Zeilen mit jeweils neun Silben besteht.

> Ich bin ein Rätsel in neun Silben,
> Ein Elefant, ein massiges Haus,
> Melone wandelnd auf zwei Ranken.
> O Rotfrucht, Elfenbein, feines Holz!
> Ein Laib groß vor hefigem Aufgehn.
> Dicke Börse, drin Geld frisch geprägt.
> Bin ein Mittel, Stadium, Kuh mit Kalb.
> Ich aß einen Sack grüner Äpfel,
> Stieg in den Zug, es gibt kein Zurück.

In London beziehen sie eine enge Dreizimmerwohnung, in der im April 1960 die Tochter Frieda zur Welt kommt. Ihrer Mutter berichtet Sylvia, sie sei so glücklich wie noch nie in ihrem Leben, doch kurz darauf leidet sie wieder unter Depressionen. Sie versucht, den Balanceakt als Ehefrau, Mutter und Schriftstellerin zu bewältigen, setzt sich jedoch mit ihrem Ehrgeiz, in allen drei Rollen perfekt zu sein, selbst unter Druck. Dazu kommt, dass ihr Mann erfolgreicher ist als sie. Nachdem er für sein erstes Buch *The Hawk in the Rain* einen Preis bekommen hat, veröffentlicht er seinen zweiten Gedichtband. Die Situation entspannt sich vorübergehend, als im Oktober 1960 Sylvia Plaths erster Lyrik-Band *The Colossus* (Der Koloss) in England erscheint, für den sich wenig später auch ein amerikanischer Verlag interessiert. In dieser Zeit beginnt sie mit der Niederschrift ihres Romans *Die Glasglocke*. Freunde stellen ihr vorübergehend ein Arbeitszimmer zur Verfügung, in dem sie entdeckt, dass sie morgens vier bis fünf Stunden braucht, in denen sie »vollkommen frei und ungestört schreiben kann – ohne Telefonanrufe, Türklingeln und Baby. Dann komme ich herrlich gelaunt nach Hause und erledige die ganze Arbeit im Haushalt im Nu,« wie sie in einem Brief berichtet. Doch das Arrangement ist nicht von Dauer. Während Sylvia Plath der Mutter und Freundinnen gegenüber ihren Mann lobt und ihre Ehe idealisiert, kommt es immer öfter zu Streitigkeiten zwischen den Partnern. Sie brauchen beide Zeit zum Schreiben, doch Sylvia muss sich um den Haushalt und das Kind kümmern, während Ted Hughes sich der kreativen Arbeit widmen kann. Erstmals thematisiert sie ihre Familiensituation in dem Gedicht *Event* über ein Paar, das sich entfremdet:

[...]
Wenn Apfelblüte nachts zu Eis erstarrt
erheb ich mich
ein tiefes Grab aus alter Schuld, so tief, so bitter.

Liebe hat hier keinen Raum
[...]

Um mehr Platz und Ruhe zum Arbeiten zu haben, zieht das Ehepaar im August 1961 nach Devon an die englische Südküste aufs Land. Dort wird im Januar 1962 der Sohn Nicholas geboren. Mit zwei kleinen Kindern verschärft sich die Situation, sodass die Spannungen zunehmen. Als Ted Hughes eine andere Frau kennenlernt, reagiert Sylvia Plath zutiefst verstört, da diese Affäre sofort ihre frühe Verlustangst weckt. Sie verbrennt daraufhin nicht nur Manuskripte ihres Mannes, sondern auch eigene Entwürfe zu einem zweiten Roman, der ihre Beziehung zu Ted schildert. Im September hat sie einen Autounfall, der – wie sie später dem Journalisten Alfred Alvarez anvertraut – ein Suizidversuch war. In ihrem Gedicht *Lady Lazarus* heißt es:

Ich habe es wieder getan.
Einmal alle zehn Jahre
Schaffe ich es –
[...]
Und ich, eine lächelnde Frau,
Bin erst dreißig
Und hab, wie die Katze, neun Leben, zu sterben.

Dieses ist die Nummer Drei.
Wieviel Müll hab ich loszuwerden
Jedes Jahrzehnt,
[...]

Das erste Mal, als es mir zustieß, war ich gerade zehn.
Es war ein Unfall.

Beim zweiten Mal nahm ich mir vor
Durchzuhalten, überhaupt nicht zurückzukehren.
Ich schaukelte mich zu

Wie eine Muschel.
Sie riefen mich, riefen mir zu
Und pickten mir Würmer vom Leib wie klebrige Perlen.
[...]

Im Oktober trennt sich das Ehepaar. Sylvia Plath ist nun mit zwei kleinen Kindern allein. Die Trennung von ihrem Mann ist eine Verlusterfahrung, die sie an den Tod des Vaters erinnert. Gleichzeitig setzt dieses Erlebnis bei ihr jedoch auch eine enorme kreative Energie frei. Innerhalb von einem Monat entstehen sechsundzwanzig Gedichte, in denen sie ihren eigenen poetischen Stil und eine einzigartige Bildersprache kreiert. Sie weiß, dass sie ihren Ton gefunden hat, und erklärt ihrer Mutter in einem Brief: »Ich bin eine geniale Schriftstellerin; ich hab's in mir. Ich schreibe die besten Gedichte meines Lebens; sie werden mir einen Namen machen.«

[...]
Dying
Is an art, like everything else.
I do it exceptionally well.

I do it so it feels like hell.
I do it so it feels real.
I guess you could say I've a call.
[...]

[...]   ~
Sterben
Ist eine Kunst, wie alles andere auch.
Ich kann es besonders gut.

Ich kanns, daß es sich anfühlt wie Hölle.
Ich kanns, daß es aussieht wie echt.
Ich schätze, man nennt es Berufung.
[...]

Im Mittelpunkt der Verse, die Sylvia Plath in den letzten Monaten ihres Lebens schreibt, stehen Tod und Suizid. Sie beeindrucken durch eine erstaunliche sprachliche Radikalität und machen gleichzeitig die selbstzerstörerische Kraft ihres Schreibens deutlich. Einige dieser Gedichte, die sie vergeblich von Verleger zu Verleger schickt, liest sie im Dezember 1962 in der BBC für eine Hörfunksendung. In dem der Aufnahme vorangehenden Interview erklärt sie, fast alle dieser Texte seien im Morgengrauen entstanden. Sie betont, dass sie jedes Gedicht beim Schreiben laut gesprochen habe, um den Rhythmus zu spüren, und es eher Texte fürs Ohr als fürs Auge seien. Ihre kurzen Einleitungen zu jedem Gedicht sind sachlich, nicht ein einziges Mal geht sie auf den Bezug der Verse zu ihrem eigenen Leben ein. Sie will keine Erklärungen abgeben, damit die Texte sich selbst entfalten und schockieren oder überraschen können. Das Gedicht *Death & Co.* (Tod & Co.) endet mit den Zeilen:

[...]
Ich rühre mich nicht.
Der Reif macht eine Blume,
Der Tau macht einen Stern.
Die Totenglocke,
Die Totenglocke.

Einen wird es erwischen.

Ganz anders klingen ihre Briefe an die Mutter. Im Gegensatz zur Schwermut der Gedichte berichtet sie ihr, wie herrlich es sei, von ihrem Mann getrennt zu leben und nicht mehr in seinem Schatten zu stehen. Sie genieße es, zu wissen, was sie wolle, und um ihrer selbst willen gemocht zu werden. Ihr Fazit lautet: »Meine Kinder und meine schriftstellerische Arbeit sind mein Leben.«
Ende des Jahres zieht Sylvia Plath mit den Kindern zurück nach London. Mitte Januar 1963 veröffentlicht sie – wegen der autobiografischen Bezüge unter dem Pseudonym Victoria Lucas – ihren

Roman *Die Glasglocke*. In diesem Text schildert die Schriftstellerin ihre Zeit am Smith College, ihre Beziehung zur Mutter und ihren ersten Selbstmordversuch ganz unverschlüsselt. Gleichzeitig zeichnet sie ein Bild der Probleme der Frauen in den fünfziger Jahren, die aus der traditionellen Frauenrolle ausbrechen, aber trotzdem gute Ehefrauen und Mütter sein wollen. Die Zukunftsträume ihrer Protagonistin beschreibt sie sinnbildlich als einen Feigenbaum: »Gleich dicken, purpurroten Feigen winkte und lockte von jeder Zweigspitze eine herrliche Zukunft. Eine der Feigen war ein Ehemann, ein glückliches Zuhause und Kinder, eine andere Feige war eine berühmte Dichterin, wieder eine andere war eine brillante Professorin [...].«

In den ersten Wochen des neuen Jahres erlebt London einen Kälte- und Wintereinbruch mit viel Schnee, sodass sogar die Wasserrohre einfrieren. Sylvia Plath leidet unter einer Grippe und Schlafstörungen und bekommt wieder Depressionen. Am frühen Morgen des 11. Februar 1963 nimmt die Dreißigjährige Schlaftabletten und legt – nachdem sie sorgfältig die Tür zum Kinderzimmer abgedichtet hat – den Kopf in den Backofen und dreht das Gas auf. Es ist ihr dritter Suizidversuch und er gelingt, da sie zu spät gefunden wird. In ihrem letzten Gedicht *Edge* (Rand), geschrieben sechs Tage vor ihrem Tod, heißt es:

Die Frau ist vollendet.
Ihr toter

Körper trägt das Lächeln des Erreichten.
[...]
Ihre bloßen

Füße scheinen zu sagen: Wir kamen bis
Hierher, es ist vorbei.
[...]

Die Beisetzung findet auf dem Friedhof in Heptonstall in West Yorkshire statt, nahe des Geburtsorts von Ted Hughes. Auf dem Grabstein steht Sylvia Plath Hughes, da sie zwar die Scheidung eingereicht hatte, aber noch verheiratet war, als sie starb.

Zwei Jahre später, 1965, publizierte ihr Mann ihre letzten Gedichte unter dem Titel *Ariel*, hielt aber einige Verse unter Verschluss, die erst 2004 in der von der Dichterin geplanten, rekonstruierten Fassung des Lyrik-Bandes abgedruckt wurden. 1982 wurde Sylvia Plath – als bisher einzige Schriftstellerin – für ihr lyrisches Werk posthum mit dem Pulitzerpreis ausgezeichnet. Im selben Jahr veröffentlichte Ted Hughes ihre Tagebücher, allerdings wählte er nur etwa ein Drittel des vorhandenen Materials aus und bekannte im Vorwort, die Aufzeichnungen gekürzt und die der letzten Monate vernichtet zu haben, »weil ich nicht wollte, dass ihre Kinder das je lesen müßten (damals hielt ich das Vergessen für einen wichtigen Teil des Überlebens)«.

Ted Hughes, der zum Suizid seiner Frau jahrzehntelang geschwiegen hat, wurde 1984 zum »poeta laureatus« (Hofdichter) ernannt. Erst 1998, fünfunddreißig Jahre nach Sylvia Plaths Tod, erschien sein letztes Buch, der Band *Birthday Letters*. Diese achtundachtzig sehr persönlichen Gedichte wirken wie eine späte Verarbeitung seiner Beziehung zu ihr. Fünf Monate nach dieser Veröffentlichung starb der Schriftsteller am 28. Oktober 1998 an Darmkrebs. Im Jahr 2000 wurde am ersten Londoner Wohnhaus von Sylvia Plath und Ted Hughes eine Gedenktafel angebracht, die an das Dichterpaar erinnert.

Sylvia Plath hat ein vielfältiges Werk hinterlassen: Gedichte, Erzählungen, einen Roman, Kinderbücher, autobiografische Aufzeichnungen und Hunderte von Briefen. Als sie starb, war sie als Autorin kaum bekannt. Ihr Ruhm setzte erst 1965 nach der Publikation des Gedichtbandes *Ariel* ein und ihr Roman *Die Glasglocke* wurde – 1970 unter ihrem Namen veröffentlicht – zum Kultbuch der Frauenbewegung. Schon vor der Emanzipationswelle thematisierte die Schriftstellerin die Probleme von Frauen und Künstlerinnen, die sich nicht zwischen einer Karriere und Kindern entscheiden wollen. Sylvia Plath, die durch ihr Leben und ihren frühen Tod zum Mythos wurde, wird oft als Opfer des Patriarchats und der Konventionen der fünfziger und sechziger Jahre dargestellt. Doch diese Sicht greift zu kurz: Vor allem war sie eine Dichterin, die sprachlich und inhaltlich die Literatur von Frauen um neue Facetten bereicherte. Ihre Gedichte, die zwischen leidenschaftlicher Gewalt und radikalen Visionen changieren, haben die Lyrik von Frauen des 20. Jahrhunderts erweitert. Ihre Prosa und ihre autobiografischen Texte und Tagebücher, die leichter zugänglich sind, vermitteln eindrucksvoll ihren lebenslangen Kampf um ein Gleichgewicht im Leben und in der Kunst. Für sie war die schriftstellerische Arbeit ein Ventil. Eines ihrer letzten Gedichte *Words* (Worte) schließt mit den Zeilen:

[…]
Worte, trocken und reiterlos,
Der unermüdliche Hufschlag.
Aber
Unverrückbare Sterne vom Grund des Teiches
Lenken ein Leben.

~

[…]
Words dry and riderless,
The indefatigable hoof-taps.
While
From the bottom of the pool, fixed stars
Govern a life.

Sarah Kane
(1971–1999)

»Ich schreibe die Wahrheit, und es bringt mich um«

»Es klingt vielleicht verrückt, aber wenn ich ins Theater gehe, habe ich das Gefühl, dass ich einem Autor eineinhalb Stunden meines Lebens schenke. Und wenn er dann mehr Zeit als nötig braucht, werde ich sauer. [...] Uns bleibt nicht wirklich viel Zeit auf diesem Planeten. Was ich zu sagen habe, sage ich also so präzise wie möglich.«

Diese Maxime, die die englische Dramatikerin in einem Gespräch mit Thomas David äußerte, hat sie in ihren eigenen Theaterstücken, die oft nur eine gute Stunde dauern, berücksichtigt. Sarah Kane wurde 1995 – im Alter von dreiundzwanzig Jahren – mit ihrem Drama *Blasted* (Zerbombt) über Nacht bekannt. Die Uraufführung dieses verstörenden Stückes, in dem es um Macht und Gewalt geht, löste einen der größten Skandale in der Theatergeschichte Englands aus. Schonungslos wird der Zuschauer mit den eigenen Ängsten, Sehnsüchten und Verzweiflungen konfrontiert. Die unbekannte Stückeschreiberin aus der Provinz bekam plötzlich internationale Anerkennung als wichtige Autorin des zeitgenössischen Theaters. Ihre Stücke handeln von der unnachgiebigen Suche nach Wahrheit. Sie sind schockierend, brutal und trotzdem poetisch, weil Sarah Kane in einer genauen, klaren Sprache versucht, die Heuchelei hinter der Fassade des Alltags aufzudecken. Im Grunde haben alle ihre Stücke nur ein Thema: die Liebe. »Wenn ich frei sein könnte von dir, ohne dich verlieren zu müssen«, heißt es in ihrem Theaterstück *Gier*, das 1998 Premiere hatte.

Der Schriftstellerin, die zu den größten Talenten des britischen Gegenwartstheaters zählte, ging es nicht um den Erfolg, sondern um die Wahrheit, die sie so schmerzlich erkannte, dass sie sich im Alter von achtundzwanzig Jahren das Leben nahm. Ihr Vermächtnis sind ihre fünf Theaterstücke, die heute in der ganzen Welt aufgeführt werden.

Sarah Kane wird am 3. Februar 1971 in einem Dorf in der Nähe der Kleinstadt Brentwood in Essex, etwa fünfundzwanzig Kilometer nordöstlich von London, geboren. Der Vater, Peter Kane, arbeitet als Journalist für eine große Boulevardzeitung, die Mutter Janine ist Lehrerin und gibt ihren Beruf auf, um sich der Erziehung der Kinder zu widmen. Sarah und ihr älterer Bruder Simon wachsen in einer autoritären Familie auf, in der Religion und christliche Moralvorstellungen eine zentrale Rolle spielen und die Bibel die wichtigste Lektüre ist. Ihr Heimatdorf, in dem es keine Veränderung oder Entwicklung gibt, findet sie langweilig. Schon als Mädchen bekommt sie Depressionen, weil sie ahnt, dass eine andere, offenere Welt existieren muss. »Als ich anfing zu lesen, ging es mir besser. In den Büchern fand ich eine andere Art zu denken, zu leben«, bekennt sie im Gespräch mit Claudia Voigt*. Sarah ist acht Jahre alt, als die konservative Politikerin Margaret Thatcher als erste Frau britische Premierministerin wird. Der Vater erklärt der Tochter, das sei ein historischer Moment, den sie sich merken solle. Doch das Mädchen spürt die Doppelmoral der Thatcher-Ära, die die bürgerlichen Konventionen, die es verabscheut, noch mehr zementiert. Die Enge der Provinz und das schon vorherbestimmte Leben im Rahmen der herrschenden Regeln gehen ihr auf die Nerven. »Ich hasse all dieses Heiraten, Kinderkriegen, Häuserbauen, alt werden und Sterben. Genau so will ich nicht leben.«

Auch in die Schule geht sie nicht gern und kann es kaum erwarten, sie zu beenden. Dort ist man der Ansicht, dass Mädchen bald heiraten und es deshalb nicht wichtig ist, was sie leisten. Als Sarah Biologie, Chemie und Physik als Prüfungsfächer für ihr Abitur wählt, sind alle erstaunt, denn es ist ungewöhnlich, sich als Mädchen für naturwissenschaftliche Fächer zu entscheiden. Später wechselt sie die Fächer und belegt Literatur, Drama und Regie, weil sie darin besser ist. In ihrer Freizeit interessiert sie sich nicht nur für Fußball und Kinofilme, sondern vor allem für das Theater. Schon während

---

* Soweit nicht anders vermerkt, sind die autobiografischen Zitate entnommen aus: Voigt, Claudia: »Alpträume aus Essex«. In: *Spiegel extra*. Nr. 9/1996 und dies.: »Interview mit Sarah Kane«. Bearbeitet von Julia Lochte. In: Programmheft *Zerbombt*, Schauspielhaus Zürich 1996

der Schulzeit belegt sie Theaterkurse, spielt in vielen Stücken mit und inszeniert auch selbst. Zunächst will sie Schauspielerin werden, dann Regisseurin. Als sie merkt, dass ihr nur wenige Dramen wirklich gefallen, beginnt sie, selbst zu schreiben. Zu ihrer Lektüre gehören vor allem Werke von Franz Kafka und Albert Camus, einer ihrer Lieblingsromane ist George Orwells *1984*. Doch die Dialog-Form fasziniert sie am meisten. Sie vertieft sich in die Theaterstücke von William Shakespeare, Georg Büchner, Bertolt Brecht, Henrik Ibsen, Samuel Beckett und Heiner Müller, liest aber auch zeitgenössische englische Autoren wie Edward Bond, Mark Ravenhill und Harold Pinter, dessen Texte sie besonders beeindrucken.

Nach dem Abitur verfasst Sarah Kane Monologe, die von freien Theatergruppen aufgeführt werden. 1990 verlässt sie ihre Geburtsstadt und geht nach Bristol, wo sie zwei Jahre lang Schauspiel studiert und die Abschlussprüfung mit Auszeichnung besteht. Mit *Starved*, dem Monolog eines magersüchtigen Mädchens, gelingt ihr die Aufnahme in die Drama-Klasse der Universität in Birmingham. Danach entstehen unter dem Titel *Sick* drei Kurz-Monologe, mit denen sie zum Theaterfestival in Edinburgh eingeladen wird, einem der ältesten und renommiertesten Festivals weltweit.

An dem Tag, an dem sie die Anfangsszene ihres ersten Theaterstückes schreibt, wird in den TV-Nachrichten ein Beitrag über die Belagerung von Srebrenica in Bosnien gesendet. Als sie das Gesicht einer alten Frau sieht, die sagt: »Bitte helft uns«, wird Sarah Kane bewusst, dass dieser Zustand schon drei Jahre lang dauert und die Nachrichtenbilder die Menschen zwar bewegen, aber trotzdem niemand wirklich etwas dagegen tun wird. Ihr wird klar, dass »die Auswirkungen unseres persönlichen Verhaltens« Krieg erst möglich machen. »Wenn wir nur ein bißchen menschlicher miteinander umgingen, gäbe es weniger Krieg.« So entsteht die Idee zu ihrem ersten Drama, in dem sie zeigen will, dass der emotionale Krieg zwischen den Menschen den Krieg zwischen den Völkern erst möglich macht.

Im Januar 1995 hat Sarah Kanes erstes Theaterstück *Blasted* (Zerbombt) am Royal Court Theatre in London Premiere und macht die Dreiundzwanzigjährige schlagartig bekannt. Die genaue Darstellung physischer und psychischer Gewalt führt zu heftigen Kontroversen und Protesten. Das Stück spielt im Zimmer eines englischen Luxushotels. Der alternde, krebskranke Journalist Ian versucht die junge Cate, seine frühere Geliebte, zum Sex zu überreden.

Ian: Ich liebe dich.
    [...]
Cate: Du warst gemein zu mir.
Ian: War ich nicht.
Cate: Hast nicht mehr angerufen, nie gesagt, warum.
    [...]
Ian: Du verstehst überhaupt nichts. Deshalb liebe ich dich ja, will
    ich schlafen mit dir.
Cate: Kannst du aber nicht.
Ian: Warum nicht?
Cate: Ich will nicht.
Ian: Warum bist du hergekommen?
Cate: Du hast dich unglücklich angehört.
Ian: Mach mich glücklich.
Cate: Ich kann nicht.
    [...]
Ian: Bitte.
Cate: Nein.
Ian: Ich liebe dich.
Cate: Ich liebe dich nicht.

Da Cate sich Ian verweigert, vergewaltigt er sie. In kurzen, scharfen
Dialogen wird eine Beziehung zwischen seelischer und körperlicher
Grausamkeit und Heuchelei skizziert.

Cate: Ich hab dich geliebt.
Ian: Was ist jetzt anders?
Cate: Du.
Ian: Nein. Du siehst jetzt, wer ich bin. Das ist alles.
Cate: Du bist ein Albtraum.

Im zweiten Teil des Stücks »zerbricht die Form des Dramas«, weil
Krieg herrscht. So zeigt Sarah Kane, dass Krieg nicht nur »konfus
und unlogisch« ist, sondern auch furchtbar und unvorhersehbar. Die
Gewalt eskaliert. Das Land wird besetzt, das Hotel bombardiert und
ein bewaffneter Soldat dringt in das Zimmer ein. Er berichtet Ian,
wie er Frauen und Mädchen vergewaltigt und ihre Männer gefoltert
und ermordet hat. Dann vergewaltigt er Ian, saugt ihm beide Augen
aus und erschießt sich.

Nach der Vorstellung herrscht absolute Stille im Zuschauerraum, es gibt keinen Beifall, sondern jemand ruft: »Wir brauchen wieder eine Zensur.« Das Publikum ist irritiert und entsetzt, weil die Autorin keine psychologischen Erklärungen für die Gewalttätigkeiten liefert. Die Verbrechen geschehen plötzlich und für den Zuschauer völlig überraschend. »Genau wie im Leben«, sagt Sarah Kane in einem Interview, »da bauen sich die Katastrophen auch nicht dramaturgisch auf, sondern brechen über einen herein.«

Am Tag der Premiere ist sie noch eine unbekannte Autorin, nach der Aufführung wird ihr Name plötzlich in allen Medien genannt. Am folgenden Abend wird sie zu einem Interview in die TV-Nachrichten-Sendung *Newsnight* eingeladen, doch sie lehnt ab, weil sie nicht im Fernsehen auftreten will, um sich rechtfertigen zu müssen. Sie ist der Meinung, in ihrem Stück alles gesagt zu haben, was zu sagen war. Auch später wird sie weder dem Radio noch dem Fernsehen, sondern nur Zeitungen Interviews geben. Sie verweigert sich diesen Medien, weil sie der Ansicht ist, ihre Texte sprechen für sich.

Die Szenen in *Zerbombt*, in denen ein totes Baby gegessen oder detailliert die grausame Ermordung von Zivilisten beschrieben wird, lösen einen Sturm der Entrüstung aus. Die Kritik wirft Sarah Kane vor, gezielt auf diesen Schock-Effekt hingeschrieben zu haben. Doch sie fühlt sich missverstanden und erklärt im Interview mit Claudia Voigt, dass es ihre Absicht war, »absolut wahrhaftig über Mißbrauch und Gewalt zu schreiben«. Sie berichtet von ihrer Fassungslosigkeit darüber, dass gerade ein fünfzehnjähriges Mädchen im Wald vergewaltigt worden ist, die Boulevardzeitungen aber mehr über ihr Stück schreiben als über diesen realen brutalen Akt. Das sei genau der Journalismus, den das Stück verurteile. Sie betont, dass sie keinen ihrer Charaktere verdamme, aber auch auf keiner Seite stehe. »Ich denke auch nicht, daß das die Aufgabe eines Autors ist. Ich glaube, mein Job ist es, die Welt zu beobachten und sie so darzustellen, wie ich sie sehe. Und ich sehe viele Menschen, die so sind wie Cate und oft mißbraucht und ausgenutzt werden. Und ich denke, weil ich das zeige, regen sich die Leute so auf. Aber so ist die Welt nun mal.«

Sarah Kane hat nicht damit gerechnet, dass das Stück viele Leute so schockieren würde. »Es ist ein Stück über Brutalität, aber nie ein brutales Stück. [...] Die wirklich brutalen Bisse sind doch die emotionalen Bisse.« Die Autorin macht den Zusammenhang zwischen der alltäglichen Gewalt in Beziehungen und der Brutalität des Krieges sichtbar und hält den Menschen einen Spiegel vor. Grausamkeit beginnt zwischen einzelnen Menschen, setzt sich in der Gesellschaft fort und gipfelt schließlich im Krieg. Doch Publikum und Kritiker reduzieren ihr erstes Stück zunächst auf die Darstellung der Gewalt, ohne zu erkennen, dass es ihr nicht um Provokation geht, sondern um die Suche nach Liebe. »Ich habe schon immer gespürt, daß es nicht von Belang ist, was Kritiker über deine Arbeit sagen. Es ist egal, ob sie sagen, du bist ein Genie oder du bist moralisch verdorben. Es macht den Job, sich hinzusetzen und zu schreiben, weder härter noch leichter«, erläutert sie in einem Interview mit der *Hamburger Rundschau*.

Peter Kane ist stolz auf seine Tochter und weiß, dass selbst negative Kritiken ein Erfolg sind. Ihre Mutter, die die Verrisse irritieren, schaut sich das Stück an und findet es gut, obwohl es, wie die Tochter formuliert, »sicher nicht ihrem Theatergeschmack entspricht«. Sarah Kane hat Verständnis dafür, dass es für Eltern nicht einfach ist, wenn ihre Kinder ausführlich und offen über Sex schreiben. Sie bekennt, dass jeder Charakter auch etwas von ihr habe, versichert aber, dass das Stück in »keinerlei Hinsicht autobiographisch« sei, »auch wenn es auf emotionalen Erfahrungen und Beobachtungen von menschlichem Verhalten« basiere. Die Geschlechterrollen sind für sie variabel: »Und nur weil eine Figur männlich ist, heißt das nicht, daß die Person, über die ich schreibe, tatsächlich ein Mann ist.«

Englands berühmtester Dramatiker, Edward Bond, verteidigt *Zerbombt* und nennt es das wichtigste Stück der Londoner Bühnen. Der Schriftsteller, der in den sechziger Jahren mit seinem Drama *Gerettet*, in dem ein Baby gesteinigt wird, selbst die Kritiker provoziert hatte, ist beeindruckt, wie gut »so eine junge Autorin ihr Handwerk« beherrscht.

Sarah Kanes klare und knappe Dialoge zeigen, »wie schnell in unserer Gesellschaft Kommunikation durch Gewalt ersetzt wird«. Sie erklärt, es sei »ein Stück darüber, wie sich Vorurteile so verselbständigen, daß Bosnien passieren konnte, daß Konzentrationslager geschehen konnten. Und wieso sich das wiederholt und wir nicht lernen.«

Die heftigen und feindlichen Reaktionen auf ihr Debüt haben sie völlig überrascht, doch bald kann sie ihren Erfolg auch genießen und stellt zufrieden fest, dass niemand mehr ein Stück von ihr ungelesen zur Seite legt. Nach der zweiten Vorstellung reagiert das Publikum anders, es gibt Szenenapplaus, langen Beifall und jede Vorstellung ist ausverkauft.

Sarah Kane wird zur wichtigsten Nachwuchsdramatikerin Europas, zahlreiche Bühnen fragen nach den Aufführungsrechten von *Zerbombt*. Die Autorin reist nach Deutschland, Italien und Belgien, um sich verschiedene Inszenierungen anzuschauen. Nicht immer ist sie mit der Umsetzung ihres Stückes auf der Bühne einverstanden. Deshalb ist es ihr wichtig, dass der Text veröffentlicht wird. »Egal, was man dem Stück antut, man kann es immer noch lesen.«[*] Sie begrüßt die Tradition des Royal Court Theatre, die Texte der Theaterstücke vollständig im Programmheft abzudrucken, und bedauert, dass das in Deutschland nicht üblich sei. Denn bereits mehrmals hat sie erlebt, dass deutsche Theaterregisseure Stücke stark interpretieren und verändern.

Die junge Dramatikerin wird nach New York eingeladen, dort kann sie endlich die engen Grenzen ihres Heimatlandes hinter sich lassen. Sie genießt es, stundenlang durch die Straßen zu schlendern und sich frei zu fühlen. Als sie einmal mitten in der Nacht am Times Square steht, wird ihr bewusst, dass sie erst vierundzwanzig ist und durch ein Stück, das sie als Zweiundzwanzigjährige geschrieben hat, eine bekannte Theaterautorin geworden ist.

In New York entsteht ihr zweites Stück *Phaedra's Love* (Phaidras Liebe), eine Bearbeitung der antiken Tragödie *Phaedra* von Seneca, der sich auf den *Hippolytos* von Euripides bezieht. Sarah Kane verlegt die Handlung in die Gegenwart. Auch in diesem Stück, das sie selbst im Mai 1996 am Royal Court Theatre in London inszeniert, geht es um Gewalt, Liebe, Tod und die Suche nach Wahrheit. Königin Phaidra hat sich in ihren Stiefsohn Hippolytos verliebt, doch der verwöhnte Königssohn sitzt nur in seinem Zimmer vor dem Fernseher, isst Chips und schläft mit wechselnden Frauen, die ihn danach langweilen. Seine Verletzlichkeit verbirgt er hinter Zynismus.

> Phaidra: Du redest mit mir über nichts anderes als Sex.
> Hippolytos: Ist eben mein Hauptinteresse.
> Phaidra: Ich dachte, du hasst Sex.
> Hippolytos: Ich hasse Menschen.
> [...]
> Phaidra:Ich liebe dich.
> (Stille)
> Hippolytos: Warum?

[*] vgl. David

Phaidra: Du bist schwierig. Launisch, zynisch, verbittert, fett, de-
kadent, verdorben. Den ganzen Tag bleibst du im Bett, siehst
dann die ganze Nacht fern, du polterst durch das Haus mit
Schlaf in den Augen, rücksichtslos gegen jeden. Du leidest. Ich
bete dich an.
Hippolytos: Nicht unbedingt logisch.
Phaidra: Ist Liebe nie.
[…]
Hippolytos: Wenn wir ficken, werden wir nie wieder miteinander
reden.
Phaidra: So bin ich nicht.
Hippolytos: Aber ich.

Trotz seiner Warnung schläft Phaidra mit ihm und er ist danach von
ihr gelangweilt. Verzweifelt bringt sie sich um und beschuldigt ihn
in einem Abschiedsbrief der Vergewaltigung. Der wütende Vater
und das aufgebrachte Volk verlangen daraufhin die Hinrichtung von
Hippolytos. Erst angesichts des Todes zerbricht seine Langeweile:

Hippolytos: Hätte es doch nur mehr Momente wie diesen gegeben.

Mit diesem Satz, der für Sarah Kane auch eine Portion Galgenhumor
enthält, endet das Stück, das sie einmal als Komödie bezeichnet hat.
Zynismus und Ironie spielen in all ihren Werken eine Rolle, werden
aber leicht übersehen. In dem Interview mit Claudia Voigt erzählt die
Autorin, wie wichtig für sie die Gleichzeitigkeit von Ernst und Humor im Leben sei. Ihre Lieblingskomiker sind Stan Laurel und Oliver
Hardy aus der gleichnamigen TV-Serie, die im deutschen Fernsehen
unter dem Titel *Dick und Doof* bekannt wurde. In den Episoden der
beiden Komiker werde gezeigt, wie frustrierend, aber auch lustig das
Leben sei. Für die Dramatikerin ist das eine Bestätigung dafür, dass
man ohne Sinn für Humor nicht durchs Leben kommt.

In *Phaidras Liebe* geht es ihr um die Darstellung der Spaltung
von Bewusstsein und Körper, in der sie die Ursache für Wahnsinn
sieht. Doch Hippolytos erfährt die Einheit von Seele, Geist und Körper erst im Moment seines Todes. *Phaidras Liebe* ist das einzige ihrer Dramen, zu dem Sarah Kane in einem Gespräch ausführlicher
Stellung nimmt. Sie berichtet, dass sie ein Stück über Depressionen

schreiben wollte, weil sie sich selbst in diesem Zustand befand. Sie schildere ihre eigene Persönlichkeitsspaltung, denn sie sei zu gleichen Teilen Hippolytos und Phaidra. Es geht ihr darum, zwei Facetten ein und derselben Person zu zeigen: der »absolut verletzende, abgeklärte Zynismus« von Hippolytos und »die bedingungslose, blinde Liebe für jemanden, der alles andere als liebenswert ist«, der Phaidra. Die Arbeit an diesem Stück sei für sie der Versuch gewesen, »zwei Extreme in meinem Kopf zu verbinden. Was am Ende nicht nur eine deprimierende, sondern auch eine befreiende Erfahrung war«, erläutert sie in einem Interview mit Nils Tabert. Die Figur des Hippolytos ist Sarah Kane besonders wichtig: »Er ist mir immer, von Anfang an, sympathisch gewesen, weil er absolut und gnadenlos direkt ist, in jeder Sekunde, egal, wem gegenüber, und egal, welche Konsequenzen das für ihn und die anderen hat. Er drückt sich bei allem, was er sagt, klar und unmißverständlich aus. Und ich glaube, ich verfolge dasselbe Ziel – ich möchte klar und unmißverständlich verstanden werden.«

Phaidras Liebe entsteht aus dem Wunsch der Autorin, immer die Wahrheit zu sagen. Sie beklagt die ständige Heuchelei im Leben und die Unmöglichkeit, aufrichtige Beziehungen zu haben. Doch ein Freund sagt ihr, sie habe die falschen Werte, nicht die Wahrheit sei absolut, sondern das Leben. Und deshalb müsse man sich gelegentlich mit der Unwahrheit abfinden. »Könnte ich hinnehmen, daß das Festhalten an der Wahrheit eine zweitrangige Rolle spielt, ginge es mir wesentlich besser. Es ist mir aber irgendwie nicht geglückt, und insofern mißlingt es auch Hippolytos.« Sarah Kane wendet sich gegen eine »grundlegende Verlogenheit«, die den Menschen beigebracht wird, damit sie zusammen bleiben. Sie hält das Leben ohne eine große Liebe für bedeutungslos. »Wir versuchen, einen Partner zu finden und verbringen dann den Rest des Lebens damit, uns gegenseitig zu quälen, halten an ihm fest. Aber man liebt doch jemanden dafür, wie er ist und nicht dafür, wie man ihn haben will und wie man ihn verändern will.«

Ursprünglich plante die Schriftstellerin eine Trilogie über den Krieg. Im ersten Teil *Zerbombt* zeigt sie den Zusammenhang zwischen dem Krieg unter Völkern und dem Krieg in privaten Beziehungen. In *Phaidras Liebe* liegt der Schwerpunkt auf den Auseinandersetzungen innerhalb einer Familie. Im dritten Teil sollte die atomare Zerstörung thematisiert werden. Doch nach den ersten beiden Stücken gibt sie den Plan auf und verändert ihren Stil, ihr Hauptthema bleibt jedoch die Liebe.

Im Herbst 1996 wird Sarah Kane Hausautorin für Plaines Plough, eine freie Theatergruppe in London. Dort ist sie für die Entwicklung und Förderung neuer Autoren und Stücke zuständig und leitet Gruppen und Workshops für junge Dramatiker. 1997 wird ihr erstes Drehbuch für einen Kurzfilm unter dem Titel *Skin* verfilmt.

Während der Arbeit an ihrem dritten Stück *Cleansed* (Gesäubert) liest sie noch einmal den Roman *Der Prozeß* von Franz Kafka. Für sie ist es eines der Bücher, in denen nichts konkretisiert und nie gesagt wird, worum es eigentlich geht. Das Buch sei sowohl phantastisch als auch realistisch. Sarah Kane glaubt, es sei kein seltenes Phänomen, dass sich Autoren mit der ausgeprägtesten Phantasie im Nachhinein als Realisten entpuppen. Ihr Stück *Gesäubert*, das im April 1998 am Royal Court Theatre in London uraufgeführt wird, wirkt kafkaesk, es gibt keine Erklärungen mehr, sondern die Realität wird kommentarlos gezeigt. Schauplatz ist eine von Stacheldraht umzäunte Universität, die an eine geschlossene Anstalt erinnert. Dort zerstört ein Arzt alle Regungen von wahrer Liebe mit brutaler Gewalt.

Die Autorin gesteht, dass die Bibel sie zur Darstellung apokalyptischer Gewaltszenen inspiriert habe. Sie will mit Szenen, in denen Körperteile abgeschnitten oder Menschen ermordet werden, jedoch nicht provozieren. Brutalität ist für sie vielmehr ein Mittel, um die Verletzlichkeit und Zerbrechlichkeit ihrer Figuren deutlich zu machen. Inszenierungen, die die Grausamkeit zu realistisch auf die Bühne bringen, lehnt sie ab. Ihr kommt es auf die Wechselwirkung zwischen Stück und Publikum an. Bei einem Film können die Zuschauer hinausgehen, ohne dass das den Film verändert, der einfach weiterläuft. Wenn aber jemand bei *Zerbombt* aufsteht und geht, »wird das zum integralen Bestandteil der gesamten Erfahrung«, denn »es entsteht unweigerlich eine unmittelbare Beziehung zwischen Bühnen- und Zuschauerraum«.* Es irritiert sie nicht, wenn jemand das Theater während des Stückes verlässt, denn dann passiere wenigstens etwas und das sei besser, als wenn die Zuschauer einschlafen würden. Diese Gefahr besteht bei Kanes bild- und sprachmächtigen Stücken allerdings kaum, die kurz sind und eine oder maximal zwei Stunden dauern. Mit prägnanten, dichten Dialogen gelingt es ihr, die Zuschauer zu verstören und zum Nachdenken anzuregen. Sie will »das Publikum herausfordern und nicht nur dessen eigene Ideen

* vgl. Tabert

bestätigen«. Ihr Interesse gilt der »Art und Weise, wie Leute miteinander umgehen. Wir leben in einer extrem gewalttätigen Welt, das scheint mir von überragender Bedeutung. Wenn wir nicht aufhören, so gewalttätig zu sein, wie wir es sind, haben wir keine Zukunft«, betont sie im Gespräch mit Thomas David.

Ihre Kritiker verurteilen ihre Stücke »wegen der extremen Sprache und Bilder«, doch Sarah Kane argumentiert, dass sie, wenn sie »die gesamte Bandbreite menschlicher Gefühle« zeigen wolle, auch alle »sprachlichen und bildlichen Ausdrucksmöglichkeiten benutzen dürfe«. Besonders wichtig ist ihr eine schlichte und konzentrierte Sprache. »Viele Leute, besonders in England, denken, daß die Sprache im Theater sehr prächtig sein muß«, erklärt sie im Interview mit der *Hamburger Rundschau*. »Ich aber glaube, daß das beste Theater voll mit kraftvollen Bildern ist. Es ist einfach falsch, daß Dichtung wortreich sein muß. Für mich heißt Dichtung, etwas auf die einfachste nur mögliche Art und Weise zu sagen.«

Nach ihren ersten drei Theaterstücken gilt Sarah Kane als Wegbereiterin eines neuen Realismus im britischen Drama. Sie reist zu Aufführungen ihrer Werke durch Europa, gibt Workshops und ermutigt junge Autoren, für das Theater zu schreiben. Als sie den Auftrag bekommt, ein kurzes Stück zu verfassen, zieht sie sich für einige Tage zurück, in denen *Crave* (Gier) entsteht. Um herauszufinden, wie gut sie als Schriftstellerin ist, stellt sie den Text zunächst bei einer Lesung unter einem Pseudonym der Öffentlichkeit vor. Die Reaktionen sind positiv, auch als bekannt wird, wer das Drama geschrieben hat. Mit ihrem vierten Stück *Gier*, dessen Premiere im August 1998 im Traverse Theatre in Edinburgh stattfindet, schlägt sie formal neue Wege ein. Erstmals gibt es keine Regieanweisungen der Dramatikerin, die bisher alle Uraufführungen ihrer Stücke begleitet hat, um Missverständnisse zu vermeiden. Das neue Stück ist viel offener, hat weder einen Handlungsverlauf noch einen Handlungsort. Es ist eine Collage aus Stimmen mit Worten, Monologen, Dialogen, Gedankenfetzen und Bruchstücken von Geschichten, die eher an ein Gedicht erinnert als an ein Theaterstück.

A (Mann):	Was willst du?
C (Frau):	Sterben.
B (Mann):	Schlafen.
M (Frau):	Nichts weiter.

Die vier Personen – zwei Männer, zwei Frauen – haben keine Namen und werden nur mit den Buchstaben A, B, C und M bezeichnet. Sie sprechen über Liebe, Hoffnung, Verzweiflung, Einsamkeit und den Tod, doch mehr aneinander vorbei als miteinander.

> M: Ich will nicht mit sechzig in einem möblierten Zimmer sitzen und es nicht wagen, die Heizung aufzudrehen, weil ich die Rechnung nicht zahlen kann. [...] Ich will nicht alleine sterben und erst gefunden werden, wenn meine Knochen blank sind und die Miete überfällig.
> [...]
> C: [...] Ich bin hier, um mich zu erinnern. Ich muss mich... erinnern. In mir ist diese Trauer, und ich weiß nicht warum.
> [...]
> A: Ich verzweifle an der Verzweiflung.
> [...]
> A: Ich bin nicht, was ich bin, ich bin, was ich tue.

Jede Stimme scheint in ihrem eigenen Monolog gefangen zu sein. Nur selten kommt es zu einer Art Kommunikation. Die kurzen, poetischen Sätze faszinieren und irritieren zugleich, weil sie den Zuschauer mit einbeziehen.

> C: Sie macht nicht mehr weiter mit der tagtäglichen Farce, die nächsten paar Stunden dadurch zu bewältigen, dass sie versucht, die Tatsache zu verdrängen, dass sie keine Ahnung hat, wie sie die nächsten vierzig Jahre bewältigen soll.
> [...]
> A: sag nicht nein zu mir du kannst nicht nein zu mir sagen weil es so eine Erleichterung ist wieder Liebe zu haben und im Bett zu liegen und gehalten zu werden und berührt und geküsst und verehrt
> [...]
> C: Warum kann keiner mit mir Liebe machen, so wie ich geliebt werden will?
> [...]
> M: Ich will ein wirkliches Leben.

Während in ihren ersten drei Stücken die Gewalt nach außen projiziert wird, wenden sich die Emotionen in *Gier* nach innen. In den Äußerungen werden Mosaiksteine einer Biografie deutlich: ein Missbrauch in der Kindheit, eine enttäuschende, nicht erwiderte Liebe, Verzweiflung und Todessehnsucht. Die vier Figuren könnten eine typische Familie darstellen mit Vater, Mutter, Sohn und Tochter – wie sie die Autorin selbst erlebt hat. Die Figur der jüngeren Frau scheint fast ein Selbstporträt von Sarah Kane zu sein, die *Gier* als ihren »verzweifeltesten« Text bezeichnet.

> C: Ich schreibe die Wahrheit, und es bringt mich um.
> [...]
> Ich hasse diese Worte, die mich am Leben halten
> Ich hasse diese Worte, die mich nicht sterben lassen
> [...]
> C: Es ist untragbar für mich, ich zu sein.
> [...]
> A: Der Tod ist mein Liebhaber, und er will bei mir einziehen.
> A: Keiner überlebt das Leben.
> [...]
> C: Glücklich und frei.

Mit diesen Worten einer Sterbenden endet *Gier*, das beim Edinburgh Festival von der Kritik gelobt wird. Zweifellos hat Sarah Kane Elemente ihres eigenen Lebens miteinbezogen, und sie integrierte auch Sätze aus ihrem Tagebuch, das sie als Siebzehnjährige führte. Das ambivalente Verhältnis zu ihren Eltern, vor allem zum Vater, wird nicht nur in diesem Stück thematisiert. Für sie ist es ein schwieriger Prozess, sich aus dem Korsett der Wertvorstellungen und religiösen Überzeugungen ihrer Familie zu lösen. Sie leidet unter der Heuchelei der Menschen. Ihre Beziehungen zu Frauen und Männern scheitern an ihrer Sehnsucht nach absoluter Liebe und Ehrlichkeit. Auch wenn *Gier* sehr eng an die Biografie der Autorin angelehnt scheint, geht es über das rein Autobiografische hinaus.

Sarah Kane ist bescheiden und zurückhaltend, doch als Schriftstellerin engagiert und entschieden. Die jungenhaft schlanke, androgyn wirkende Frau mit dem kurzen Haar, die Witz und Humor hat und oft lacht, spricht selten über Persönliches. Im Gespräch mit Thomas David offenbart sie: »Wenn man sich preisgibt und schreibt, dann denken die

Leute, man sei aggressiv und hart. Ich glaube, das Gegenteil ist richtig. Ich bin hart auf dem Papier, aber ganz und gar nicht im Leben.« Als im Sommer 1998 die Schauspielerin, die die weibliche Hauptrolle in *Gesäubert* spielt, krank wird, übernimmt sie selbst die Rolle.

Mit sensiblem Gespür erkennt Sarah Kane ihre Probleme und Defizite und die der Menschen. Diese Sensibilität gibt ihren Theaterstücken die poetische Kraft, führt aber auch dazu, dass die Autorin immer wieder unter Depressionen leidet und in psychotherapeutischer Behandlung ist.

In dem Interview mit Nils Tabert sagt sie einmal lachend, sie halte »Depressionen nicht zwangsläufig für ungesund«, sondern für eine »vollkommen realistische Wahrnehmung der Umwelt«. »Wahrscheinlich muß man sein Empfindungsvermögen bis zu einem gewissen Grad abstumpfen. Andernfalls ist man chronisch gesund in einer chronisch kranken Gesellschaft. [...] Entweder man dreht durch und stirbt, oder man funktioniert und ist dabei krank. Was der eigentliche Wahnsinn ist.«

Seit ihrer Jugend leidet Sarah Kane an depressiven Schüben, im Herbst 1998 gerät sie in eine neue Depressionsphase. In dieser Zeit beginnt sie mit der Arbeit an ihrem fünften Stück *4.48 Psychosis* (4.48 Psychose). Jahrelang wacht sie morgens um 4.48 Uhr auf und erlebt einen Moment höchster Wachheit und Bewusstheit.

Um 4 Uhr 48
wenn die Klarheit vorbeischaut
für eine Stunde und zwölf Minuten bin ich ganz bei Vernunft.
[...]
um 4 Uhr 48
der Glücksmoment
wenn die Klarheit vorbeischaut [...]

Die Reduktion auf das Wesentliche treibt Sarah Kane in ihrem fünften Stück noch weiter voran, weder Regieanweisungen noch eine Rollenverteilung sind vorgesehen. In ihren ersten drei Stücken hatten die Personen noch Namen, im vierten Stück nur noch Buchstaben und im letzten ist die Form völlig offen. Ihr letztes Stück kreist um das Thema Selbstmord, Stationen einer schweren Depression werden beschrieben und die Methoden der Ärzte und Psychiater im Umgang mit psychisch Kranken in Frage gestellt.

Unergründliche Ärzte sensible Doktoren durchgeknallte Ärzte
Doktoren die man verfluchtnochmal für Patienten hielte wenn
mans nicht besser wüsste stelln dir dieselben Fragen und drehn
dir die Worte im Mund um behandeln mit der Chemiekeule
deine angeborene Angst [...]
[...]
Wie sehn Ihre Pläne aus?
Mir 'ne Überdosis verpassen, die Pulsadern aufschlitzen und
mich erhängen.
Alles auf einmal?
Dass mir das keiner verwechselt mit einem Hilfeschrei.
(Schweigen.)
So funktioniert das nicht.
Und ob das so funktioniert.
So funktioniert das nicht. Sie wären schon müde von der
Überdosis und hätten nicht mehr die Kraft, sich die Pulsadern
aufzuschlitzen.
(Schweigen.)
Ich würde mich auf einen Stuhl stellen, um den Hals die Schlinge.
(Schweigen.)
Wenn man sie allein ließe, würden Sie sich was antun?
Ich fürchte, ja.
[...]
Bitte. Knipsen Sie mir nicht den Verstand aus, indem Sie
versuchen mich in Ordnung zu bringen. [...]

In *4.48 Psychose* kündigt Sarah Kane ihren Selbstmord an. Sie weiß,
dass das Stück erst nach ihrem Tod aufgeführt werden wird. Ihre eindringlichen Worte verstören.

Ich will nicht leben müssen in so einer Welt.
[...]
Meinen Raum kann ich füllen
füllen die Zeit
doch nichts füllt die Leere in meinem Herzen
[...]
der Lebenswunsch für den sich zu sterben lohnt
geliebt zu werden

~

This is not a world in which I wish to live.
[…]
I can fill my space
fill my time
but nothing can fill this void in my heart ·
[…]
this vital need for which I would die
to be loved

Diese Sätze gehen unter die Haut. Sie sind schwer auszuhalten mit dem Wissen, dass sich die Schriftstellerin kurz nach Vollendung des Stückes das Leben genommen hat. Der Zuschauer hat die Wahl: abzuschalten und sich vom Geschehen auf der Bühne zu distanzieren oder sich darauf einzulassen. Die Autorin zeigt, dass es unter der Normalität noch eine andere Ebene gibt, eine andere Wirklichkeit, über die die meisten Menschen hinweg leben. Manche Sätze balancieren haarscharf an der Grenze, an der der Zuschauer hineingerissen werden kann in die Verzweiflung. Sarah Kane ist eine Grenzgängerin zwischen diesen beiden Welten. Denn auch Kanes letztes Stück geht weit über das Autobiografische hinaus. Sie stellt nicht nur die Psychiatrie in Frage, sondern weist auch auf die Liebesdefizite der Menschen hin und erinnert daran, wie gut die Menschen gelernt haben zu verdrängen.

Ihre Stücke sind sowohl für das Publikum, als auch für die Regie eine Herausforderung. Die verschiedenen Regisseure gehen in ihren Inszenierungen unterschiedlich damit um. In Hamburg wurde der gesamte Text von *4.48 Psychose* nur von einer Schauspielerin gesprochen, in Wien waren es drei, in Berlin vier und in München fünf Darsteller. Letztendlich scheinen alle Stimmen unterschiedliche Facetten einer einzigen Person zu sein, »eine Solosymphonie«, wie es im Stück heißt.

Ich bin traurig
Ich hab das Gefühl, die Zukunft ist hoffnungslos,
und es wird nie besser
[…]
Ich bin ein absoluter Versager als Mensch
[…]
Ich möchte mich umbringen

Ich konnte mal weinen, jetzt bin ich jenseits der Tränen
Ich hab das Interesse verloren an anderen Menschen
Ich kann keine Entscheidungen treffen
[...]
Ich kann nicht schreiben
Ich kann nicht lieben
[...]
Ich rase auf meinen Tod zu
[...]
Ich kann nicht allein sein
Ich kann nicht mit andern zusammen sein
[...]
Ich will nicht sterben
[...]
Ich will nicht leben

Sarah Kanes letzter Text ist ein vieldeutiges, teilweise autobiografisches Fragment aus Reflexionen, Widersprüchen, Visionen, Brüchen und Gesprächsfetzen, in das die Autorin – in lyrischer Sprache und Verknappung – ihren eigenen Schmerz hineingearbeitet hat.

Schau dir die Sterne an
prophezei die Vergangenheit
und ändre die Welt durch eine silberne Finsternis
das einzig Dauerhafte ist die Zerstörung
wir werden alle verschwinden

Ihre sensible, seismografische Wahrnehmung der Umwelt ist einerseits Ursache für ihre Depressionen und ihre Psychose, andererseits aber auch Voraussetzung für ihre Kreativität. Das Schreiben ist für Sarah Kane die einzige Möglichkeit, sich mit ihrer Suche nach Wahrheit und Liebe und ihrer Todessehnsucht auseinanderzusetzen. Eine wichtige Rolle am Schluss all ihrer Stücke spielt das Licht, helles, gleißendes, weißes Licht. Es erinnert an Schilderungen von Menschen mit Nahtoderfahrungen, die immer einen langen, dunklen Tunnel beschreiben, an dessen Ende helles Licht zu sehen ist. Der letzte Satz in *4.48 Psychose* lautet:

Bitte öffnet den Vorhang

~

please open the curtains

Das Stück *4.48 Psychose* entsteht im Herbst und Winter 1998/99. Im
Januar unternimmt Sarah Kane in ihrer Londoner Wohnung einen
Selbstmordversuch mit Schlaftabletten und kommt danach ins Krankenhaus. In einem unbeobachteten Moment erhängt sie sich dort am
20. Februar 1999 mit ihren Schnürsenkeln. »Wenn ich unsterblich
wäre, gäbe es keine Notwendigkeit, etwas zu sagen. Aber ich muß
es so schnell wie möglich tun. Ich habe eine sehr klare Idee davon,
wie ich sterben werde. Es ist nicht so, wie ich sterben möchte. Aber
ich bin mir ziemlich sicher. Es ist eine Art Halluzination, die wieder-
kommt.«

In der *Süddeutschen Zeitung* schreibt Georg Diez in seinem
Nachruf über die achtundzwanzigjährige Dramatikerin: »Unter diesen Stückeschreibern war Sarah Kane – und das macht den Verlust
um so schmerzlicher – wohl die radikalste, poetischste, beste. Niemand konnte mit so brutalen Pinselstrichen so feine Skizzen hinle-
gen, niemand sonst fand Musik in Worten und Taten, die anderen
eine Gänsehaut über den Rücken jagen. [...] Die Buchstaben, die
Worte, die Sätze, die Sarah Kane aufgeschrieben hat, taten jedesmal
aufs Neue weh, wenn man sie las oder auf der Bühne gesprochen sah.
Um wie viel mehr müssen sie die Frau geschmerzt haben, die diese
Sätze hingeschrieben hat.«

Kurz vor ihrem Tod hat sie ihre Theaterstücke noch einmal sorgfältig überarbeitet. *4.48 Psychose* wird im Juni 2000 am Royal Court
Jerwood Theatre in London uraufgeführt. Die Kritiker beurteilen
ihr letztes Stück unterschiedlich. Manche sehen es als literarisches
Testament, das man kaum kritisieren könne, für andere ist der Text
ein »Monolog der Lebensmüden« und ein eindrucksvolles Beispiel
für »Trauerschwerstarbeit«. Es gibt auch Zweifel, ob die völlige Los-
lösung von einer Dramaturgie noch avantgardistisch sei. Doch trotz
der ungewöhnlichen Form und den oft deprimierenden Sätzen ist
4.48 Psychose das Stück von Sarah Kane, das die meisten Zuschauer
anzieht. Die Berliner Schaubühne unter der künstlerischen Leitung
von Thomas Ostermeier, die als einziges Theater jahrelang alle fünf
Stücke der Autorin im Repertoire hat, erfüllt ihren Wunsch und

druckt in dem – in Koproduktion mit dem Schauspielhaus Zürich veröffentlichten – Programmheft für *4.48 Psychose* den vollständigen Originaltext des Stückes ab.

1999 und 2000 wurde Sarah Kane von deutschen Kritikern zur »besten ausländischen Dramatikerin des Jahres« ernannt. Mit ihren verstörenden und kompromisslosen Dramen hat die Schriftstellerin einen Nerv der Zeit getroffen. Sie sind Herausforderung und Zumutung zugleich und manchmal schwer auszuhalten. Das Motiv der Suche nach Wahrheit zieht sich durch ihr ganzes Werk. Ihr Kollege Mark Ravenhill bezeichnete sie als »klassische Dramatikerin, deren Werk nichts erklärt, sondern die Zuschauer mit strengen, extremen Situationen konfrontiert«. *Der Spiegel* schrieb, sie sei »keine zornige Prophetin der Gewalt, vielmehr Dichterin eines untröstlichen Liebesverlangens«.

Sarah Kane hat mit ihren fünf Dramen dem englischen Gegenwartstheater eine neue Richtung gegeben. Die grausamen Szenen in ihren ersten drei Stücken machen auf die zunehmende Gewalt in unserer Gesellschaft aufmerksam. Danach gibt es in ihrem Werk formal und sprachlich eine Zäsur. In ihren letzten beiden Dramen – *Gier* und *4.48 Psychose* – ist die Sprache konzentrierter, fragmentarischer und die Figuren sprechen eher in Monologen als in Dialogen. Beide Texte wirken autobiografisch, doch diese Interpretation greift zu kurz. Sarah Kane konfrontiert die Zuschauer mit den eigenen Schattenseiten. Der Intensität und Radikalität ihrer Stücke kann man sich nur schwer entziehen. Sie sind realistisch und poetisch, abstoßend und anziehend zugleich. In allen fünf Dramen gibt es Momente, in denen der Zuschauer spürt, wie gefährlich nah ihre Sätze dem eigenen Leben kommen. Sarah Kane zeigt, wie brüchig die Fassaden des organisierten Alltags sind und wie zerbrechlich die Liebe und die Wahrheit. Im Gespräch mit Thomas David sagte sie:

»Ich weiß nicht, was Schreiben überhaupt für einen Sinn haben soll, wenn es einem dabei nicht um die Wahrheit geht.«

Der Abdruck der Schmuckzitate erfolgt unter freundlicher Genehmigung der Originalverlage:

Ingeborg Bachmann (1926–1973)

Bachmann, Ingeborg: *Werke*. Band 1: Gedichte. Hörspiele. Libretti. Übersetzungen. Band 2: Erzählungen. Band 3: Todesarten: Malina und unvollendete Romane. Band 4: Essays. Reden. Vermischte Schriften. Anhang. Hrsg. v. Christine Koschel, Inge von Weidenbaum, Clemens Münster. München: Piper 2010. © Piper Verlag 2010

Elizabeth Barrett-Browning (1806–1861)

Barrett-Browning, Elizabeth: *Sonette aus dem Portugiesischen*. Übertragen von Rainer Maria Rilke (Sonette VII, XVIII, XX, XXI, XXXVI, XLIII). Englisch und deutsch. Frankfurt am Main und Leipzig 1991, 2006 © Insel/Suhrkamp

Marceline Desbordes-Valmore (1786–1859)

Hechtfischer, Ute, Hof, Renate, Stephan, Inge, Veit-Wild, Flora (Hrsg.): *Metzler Autorinnen Lexikon*. Stuttgart 1998 © J. B. Metzler'sche Verlagsbuchhandlung, Stuttgart

Emily Dickinson (1830–1886)

Dickinson, Emily: *Gedichte* – englisch und deutsch. Herausgegeben, übersetzt und mit einem Nachwort von Gunhild Kübler. München: Carl Hanser Verlag 2006. © Carl Hanser Verlag, München 2006

Ingeborg Drewitz (1923–1986)

Drewitz, Ingeborg, Buchacker, Winand: *Mit Sätzen Mauern eindrücken. Briefwechsel mit einem Strafgefangenen*. Düsseldorf: Claassen 1979. © Ullstein Buchverlage, Berlin

Marlen Haushofer (1920–1970)

»*Oder war da manchmal noch etwas anderes?*« *Texte zu Marlen Haushofer*. Frankfurt am Main: Verlag Neue Kritik 1986. © 1986 by Verlag Neue Kritik KG Frankfurt
Strigl, Daniela: Marlen Haushofer – Die Biographie. München 2000, verbesserte TB-Ausgabe. Berlin: List 2007 © Ullstein Buchverlage, Berlin

Mascha Kaléko (1907–1975)

Kaléko, Mascha: *In meinen Träumen läutet es Sturm. Gedichte und Epigramme aus dem Nachlass.* © 1977 und 2014 Deutscher Taschenbuch Verlag GmbH & Co. KG, München. In dieser Form entnommen aus: Kaléko, Mascha: *Sämtliche Werke und Briefe in vier Bänden.* Herausgegeben und kommentiert von Jutta Rosenkranz. Redaktion und Transkription des Briefbestandes: Eva-Maria Prokop, Übersetzung der fremdsprachigen Briefe und Textstellen: Britta Mümmler, Efrat Gal-Ed., München 2012

Marie Luise Kaschnitz (1901–1974)

Kaschnitz, Marie Luise: *Gesammelte Werke in sieben Bänden.* Hrsg. von Christian Büttrich und Norbert Miller. Frankfurt am Main: Insel Verlag 1981 bis 1989. © Insel/Suhrkamp

Sarah Kane (1971–1999)

David, Thomas: *Gespräch mit Sarah Kane.* In: Die Woche vom 5.3.1999

Louise Labé (um 1521–1566)

Labé, Louise: *Sonette und Elegien.* Neu übersetzt von Monika Fahrenbach-Wachendorff, mit einem Nachwort und Anmerkungen von Elisabeth Schulze-Witzenrath. Tübingen: Narr 2004. © 2004 Narr Francke Attempto Verlag GmbH + Co. KG

Katherine Mansfield (1888–1923)

Mansfield, Katherine: *Tagebücher 1904–1922.* Hrsg. und übersetzt von Max A. Schwendimann. München: Deutsche Verlags-Anstalt 1981. © 1981, Deutsche Verlags-Anstalt, München, in der Verlagsgruppe Random House GmbH

Mansfield, Katherine: Briefe. Hrsg. v. Vincent O'Sullivan. Aus dem Englischen von Eike Schönfeld. Frankfurt am Main und Leipzig: Insel Verlag 1992. © Insel/Suhrkamp

Inge Müller (1925–1966)

Müller, Inge: *Daß ich nicht ersticke am Leisesein.* Gesammelte Texte © Aufbau Verlag GmbH & Co. KG, Berlin 2002

Sylvia Plath (1932–1963)

Plath, Sylvia: *Briefe nach Hause 1959–1963.* Herausgegeben von Aurelia Scho-
ber-Plath. Aus dem Amerikanischen von Iris Wagner. Übersetzer der Gedichte: Christian Enzensberger u. a. © Carl Hanser Verlag, München 1979

George Sand (1804–1876)

Sand, George: *Geschichte meines Lebens.* Hrsg. v. Renate Wiggershaus.
Deutsch von Claire Blümer. Frankfurt am Main: Insel 1978. © Insel/Suhr-
kamp

Edith Södergran (1892–1923)

Södergran, Edith: *Feindliche Sterne.* Gesammelte Gedichte. Deutsch von
Karl R. Kern unter Mitwirkung von Marguerite Schlüter. Mit einem Nachwort
von Horst Bienek. Wiesbaden und München 1977 © Limes Verlag
Södergran, Edith: *Tantalos fülle deinen Becher.* Aus: Schwedische Gedichte.
Ausgewählt und übertragen von Nelly Sachs. Neuwied und Berlin: Lucht-
erhand 1965.

Wisława Szymborska (1923–2012)

Szymborska, Wisława: *Die Gedichte.* Hrsg. und übertragen v. Karl Dedecius.
Frankfurt am Main: Suhrkamp 1997. © Insel/Suhrkamp
Szymborska, Wisława: *Glückliche Liebe und andere Gedichte.* Aus dem Polni-
schen von Renate Schmidgall und Karl Dedecius. Berlin: Suhrkamp 2012.
© Insel/Suhrkamp

Virginia Woolf (1882–1941)

Woolf, Virginia: *Ein Zimmer für sich allein.* Essay. Aus dem Englischen von
Renate Gerhardt. Frankfurt am Main: Fischer TB 1981. © S. Fischer Verlag
GmbH, Frankfurt am Main 1981
Woolf, Virginia: *Tagebücher 2. 1920–1924.* Hrsg. v. Klaus Reichert. Deutsch
von Claudia Wenner. Frankfurt am Main: S. Fischer 1994. © S. Fischer Ver-
lag GmbH, Frankfurt am Main 1994

Auswahlbibliografie

Louise Labé

Labé, Louise: *Oeuvres complètes*. Èdition critique et commentée par Enzo Guidici. Genève 1981

Labé, Louise: *Sonette und Elegien*. Neu übersetzt von Monika Fahrenbach-Wachendorff, mit einem Nachwort und Anmerkungen von Elisabeth Schulze-Witzenrath. Tübingen 1981, 2001, 2004

Engelhardt, Klaus / Roloff, Volker: *Daten der französischen Literatur*. Band 1. Köln 1979

Engler, Winfried: *Lexikon der französischen Literatur*. Stuttgart 1984

Rilke, Rainer Maria: *Die vierundzwanzig Sonette der Louïze Labé*. Frankfurt am Main 1963

Rosenkranz, Jutta: Telefon-Interview mit der Literaturwissenschaftlerin und Romanistin Dr. Elisabeth Schulze-Witzenrath über Louise Labé. Essen-Berlin, 17.10.2006

Schulze-Witzenrath, Elisabeth: *Die Originalität der Louise Labé*. Studien zum weiblichen Petrarkismus. München 1974

Bettine von Arnim

Achim und Bettina von Arnim in ihren Briefen. Zwei Bände. Hrsg. von Werner Vortriede. Frankfurt am Main 1961, 1996

Arnim, Bettine von: *Aus meinem Leben*. Zusammengestellt und kommentiert von Dieter Kühn. Frankfurt am Main 1982, 2008

Arnim, Bettine von: *Briefe der Freundschaft und Liebe*. Hrsg., eingeführt und kommentiert von Otto Betz und Veronika Straub. Zwei Bände. Frankfurt am Main 1986

Arnim, Bettine von: *Clemens Brentanos Frühlingskranz*. Aus Jugendbriefen ihm geflochten, wie er selbst schriftlich verlangte. Mit einem Nachwort von Hartwig Schultz. Frankfurt am Main 1985

Arnim, Bettine von: *Die Günderode*. Hrsg. von Elisabeth Bronfen. Frankfurt am Main 1998

Arnim, Bettine von: *Goethes Briefwechsel mit einem Kinde*. Hrsg. von Waldemar Oehlke, Frankfurt am Main 1984 und 1997

Arnim, Achim von: Werke in sechs Bänden. Hrsg. von Roswitha Burwick. Bd. 5: Gedichte. Hrsg. von Ulfert Ricklefs. Frankfurt am Main 1994

Diers, Michaela: *Bettine von Arnim*. München 2001 und 2010

Drewitz, Ingeborg: *Bettine von Arnim. Romantik – Revolution – Utopie*. Düsseldorf/Köln 1969, 1992.

Gersdorff, Dagmar von: *Bettina und Achim von Arnim*. Berlin 1997

Hirsch, Helmut: *Bettine von Arnim in Selbstzeugnissen und Bilddokumenten.* Reinbek bei Hamburg 1987

Kemp, Friedhelm (Hrsg.): Rahel Varnhagen im Umgang mit ihren Freunden. Briefe 1793–1833. München 1967

Strohmeyr, Armin: *Die Frauen der Brentanos.* Berlin 2006

Marceline Desbordes-Valmore

Desbordes-Valmore, Marceline: *Die erste Liebe/Le premier amour.* Ausgewählte Gedichte. Übersetzt von Karl Schwedhelm (Gedicht: Auf der Straße). Aachen 1997

Desbordes-Valmore, Marceline: *Domenica. Die Geschichte einer Sängerin.* Novelle. Aus dem Französischen übersetzt von Joachim Schultz. Frankfurt am Main 2000

Desbordes-Valmore, Marceline: *Gewitter der Liebe.* Gedichte französisch/deutsch. Übersetzt von Kay Borowsky (Gedichte: Gedenken; Ein Tag wie im Orient). Tübingen 1988

Desbordes-Valmore, Marceline: *Poésies.* (Une lettre de femmes: Les femmes; L'oreiller; Les Roses de Saadi; Jour d'Orient) Paris 1983

Böhm, Roswitha:»Valmore, Marceline.« In: Hechtfischer, Ute / Hof, Renate / Stephan, Inge / Veit-Wild, Flora (Hrsg.): *Metzler Autorinnen Lexikon.* Stuttgart 1998

Zweig, Stefan: *Marceline Desbordes-Valmore. Das Lebensbild einer Dichterin.* Mit Übertragungen der Gedichte und Briefe ins Deutsche von Gisela Etzel-Kühn (Gedichte: Vor Dir!; Brief einer Frau; Herbstsang; Trennung; Elegie; Ein Neugeborener; Das Kopfkissen eines kleinen Mädchens; Als das Blut die bestürzte Stadt überschwemmte; Die Gefängnisse und die Gebete; Die Rosen von Saadi; Mein Zimmer; Entsagung). Leipzig 1920. (Das Gedicht *Vorahnung* wurde von Friederike Zweig übersetzt.) Leipzig 1927 (veränderte Ausgabe). Neuausgabe Hamburg 2013

Zweig, Stefan: *Marceline Desbordes-Valmore. Das Lebensbild einer Dichterin.* In: *Das Geheimnis des künstlerischen Schaffens.* Frankfurt am Main 1981

George Sand

Sand, George: *Ein Winter auf Mallorca.* Übersetzt von Maria Dessauer. Frankfurt am Main 1999, 2011

Sand, George: *Geschichte meines Lebens.* Hrsg. von Renate Wiggershaus. Deutsch von Claire Blümer. Frankfurt am Main 1978

Sand, George: *Indiana.* Aus dem Französischen von A. Seubert. Frankfurt am Main 2000

Sand, George: *Nimm deinen Mut in beide Hände.* Briefe. Übersetzt und herausgegeben von Annedore Haberl. München 1990

Flaubert, Gustave: *Briefe.* Hrsg. und übersetzt von Helmut Scheffel. Zürich 1977

Maurois, André: *Das Leben der George Sand*. Deutsch von Wilhelm Maria Lüsberg. München 1985

Schlientz, Gisela: *George Sand. Leben und Werk in Texten und Bildern*. Frankfurt am Main 1987

Wiggershaus, Renate: *George Sand*. Reinbek bei Hamburg 1982

Elizabeth Barrett-Browning

Barrett-Browning, Elizabeth: *Aurora Leigh*. Aus dem Englischen frei übertragen von Anna Freifrau von Zedlitz und Neukirch. Dresden 1906

Barrett-Browning, Elizabeth: *Sonette aus dem Portugiesischen*. Übertragen von Rainer Maria Rilke (Sonette VII, XVIII, XX, XXI, XXXVI, XLIII) Englisch und deutsch. Frankfurt am Main und Leipzig 1991, 2006

Barrett Browning, Elizabeth: *Die Sonette aus dem Portugiesischen und andere Gedichte*. In deutscher Übertragung von Helene Scheu-Riesz (Gedicht: Der Kinder Weinen). Berlin 1911, 2. Auflage

Briefe von Robert Browning und Elizabeth Barrett-Barrett. Übertragung von Felix Paul Greve. Berlin 1923

Kessel, Elisabeth: *Elizabeth Barrett-Browning. Die Geschichte einer großen Liebe*. Berlin 1946

Maletzke, Elsemarie: *Eine Liebe in Florenz*. Berlin 2011

Pisani, G.: *Elizabeth und Robert. Die Geschichte einer Liebe*. Übersetzt von Lola Lorme. Basel 1941

Woolf, Virginia: »Aurora Leigh«. In: *Der gewöhnliche Leser 2*. Deutsch von Helmut Viebrock. Frankfurt am Main 1990

Woolf, Virginia: *Flush. Die Geschichte eines berühmten Hundes*. Übersetzung von Herberth E. und Marlys Herlitschka. Frankfurt am Main 1980 und *Flush. Eine Biographie*. Deutsch von Karin Kersten. Frankfurt am Main 1993

Geraths, Armin: *Epigonale Romantik*. Untersuchungen zu Keats, Rossetti, Mrs. Browning und Robert Brooke. Studienreihe Humanitas, Akademische Verlagsgesellschaft Frankfurt am Main 1975

Emily Dickinson

Dickinson, Emily: *Dichtungen*. Ausgewählt, übertragen und mit einem Nachwort versehen von Werner von Koppenfels (Gedicht: Wilde Nächte – Wilde Nächte!). Mainz 1995

Dickinson, Emily: *Gedichte – englisch und deutsch*. Herausgegeben, übersetzt und mit einem Nachwort von Gunhild Kübler (Gedichte: Niemand bin ich!; Sie schließen mich in Prosa –; Der Schmerz – hat einen weißen Fleck –; Ich wohne in der Möglichkeit –; Ich kann nicht mit Dir leben –; Sag Wahrheit ganz, doch sag sie schräg –; Publizieren – heißt Versteigern; Seltsames Ding – Vergangenheit –; Ich hab noch nie ein Moor; Den Sommerhimmel sehn; Ich hörte eine Fliege summen –; Ich war die Schmächtigste im Haus –; Die »Zeit heilt« – heißt es oft –; Erst zähl ich Dichter – dann die Sonne –). Frankfurt am Main 2011

Dickinson, Emily: *Guten Morgen, Mitternacht. Gedichte und Briefe*. Ausgewählt und übertragen von Lola Gruenthal. Berlin 1987

Dickinson, Emily: *Ich wohn' im Haus der Möglichkeit. Zeugnisse einer Unbehausten. Gedichte und Briefe*. Zusammengestellt, aus dem Amerikanischen übertragen und eingeleitet von Susanne Schaup. (Gedicht: Es kam mir ein Gedanke heut). Freiburg im Breisgau, Basel, Wien 1990

Dickinson, Emily: *Wilde Nächte. Ein Leben in Briefen*. Ausgewählt und übersetzt von Uda Strätling. Frankfurt am Main 2006

Kübler, Gunhild: »Eine Seele in Weissglut. Emily Dickinson«. In: Auffermann, Verena / Kübler, Gunhild / März, Ursula / Schmitter, Elke: *Leidenschaften. 99 Autorinnen der Weltliteratur*. München 2009

Rosenkranz, Jutta: Interview über Emily Dickinson mit Prof. Dr. Sabine Sielke, Professorin für amerikanische Literatur, Berlin, 18.11.2005

Virginia Woolf

Woolf, Virginia: *Augenblicke. Skizzierte Erinnerungen*. Mit einem Essay von Hilde Spiel. Aus dem Englischen von Elizabeth Gilbert. Stuttgart 1981

Woolf, Virginia: *Briefe 1 (1888–1927), Briefe 2 (1928–1941)*. Hrsg. von Klaus Reichert. Aus dem Englischen von Brigitte Walitzek. Frankfurt am Main 2006

Woolf, Virginia: *Die Jahre*. Roman. Übersetzung von Herberth und Marlys Herlitschka. Frankfurt am Main 1979

Woolf, Virginia: *Die Wellen*. Roman. Gesammelte Werke Prosa 8. Hrsg. von Klaus Reichert. Deutsch von Maria Bosse-Sporleder. Frankfurt am Main 1991

Woolf, Virginia: *Ein Zimmer für sich allein*. Essay. Mit einigen Fotos und Erinnerungen an Virginia Woolf von Louie Mayer. Aus dem Englischen von Renate Gerhardt. Frankfurt am Main 1981.

Woolf, Virginia: *Tagebücher 1 (1915–1919)*. Hrsg. von Klaus Reichert. Deutsch von Maria Bosse-Sporleder. Frankfurt am Main 1990

Woolf, Virginia: *Tagebücher 2 (1920–1924)*. Hrsg. von Klaus Reichert. Deutsch von Claudia Wenner. Frankfurt am Main 1994

Woolf, Virginia: *Tagebücher 3 (1925–1930)*. Hrsg. von Klaus Reichert. Deutsch von Maria Bosse-Sporleder. Frankfurt am Main 1999

Woolf, Virginia: *Tagebücher 4 (1931–1935)*. Hrsg. von Klaus Reichert. Deutsch von Maria Bosse-Sporleder. Frankfurt am Main 2003

Woolf, Virginia: *Tagebücher 5 (1936–1941)*. Hrsg. von Klaus Reichert. Deutsch von Claudia Wenner. Frankfurt am Main 2008

Amrain, Susanne: *So geheim und vertraut. Virginia Woolf und Vita Sackville-West*. Frankfurt am Main 1994

Bell, Quentin: *Virginia Woolf. Eine Biographie*. Aus dem Englischen von Arnold Fernberg. Frankfurt am Main 1977

DeSalvo, Louise und Mitchell A. Leaska (Hrsg.): *Geliebtes Wesen … Briefe von Vita Sackville-West an Virginia Woolf*. Aus dem Englischen von Sibyll und Dirk Vanderbeke. Frankfurt am Main 1995

Gordon, Lyndall: *Virginia Woolf. Das Leben einer Schriftstellerin.* Aus dem Englischen von Tommy Jacobsen. Frankfurt am Main 1987

Nicolson, Nigel: *Portrait einer Ehe. Harold Nicolson und Vita Sackville-West.* Übersetzung: Peter de Mendelssohn. München 1974, Berlin 1990

Noble, Joan Russell: *Erinnerungen an Virginia Woolf von ihren Zeitgenoss-Innen.* Aus dem Englischen von Susanne Amrain. Göttingen 1994

Waldmann, Werner: *Virginia Woolf.* Reinbek 1983

Wiggershaus, Renate: *Virginia Woolf. Leben und Werk in Texten und Bildern.* Frankfurt am Main 1987

Woolf, Leonard: *Mein Leben mit Virginia. Erinnerungen.* Aus dem Englischen übersetzt von Ilse Strasmann. Frankfurt am Main 1988

Katherine Mansfield

Mansfield, Katherine: *Briefe.* Aus dem Englischen von Eike Schönfeld. Frankfurt am Main und Leipzig 1992

Mansfield, Katherine: *Eine Ehe in Briefen.* Ausgewählt und aus dem Englischen übertragen von Max A. Schwendimann. München 1970

Mansfield, Katherine: *Sämtliche Werke.* Aus dem Englischen von Heiko Arntz (Erzählungen: Flitterwochen, Der Kanarienvogel), Uta Haffmans und Sabine Lohmann (Erzählungen: Vorspiel, Glückseligkeit). Herausgegeben von Heiko Arntz. Frankfurt am Main 2009

Mansfield, Katherine: *Das Gartenfest und andere Erzählungen.* Aus dem Englischen von Heide Steiner (Erzählung: An der Bucht). Frankfurt am Main und Leipzig 1995

Mansfield, Katherine: *Tagebuch 1904–1922.* Herausgegeben und übersetzt von Max A. Schwendimann. Stuttgart, München 1979

Baker, Ida: *Ein Leben für Katherine Mansfield. Erinnerungen.* Übersetzt von Helen Stark-Towlson. Dortmund 1996, Frankfurt am Main 1998

Schöffling, Ida: *Katherine Mansfield. Leben und Werk in Texten und Bildern.* Frankfurt am Main und Leipzig 1996

Tomalin, Claire: *Katherine Mansfield. Eine Lebensgeschichte.* Aus dem Englischen von Eike Schönfeld. Frankfurt am Main 1990

Woolf, Virginia: *Tagebücher 2 (1920–1924).* Deutsch von Claudia Wenner. Frankfurt am Main 1994

Edith Södergran

Södergran, Edith: *Nyckeln till alla hemligheter / Der Schlüssel zu allen Geheimnissen.* Dikter / Gedichte. Ausgewählt und übersetzt von Klaus-Jürgen Liedtke (Gedichte: Ich weiss nicht, wem meine Lieder bringen; Die Bäume meiner Kindheit). Berlin 2002

Södergran, Edith: *Feindliche Sterne. Gesammelte Gedichte.* Deutsch von Karl R. Kern unter Mitwirkung von Marguerite Schlüter (Gedichte: Beschluß: Ich bin ein sehr reifer Mensch; Der Triumph zu sein; Kelch des Leidens). Mit einem Nachwort von Horst Bienek. Wiesbaden und München 1977

Södergran, Edith: *Klauenspur. Gedichte und Briefe.* Herausgegeben von Richard Pietraß. Aus dem Schwedischen nachgedichtet von Hans Magnus Enzensberger, Christiane Grosz (Gedichte: Nach allen vier Winden; Vierge Moderne; Der Schmerz: Kennst du den Schmerz?; Das Leben), Karl Kern, Klaus-Jürgen Liedtke, Richard Pietraß (Gedichte: Mein Leben, mein Tod, mein Schicksal; Ankunft im Hades), Nelly Sachs, Brigitte Struzyk (Gedicht: Schatten der Zukunft) und Dorothea von Törne (Gedichte: Die Erde wurde in einen Aschenhaufen verwandelt; Im Dunkel). Übersetzung der Essays und der Briefe von Sieglinde Mierau. Leipzig 1990

Södergran, Edith: *Scharf wie Diamanten. Ausgewählte Briefe.* Aus dem Schwedischen von Sieglinde Mierau und Klaus-Jürgen Liedtke. Berlin 2003

Schwedische Gedichte. Ausgewählt und übertragen von Nelly Sachs (Gedichte: Hoffnung; Geheimnis; Tantalos, fülle deinen Becher). Neuwied und Berlin 1965

Diktonius, Elmer: »Edith Södergran. Kritische Würdigung.« Aus dem Schwedischen von Klaus-Jürgen Liedtke. In: *die Horen,* Nr. 170, Band 2/1993

Rieger, Marianne: »'Ehe ich sterbe, backe ich eine Kathedrale' – In memoriam Edith Södergran«. In: *die horen,* Nr. 170, Band 2/1993

Trotzig, Birgitta: »Ein Menschenkind im Nebel. Über Edith Södergran«. Aus dem Schwedischen von Hanns Grössel. In: *die horen,* Nr. 170, Band 2/1993

die horen – Zeitschrift für Literatur, Kunst und Kritik – widmete Edith Södergran einen Themenschwerpunkt in der Ausgabe Nr. 170, Band 2/1993 mit Texten von und über die Dichterin sowie zahlreichen Fotos

Marie Luise Kaschnitz

Kaschnitz, Marie Luise: *Gesammelte Werke in sieben Bänden.* Hrsg. von Christian Büttrich und Norbert Miller. Frankfurt am Main 1981 bis 1989

Kaschnitz, Marie Luise: *Orte. Aufzeichnungen.* Frankfurt am Main 1973

Kaschnitz, Marie Luise: *Steht noch dahin.* Frankfurt am Main 1970

Kaschnitz, Marie Luise: *Tagebücher aus den Jahren 1936–1966.* Hrsg. von Christian Büttrich, Marianne Büttrich und Iris Schnebel-Kaschnitz. Frankfurt am Main 2000

Kaschnitz, Marie Luise: *Überallnie. Ausgewählte Gedichte 1928–1965.* Hamburg 1965. Frankfurt am Main 1984

Kaschnitz, Marie Luise: *Wohin denn ich. Aufzeichnungen.* Hamburg 1963

Peter von Holzing-Berstett an Ingeborg Drewitz, 27.11.1974, in: Ingeborg-Drewitz-Nachlass, Akademie der Künste, Berlin

Bienek, Horst: *Werkstattgespräche mit Schriftstellern.* München 1962

Gersdorff, Dagmar von: *Kaschnitz. Eine Biographie.* Frankfurt am Main und Leipzig 1992

Mascha Kaléko

Kaléko, Mascha: *Das lyrische Stenogrammheft.* Neuauflage 2013, Reinbek bei Hamburg

Kaléko, Mascha: *In meinen Träumen läutet es Sturm.* Gedichte und Epigramme aus dem Nachlass. Herausgegeben und eingeleitet von Gisela Zoch-Westphal. München 1977, Neuauflage 2014

Kaléko, Mascha: *Sämtliche Werke und Briefe in vier Bänden.* Herausgegeben und kommentiert von Jutta Rosenkranz. Redaktion und Transkription des Briefbestandes: Eva-Maria Prokop, Übersetzung der fremdsprachigen Briefe und Textstellen: Britta Mümmler, Efrat Gal-Ed. München 2012

Kaléko, Mascha: *Verse für Zeitgenossen.* Hrsg. und mit einem Nachwort versehen von Gisela Zoch-Westphal. Neuauflage 2012, Reinbek bei Hamburg

Kaléko, Mascha: *Wie's auf dem Mond zugeht.* Neuauflage mit Illustrationen von Verena Ballhaus. Köln 2010

Hermann Hesse: »Neue Deutsche Bücher 1935–1936«. In: Hermann Hesse: *Sämtliche Werke.* Band 20: *Die Welt im Buch V.* Frankfurt am Main 2003

Kesten, Hermann: »Die Verse der Mascha Kaléko«. In: *Aufbau*, 25.1.1946

Rosenkranz, Jutta: *Mascha Kaléko.* Biografie. München 2007, aktualisierte und erweiterte Taschenbuch-Ausgabe 2012

Marlen Haushofer

Haushofer, Marlen: *Die Mansarde.* Roman. Düsseldorf 1984, Frankfurt am Main 1986

Haushofer, Marlen: *Die Tapetentür.* Roman. Hamburg/Wien 1957

Haushofer, Marlen: *Die Wand.* Roman. Düsseldorf 1968

Haushofer, Marlen: *Eine Handvoll Leben.* Roman. Wien/Hamburg 1955

Haushofer, Marlen: *Himmel, der nirgendwo endet.* Roman. Hamburg und Düsseldorf 1969

Haushofer, Marlen: *Schreckliche Treue.* Erzählungen. Düsseldorf 1986

Haushofer, Marlen: *Wir töten Stella. Das fünfte Jahr.* Novellen. Düsseldorf 1986

»*Oder war da manchmal noch etwas anderes?*« Texte zu Marlen Haushofer. (darin enthalten sind die Gespräche mit Elisabeth Pablé und Dora Dunkl). Frankfurt am Main 1986

Schmidjell, Christine: *Marlen Haushofer 1920–1970.* Ausstellungskatalog. Adalbert-Stifter-Institut des Landes Oberösterreich, Sondernummer 22, Wien 1990

Strigl, Daniela: *Marlen Haushofer – Die Biographie.* München 2000, verbesserte Taschenbuch-Ausgabe. Berlin 2007

Studer, Liliane (Hrsg.): *Die Frau hinter der Wand. Aus dem Nachlaß der Marlen Haushofer.* München 2000

Ingeborg Drewitz

Drewitz, Ingeborg: *Bettine von Arnim. Romantik – Revolution – Utopie.* Düsseldorf 1969

Drewitz, Ingeborg: *Der eine, der andere. Erzählungen.* Düsseldorf 1976

Drewitz, Ingeborg: *Die ganze Welt umwenden. Ein engagiertes Leben.* (Das

Lesebuch enthält autobiographische Aufzeichnungen, Erinnerungen, Erzählungen, Reden, Porträts, Aufsätze und den Brief an Bettine von Arnim.) Hrsg. von Uwe Schweikert. Düsseldorf 1987

Drewitz, Ingeborg: *Eingeschlossen*. Roman. Düsseldorf 1986

Drewitz, Ingeborg: *Eis auf der Elbe*. Roman. Düsseldorf 1982

Drewitz, Ingeborg: *Gestern war Heute. Hundert Jahre Gegenwart*. Roman. Düsseldorf 1978

Drewitz, Ingeborg: *Hinterm Fenster die Stadt. Aus einem Familienalbum*. Düsseldorf 1985

Drewitz, Ingeborg: *Oktoberlicht oder Ein Tag im Herbst*. Roman. Düsseldorf 1969, 1981

Drewitz, Ingeborg / Buchacker, Winand: *Mit Sätzen Mauern eindrücken. Briefwechsel mit einem Strafgefangenen*. Düsseldorf 1979

Ingeborg-Drewitz-Nachlass, Akademie der Künste Berlin

Demin, Günter: *Mensch und Werk. Ingeborg Drewitz. Vorgestellt*. Hörfunk-Interview, Radio Bremen. 15.2.1982

Denneler, Iris: »Der Physiker und der Sozialarbeiter. Ein Gegenwartsroman mit mythischem Hintergrund.« In: Der Tagesspiegel, Frühjahr 1986

Häussermann, Titus und Drewitz, Bernhard (Hrsg.): *Ingeborg Drewitz – Materialien zu Werk und Wirken*. Stuttgart 1983, 2. erweiterte und aktualisierte Auflage 1988

Hölger, Christiane und Holldack, Claudia: *Ingeborg Drewitz – kurz vor 1984*. TV-Porträt. NDR 1982

Reif, Adalbert: Interview mit Ingeborg Drewitz. In: *TIP-Magazin*, Nr. 6/1980

Rosenkranz, Jutta: *Die Schriftstellerin Ingeborg Drewitz – zum 75. Geburtstag*, Fernseh-Kurz-Porträt. In: Kulturmagazin »Querstraße«, ORB, 12.1.1998

Wallmann, Jürgen P.: »Geschichte einer Berliner Familie.« In: Der Tagesspiegel, 26.11.1978

Wieskerstrauch, Liz: Interview mit Ingeborg Drewitz. In: *die horen*, 27. Jhrg. Bd. 128/1982

Fragebogen. In: Magazin der Frankfurter Allgemeinen Zeitung, 12.4.1985

Wisława Szymborska

Szymborska, Wisława: *Der Augenblick/Chwila. Gedichte polnisch und deutsch*. Übertragen und herausgegeben von Karl Dedecius (Gedicht: Fotografie vom 11. September). Frankfurt am Main 2005

Szymborska, Wisława: *Die Gedichte*. Herausgegeben und übertragen von Karl Dedecius (Gedichte: Manche mögen Poesie; Nichts geschieht ein zweites Mal; Das Schreiben eines Lebenslaufs; Nichts ist geschenkt, alles geliehen; Fragen die ich mir stelle; Einst hatten wir die Welt; Freude am Schreiben; Wolken; Katze in der leeren Wohnung; Abschied vom Ausblick; Danksagung; Das Ende eines Jahrhunderts; Unter einem Stern; Ein Leben im Handumdrehen; Grabstein). Enthält auch die Nobelpreisrede. Frankfurt am Main 1997

Szymborska, Wisława: *Glückliche Liebe und andere Gedichte*. Aus dem

Polnischen von Renate Schmidgall und Karl Dedecius (Gedicht: An mein Gedicht). Berlin 2012

Kijowska, Marta: »›Der Weg vom Leid zur Träne ist interplanetarisch‹. Wisława Szymborska (* 1923), Nobelpreis für Literatur 1996«. In: Kerner, Charlotte (Hrsg.): *Madame Curie und ihre Schwestern. Frauen, die den Nobelpreis bekamen*. Weinheim/Basel 1997

Koszyk, Andrzej J.: *Manche mögen Poesie. Wisława Szymborska*. Dokumentarfilm. Deutschland 1996, ZDF/arte

Kübler, Gunhild: »Den Augenblick anhalten. Wisława Szymborska«. In: Auffermann, Verena / Kübler, Gunhild / März, Ursula / Schmitter, Elke: *Leidenschaften. 99 Autorinnen der Weltliteratur*. München 2009

Lecka, Gabriela: »Ich werde mich zur Wehr setzen. Gespräch mit Wisława Szymborska«. In: *Polnische Literatur*. Monographische Vierteljahresschrift Nr. 1, Dezember 1996

Inge Müller

Müller, Inge: *Daß ich nicht ersticke am Leisesein*. Gesammelte Texte. Hrsg. von Sonja Hilzinger. Berlin 2002

Müller, Inge: *Irgendwo; noch einmal möchte ich sehn. Lyrik, Prosa, Tagebücher*. Hrsg. von Ines Geipel. Berlin 1996

Müller, Inge: *Wenn ich schon sterben muß*. Gedichte. Hrsg. von Richard Pietraß. Berlin und Weimar 1985

Endler, Adolf: »›Fragt mich nicht wie‹. Zur Lyrik Inge Müllers«. In: *Sinn und Form*, Nr. 1/1979

Geipel, Ines: *Dann fiel auf einmal der Himmel um. Inge Müller. Die Biografie*. Berlin 2002

Hilzinger, Sonja: *Das Leben fängt heute an. Inge Müller. Biographie*. Berlin 2005

Müller, Heiner: *Die Gedichte*. Werke 1. Hrsg. von Frank Hörnigk in Zusammenarbeit mit der Stiftung Archiv der Akademie der Künste Berlin. Frankfurt am Main 1998

Müller, Heiner: *Die Prosa*. Werke 2. Hrsg. von Frank Hörnigk in Zusammenarbeit mit der Stiftung Archiv der Akademie der Künste Berlin. Frankfurt am Main 2000

Müller, Heiner: *Krieg ohne Schlacht. Leben in zwei Diktaturen*. Köln 1992

Serke, Jürgen: *Zu Hause im Exil. Dichter, die eigenmächtig blieben in der DDR*. München 1998

Ingeborg Bachmann

Bachmann, Ingeborg: *Ein Tag wird kommen*. Gespräche in Rom. Herausgegeben von Gerda Haller. Salzburg und Wien 2005

Bachmann, Ingeborg: *Ich weiß keine bessere Welt*. Nachgelassene Gedichte. Hrsg. von Isolde Moser, Heinz Bachmann und Christian Moser. München Zürich 2000

Bachmann, Ingeborg: *Kriegstagebuch*. Mit Briefen von Jack Hamesh an Ingeborg Bachmann. Herausgegeben und mit einem Nachwort von Hans Höller. Berlin 2010

Bachmann, Ingeborg: *Werke.* Band 1: *Gedichte. Hörspiele. Libretti. Übersetzungen.* Band 2: *Erzählungen.* Band 3: *Todesarten: Malina und unvollendete Romane.* Band 4: *Essays. Reden. Vermischte Schriften.* Anhang. Herausgegeben von Christine Koschel, Inge von Weidenbaum, Clemens Münster. München 2010

Bachmann, Ingeborg: *Wir müssen wahre Sätze finden.* Gespräche und Interviews. Herausgegeben von Christine Koschel und Inge von Weidenbaum. München und Wien 1991

Bachmann, Ingeborg und Celan, Paul: *Herzzeit – Der Briefwechsel.* Mit den Briefwechseln zwischen Paul Celan und Max Frisch sowie zwischen Ingeborg Bachmann und Gisèle Celan-Lestrange. Herausgegeben und kommentiert von Bertrand Badiou, Hans Höller, Andrea Stoll und Barbara Wiedemann. Frankfurt am Main 2008

Bachmann, Ingeborg und Henze, Hans Werner: *Briefe einer Freundschaft.* Herausgegeben von Hans Höller. Mit einem Vorwort von Hans Werner Henze. München und Zürich 2004

Frisch, Max: Montauk. Eine Erzählung. Frankfurt am Main 1975

Gleichauf, Ingeborg: *Ingeborg Bachmann und Max Frisch. Eine Liebe zwischen Intimität und Öffentlichkeit.* München, Zürich 2013

Hapkemeyer, Andreas (Hrsg.): *Ingeborg Bachmann. Bilder aus ihrem Leben.* Mit Texten aus ihrem Werk. München 1983

Hoell, Joachim: *Ingeborg Bachmann.* München 2004

Höller, Hans: *Ingeborg Bachmann.* Reinbek bei Hamburg 1999

Richter, Hans Werner: *Im Etablissement der Schmetterlinge. Einundzwanzig Porträts aus der Gruppe 47.* München, Wien 1986

Stoll, Andrea: *Ingeborg Bachmann – Der dunkle Glanz der Freiheit.* Biografie. München 2013

Sylvia Plath

Plath, Sylvia: *Ariel.* Gedichte. Englisch und deutsch. Deutsch von Erich Fried (Gedichte: Papi; Rand; Worte). Frankfurt am Main 1974

Plath, Sylvia: *Ariel.* Urfassung. Englisch und deutsch. Übertragung und Nachwort Alissa Walser (Gedichte: Lady Lazarus; Tod & Co.). Mit einem Vorwort von Frieda Hughes. Frankfurt am Main 2008

Plath, Sylvia: *Briefe nach Hause 1950–1963.* Aus dem Englischen von Iris Wagner. (Gedicht: Du fragst, warum mein Leben Schreiben ist?). Ausgewählt und herausgegeben von Aurelia Schober Plath. München Wien 1979

Plath, Sylvia: *Die Bibel der Träume.* Erzählungen. Prosa aus den Tagebüchern. Aus dem Amerikanischen von Julia Bachstein und Sabine Techel. (Erzählung: Ocean 1212-W). Frankfurt am Main 1987, Neuausgabe 2012

Plath, Sylvia: *Die Glasglocke.* Aus dem amerikanischen Englisch von Reinhard Kaiser. Mit einem Vorwort von Alissa Walser. Frankfurt am Main 1997, 2003

Plath, Sylvia: *Die Tagebücher*. Hrsg. von Frances McCullough, mit einem Vorwort von Ted Hughes. Deutsch von Alissa Walser. Frankfurt am Main 1997

Plath, Sylvia: *Der Koloss*. Gedichte. Englisch und deutsch. Übertragen von Judith Zander (Gedicht: Metaphern). Berlin 2013

Hughes, Ted: *Birthday Letters*. Deutsch von Andrea Paluch und Robert Habeck. Frankfurt am Main 1998

Stevenson, Anne: *Sylvia Plath. Eine Biographie*. Aus dem Englischen von Manfred Ohl und Hans Sartorius. Gedichtübertragungen von Friederike Roth (Gedicht: Event). Frankfurt am Main 1989

Wagner-Martin, Linda: *Sylvia Plath. Eine Biographie*. Ins Deutsche übertragen von Sabine Techel. Frankfurt am Main 1990

Sarah Kane

Kane, Sarah: *Sämtliche Stücke*. Hrsg. von Corinna Brocher und Nils Tabert. Mit einer Einleitung von David Greig. Übersetzungen von: Nils Tabert (*Zerbombt*), Sabine Hübner (*Phaidras Liebe*), Elisabeth Plessen, Nils Tabert und Peter Zadek (*Gesäubert*), Marius von Mayenburg (*Gier*), Durs Grünbein (*4.48 Psychose*). Hamburg 2002

Kane, Sarah: *4.48 Psychose*. Englischer Originaltext. In: Programmheft der Schaubühne am Lehniner Platz und des Schauspielhauses Zürich, 2001

David, Thomas: »Gespräch mit Sarah Kane«. In: *Die Woche* vom 5.3.1999

Detje, Robin: »Wer nicht betören will, muss fühlen«. In: *Süddeutsche Zeitung* vom 6.12.2001

Diez, Georg: »Ein Blick ins Herz der Dunkelheit«. In: *Süddeutsche Zeitung* vom 24.2.1999

Niedermeier, Cornelia: »Apokalypse gottlos. Zum Werk der Sarah Kane«. In: *Frauen verstehen keinen Spaß*. Hrsg. von Daniela Strigl. Wien 2002

Poerschke, Ralf: »in einigen wenigen worten«. Interview mit der Dramatikerin Sarah Kane. In: *Hamburger Rundschau*, 26.9.1996

Tabert, Nils: »Gespräch mit Sarah Kane«. In: *Playspotting*. Reinbek bei Hamburg 1998

Thomas, Gina: »Sterbensmüde. Sarah Kanes letztes Theaterstück in London uraufgeführt«. In: *Frankfurter Allgemeine Zeitung* vom 4.7.2000

Voigt, Claudia: »Alpträume aus Essex«. In: *Spiegel extra*. Nr. 9/1996 und dies.: »Interview mit Sarah Kane«. Bearbeitet von Julia Lochte. In: Programmheft *Zerbombt*, Schauspielhaus Zürich 1996